Die Wahrheit über den UFO-Absturz bei Roswell

Kevin D. Randle &
Donald R. Schmitt

Die Wahrheit über den UFO-Absturz bei Roswell

JOCHEN KOPP VERLAG

Original English language edition published by Avon Books, New York.

Titel der amerikanischen Originalausgabe:
The Truth about the UFO Crash at Roswell

Aus dem Amerikanischen übersetzt von Gisela Bongart.
Satz und Layout: Bürodienstleistungen Rose Rauch, Rosenfeld.
Druck und Bindung: Wiener Verlag, Himberg.

ISBN 3-930219-38-7

Gerne senden wir Ihnen unser Verlagsverzeichnis:
Kopp Verlag
Graf-Wolfegg-Straße 71
D-72108 Rottenburg
E-mail info@kopp-verlag.de
Telefon (0 48 45) 79 04-0
Telefax (0 48 45) 79 04-11

Unser Buchprogramm finden Sie auch im Internet unter:
http://www.kopp-verlag.de

Für Deborah:
Bei der Suche nach der Wahrheit
machte sie mir das
größte Geschenk überhaupt –
ihre Hände DRS

Inhaltsverzeichnis

Teil I
DER ABSTURZ

Teil II
DIE TRÜMMER

12 • Anatomie einer Untersuchung • *Seite 111*

Die »Associated Press« schickte zwei Vertreter in die Gegend von Roswell. Ihre Geschichten wurden noch nie untersucht. Mit ihren Berichten aus erster Hand und der verfügbaren Dokumentation ist es jetzt möglich, genau zu erfahren, wie das menschliche Gedächtnis funktioniert, wie zwei Leute erzählen, was sie für die Wahrheit halten und wie all das in ein komplexes Ganzes paßt.

13 • Der Twining-Brief, »Project Moon Dust« und eine Täuschungsgeschichte *Seite 119*

Am 23. September 1947 verkündete Generalleutnant Nathan F. Twining, Kommandeur des Air Materiel Command [Versorgungskommando Luftwaffe], daß »das berichtete Phänomen etwas Reales und nichts Eingebildetes oder Erfundenes« sei. Twining teilte seinen Untergebenen mit, daß fliegende Untertassen existierten. Leider behauptete er im Verlauf desselben Briefes, daß es keinen Beweis »in Form von aus Abstürzen geborgenen Trümmerteilen« gebe. Eine Überprüfung dieses Briefes, der Stellungsnahmen dieser Zeit und der Begleitumstände, unter denen der Brief geschrieben wurde, liefert uns ein besseres Verständnis beider Aussagen. Zusammen mit einer handschriftlichen Anmerkung von J. Edgar Hoover, die besagte: »... Wir müssen auf vollem Zugang zu geborgenen Scheiben bestehen«, was andeutet, das etwas Wirkliches im Gange war, und in einer Studie derselben erfahren wir genau, was vor sich ging.
Nachdem Twining vorgeschlagen hatte, eine vorrangige Untersuchungskommission einzurichten, reagierte die Regierung mit Projekt Moon Dust. Dokumente, durch das Gesetz zur Freigabe von Information erhalten, offenbaren, daß Moon Dust ein wirkliches Projekt war, das mit der Bergung von Trümmern aus dem Weltraum beauftragt war.

14 • Die Suche nach den Archäologen • *Seite 139*

Barney Barnett behauptete, daß Archäologen mit ihm an der Absturzstelle gewesen seien. Zum ersten Mal sind diese Leute ausfindig gemacht worden und ihre Geschichten mit dem Roswell-Fall verbunden worden. Die Aussage aus erster Hand von einem der Archäologen fokussiert diesen Aspekt des Roswell-Falls deutlicher. Es ist nicht mehr nötig, über sie zu spekulieren, denn sie wurden identifiziert.

Teil IV
DIE ERKLÄRUNGEN

Teil V
DIE EBENEN VON SAN AGUSTIN

Seit Jahren kursiert die Geschichte von einem zweiten Absturz. Seriöse Forschung zeigt, daß der Bericht auf eine einzige Quelle zurückverfolgt werden kann, die seit langem tot ist. Objektive Recherche zeigt, daß in den Ebenen nichts geschah, und die Geschichten, die aus dieser Richtung kommen, haben kaum mehr beigetragen, als den strittigen Punkt zu verdunkeln. Dies wird vielen dieser Gerüchte den Rest geben.

Teil VI
DER ZEITLICHE ABLAUF

Eine kurze zeitliche Abfolge der Ereignisse, die dem Absturz draußen in Roswell vorausgingen, und dann die Aktivitäten, die sich daran anschlossen. Die chronologische Auflistung hilft, den ganzen Fall im richtigen Verhältnis zu sehen.

Teil VII
ANHÄNGE

VERWEISE

Teil I

Der Absturz

1.

An der Absturzstelle

Geschichtsträchtiges wird oft zu den seltsamsten Zeiten von denen beobachtet, die als Zeugen am wenigsten darauf vorbereitet sind. Historische Ereignisse sind nicht immer so geplant, daß ein Beobachtungsstab zugegen sein kann. Heute gibt es Scharen von Video-Camcorder-Filmern, die überall zu sein und alles aufzunehmen scheinen, doch im Juli 1947 war dies nicht der Fall. Und in New Mexico, das noch immer spärlich besiedelt ist, war es schon ein Glück, daß überhaupt jemand da war, um das zu beobachten, was man als das größte Ereignis der letzten tausend Jahre ansehen kann.

Es war Freitag, der 4. Juli, und für James Ragsdale und seine weibliche Begleiterin Trudy Truelove der Beginn eines seltenen, dreitägigen Wochenendes.* Sie fuhren nördlich von Roswell, New Mexico, auf dem alten Highway 48 (heute Pine Lodge Road), bogen davon ab, und dann ging es weiter auf den Nebenstraßen, bis sie weit von der Stadt und der Zivilisation entfernt waren. Die Nacht war alles andere als ruhig, denn Blitze zuckten und Donner grollte. Ein Sturm peitschte mit fünfzig oder sechzig Stundenkilometern über die rauhe Wüstenlandschaft und trieb Staub und Dreck vor sich her. Kurz fiel Regen; es toste für einen Moment, hüllte alles ein und verdunstete dann innerhalb von Minuten. Gegen 23.30 Uhr blitzte etwas Helles auf, als ein Objekt am Himmel dröhnte.[1]

Ragsdale sagte, daß es ein hell leuchtendes Licht war, blaugrau, wie das von einem Bogenlicht-Schweißbrenner. Zuerst dachte er, es sei ein Blitzeinschlag nicht weit von ihm, doch dann sah er das Objekt, wie es über seinen Campingplatz donnerte. Sekunden später krachte es etwa eine Meile von seinem Lagerplatz entfernt zu Boden.[2]

---

* Die von Jim Ragsdale erzählte Geschichte wurde von verschiedenen Familienangehörigen bestätigt, einschließlich Clint Brazel, Wendelle und Willard Ragsdale, seiner Frau Mary und seiner Schwiegermutter »Grandma Lucky«.

Südlich von Roswell beobachtete William Woody mit seinem Vater den Nachthimmel, als er ein weißes Licht mit roten Streifen darin ausmachte. Es strahlte hell, und anders als die vielen Meteore, die er zuvor gesehen hatte, brauchte es lange für den Fall. Es war heller als all die anderen Meteore, und Woody zufolge hatte es nicht deren Farbe.[3]

In Roswell selbst sahen im Saint Mary's Hospital die katholischen Franziskanernonnen Mutter Oberin Mary Bernadette und Schwester Capistrano, die routinemäßig nächtliche Beobachtungen machten, genau nördlich von ihnen ein helles Licht, das zur Erde stürzte. Sie hielten es für irgendeine Art von manövrierunfähigem Flugzeug und trugen den Vorfall in ihrem Dienstbuch ein. Der Eintrag, der die Sichtung erwähnte, wurde spät in der Nacht des 4. Juli zwischen 23.00 und 23.30 Uhr gemacht.[4]

Eine Gruppe Archäologen, die in der Gegend um Roswell Untersuchungen vornahm, sah das merkwürdige blauweiße Objekt am Himmel ebenfalls. Sie beobachteten, wie es zu Boden fiel und glaubten, daß es nördlich von Roswell, nicht weit von ihnen, einschlug. Sie planten, am nächsten Morgen danach zu suchen.[5]

Vierundzwanzig Kilometer südwestlich des Militärstützpunktes schaute Stabsunteroffizier E. L. Pyles auf einem alleinstehenden Außenposten zum Himmel hinauf und sah etwas, das er zunächst für eine Sternschnuppe hielt, jedoch größer. Es bewegte sich über den Himmel und stürzte dann zu Boden. Es schien von einem orangefarbenen Glühen umgeben zu sein, einem Halo nahe der Vorderfront. Pyles glaubte, daß sich das Ereignis zwischen 23 Uhr und Mitternacht zutrug, da die Lichter auf dem Stützpunkt nach 22.30 Uhr gelöscht wurden und er sich normalerweise vor Mitternacht zurückzog. Er glaubte, daß es um das Wochenende herum war, doch er war sich des genauen Tages nicht sicher.

Als der Regen wenige Minuten, nachdem er begonnen hatte, aufhörte, überzeugte Ragsdale Truelove davon, nach dem Ding, das abgestürzt war, zu suchen. Sie fuhren über das steinige Gelände und hielten am Rand einer kurzen Klippe an. Mit einer Taschenlampe mit schwachen Batterien erkundeten sie das Gebiet. Sie sahen die Überbleibsel des Raumschiffs, das in der Seite der Klippe steckte, konnten aber drumherum keine Bewegung wahrnehmen. Es war spät, und die Taschenlampe versagte. Sie kehrten zu ihrem Jeep zurück und fuhren zurück zum Campingplatz. Es gab nichts, das sie in dieser Nacht tun konnten. Außerdem hatten sie getrunken, und sie hätten beide nicht dort draußen sein sollen. Sie beschlossen, am Morgen wiederzukommen.[6]

Es befanden sich nicht nur Zivilisten auf dem Gebiet um Roswell, die wußten, daß etwas Merkwürdiges passiert war. Militärs, sowohl Offiziere als auch Techniker im Dienstgrad eines Unteroffiziers hatten seit dem 1. Juli auf ihrem Radar ein unidentifiziertes Flugobjekt beim Flug über den Süden von New Mexico verfolgt. Das Objekt war zuerst über den Hochsicherheitszonen in der Nähe des White-Sands-Versuchsgelände (später White-Sands-Raketenstation) aufgetaucht, ungefähr einhundertsechzig Kilometer von Roswell entfernt. Dies war der Ort, an dem 1945 die erste Atombombe detonierte und ist gegenwärtig die Heimat sensibler Raketen- und Flugkörper-Forschung, die von Mitgliedern verschiedener Teile des Militärs der Vereinigten Staaten geleitet wird.

Am 2. Juli hatte Steve MacKenzie[7*], stationiert im Roswell Army Air Field, einen Anruf vom Brigadegeneral Martin F. Scanlon vom Luftverteidigungskommando erhalten, bei dem er angewiesen wurde, über die Radarsichtungen in White Sands zu berichten. MacKenzie mußte die Bewegungen des Objekts beobachten und direkt dem General berichten. MacKenzie konnte den Beobachtungsposten nicht einmal für kurze Zeit allein lassen. Tatsächlich hatte er, nachdem er seine Wache einmal eingerichtet hatte, ein System von Spiegeln aufgestellt, so daß er den Bildschirm selbst dann sehen konnte, wenn er die Latrine aufsuchen mußte.

Niemand in White Sands zweifelte daran, daß dies ein reales Objekt war. Als es das erste Mal auftauchte, hatte das Radar-Kontrollpersonal in White Sands die Möglichkeit einer Fehlfunktion in Betracht gezogen, doch eine Überprüfung mit einer zweiten Anlage sowie die Abstimmung mit anderen Stellen, einschließlich denen in Roswell und in Albuquerque, bewiesen, daß das Peilobjekt real und fest war.

MacKenzie blieb ordnungsgemäß vierundzwanzig Stunden auf seinem Posten, doch nichts veränderte sich. Das Objekt tauchte periodisch über dem Süden von New Mexico auf, aber gewöhnlich »huschte es nur von einem Ort zum anderen.«

Als MacKenzie berichtete, daß sich während seiner vierundzwanzigstündigen Wache nichts wesentlich verändert hätte, beschloß Scanlon, MacKenzies Teil der Operation zu beenden. Obwohl MacKenzie zurück nach Roswell beordert wurde, wurden die Wachen in White Sands ebenso wie das Radarkontrollpersonal in Roswell und Albuquerque angewiesen, das Objekt weiterhin auf dem Schirm zu verfolgen.

MacKenzie stand in Kontakt mit Robert Thomas, einem Offizier, der während dieser gesamten Zeit in Washington D.C. stationiert war. Thomas fragte bei mehreren Gelegenheiten, ob er nach New Mexico kommen solle, doch MacKenzie sagte ihm, er solle sich fürs erste keine Sorgen machen. Die Situation sei noch in der Schwebe, und er wisse nicht, was geschehen werde. Um

---

* Beeidete Erklärung bei den Akten.

zwei oder drei Uhr am Morgen des 4. Juli rief Thomas jedoch an, um MacKenzie zu informieren, daß er auf dem Weg dorthin sei, wobei er erklärte, daß er an Ort und Stelle sein wolle, für den Fall, daß etwas passiere.

Thomas' Sonderflug aus Washington D.C. traf am frühen Nachmittag des 4. Juli ein. Er hatte um Spezialausrüstung ersucht und dafür gesorgt, daß außer ihm auch eine kleine Gruppe von Experten eingeflogen wurde, die er mitbrachte. Er rief die Männer, die in Roswell stationiert waren, zu einer eiligen Besprechung zusammen und ließ sich dann nieder, um zu warten.

An diesem Abend veränderte sich die Situation radikal. Das Objekt, das auf dem Radar angezeigt wurde, schien zu pulsieren, das Echosignal wurde stärker und lebhafter, ehe es zu seinem ursprünglichen Impuls zurückkehrte und schwächer wurde. Diese Aktivität blieb für eine kurze Zeit so, und dann blähte sich das Objekt gigantisch auf und verschwand gegen 23.20 Uhr vom Schirm. Da das Objekt an drei Stellen verfolgt wurde, waren die Army-Techniker in der Lage, den Ort des Absturzes oder der Landung innerhalb ungefährer Parameter zu ermitteln.

Doch die Radarerfassung war in diesem Teil von New Mexico nicht so vollständig, wie es sich das Militär gewünscht hätte. Die Capitan Mountains liegen zwischen der Absturzstelle und den Radaranlagen von White Sands und Alamogordo. Weitere Berge befinden sich außerdem zwischen Albuquerque und Roswell. Die Erfassung reichte an manchen Orten nicht unterhalb von 2.400 oder 2.700 Meter. Das bedeutete, daß die Army auf der Grundlage dessen, was sie während der Verfolgung des Objektes in Roswell gelernt hatte, wußte, daß das Objekt nördlich der Stadt niedergegangen war. Sie hatten bloß keine genaue Ortsangabe. Eine umfangreiche Suche sollte bei Sonnenaufgang gestartet werden.[8]

Die Militärs waren jedoch nicht die ersten, die an der Absturzstelle ankamen. Ein Archäologenteam unter der Leitung von Dr. W. Curry Holden von der Texas Tech University stieß in der Dämmerung des Morgens des 5. Juli zufällig auf die Stelle.[9] Einem der Archäologen zufolge war das Flugobjekt ein »abgestürztes Flugzeug ohne Flügel«, und es hatte einen »dicken Rumpf.«[10]

Als sie näherkamen, sahen sie drei Körper. Zwei befanden sich außerhalb des Flugobjektes, und einer war durch das Loch in der Seite zu sehen. Wie Ragsdale, der dachte, es sei vielleicht eine Art von Regierungsflugzeug, glaubten sie, sie sähen ein Versuchsflugzeug.

Holden schickte einen der Studenten zurück zur Hauptstraße mit der Anweisung, ein Telefon zu finden und die Ortsbehörden, entweder den Sheriff oder die Polizei, zu benachrichtigen, daß sie ein abgestürztes Flugzeug gefunden hätten.

Holden bestätigte, daß die Stelle nahe Roswell lag, fast genau nördlich der Stadtgrenzen. Das sollte später wichtig werden, als Mary Ann Gardner von einer Anthropologin sprach, die sie kannte. Eine Frau, die in den späten Siebzigern an Krebs starb, erzählte Gardner, daß sie ein abgestürztes Raumschiff und die Körper der außerirdischen Besatzung gesehen hätte. Gardner glaubte die Geschichte damals nicht. Später, als sie aus einem Fernsehbericht von den Ereignissen um Roswell erfuhr, wußte sie, daß die Frau dieses Feld an jenem Morgen im Juli beschrieben hatte. Die Frau erwähnte, daß einer der Männer sogar versucht hätte, das Raumschiff zu betreten, doch das Militär sei zu schnell gekommen und hätte sie alle per Eid zur Geheimhaltung verpflichtet.[11]

Tom Carey, ein Forscher aus Pennsylvania, bestätigte den Ort durch andere. Carey fand eine Studentin, die die Geschichte vom UFO-Absturz von einem ihrer Professoren gehört hatte. Sie versicherte, daß Anthropologen in der Gegend gewesen seien und sich der Ort im südöstlichen New Mexico nahe Roswell befunden habe. Sie war in der Lage zu bestätigen, daß sich die Archäologen nördlich der Stadt befunden hatten, nicht nordwestlich nahe Corona.[12]

Von Cary befragt, bekräftigte die Studentin auch das Datum. Es war am Wochenende des 4. Juli. Sie erinnerte sich daran, weil es ein langes Wochenende war. Sie war sich sicher, daß es nicht während der Woche gewesen war.[13]

Holden war nicht der einzige Wissenschaftler in der Gegend. Dr. C. Bertram Schultz, ein Paläontologe, besuchte eine Konferenz in Roswell. Auch er arbeitete in der Gebirgsregion südlich und östlich der Stadt. Am Morgen des 5. Juli traf er vierundzwanzig bis zweiunddreißig Kilometer nördlich von Roswell[14] auf die Postenkette, die vom Militär aufgestellt worden war.[15] Er hatte nicht vor, in das Gebiet westlich des Highways zu fahren, so daß er keine Gelegenheit hatte, die Militärs zu fragen, was sie dort draußen täten.

Später in Roswell sprach er mit Holden und einigen seiner Studenten. Von ihnen erfuhr er, daß sich dort der Absturz eines höchst ungewöhnlichen Flugobjektes ereignet hätte.[16] Er notierte den Vorfall in seinem privaten Tagebuch.

Als die Sonne aufging, verließen Ragsdale und Truelove ihren Lagerplatz in einem Jeep, die Windschutzscheibe hatten sie herausgenommen, in der Hoffnung, besser sehen zu können. Sie holperten über das offene Gelände und fuhren einen sanften Hang hinauf bis zu einer Stelle, an der der Boden steil abfiel und sie die Wüste überschauen konnten. Sie kletterten aus dem Jeep und bahnten sich einen Weg zum Rand der Klippe. Jetzt bei Tageslicht konnte Ragsdale erstmals deutlich sehen, was dort in den Boden eingeschlagen war. Er war ruhig, Truelove hingegen nicht. Sie wollte sich schleunigst aus dem Staub machen. Es war nicht zu sagen, was es war.

In einem Interview mehr als vierzig Jahre später sagte Ragsdale, daß es den Boden gerammt habe und in einem Winkel in der Klippe stecken geblieben sei. Die Front des Flugobjektes sei zerknautscht gewesen. Es habe ausgesehen wie ein Flugzeug mit schmalen Flügeln. Ragsdale sagte: »Man konnte noch sehen, wo es eingeschlagen war ... Ein Teil war im Boden vergraben, und ein Teil stak aus dem Boden hervor.« Er deutete einen Winkel von ungefähr dreißig Grad an.

Ragsdale und Truelove gingen umher, so daß sie einen besseren Blick auf das Objekt werfen konnten, obwohl Truelove darauf bestand abzuhauen. Das Objekt und die Ereignisse in der Nacht zuvor machten ihr Angst.

Die Trümmer waren über die Absturzstelle verteilt, und sowohl Ragsdale als auch Truelove hoben ein paar der Teile auf. Er kommentierte: »Man konnte das Zeug nehmen und fest zusammenknüllen, und es glättete sich anschließend von selbst wieder.«

Von einem anderen Teil sagte er: »Man konnte es nehmen und in jede beliebige Form bringen, und es blieb so. Man konnte es zu jeder Form verbiegen, und es blieb so. Es glättete sich nicht wieder.«

Doch das war noch nicht das Erstaunlichste an dem Wrack. In der Nähe des Flugobjektes sah Ragsdale »Körper oder so, die dort lagen. Es sah aus wie Körper. Sie waren nicht sehr groß ..., höchstens 1,20 bis 1,50 Meter.« Ragsdale zufolge sahen sie aus wie Zwerge. Er wußte nicht, was er davon halten sollte. Truelove zerrte an ihm und versuchte, dort wegzukommen. Sie hatte Angst vor dem Objekt und den Körpern. Wenn sie die Körper in der Nacht zuvor gesehen hätten, sagte Ragsdale, hätten sie nicht dort draußen kampiert. Sie wären nach Roswell gefahren.

Als sie Teile des Wracks in ihren Jeep warfen, »hörten [wir] sie alle kommen ... Es waren zwei oder drei Army-Lastwagen, ein Abschleppwagen und alles. Angeführt wurde der Zug von einem 47er Ford mit Kerlen und MPs [Militärpolizisten] darin.« Er sagte, ein Fahrzeug habe eine Sirene gehabt, und dies habe seine Aufmerksamkeit zuerst erregt.[17]

Während sie zusahen, schwärmten die Lastwagen fächerförmig aus und parkten. Die MPs kletterten heraus und begannen, die Absturzstelle einzukreisen. Der Befehlshaber der MPs, Major Edwin Easley[18], beorderte sie auf die Spitze des Felsens, von wo aus sie das umliegende Gelände beobachten konnten. Jetzt fing auch Ragsdale an, sich Sorgen zu machen. Tief gebückt, liefen er und Truelove zurück zu ihrem Jeep. Als Ragsdale den Motor anwarf, versuchte Truelove all die Trümmer abzuwerfen, die sie gesammelt hatten. Sie fürchtete, daß sie für das Einbehalten verhaftet werden könnten.

Ragsdale fuhr in ein tarnendes Wäldchen aus Bäumen und Büschen. Er kauerte sich zwischen Gräser, um zuzusehen, während die Militärpolizei, die mit dem Wrack und den Körpern beschäftigt war, die unmittelbare Region abriegelte. Truelove wollte mehr denn je von dort weg. Ehe die MPs eine Suche starteten, kehrten Ragsdale und Truelove zu ihrem Lagerplatz zurück.[19]

Im Roswell Army Air Field erhielten MacKenzie und das Spezialteam aus Washington Order, sofort zu der Absturzstelle hinauszufahren. »Es sind Zivilisten an der Stelle«, wurde er gewarnt.

Sie fuhren über den Highway 285, der 1947 eine sechs Meter breite gepflasterte Straße war. Er sagte: »Wir fuhren mit drei Jeeps und vier Lastwagen, einer mit einem Kran. Es waren MPs da, doch ich weiß nicht, wieviele Lastwagen bei ihnen waren.«

Sobald sie die Hauptstraße verließen, fuhren sie »querfeldein ... Wir fuhren quer durch. Wir fuhren ein paar Zäune ein. Wir fuhren über verschiedenes Terrain ... Steine, Kakteen, alles.« Sie hielten sich weiter geradeaus, bis »wir zur Spitze kamen ... und sahen, daß der verdammte Abhang abfiel, und wir wendeten und fuhren drumherum. Als wir diesen Abhang hinunter kamen ... konnten wir das Glitzern des Metalls sehen, und wir wußten sofort, daß wir da waren. Dies war das Gebiet.«

Der gesamte Zugang zur Absturzstelle, das umliegende Gebiet, in dem das Objekt aufgeprallt war, war auf die mit der höchsten Zugangsberechtigung beschränkt, diejenigen, die unbedingt informiert sein mußten. Es gab neun solcher Männer, mindestens drei von ihnen waren aus Washington D.C. gekommen (Thomas, Howard Fletcher und ein Mann, der nur als Lucas identifiziert wurde). Andere Männer, einschließlich Adair[20] und Harris, kamen von der Westküste, außerdem eine Spezialeinheit aus White Sands.* Ein paar, die der 509. Bomberstaffel in Roswell zugeteilt waren, einschließlich William Blanchard, Easley und W. O. »Pappy« Henderson, waren ebenfalls stark mit herangezogen worden.[21] Blanchards Verwicklung sollte in den nächsten paar Tagen besonders wichtig sein.

Die Absturzstelle, etwa zwanzig Kilometer nordnordwestlich vom Fronttor des Roswell Army Air Field, wurde schwer bewacht; MPs waren am Rand aufgestellt und zeigten davon weg.[22] Louis Rickett, ein Agent des Spionageabwehrdienstes, der erst drei Tage später vor Ort eintreffen sollte, sagte, das Flugobjekt habe eine geschwungene Front und einen breiten Flügel mit einem fledermausartigen geschwungenen Rand gehabt.[23][24] In der linken Seite habe sich ein Riß oder Loch befunden. Das Objekt hätte sich in den Boden gerammt, wobei die Vorderfront zerdrückt worden sei. Es sei in die Seite des Abhangs eingeschlagen und habe in einem Winkel von etwa dreißig oder vierzig Grad herausgeragt. Die Trümmer seien drumherum verstreut gewesen.

---

* Außer MacKenzie hat Oberstleutnant Albert Lovejoy Duran, ein Mitglied dieser Einheit, ihre Zuteilung bestätigt und zugegeben, die »Körper« gesehen zu haben.

Easleys MPs vergeudeten keine Zeit, die Archäologen zusammenzutreiben. Sie wurden gebeten, ihre Namen und die Schule zu nennen,[25] von der sie kämen, und wurden dann zur weiteren Befragung mit nach Roswell genommen. Sie wurden zur Basis eskortiert, und es war ihnen im Augenblick nicht gestattet zu gehen.[26]

Die Hauptgruppe, die Männer mit der höchsten Zugangsberechtigung, schirmten das Zentrum dessen ab, was MacKenzie die Aufprallstelle nannte. MacKenzie zufolge waren sie wie betäubt, als sie das Flugobjekt das erste Mal sahen. Sie standen wie versteinert da, starrten auf das Objekt und waren für einen Augenblick nicht in der Lage, sich zu bewegen.[27] Da sie es auf dem Radar beobachtet hatten, wußten sie, daß etwas Merkwürdiges abgestürzt war, doch sie waren auf das, was sie sahen, nicht vorbereitet. In den ersten Augenblicken, als die MPs sich über die Felder verteilten, oben auf der Klippe, an den Zugangspunkten zum Gebiet und an den Straßen Position bezogen, standen die Männer da und starrten auf das Raumschiff.[28]

Die Lastwagen und Jeeps wurden näher herangefahren und geparkt und bildeten so einen teilweise Abschirmung um die Aufprallstelle. Zunächst ging niemand näher heran. Ein Mann, der einen Schutzanzug trug und einen Geigerzähler mitführte, rückte näher vor und prüfte die Zone auf Anzeichen von Strahlung. MacKenzie sagte: »Er ging dort hinein und machte eine Reihe von Tests. Es dauerte ungefähr fünfzehn Minuten ... Wir alle rauchten Zigaretten und sprachen darüber, wie zum Teufel wir mit dieser Sache umgehen sollten. Wir waren alle beunruhigt und hatten ein wenig Angst.«

Als die vorläufige Untersuchung beendet war, begingen die Männer die Stelle. Easley befahl den MPs, sich von dem Objekt abzuwenden und das umgebende Terrain zu beobachten. Niemand durfte sich nähern, ohne sich auszuweisen und eine genaue Berechtigung vorzulegen.

Easley fuhr fort: »Die zweite Gruppe kämmte ein ziemlich großes Gebiet durch und suchte nach Trümmern ... Sie wurden auf einen Lastwagen geladen und dann [in Roswell] in ein Flugzeug, und es hob ab. Was auch immer sie [in der äußeren Region] fanden ..., waren nichts als Abfälle.«

Der Hauptteil des Objektes, etwa 7,5 bis 9 Meter lang und 3,5 bis 4,5 Meter breit, war gewaltsam in die Erosionsrinne am Fuße einer hohen Klippe gestürzt. Die neun Männer näherten sich ihm, doch die anderen wurden zurückgehalten und als Wachen eingesetzt, um die Absturzstelle abzuschirmen. Sie führten eine sorgfältige Untersuchung des Bodens um die Aufprallstelle herum durch und suchten nach weiteren Trümmern.

MacKenzie sagte, bei der Spezialgruppe, die sich um die Überbleibsel kümmerte, sei ein Major aus Washington gewesen. Er hatte einen Mann in Spezialanzug und mit Gummihandschuhen angefordert, und er war derjenige, der bleiummantelte Leichensäcke anforderte.[29]

Die Körper, fünf an der Zahl[30] und offenbar nicht menschlich, befanden sich nicht alle innerhalb des Raumschiffs. Die Besatzung war klein, ungefähr 1,50 Meter groß und schlank, und sie hatten Köpfe, die zu groß für ihre Körper erschienen. Die Augen waren nur leicht größer als menschliche Augen und hatten Pupillen.

Zwei von ihnen wurden außerhalb des Raumschiffs gefunden; einer lag ausgestreckt auf dem Boden und der andere saß nahe einer Klippe. Beide waren tot. Beim Blick durch das Loch im Rumpf sah MacKenzie einen weiteren innerhalb des Schiffs. Er saß zusammengesackt auf einem Stuhl. Er konnte die Beine eines vierten sehen. Der fünfte innerhalb des Raumschiffs war nicht sofort sichtbar. Erst später erfuhr MacKenzie von ihm.

MacKenzies Aufmerksamkeit wurde auf das Wesen, das in der Nähe der Klippe saß, gelenkt. »Das ist dasjenige, das ich nicht vergessen kann. Es hatte diesen verdammt gelassenen Ausdruck in seinem Gesicht ..., als wenn es im Frieden mit der Welt sei. ... Ich [war] verblüfft darüber.«

Zwei Fotografen an der Stelle waren mit Thomas aus Washington angeflogen worden. Keiner von beiden gehörte zu dem neunköpfigen Spezialteam, doch man gewährte ihnen freien Zugang zur Absturzstelle, so daß sie die Szene festhalten konnten, ehe alles weggeräumt wurde. Easley gibt an: »Einer war ein technischer Feldwebel und der andere ein Oberstabs-Feldwebel ... [Sie waren] echte Profis, [die] ihr Handwerk verstanden. Sie kamen zusammen mit Thomas ... Sie machten Standbilder und Aufnahmen von dem Gebiet.«

Sie hatten ein Gitternetz aufgesetzt, und Easley sagt: »Jede Gruppe übernahm einen bestimmten Abschnitt und zeichnete alles, was sie sah, alles Ungewöhnliche ... auf dem Gitter ein.«[31]

Kleine Flugzeuge flogen vorüber,[32] flogen tief und machten Fotos ... Sie hatten eine Gitternetzkarte, mit der sie arbeiteten ... Dann überprüften sie alles sehr sorgfältig, um zu schauen, ob sie etwas übersehen hatten.«[33]

Easleys MPs riegelten den gesamten Bereich ab, indem sie nicht nur die Absturzstelle einkreisten, sondern alle Straßen sperrten, die in das Gebiet führten. William Woody sollte dies später bestätigen, als er sagte, daß sein Vater versuchte, die Stelle zu finden, wo das Objekt, das sie in der Nacht zuvor gesehen hatten, eingeschlagen war. Sie waren auf dem Highway 285 gefahren, der Straße von Roswell nach Vaughn, doch sie wurden von der Militärpolizei daran gehindert, die Hauptstraße zu verlassen. Die Woodys konnten nicht in das Gebiet gelangen. Ihm zufolge waren alle Zugangsstraßen in der ganzen Gegend gesperrt.[34, 35]

Ragsdale und Truelove sahen lange genug zu, um zu beobachten, daß »sie alles gründlich säuberten. Ich meine, sie reinigten es. Sie harkten den Boden und alles.«

Dies wurde durch MacKenzies spätere Aussage bestätigt, daß die Aufräummannschaft Industriestaubsauger verwendet hatte, um die Stelle zu säubern.

Um sich vom Militär fern zu halten, bewegten sich Ragsdale und Truelove von der Absturzstelle weiter weg. Truelove war über die Soldaten zutiefst erschrocken. Sie hatte Angst, inhaftiert zu werden, falls das Militär sie entdeckte. Sie mieden die Zufahrtswege und fuhren querfeldein, um zu entkommen.

Die Lastwagen waren vorgerückt, so daß sie auf das Raumschiff gerichtet waren. Militärjeeps, die als Kommandoposten benutzt wurden, waren am äußeren Rand geparkt. Darum herum waren MPs stationiert, die vom Raumschiff wegzeigten. Diese Männer wurden ständig ausgetauscht und zurück nach Roswell geschickt, so daß keine Gruppe lange genug anwesend war, um alles zu sehen, was vor sich ging.[36]

Als die Stelle gesichert und fotografiert war, gingen die Männer in das Raumschiff. Durch ein großes Loch in der Seite war ein Teil des Inneren sichtbar. MacKenzie sah weitere zwei Wesen im Inneren. Das fünfte befand sich weiter drinnen im Raumschiff, für außerhalb unsichtbar.

»Eine Spezialeinheit rückte an, die gut geschützt war«, erklärte MacKenzie. »[Sie trugen] Gummihandschuhe. … [Sie] steckten sie in Leichensäcke.«[37] Die Körper wurden hinten in alten, kastenförmigen Krankenwagen verstaut, die zum Krankenhaus der Basis fahren sollten. Sergeant Melvin E. Brown wurde befohlen, in einen der Krankenwagen zu klettern, die Leichensäcke jedoch in Ruhe zu lassen.[38]

Die Telefonanrufe in Ballards Bestattungsinstitut in Roswell begannen um 13.30 Uhr. Der Dienstaufseher der Leichenhalle der Basis stellte Glenn Dennis, einen jungen Leichenbestatter, der bei Ballards arbeitete, eine Reihe seltsamer Fragen. Dennis sagte: »Er fragte, wieviele und was für eine Art von Särgen, die hermetisch zu versiegeln seien, wir liefern könnten und wie groß die Särge seien.«*

Dreißig oder vierzig Minuten später erhielt Dennis einen weiteren Anruf von dem Dienstaufseher der Leichenhalle. »Er fragte mich nach unseren Präparierungen …, wie wir einen Körper präparierten, der draußen gelegen hätte …, wie wir verbrannte Körper behandelten oder die besonders verwesten Fälle … Ich erläuterte die Schritte, wie wir solche Körper behandelten …«

Doch der Leichenbeamte war noch nicht fertig. Dennis sagte aus: »Die nächste Frage lautete: ›Was würden Sie tun, wenn Sie die chemischen Bestandteile

---

* Der ehemalige Polizeichef von Roswell, E. M. Hall, hat bestätigt, daß Dennis Tage später die Anfrage nach solchen Särgen für die »Körper aus einer fliegenden Untertasse« erörterte.

nicht verändern, kein Blut zerstören dürften, nichts, was vielleicht sehr wichtig sein könnte. Was würde der Prozeß, die Chemikalien, die Sie verwenden, anrichten, das den chemischen Gehalt des Blutes verändern könnte?‹ «

Über vierzig Jahre später interviewt, sagte Dennis: »Zu der Zeit wußte ich, daß irgend etwas geschehen war, etwas, das sie wahrscheinlich nicht bekanntzugeben bereit waren. Es könnte sich um eine sehr wichtige Person oder so gehandelt haben. Ich sagte ihnen damals, daß ich herauskommen und ihnen helfen könne, doch er sagte nein, es diene der späteren Verwendung.«[39]

Die Körper wurden nach Roswell gebracht und über Nacht in einem Hangar aufbewahrt. »Alles in dem Hangar war ausgeräumt worden,« so Frank Kaufmann, ein Mann, der der 509. Bomberstaffel zugeteilt war, »und eine einzelne Kiste stand in der Mitte des Hangars, die eine große Doppeltür besaß. Überall darum herum waren Wachen aufgestellt. Sie waren mit Karabinern bewaffnet. Man konnte der Stelle nicht nahe kommen.«

Kaufmann sagte: »An der Kiste selbst war nichts Ungewöhnliches. Sie war vielleicht 6 mal 1,80 Meter groß – eine große Kiste.« Kaufmann sagte, daß er gewußt habe, was in der Kiste war: die an der Absturzstelle geborgenen Körper.[40]

MacKenzie erwähnte, daß ein Fotograf aus Roswell, Woodrow Jack Rodden, ebenfalls stark in die Angelegenheit verwickelt war.[41] Ihm zufolge wurde Rodden in den Hangar gebracht, um einige der seltsamen Trümmer zu fotografieren, die dort gelagert waren. Ein Unteroffizier händigte Rodden die fotografische Platte aus, ließ sie ihn belichten und nahm ihm die Platte dann wieder ab. Als Rodden fertig war, machten sie eine komplette Bestandsaufnahme der fotografischen Platten, um sicherzustellen, daß nichts verschwunden war. Der Fotograf wurde dann zu einem Auto begleitet und nach Hause gefahren. Natürlich wurde er zur Geheimhaltung verpflichtet.[42]

Als Rodden gegangen war, wurden alle außer den Wachen vom Hangar wegbeordert. Die Kiste wurde in der Mitte zurückgelassen, beleuchtet von einem Scheinwerfer, der auf sie herabschien. Obwohl sich draußen eine vollzählige Wachmannschaft befand, wurden um das Innere des Hangars herum MPs stationiert, um die Kiste zu bewachen. Niemand konnte den Hangar ohne eine genaue Zugangsberechtigung betreten oder sich der Kiste nähern. MacKenzie zufolge hatten die Wachen Order, auf jeden zu schießen, der sich unerlaubt näherte.[43]

Brown, der in dem Wagen gefahren war, der die Körper von der Absturzstelle wegbrachte, wurde der Wachtruppe außerhalb des Hangars zugeteilt. Während er Wache stand, kam der befehlshabende Offizier der Staffel K, Hauptmann John Martin, vorbei und sagte: »Komm mit, Brownie, wir wollen mal einen Blick nach drinnen werfen.«

Innen war nichts zu sehen außer der einfachen Holzkiste. Brown meinte, daß sie in dieser Nacht zum Versand bereit gemacht worden war. Martin und Brown gingen nach draußen.[44]

Interessanterweise sagte MacKenzie, daß die Kiste zum Andrews Army Air Field und dann zum Patterson Army Air Field gebracht wurde. Sie verließ Roswell um zwei oder drei Uhr am Morgen. Einige Flüge wurden angeordnet und dann umgeleitet, die Flugziele wechselten, während bei anderen die Flugberichte später geändert wurden. MacKenzie hatte noch nie solch einen konzentrierten Versuch erlebt, Ablenkungsmanöver zu starten, die offensichtlich dazu gedacht waren, die Spur zu verwischen, nur für den Fall, daß je einer versuchen sollte, sie zu verfolgen.[45]

MacKenzie war sich der Bestimmung der Kiste mit den Körpern sicher, weil er sich zusammen mit Thomas an Bord des Flugzeugs, einer C-54, befand. Pappy Henderson, einer der bewährtesten Mitglieder der 1. Lufttransporteinheit, war der befehlshabende Pilot.[46] Die Kiste, die in Hangar 84 auf der östlichen Seite der Fluglinie aufbewahrt wurde, wurde nachts unter höchsten Sicherheitsbedingungen in das Flugzeug geladen. Während der Beladung waren alle Lichter um den Hangar gelöscht worden. Die Wachen und die Crews benutzten Taschenlampen zum sehen.[47]

Das Flugzeug flog von Roswell nach Andrews, wo die Kiste umgeladen wurde, wieder im Schutz der Dunkelheit. Für eine kurze Zeit, vielleicht vierundzwanzig oder sechsunddreißig Stunden, stand sie in einem bewachten Hangar in Andrews, offensichtlich, damit der Army-Stabschef Dwight Eisenhower und der Kriegssekretär Robert P. Patterson die Gelegenheit hatten, mindestens einen der Körper zu sehen.

MacKenzie zufolge befanden sich nicht alle Körper auf diesem Flug. Sie waren auf zwei Flugzeuge aufgeteilt worden, um sicherzustellen, daß das Beweismaterial nicht verloren ging, falls eines der Flugzeuge abstürzte. Der zweite Flug folgte ungefähr dreißig Minuten auf den ersten.[48]

Später wurden die Körper wieder ins Flugzeug geladen und zum Patterson Army Flugplatz in Dayton, Ohio, gebracht. Es sollte hervorgehoben werden, daß die Flugplätze von Wright und Patterson nahe beieinander lagen, doch die sicherheitsmäßig höher eingestuften Flüge landeten auf dem zweiten Flugplatz. Später sollten die beiden Basen zu dem großen Stützpunktkomplex Wright-Patterson Air Force zusammengefaßt werden.

Im Verlauf all dieser Ereignisse wurden laut MacKenzie Unterlagen verändert. Dies geschah mit den Besatzungsakten sowie mit Zuweisungen, Kodierungen und Codeworten. Indem die Seriennummern geändert wurden, wurde sichergestellt, daß diejenigen, die später recherchieren würden, nicht in der Lage wären, die auszumachen, die an der Bergung beteiligt waren. Die Spur wurde sorgfältig verwischt.

MacKenzie sagte, es seien in jener Woche im Juli zwei Männer vom Secret Service nach Roswell geschickt worden. Ein Mann namens McCann, der persönliche Repräsentant des Präsidenten, begleitete die Körper von Roswell nach Washington.[49] Der zweite Geheimdienstagent, Devinnes, wurde als Repräsentant des Präsidenten in Roswell zurückgelassen.[50]

MacKenzie wußte nichts von einer zweiten Kiste, die ein paar Tage später nach Fort Worth gebracht wurde. Auch wußte er nichts von einer vorhergehenden Autopsie, die im Krankenhaus der Basis durchgeführt worden war. Zwei der beteiligten Ärzte waren jedoch aus Washington eingeflogen worden, und ein dritter, Sanford, wurde durch das Allgemeine Beaumont-Krankenhaus in El Paso, Texas, geführt. Er war der Basis dort nicht zugeteilt, sondern wurde lediglich durch sie hindurchgeschleust in dem Versuch, die Spur zu verwischen.

MacKenzie wurde später gewarnt, keinesfalls darüber zu sprechen oder auf irgendwelche Gerüchte zu antworten, die er vielleicht hörte. Eine Menge Gerüchte und wilde Geschichten würden sicherlich folgen, doch er sollte »sie sich verbreiten lassen. Wenn sie an Sie herangetragen werden, halten Sie den Mund, beginnen Sie kein Gespräch, fragen Sie nicht, woher sie davon wüßten. Spielen Sie einfach den Stummen.« Thomas sagte, wenn er versuchen würde zu erfahren, woher jemand ein Gerücht gehört hätte, würde dies dem Gerücht einen Grad von Glaubwürdigkeit verleihen.

Edwin Easley bestätigte dies mehr als vierzig Jahre später. Wiederholt sagte er: »Ich kann nicht darüber sprechen. Ich war zur Geheimhaltung verpflichtet.«[51] Wichtiger jedoch ist, daß Easley Familienmitgliedern erzählte, warum er nicht über den Fall sprechen könne. Er hätte dem Präsidenten versprochen, daß er niemals enthüllen werde, was er gesehen hätte.[52] Doch Easley wußte, was er gesehen hatte, als er bestätigte, daß das Raumschiff außerirdischen Ursprungs gewesen sei.[53]

MacKenzie wußte auch, weshalb nur einzelne MPs aus Alamogordo, Albuquerque und Los Alamos nach Roswell gebracht worden waren. Die MPs waren eine Spezialeinheit, die aus Teilen der Militärpolizei aus Kirtland, Alamogordo und Roswell zusammengestellt worden war.[54] Der Grund lag darin zu helfen, das Geheimnis zu wahren. Wenn die Männer sich untereinander nicht kannten oder nach dem Einsatz getrennt wurden, würden sie nicht in der Lage sein, Notizen zu vergleichen, und das würde es einfacher machen, das Geheimnis zu wahren.

Nachdem die Absturzstelle gesäubert war, die Soldaten abgezogen und die Körper und das Raumschiff beseitigt worden waren, breitete sich Stille aus. Sie sollte fast fünfundvierzig Jahre lang nicht gebrochen werden.

2.

Glenn Dennis und Ruben Anaya

Die Zeugen aus erster Hand – die Männer, die an der Absturzstelle gewesen und sowohl die Körper als auch das Raumschiff gesehen hatten – verschwanden für fast fünfzig Jahre, per Eid zur Geheimhaltung verpflichtet, an den sich die meisten von ihnen hielten. Die ersten Informationen über die Körper und die Aktivitäten im Zusammenhang mit ihnen stammten von Quellen aus zweiter Hand.

Nach den Telefonanrufen am frühen Nachmittag des 5. Juli 1947 kehrte Glenn Dennis, der Leichenbestatter bei Ballards, zu seiner Tagesroutine zurück, zu der das Fahren eines der Krankenwagen von Roswell gehörte. Spät am Nachmittag wurde er bestellt, um einen verletzten Flieger aufzunehmen. Dennis verfrachtete den Soldaten, der eine geringfügige Kopfverletzung und eine gebrochene Nase hatte, in den Krankenwagen und fuhr zur Basis. Als er dort ankam, wurde er wie gewöhnlich durch das Eingangstor gewinkt.[1]

Er fuhr zum hinteren Teil des Krankenhauses, wo sich die Notfallaufnahme befand. Dort stieß er auf drei alte, kastenförmige »Feld«-Ambulanzwagen, die nahe der Rampe parkten. In der Nähe jeder der Hintertüren stand ein Militärpolizist. Dennis begleitete den verletzten Flieger zur Rampe, und als sie an den Krankenwagen vorbeikamen »bemerkte ich natürlich, als ich an dem ersten Ambulanzwagen vorbeikam, daß dort irgendein Wrack war. … Es sah aus wie ein paar Teile oder Stücke eines abgestürzten Flugzeugs. In dem zweiten schienen fast identische Stücke zu sein. Im dritten Ambulanzwagen befanden sich, glaube ich, keine Trümmer, doch ein MP stand an der Tür.«

Dennis sah darin nichts Ungewöhnliches. Wenn Körper an einer Flugzeug-Absturzstelle geborgen wurden, so erklärte er, wurden zwangsläufig einige der Trümmer in den hinteren Teil der Ambulanzwagen geworfen. Deshalb war er nicht überrascht, Trümmer darin zu sehen. Es gelang ihm, einen recht guten Blick auf einen Teil des Wracks zu werfen, und ihm fiel sein ungewöhnliches Äußeres auf. Er sagte: »Was ich sah, erinnerte mich an den Vorderteil eines Kanus, etwa einen knappen Meter lang und an die seitliche Wagenwand gelehnt, ... gekippt, so daß die offene Seite nach unten zeigte. An einer Randleiste, ... vielleicht siebeneinhalb Zentimeter hoch, die einen Teil entlang der Kontur des Wracks umgab, befanden sich einige Inschriften. Damals erinnerten sie mich an ägyptische Inschriften.«[2]

Als der Flieger in der Notaufnahme behandelt wurde, betrat Dennis, der die meisten aus dem medizinischen Stab aus seiner Erfahrung als Ambulanzwagenfahrer kannte, das Foyer, um sich eine Cola zu holen. Als er den Flur entlangging, wurde er von einer der neuen Krankenschwestern entdeckt, die Dennis zufolge »sehr aufgeregt war. Sie sagte: ›Wie sind Sie hier hereingekommen? Sie werden Schwierigkeiten bekommen. Hauen Sie ab so schnell Sie können.‹ Sie verschwand sofort.«

Doch Dennis ging nicht sofort hinaus. Stattdessen wurde er von einem Offizier entdeckt, der etwa fünfundvierzig war und Dennis zufolge vorzeitig ergraute. »Er drehte sich um und sagte: ›Wer sind Sie? Was tun Sie hier?‹ «

Dennis entgegnete, daß er »von Ballards Bestattungsinstitut käme, und ich habe gerade einen Notfall gefahren. Ich sagte, ich gehe zurück zum Foyer, um mir eine Cola zu besorgen. Und dann: ›Sieht aus, als ob Sie einen Absturz gehabt hätten. Ich sehe Trümmer in den Ambulanzwagen dort.‹

Und wahrscheinlich an dieser Stelle kam ich in Schwierigkeiten. Er sagte: ›Moment mal.‹ Dann ging er zur Tür und gab jemandem ein Zeichen, und danach kamen zwei MPs heraus. Er sagte: ›Bringt diesen Mann hier raus. Bringen Sie ihn so schnell Sie können hinaus.‹ Wir gingen den Flur entlang und hörten eine Stimme sagen: ›Ich bin mit diesem Hurensohn noch nicht fertig. Bringt ihn zurück.‹ «

Dennis drehte sich um und ging ein paar Schritte zurück, bis er einem rothaarigen Hauptmann gegenüberstand. »Ein Feldwebel war bei ihm, ein schwarzer Mann, der einen Notizblock bei sich trug. Der rothaarige Hauptmann sagte zu mir: ›Es hat hier keinen Absturz gegeben. Sie haben nichts gesehen. Sie gehen nicht in die Stadt. Sie sagen niemanden, daß Sie etwas gesehen haben. Wenn Sie es doch tun, werden Sie ernsthafte Schwierigkeiten bekommen.‹ «

Aufgebracht, ein Hurensohn genannt zu werden, informierte Dennis den Hauptmann, er könne ihm nichts befehlen, weil er, Dennis, Zivilist sei. Nachdem er das klargestellt hatte, sagte er dem Offizier, er solle zur Hölle fahren. »Dies waren meine genauen Worte« sagte Dennis. »Ich erinnere mich genau daran.«

Der rothaarige Offizier sagte: »Seien Sie nicht albern, junger Mann. Man wird Ihre Knochen in der Wüste aufsammeln.«

»Oder Sie werden ein gutes Hundefutter abgeben« fügte der schwarze Feldwebel hinzu, während er Dennis ansah.

Sie eskortierten Dennis aus dem Krankenhaus zu seinem Ambulanzwagen und folgten ihm den ganzen Weg bis Roswell und bis zu Ballards Bestattungsinstitut.[3]

Glenn Dennis war nicht der einzige Zivilist, der ein wenig von dem erfuhr, was an diesem Julitag geschah. Frankie Rowe, deren Vater, Dann Dwyer, im Juli 1947 Feuerwehrmann bei der Feuerwehr von Roswell war, sah mehr als nur ein paar Trümmerteile. Wie sie sich erinnert, leistete die Feuerwehr oder vielmehr einer der Löschwagen einem Anruf am Morgen des 5. Juli 1947 Folge. »Daddy war bei der Mannschaft, die hinausfuhr«, sagte sie. »Er erzählte uns später, daß das, was er sah, das Wrack irgendeiner Art von Flugzeug gewesen sei. Er wußte nicht, wie es aussah. Er konnte es nicht sagen. Es sagte, es seien sehr kleine Teile gewesen. Davon sei eine Menge aufgesammelt worden.«[4]

Das Militär war bereits eingetroffen, ebenso einige der Polizeibeamten der Stadt Roswell. Es waren auch einige Männer von der Staatspolizei an der Stelle, doch sie wußte von keinem den Namen. Es war nicht klar, ob sie bloß den Zugang zu der Stelle bewachten oder halfen, das Feld zu säubern. Wenn es irgendwelche großen Teile oder den Hauptteil eines Flugzeugs gegeben hatte, war all dies verschwunden, ehe die Feuerwehr eintraf.

Sie sagte: »Es befanden sich offenbar drei Personen in dem Flugobjekt, denn er sah zwei Leichensäcke und eine lebende Person, ein sehr kleines Wesen, etwa von der Größe eines zehnjährigen Kindes.«

Er konnte seiner Tochter etwas mehr darüber erzählen, denn »sie luden dieses Wesen in ein Fahrzeug und brachten es sofort weg. Sie brachten die beiden Leichensäcke in einem separaten Fahrzeug fort.«

Dwyer hatte keinen Zweifel, daß dies keine menschlichen Wesen waren. Rowe erinnert sich, ihr Vater habe geglaubt, daß »dies Erwachsene seien, die ungefähr die Größe eines zehnjährigen Kindes hatten und keine Haare besaßen. Er sah nur den einen. Die anderen beiden befanden sich in Leichensäcken. Er sah, wie eine Person herumlief. Er glaubte nicht, daß sie verletzt war.«

Frankie Rowe hörte später Gerüchte, daß das Wesen direkt ins Krankenhaus der Basis gebracht worden sei. Vermutlich ging es ohne Hilfestellung in das Gebäude.

Als er in jener Nacht heimkam, erzählte Dwyer seiner Frau ein wenig darüber, erwähnte aber auch, daß es viele Dinge gebe, die er nicht sagen könne. Rowe hörte nicht alles von dem Gespräch mit an, das sie in dieser Nacht führten.

Rowe zufolge »kam später die Luftwaffe oder die Army oder das Militär zu uns nach Hause und sagte uns, daß wir niemals darüber sprechen dürften. Soweit es uns betreffe, habe der Zwischenfall niemals stattgefunden. Wenn wir darüber sprächen, wären wir in Gefahr.«[5]

Andere Mitglieder von Frankie Rowes Familie bestätigen die Beteiligung ihres Vaters und die späteren Drohungen. Helen Cahill, die 1947 in Kalifornien verheiratet war und dort lebte, wurde damals ein wenig über die Ereignisse berichtet. Ihr Vater erzählte ihr, es sei etwas Bedeutendes geschehen, weigerte sich jedoch aufgrund seiner Sorge um die Sicherheit der Familie, mehr darüber zu sagen. Er erzählte ihr weiter nichts und weigerte sich, Fragen zu beantworten, obwohl er sagte, er wünschte, er könnte dies.

Ihre Mutter erzählte Helen Cahill mehr; sie berichtete ihr von den Drohungen, die gegen ihre Familie ausgesprochen worden waren. Ihre Mutter sagte, ihr Vater habe Angst, daß jemand es herausbekommen könne. Wie so vielen anderen wurde Cahill gesagt: »Sie sind besser dran, wenn Sie nichts wissen.«[6]

Frankie erzählte ihr von den Drohungen, die das Militär ausgesprochen hatte. Helen Cahill bestätigte, daß sie um den Tisch gesessen hätten, als das Militär zu Frankie gesagt hatte, sie würde gegebenenfalls in der Wüste verschwinden. Cahill zufolge erfuhr Helen von diesem Aspekt in den frühen Sechzigern, lange bevor irgendwelche UFO-Forscher sich für die Ereignisse in Roswell interessierten.[7]

Roy Musser war an diesem Nachmittag zufällig im Stützpunkt. Er war ein Privatunternehmer, der einen Teil des Krankenhauses anstrich. Als er im hinteren Teil arbeitete, sah er das eine, lebende Wesen ankommen. Offensichtlich unverletzt, spazierte es aus eigener Kraft ins Krankenhaus. Es sah aus wie ein Kind und war sehr mager.

Das Militär warnte Musser, er dürfe niemals irgend jemandem gegenüber erwähnen, was er gesehen habe, anderenfalls wären sowohl er als auch seine Familie in Gefahr. Musser verhielt sich ein paar Jahre lang still, ehe er das Erlebnis Dan Dwyer berichtete.[8]

Auch andere Leute wußten von den Wesen, die in das Krankenhaus des Stützpunktes gebracht worden waren. Im Juli 1947 war Mary Bush Sekretärin des Krankenhausverwalters. Ihr Bruder George erinnerte sich lebhaft an den Tag, an dem sie extrem aufgeregt nach Hause kam. Sie saß an diesem Abend in der Küche, eine Tasse Kaffee vor sich, und erzählte, was sie gesehen hatte: ein Wesen aus einer anderen Welt. Sie war mit dem Verwalter zusammengewesen, als sie den Körper im Krankenhaus der Basis sah. Es war für sie ein grauenhafter Anblick, etwas, das sie nie vergessen würde.

Als ihre Familie sah, wie erschüttert Mary war, bedrängten sie sie nicht wegen weiterer Einzelheiten. Niemand stellte ihre Wahrhaftigkeit in Frage, und sie erwähnte es nie wieder. Jedoch machte die Geschichte einen solchen Eindruck auf ihren Bruder, daß auch er sie nie vergaß.[9]

Ein weiterer Zeuge des bizarren Vorfalls im Juli 1947 war nach Aussage seines lebenslangen Freundes Ruben Anaya der Vizegouverneur von New Mexico, Joseph Montoya[10]. 1947 war Anaya Koch im Offizierskasino von Roswell.

Nur wenige hatten damals Telefon, besonders die jungen Spanier nicht. Deswegen mußte Montoya Anayas Vater anrufen, um ihn zu bitten, daß er Ruben Bescheid sage, er solle zum Stützpunkt heraus kommen. Anaya erwiderte den Anruf, und der Vermittler der Basis mußte Montoya suchen, um ihm eine Nachricht zu übermitteln. Anaya gelang es schließlich, Montoya ausfindig zu machen, der ihm sagte: »Hol dein Auto, Ruben, und hol mich ab. Hol mich zum Teufel hier raus.«[11]

Anaya ging zum Haus seines Bruders Pete, um Montoyas Nachricht zu überbringen. Sie fuhren zu dritt, die beiden Anayas und Moses Burrola. Sie hatten keine Schwierigkeiten, in den Stützpunkt hineinzukommen, weil Anaya dort arbeitete und einen offiziellen Aufkleber für sein Auto hatte. Montoya hatte Anaya gesagt, er würde in der Nähe des Wasserturms auf der Ostseite der Basis nahe mehrerer Hangars warten. Montoya warnte Anaya, nicht zu nahe an das Hauptquartier heranzukommen, weil dort zu viele Leute seien. Er gab ihm Anweisungen, die ihn hinter die Verpflegungsausgabestelle in Richtung der Hangars führten.

Sie fanden ihn wie versprochen in der Nähe des Wasserturms. Anaya berichtete: »Er [Montoya] stieg ins Auto und sagte: ›Bringt mich zum Teufel hier raus. Ich will hier weg.‹ « Anaya bemerkte, daß Montoya sehr blaß, fast weiß war, und er zitterte. Irgend etwas hatte ihn stark verängstigt. Als er sich Jahre später an den Vorfall erinnerte, wiederholte Anaya immer wieder und wieder: »Er hatte sehr, sehr große Angst.«[12]

Auch Pete Anaya erinnerte sich an Montoyas verängstigtes Verhalten. Montoya hatte während der Rückfahrt in die Stadt still dagesessen und bedrückt aus dem Fenster geschaut.[13]

Sobald sie im Haus waren, begann Montoya zu sprechen. Er sagte: »Ihr werdet alle nicht glauben, was ich gesehen habe. Wenn ihr je irgend jemandem davon erzählt, werde ich euch einen verdammten Lügner nennen. Wir wissen nicht, was es ist. Sie sagen, es bewegt sich wie ein Teller. Es ist ein Flugzeug ohne Flügel. Es ist kein Hubschrauber. Ich weiß nicht, woher es stammt. Es könnte vom Mond sein. Wir wissen nicht, was es ist.«

Montoya brach auf der Couch zusammen, und Anaya reichte ihm einen Scotch, doch dieser machte anscheinend keinen Eindruck auf ihn. Montoya wollte etwas anderes, und Anaya gab ihm etwas Jim Beam. Anaya gab an: »Der Mann trank einen halben Liter, einfach so bam, bam. Er war sehr verängstigt.«

Montoya erzählte ihnen dann, daß er »vier kleine Männer« gesehen habe. Er beschrieb, wie klein sie waren, und daß, Anaya zufolge, »einer lebte«.[14]

Pete Anaya bestätigte die Annahme seines Bruders, daß Montoya erwähnt habe, dort seien vier kleine Männer gewesen[15], doch Petes Frau Mary glaubte, daß Montoya nur zwei erwähnt hatte.[16] Sie gestand, daß sie nicht an den Gesprächen beteiligt war.

Laut Ruben Anaya beschrieb Montoya die Wesen als »klein, dünn, mit großen Augen. Der Mund war wirklich klein, wie eine Ritze in einem Stück Holz.«[17]

Pete Anaya, der weniger von der Beschreibung der Körper mitbekam, erinnerte sich nur, daß sie klein mit großen Köpfen waren. Das war die Sache, die ihm am meisten ihm Gedächtnis hängengeblieben war: die übergroßen Köpfe.[18]

Die Wesen hätten ausgestreckt auf Kasinotischen gelegen, die im Hangar aufgestellt worden waren. Montoya sagte, er wußte, daß eines von ihnen lebte, weil es stöhnte. Es bewegte sich und hatte seine Knie aufgestellt, die sich leicht bewegten. Sie waren so dünn, daß sie nicht menschlich aussahen. Und eine Hand habe sich bewegt, wenn auch nur wenig.

Ärzte hätten sich um den Tisch gedrängt, so daß Montoya nicht sehr nahe herankommen konnte. Er sah jedoch, daß sie keine Haare hatten, daß ihre Haut weiß war und daß sie alle einen eng anliegenden einteiligen Anzug trugen, den Anaya als ähnlich denjenigen beschrieb, die Navy-Taucher trugen. Soweit Montoya dies sehen konnte, hatten sie vier lange dünne Finger. Sie waren glatzköpfig; Montoya hatte aber keine Gelegenheit, die Augenfarbe zu erkennen. Die Augen waren größer als normal.

Nach kurzer Zeit wurden die Wesen ins Krankenhaus hinüber gebracht. Montoya sagte, daß ungefähr zu dieser Zeit Militärpersonal einige der Trümmer hereinbrachten. Es gab nichts, das einem Raumschiff glich, nur Metallstücke. Er kam nicht nahe genug heran, um sie zu untersuchen.

Anaya fuhr fort, Fragen zu stellen, bis Montoya ihn anfuhr: »Ich sag' dir, sie sind nicht von dieser Welt!«

Als er das hörte, sagte Anaya: »Dann hielt ich den Mund.«

Montoya begann sich schließlich etwas zu entspannen. Er lag auf der Couch und sagte, Anaya zufolge: »Ich will zurück nach Albuquerque. Wenn ich zu lange schlafe, weck' mich.« Ein Militärflugzeug sollte nach Kirtland Army Air Field zurückkehren, und Montoya wollte an Bord sein.

Montoya schlief, doch er wurde immer wieder ruckartig wach, als ob er unter großem Streß stünde. Anaya sagte, daß er in der Infanterie während des Zweiten Weltkrieges dasselbe bei Kampfveteranen gesehen hätte. Er beschrieb es, als ob er kampfmüde gewesen sei.

Als Montoya erwachte, fuhren die vier zurück zum Stützpunkt. Das Tor war gesperrt worden, doch da Anaya auf der Basis arbeitete, wurde sein Auto durchgewinkt. Anaya sagte, daß auf der Basis eine übermäßige Aktivität herrschte, besonders um das Hauptquartier, das Krankenhaus und die Hangarbereiche herum. Doch Montoya war ein öffentlicher Beamter, so daß ihm gestattet wurde zu passieren.

Ehe er ging, sagte Montoya ihnen, sie sollten ihren Mund halten. Er meinte, selbst wenn sie darüber sprächen, würde niemand ihnen glauben.[19]

Moses Burrola starb vor mehreren Jahren, doch bevor er starb, erzählte er seiner Frau von Montoyas seltsamem Bericht. Sie bestätigte, daß ihr Mann Montoya kannte und er mit den Anayas eng befreundet war. Sie erinnerte sich an wenig bezüglich des Vorfalls, nur, daß etwas Ungewöhnliches geschehen war.[20]

Anaya sagte, daß er, sein Bruder, Burrola und Montoya die Geschichte bei mehreren nachfolgenden Gelegenheiten diskutierten, doch Montoya sei immer vorsichtig gewesen. Er sagte ihnen, daß es zu gefährlich sei und daß das FBI sie, wenn sie darüber sprächen, beiseite schaffen würde. Anaya war sich nicht sicher, was dies bedeutete, doch die Warnung war deutlich. Noch später erzählte Montoya ihnen, daß jemand sie abholen würde, wenn sie darüber sprächen - nicht notwendigerweise das FBI, sondern jemand von der Regierung.[21]

Andere waren direkter verwickelt als Anaya und seine Freunde. Einige der Leute waren zur Stelle, als die Körper entdeckt wurden. Ein Mann war dort, als das lebende Wesen gefunden wurde. Er bestätigte eine Reihe von Dingen, einschließlich dem Eindruck von Frankie Rowe, die glaubte, daß der Absturz nahe Roswell stattgefunden habe, ungefähr fünfzig bis sechzig Kilometer nordwestlich der Stadt. Die Nachrichtenquelle berichtete, die genaue Entfernung betrug achtundfünfzig Kilometer.

Diese Person bestätigte, daß eines der Wesen den Absturz überlebt hätte und aus eigener Kraft zu einem der Militärfahrzeuge gegangen sei. Sie wußte, daß es nach Roswell zur Basis gebracht worden war, wußte aber nicht, was mit ihm geschah, nachdem es dorthin kam. Sie wußte davon, weil sie dort gewesen war, als die Wesen ankamen, und beobachtet hatte, wie es in das Krankenhaus des Stützpunktes spaziert war.[22]

Etwa einen Tag später fuhr der County Sheriff Wilcox von Chaves zum Haus von Glenn Dennis' Vater und sprach mit dem älteren Dennis. Wilcox meinte, Glenn hätte sich auf dem Stützpunkt in Schwierigkeiten gebracht. Wilcox erzählte dem älteren Dennis, er wisse nicht, was Glenn getan hätte, doch ein schwarzer Feldwebel hätte ihn im Büro des Sheriffs informiert, daß Wilcox den älteren Dennis ermutigen solle, ein Gespräch mit seinem Sohn zu führen. Glenn sei gut beraten, seinen Mund zu halten und nichts anderes zu sagen, als daß er nichts in der Basis gesehen hätte. Als sein Vater ihn danach fragte, sagte Glenn, er stecke nicht in irgendwelchen Schwierigkeiten und habe nichts Falsches getan. Glenns Vater: »Ich kann nichts tun, um dir zu helfen, wenn du mir nicht sagst, was los ist.« Glenn erklärte dann die Situation.

Dennis sagte auch, daß das Militär – entweder der schwarze Feldwebel oder der rothaarige Hauptmann – später nach irgendwelchen Brüdern und Schwestern gefragt hätte. Dennis hatte einen Bruder, Robert, der noch als Kampfpilot in der Army war, und er hatte drei Schwestern, doch die Familie weigerte sich, freiwillig irgendwelche Informationen herauszugeben.[23]

Am selben Tag, an dem der Sheriff Dennis' Vater besuchte, versuchte Dennis selbst etwas über die Situation im Stützpunkt zu erfahren. Er nahm Kontakt zu der Krankenschwester auf, die er kannte, und fragte, »ob es in Ordnung wäre, ob ich herausfahren könne, weil ich gerne mehr über den Zwischenfall erfahren würde. Zwei oder drei Stunden lang erreichte ich sie nicht. Sie rief mich zurück und sagte: ›Ich weiß, daß du versucht hast, mich anzurufen.‹ Und: ›Ich möchte nicht, daß du zum Krankenhaus kommst. Ich möchte dich lieber im Offizierskasino treffen.‹ Dies war gegen 11.30 Uhr. Ich setzte mich also in mein Auto und fuhr zum Offizierskasino.«

Er traf sie im Kasino, fand einen Tisch und bestellte Cola und Mittagessen. Schließlich kam sie auf den Punkt: »Ich will dir sagen, was es mit all dem auf sich hat, doch du mußt mir hoch und heilig versprechen, daß du dies oder meinen Namen niemals erwähnen und mich in Schwierigkeiten bringen wirst.«

Sie fuhr fort: »Ich kann nicht glauben, was ich gerade gesehen habe. Es ist das Entsetzlichste, was ich je in meinem Leben gesehen habe.«

Dann machte sie eine Zeichnung auf einem kleinen Rezeptblock, den sie gewöhnlich bei sich trug. Dennis erinnerte sich: »Ich glaube nicht, daß sie außerirdische Körper sagte, ich glaube, sie sagte fremde Körper. Dann beschrieb sie mir, was geschah, als sie darin verwickelt wurde.«

Dennis zufolge erzählte sie ihm, daß sie ihren gewöhnlichen Pflichten im Krankenhaus nachging, als sie einen Untersuchungsraum betrat, der auf der anderen Seite des Flurs lag, um einige Vorräte zu holen. Sie sah zwei Ärzte, die sie noch nie im Krankenhaus der Basis gesehen hatte. Einer sagte ihr: »Sie bleiben hier. Wir brauchen Sie.«

Ein schrecklicher Geruch erfüllte den Raum. Die Ärzte untersuchten gerade drei Körper – »fremde Körper« war der Ausdruck, den sie benutzte. Zwei waren schlimm verstümmelt, doch einer sah aus, als ob er den Absturz möglicherweise überlebt hatte, und war größtenteils unversehrt. Er war offenbar einige Zeit nach dem Absturz an Unterkühlung gestorben. Sie sagte, die Ärzte glaubten, die anderen beiden seien vielleicht von Raubtieren verstümmelt worden, und sie sähen aus, als ob sie den Elementen in der Hochwüste ausgesetzt gewesen seien.

Der überwältigende Geruch machte es fast unmöglich, in dem Raum zu bleiben. Die Ärzte arbeiteten, während sie assistierte, an den Körpern, doch als ihr schließlich übel wurde, mußte sie gehen. Die Ärzte gaben ebenfalls auf, versiegelten die Körper in Leichensäcken, damit sie ins Leichenschauhaus des Krankenhauses gebracht werden konnten.

Später erzählte sie Dennis, daß die Anatomie der Arme der Wesen anders war als die von menschlichen Armen. Der Abstand zwischen dem Handgelenk und dem Ellbogen war länger als der zwischen dem Ellbogen und der Schulter.

Sie glaubte, daß sich an den Händen nur vier Finger befanden, die lang, schlank und zerbrechlich waren. Die Hände selbst waren sehr klein und sehr schmal. Als sie eine der Hände umdrehten, bemerkten sie, daß der Daumen fehlte. Sie bemerkten außerdem, daß sich an den Enden der Finger kleine hohle Wülste befanden, die wie Saugnäpfe aussahen.

Die Knochen waren nicht größer als ein mittelgroßer menschlicher Finger und fühlten sich nicht wie die Knochenstruktur eines Menschen an. Diese Knochen waren spröde und fühlten sich mehr oder weniger an »wie wirklich dicker Knorpel«. Der Kopf war größer als der menschliche Kopf. Die Augen waren tiefliegend. Die Nase war nicht nach außen gewölbt, sondern ausgesprochen konkav geformt mit zwei kleinen Öffnungen. Es gab kein Ohr, aber zwei kleine Öffnungen an der Seite des Kopfes mit zwei kleinen Läppchen, die vielleicht nach innen gefaltet waren, um das Ohr zu schützen. Der Mund war ein sehr dünner Strich, »sehr dünn. Er hatte keine volle Lippe ..., überhaupt kaum eine Lippe. An der Stelle der Zähne sah es aus wie Rohleder. Die Ärzte sagten, es sei sogar noch härter als die Knochenstruktur.« Die Knochen des Kopfes »waren sehr nachgiebig. Es war wie bei einem neugeborenen Baby. Man konnte die Seiten zusammendrücken, und sie blieben beweglich.«

Als Dennis fragte, ob sie sagen könne, ob sie männlich oder weiblich gewesen seien, entgegnete sie: »Ich habe nicht darauf geachtet, mir war so übel.« Ihr zufolge hätten die Ärzte vielleicht etwas über das Geschlecht gewußt, sie jedoch nicht.

Dennis versuchte mehr zu erfahren, aber sie hatte keine weiteren Antworten auf seine Fragen. Sie hatte keine Kleider gesehen und wußte nicht, ob sie bekleidet gewesen waren. Ihre Übelkeit und ihr Wunsch, den Raum zu verlassen, überwogen ihre Neugier. »Sie befand sich in einem Schockzustand«, laut Dennis. »Sie sagte, es war so grauenhaft und so entsetzlich. Sie sah aus, als ob sie unter totalem Schock stünde. Sie rührte ihr Essen nicht an.«

Sie sprachen ein paar weitere Minuten miteinander. Ehe sie ging, lieferte sie ihm eine Zeichnung der Wesen. Schließlich sagte sie, ihr sei schlecht, und sie entschuldigte sich. Sie wollte nur zurück zu den Kasernen gehen, um sich hinzulegen. Dennis zufolge rührte sie noch nicht einmal ihre Cola an.[24]

Er führte sie aus dem Kasino und beobachtete, wie sie auf die Kasernen zuging. Das war das letzte Mal, daß er sie sah. Danach schien sie wie vom Erdboden verschluckt zu sein.

Teil II

Die Trümmer

3.

Mac Brazel und das Trümmerfeld

Wäre Mac Brazel am Morgen des 5. Juli 1947 nicht auf seinem Feld gewesen, wäre die Geschichte vielleicht nie an die Öffentlichkeit gekommen. Die merkwürdigen metallischen Trümmer, die über eine seiner Weiden südöstlich von Corona, New Mexico, verstreut waren, wären vielleicht nie öffentlich zur Sprache gekommen. Wäre Mac Brazel nicht gewesen, wäre die ganze Geschichte des Absturzes nahe Roswell vielleicht ein militärisches Geheimnis geblieben.

Brazel hörte spät am Abend des 4. Juli ein lautes, krachendes Geräusch. Es tauchte während eines heftigen Gewitters auf, das über Lincoln County, New Mexico wütete, doch es klang nicht wie Donner.[1] Es war so merkwürdig, daß auch andere Rancher sich später daran erinnerten. Früh am nächsten Morgen, als Brazel und William D. Proctor, ein junger Nachbarsbursche, über die Bergkette ritten, entdeckten sie die Quelle dieses Krachens.[2] Ein Feld südlich der Hauptgebäude der Ranch war mit metallischen Trümmern übersät. Es reichte vom oberen Ende einer kleinen Erosionsrinne über einen weiteren Hügel hinauf und verschwand auf der Rückseite.[3] Es waren ziemlich viele Trümmer – einige davon waren glänzend, doch die meisten sahen wie stumpfes Metall aus. Es gab große Brocken und kleine Stücke.[4] Das Material war so dicht gesät, daß die Schafe sich weigerten, das Land zu überqueren.[5]

Eine nähere Untersuchung erbrachte keinen eindeutigen Hinweis auf einen Flugzeugabsturz. Es gab keine Anzeichen von Passagieren in dem Flugobjekt oder was immer es war, das da abgestürzt war. Die Trümmer waren so dünn und so leicht, daß sie sich im Wind bewegten, doch sie waren so stark, daß die meisten Teile sich nicht einmal verbiegen ließen.[6] Brazel konnte es mit seinem Messer nicht schneiden, und er konnte es mit Streichhölzern nicht verbrennen.[7]

Brazel nahm einige der kleineren Exemplare mit und eilte davon, um seine nächsten Nachbarn, Floyd und Loretta Proctor (die Eltern von William) aufzusuchen, die etwa sechzehn Kilometer vom Hauptgebäude der Ranch und dreißig Kilometer vom Trümmerfeld entfernt wohnten. Als Brazel seinem Nachbarn ein Stückchen des metallähnlichen Materials zeigte, war dieser darüber ebenso verdutzt wie er. Loretta Proctor sagte später, sie »wußte nicht, was für ein Zeug das war.« Floyd versuchte mit seinem Messer daran herumzuschnitzen, konnte aber keine Kerbe einritzen. Brazel hielt ein Streichholz daran, um zu zeigen, daß es nicht nur nicht brannte, sondern sich nicht einmal schwärzte.[8]

Brazel schlug vor, daß sie zusammen hinfahren und sich das Trümmerfeld ansehen sollten, doch die Proctors, beschäftigt mit ihrer eigenen Ranch, lehnten ab. Heute sagt Loretta: »Wir hätten fahren sollen, aber Benzin und Reifen waren damals teuer. Wir hatten unsere eigene Hausarbeit, und es wären dreißig Kilometer gewesen.«[9]

Brazel wußte nicht, was er mit dem Material anfangen sollte, das für ihn praktische Probleme aufwarf. Da seine Schafe das Feld nicht überqueren wollten, mußte Brazel sie den langen Weg um es herum treiben, um sie zum Wasser zu führen. Irgend jemand, wer auch immer dafür womöglich verantwortlich war, würde den Schlamassel aufräumen müssen. Er war zu beschäftigt, um sich Zeit dafür zu nehmen. Und es war so viel, daß es ihn Tage gekostet hätte, die Aufgabe zu bewältigen.

Jemand legte Brazel nahe, er solle versuchen, die verschiedenen Belohnungen zu beanspruchen, die für den Beweis angeboten worden waren, daß es »fliegende Untertassen« wirklich gab. Andere schlugen vor, den Sheriff oder die Regierung zu benachrichtigen, da sie annahmen, die Trümmer stammten von einem geheimen Militärversuchsprojekt. Widerstrebend entschied Brazel sich schließlich, daß er nach Roswell würde fahren müssen, da weder er noch seine Nachbarn ein Telefon besaßen.

Am nächsten Tag, den 6. Juli, fuhr Brazel nach Roswell, um George A. Wilcox, den Sheriff von Chaves County, aufzusuchen. Wilcox ließ zunächst einen der Hilfssheriffs mit Brazel sprechen. Nach Angaben von Jay Tulk, dem Schwiegersohn des Sheriffs, war Brazel ein Cowboy vom alten Schlag in alten Kleidern und abgewetzten Stiefeln. Als Brazel Wilcox ein kleines Stück der Trümmer zeigte, schlug der Sheriff vor, den örtlichen Luftwaffenstützpunkt anzurufen.[10]

Ehe dieser Anruf getätigt wurde, rief Frank Joyce, ein Ansager und Reporter von der Radiostation Roswell, KGFL, an, um zu sehen, ob es irgend etwas Neues gebe. Wilcox verband ihn mit Brazel, und Joyce interviewte Brazel am Telefon, während er die Platten wechselte und das Mischpult bediente. Heute ist sich Joyce sicher, daß die Geschichte, die Brazel am Sonntag erzählte, sich wesentlich von der unterschied, die er später, am Mittwochabend, den 9. Juli, wiedergab.[11]

Major Jesse A. Marcel aß im Offizierskasino zu Mittag, als, wie er sich erinnert, »ich einen Anruf vom Sheriff von Roswell erhielt, und er wollte mit mir sprechen. Er sagte: ›Hier ist ein Mann, und er hat mir etwas Verrücktes erzählt.‹ Ich sagte: ›Nun, ich bin ganz Ohr‹, und er hat gesagt, er habe etwas auf seiner Ranch gefunden, das abgestürzt sei, entweder einen oder ein paar Tage zuvor, und er weiß nicht, was es ist.«[12]

Marcel fuhr sofort zum Büro des Sheriffs, befragte Brazel und kehrte dann zur Basis zurück. Da Brazel ein Feld voll mit seltsamen Metalltrümmern beschrieben hatte, war Marcel klar, daß er zu der Ranch würde hinfahren müssen. Und er würde Hilfe brauchen.

Marcel und ein Spionageabwehrbeamter in Zivil, der später als Hauptmann Sheridan Cavitt identifiziert wurde, fuhren in getrennten Autos mit Brazel an der Spitze los. Marcel gibt an: »Er [Cavitt] fuhr einen Jeep Carryall. Ich fuhr meinen Stabsdienstwagen. Wir bogen hinter diesem kleinen Lieferwagen, den dieser Rancher [Brazel] hatte, querfeldein ab. Wir folgten keiner der Straßen, die dort verliefen. Wir kamen ungefähr bei Einbruch der Dunkelheit an der Stelle an. Es war zu spät, um irgend etwas zu unternehmen, so daß wir die Nacht dort in dieser kleinen Hütte verbrachten.« Sie verbrachten die Nacht im Haus der Hines, nur fünf oder sechs Kilometer nördlich des Trümmerfeldes.[13]

Während sie auf den Tagesanbruch warteten, inspizierte Marcel ein großes Trümmerstück, das Brazel auf dem Feld gefunden hatte. Mit einem Geigerzähler konnte er keine Anzeichen für Radioaktivität feststellen.[14]

Früh am Morgen des 7. Juli brachte Brazel die beiden Militäroffiziere zur Absturzstelle. Brazel hatte für die beiden Militärs zwei Pferde gesattelt, um sie zum Trümmerfeld zu führen, doch Marcel hatte noch nie ein Pferd geritten. Marcel sagte: »Reiten Sie beide die Pferde. So zogen sie los. Wir begaben uns dort hin.«

Marcel fuhr den Jeep Caryall und folgte Brazel und Cavitt. Sie kamen über eine niedrige Hügelkette und sahen, wie sich das Trümmerfeld vor ihnen ausbreitete. Brazel und Cavitt stiegen ab, und Marcel hielt den Jeep an. Langsam bewegten sie sich hinunter auf das Feld. Marcel sagte, die Trümmer waren »über ein weites Gebiet verstreut, ich schätze, vielleicht eintausendzweihundert Meter lang und ein paar hundert Fuß breit. Ich hatte noch nie etwas wie das gesehen. Ich wußte nicht, was wir da aufhoben.«

Später beschrieb er einige der Materialteile als dünn wie Zeitungspapier und doch so stark, daß ein Holzhammer sie nicht eindellen konnte. Es war dünnes, folienartiges Material, kleine Doppel-T-Träger, »anderes Material dort sah sehr ähnlich wie Pergament aus, das aber nicht verbrannte,« und wurde etwas später als Bakelit® oder Plastik beschrieben.[15]

Nachdem er den beiden Offizieren eine kurze Zeit zugesehen hatte, ritt Brazel davon, um seinen Pflichten nachzugehen. Marcel und Cavitt verbrachten den Tag damit, das Feld zu untersuchen, seinen Rand abzuschreiten und dann die Trümmer aufzusammeln.

»Wir luden dieses ganze Zeug in den Carryall und wurden ziemlich spät damit fertig«, sagte Marcel, »doch ich war nicht zufrieden. Ich ging zurück. Ich sagte zu Cavitt: »Sie fahren dieses Fahrzeug zurück zur Basis, und ich werde zum Feld zurückgehen und soviel aufsammeln, wie ich ins Auto laden kann.«[16]

In Roswell erzählte Joyce dem Eigentümer von KGFL, Walt Whitmore, von Brazels seltsamen Behauptungen. Fasziniert beschloß Whitmore, die Geschichte weiterzuverfolgen. Er fuhr zu Brazels Ranch hinaus, nahm ihn mit und kehrte nach Roswell zurück. George »Jud« Roberts, ein Mitinhaber des Radiosenders, sagte später: »Sie versteckten ihn draußen im Haus von Whit [Walt Whitmore, sen.] und behielten ihn über Nacht da.«[17]

Sie zeichneten die Geschichte über Brazels Fund auf, doch es war zu spät, sie in dieser Nacht auszustrahlen. Dem »Radio Log KGFL-1400« zufolge hatte KGFL, wie im »Roswell Daily Record« veröffentlicht, am 7. Juli um zweiundzwanzig Uhr Sendeschluß. Das Interview sollte nie ausgestrahlt werden, auf direkten Befehl sowohl der Federal Communications Commission und zum Teil der New Mexico Kongreßdelegation. Roberts sagte später: »Uns wurde gesagt, daß wir vierundzwanzig Stunden Zeit hätten, eine andere Anstellung zu finden, weil wir nicht mehr länger im Radiogeschäft sein würden.«[18]

Mit der Hilfe von Walt Whitmore sen. holte das Militär Brazel früh am Morgen des 8. Juli beim KGFL ab. Er wurde zum Stützpunkt gebracht, und nach Aussagen von Major Edwin Easley, Kommandeur der Militärpolizei, wurde Brazel im Gästehaus einige Tage unter Bewachung festgehalten.[19]

Macs Sohn, Bill Brazel, erfuhr vom Martyrium seines Vaters, als er sein Bild in der Tageszeitung von Albuquerque sah. Bill Brazel erzählte: »Ich lebte damals in Albuquerque. Ich sagte zu Shirley [Brazel]: ›Was zum Teufel hat er denn jetzt angestellt?‹ Ich las den Artikel, in dem sie sagten, daß er nicht festgehalten wurde, sondern man ihn gebeten hatte, ein paar Tage in Roswell zu bleiben, und ich sagte zu Shirley: ›Dad braucht Hilfe.‹ Deshalb fuhr ich hinaus zur Ranch. Ich glaube, es war zwei oder drei Tage, bevor Dad wieder auftauchte.«[20]

Am Abend des 8. Juli eskortierten Militäroffiziere Brazel ins Stadtzentrum von Roswell, wo er in den Büros des »Roswell Daily Record« mit Reportern sprechen sollte. Zwei Reporter aus Albuquerque, Jason Kellahin und R. A. Adair, hatten einen tragbaren Funkbildsender mitgebracht, so daß sie über die Telefonleitung Bilder übertragen konnten. Die »Associated Press« in New York hatte sie nach Roswell geschickt, um Bilder von Brazel und Sheriff Wilcox aufzunehmen und zu übertragen.[21]

Brazel erzählte den Reportern, daß er die Trümmer am 14. Juni gefunden hätte, während er mit seiner Frau, seiner Tochter Bessie und seinem Sohn Vernon die Weiden der Farm inspiziert hätte. In diesem Interview, das in der Ausgabe vom 9. Juli des »Daily Record« veröffentlicht und von den Nachrichtenagenturen übernommen wurde, behauptete Brazel jetzt, das Objekt habe aus rauchgrauem Gummi bestanden und sei auf ein Gebiet von ungefähr einhundertachtzig Meter im Durchmesser begrenzt gewesen. Während nirgendwo auf dem Wrack irgendwelche Worte zu sehen gewesen seien, hätten sich auf einem Teil davon Buchstaben befunden, zusammen mit einem schmalen Klebeband und einigen Klebestreifen mit Blumen darauf. Obwohl keine Seile oder Drähte daran befestigt gewesen seien, hätten kleine Ösen in dem Papier darauf hingedeutet, daß vielleicht eine Befestigung verwendet worden sei.

Die neue Geschichte endete damit, daß Brazel sagte, er hätte bei zwei anderen Gelegenheiten Geräte zur Wetterbeobachtung gefunden, doch dieses Objekt habe jenen nicht geglichen. »Ich bin sicher, was ich gefunden habe, war nicht irgendein Wetterballon«, sagte er.[22]

Wie der »Record«-Herausgeber Paul McEvoy berichtete, führten die Militärbegleitoffiziere Brazel dann aus den Büros der Zeitung hinaus. Während sie auf das Auto zugingen, kamen zufällig zwei von Brazels Nachbarn vorbei, Floyd Proctor und Lyman Strickland. Beide waren überrascht, daß Brazel kein Wort zu ihnen sagte. Proctor sagte später, das Militär hätte Brazel ziemlich eng im Griff gehabt.

Zwei andere Nachbarn, Leonard Porter, der auf der Ranch südlich der von Brazel lebte, und Bill Jenkins, ein anderer Rancher, berichteten, daß sie Brazel im Stadtzentrum von Roswell umzingelt von Militärs sahen. Brazel habe seine Augen zu Boden gerichtet, um vorzugeben, daß er niemanden sehen könne.[23]

Brazel stieg ins Auto und wurde zur Radiostation KGFL gebracht, wo er allein hineinging. Frank Joyce zufolge war Brazel in die Enge getrieben worden und erzählte die Deckgeschichte, die ihm die Army zuvor an diesem Tag eingetrichtert hatte: Das seltsame Objekt sei nichts weiter als ein Ballon.

Joyce sagte Brazel frei heraus, er wisse, daß die Geschichte nicht wahr sei. Er hörte sie sich an und wies dann darauf hin, daß es nicht dieselbe Geschichte sei, die Brazel ein paar Tage zuvor erzählt hatte, ehe die »Army ihn aufgegriffen hatte.« Insbesondere hatte Brazel nichts darüber gesagt, daß seine Familie mit ihm auf der Ranch gewesen sei, und er hatte ein Trümmerfeld beschrieben, das beträchtlich größer als einhundertachtzig Meter im Durchmesser gewesen sei.

Joyce sagte jedoch, daß Brazel bei der neuen Geschichte blieb, während er zunehmend erregter wurde. Schließlich meinte er: »Es wird mir schlecht ergehen.« Vermutlich war er vor den Konsequenzen gewarnt worden, für den Fall, daß er etwas anderes aussagen würde.

Joyce blieb während des Gesprächs am Radiomischpult und warf gelegentlich einen Blick auf den Rancher. Am Ende des Interviews drehte sich Brazel um und verließ das Gebäude.[24] Die Militäroffiziere warteten draußen auf ihn, um ihn zurück zum Stützpunkt zu bringen, wo man ihn von der Außenwelt isoliert festhielt.[25]

Drei Wochen später, als Brazel mit den Nachbarn Lymann und Marian Strickland sprach, beklagte er sich bitterlich über seine Behandlung durch die Militäroffiziere. Er sagte, man habe ihm sogar verweigert, zu Hause anzurufen, in Tularosa, wo seine Familie lebte, um seiner Frau zu sagen, wo er war.[26]

Um den jungen William Proctor zu schützen, belog Brazel die Army-Offiziere, indem er ihnen sagte, er sei allein auf der Ranch gewesen, als er die Trümmer fand. Offenbar kehrte Proctor irgendwann, ehe die Aufräumarbeiten beendet waren, mit einer Reihe von Freunden zu dem Feld zurück. Proctor zeigte ihnen das Trümmerfeld. Einer der Jungen sammelte einige der Trümmer auf, nahm sie mit nach Hause, um sie seinem Vater zu zeigen. Später versteckten sie das Material in der Scheune.[27]

Es dauerte nicht lange, bis das Militär alles erfuhr, einschließlich der Tatsache, daß William bei Brazel und danach mit ein paar Freunden an der Stelle gewesen war. Innerhalb von wenigen Tagen suchten Militärs die Jungen auf, die ein paar Proben mit nach Hause genommen hatten, und forderten sie auf, das Material sofort auszuhändigen. Die Offiziere bekamen alle Stücke, die von dem Feld mitgenommen worden waren.[28]

Brazel blieb in Roswell ungefähr acht Tage in Gewahrsam.[29] Nach seiner Rückkehr zur Ranch sagte er wenig über das, was ihm in Roswell widerfahren war. Einige seiner Nachbarn berichteten, daß er jetzt davon sprach, einen Wetterballon gefunden zu haben.[30] Tommy Tyree, ein Farmarbeiter, der zwei Monate nach dem Vorfall eingestellt worden war, meinte, es sei eine der japanischen Ballonbomben gewesen, die während des Zweiten Weltkriegs eingesetzt wurden.[31]

Doch im privaten Kreis seiner Familie und seinen engsten Freunden erzählte Brazel eine etwas andere Geschichte, wobei er sich immer an den Geheimhaltungseid erinnerte, auf dem die Army bestanden hatte. Bill Brazel sagte: »Mein Dad fand dieses Ding und erzählte mir ein wenig darüber. Nicht viel, weil die Luftwaffe ihn aufgefordert hatte, einen Eid zu leisten, daß er niemandem im Detail davon erzählen würde. Und mein Dad war so ein Typ, daß er es mit ins Grab nahm und nie jemandem davon erzählte.«

Alles was Mac Brazel berichtete, war, daß, was auch immer es war, es nicht irgendeine Art von Ballon gewesen sei. Er sagte seinem Sohn Bill, er sei besser dran, wenn er nichts darüber wisse.

Als Brazel zur Ranch zurückkehrte, waren alle Spuren der Trümmer verschwunden. Das Militär hatte das Wrack auf Lastwagen geladen und sie weggebracht.[32]

Monate später, als Brazel über die Ranch ritt, entdeckte er ein Trümmerstück in einem Loch im Boden. Er zeigte es Tommy Tyree, doch keiner der beiden Männer stieg ab, um es aufzuheben, denn schien es mehr Schwierigkeiten einzubringen, als es das wert war.[33] Doch selbst wenn Brazel es aufgehoben hätte, wäre er nicht in der Lage gewesen, es zu behalten. Das Militär beobachtete noch immer.

4.

Sheriff George Wilcox

Jahre später beschwerte sich George A. Wilcox, der im Juli 1947 County Sheriff in Chaves war, über die Art, wie das Militär mit der Entdeckung der fliegenden Untertasse umgegangen war. Er war wütend auf sich selbst, daß er die Militärs hinzugezogen hatte, weil sie die alleinige Zuständigkeit beanspruchten und ihn aus der ganzen Sache völlig raushielten. Und da waren die Drohungen, die das Militär in den folgenden Tagen aussprach. Wenn er es noch einmal damit zu tun hätte, sagte er, würde er zuerst die Presse benachrichtigen und die Reporter zu der Stelle führen, ehe er der Army irgend etwas darüber sagen würde.

Dem Zeugen zufolge tauchte Brazel irgendwann am Sonntagnachmittag des 6. Juli im Gefängnis auf. Hilfssheriff B. A. Clark nahm den ersten Bericht auf und übergab ihn Sheriff Wilcox.[1] Da Brazel ein Cowboy vom alten Schlag war, mit alten Klamotten und abgetragenen Stiefeln bekleidet, schenkte ihm Wilcox zuerst nicht viel Beachtung, als Brazel hereinkam. Doch Brazel brachte nicht nur eine Geschichte von einer abgestürzten fliegenden Untertasse mit, sondern auch etwas von dem Material.

Obwohl Brazels Ranch im Kreis Lincoln lag, liegt die Stadt Roswell im Kreis Chaves. Roswell ist das Zentrum dieser Region in New Mexico. Die Rancher dort schenken den feinen Linien zwischen den Counties keine große Beachtung. Roswell war der Ort, an dem Geschäfte betrieben wurden, und für Brazel war es selbstverständlich, dorthin zu fahren, anstatt nach Carrizozo.[2]

Wilcox entschied, es sei das beste, das Militär im Stützpunkt anzurufen. Repräsentanten des Militärs, einer von ihnen Major Marcel, trafen sofort danach ein, nachdem der Sheriff aufgelegt hatte. Niemand hatte Brazels Geisteszustand hinterfragt oder die Einschätzung des Sheriffs bezüglich des Materials angezweifelt. Die Militäroffiziere kamen, unmittelbar nachdem sie benachrichtigt worden waren.

Sie trafen sich mit dem Sheriff, seinen Hilfssheriffs und Brazel in einem kleinen Raum des Hauptbüros, wo sie den Inhalt einer Kiste untersuchten, die Brazel mitgebracht hatte.[3] Irgendwann schickte Wilcox zwei Hilfssheriffs hinaus zur Ranch.[4]

Die beiden fuhren in das Corona-Gebiet und ließen Brazel zurück. Wenngleich die Militäroffiziere nicht mit den Farmen außerhalb von Roswell vertraut waren, so waren es doch die Hilfssheriffs. Brazel hatte die Lage des Trümmerfeldes beschrieben, und sie waren zuversichtlich, daß sie es allein aufgrund von Brazels Angaben finden könnten.

Als sie später am Nachmittag zurückkehrten, sagten sie, sie hätten zwar keine Trümmer gesehen, jedoch ein Gebiet mit geschwärztem Boden gefunden. Es hätte ausgesehen, als ob etwas Großes und Rundes den Boden berührt hätte. Der Boden sei dermaßen verbrannt und hart gewesen, daß es sie beide überrascht hätte.[5]

Jay Tulk, der Ehemann von Wilcox' Tochter Elizabeth, traf kurz nach dem Militär im Gefängnis ein. Er fragte den Sheriff, was los sei, angesichts all der Militärfahrzeuge, die draußen parkten. Tulk und Wilcox zogen sich in den kleinen Raum zurück, in dem die Trümmer aufbewahrt waren, und sprachen dort darüber.[6]

Die Soldaten und Brazel verließen das Büro, ehe die Hilfssheriffs zurückkamen. Wilcox rief in der Flugbasis an, doch dort hatte niemand irgendwelche neuen Informationen für ihn. Die Dinge beruhigten sich vorübergehend, wie sich herausstellte.

Am Dienstag veränderte sich die Situation radikal. Wilcox, der sich fragte, was vor sich ging, schickte zwei weitere Hilfssheriffs zur Ranch. Keiner von ihnen konnte nahe an die Stelle herankommen. Die Army, die die Straßen abgesperrt hatte, stoppte den ganzen Verkehr und schickte ihn zurück, sogar Hilfssheriffs.[7] Da sie Männer des Gesetzes aus dem Kreis Chaves waren, hatten sie keinen Rechtsstatus im Kreis Lincoln, und in diesem Fall hatte die U.S.-Army das Sagen.

Wilcox versuchte dann, von den Militärs in der Basis mehr zu erfahren, aber wiederum hatte niemand viel zu berichten. Doch die Nachricht sickerte durch. Direkt nach Mittag des 8. Juli erhielten der Sheriff und seine Hilfssheriffs Telefonanrufe aus der ganzen Welt. Wilcox blieb die ganze Nacht auf und nahm Anrufe aus Deutschland, England, Frankreich und Italien sowie aus allen Staaten der Union entgegen.[8]

Bald darauf, am 9. oder 10. Juli, wurde Wilcox erneut von Militäroffizieren besucht. Sie wollten die Kiste mit den Trümmern haben, die Brazel in dem kleinen verschlossenen Raum im Büro des Sheriffs zurückgelassen hatte. Der Sheriff hatte sichergestellt, daß die Kiste bewacht worden war. Die Soldaten wiesen den Sheriff an, so wenig wie möglich über die jüngsten Ereignisse verlauten zu lassen und alle diesbezüglichen Anrufer an die Basis zu verweisen. Und wenn dem Sheriff etwas anderes in den Sinn käme, würde dies schwerwiegende Konsequenzen haben.[9]

Anfangs verstand Phyllis McGuire, eine der Töchter des Sheriffs, überhaupt nichts. Sie nervte ihren Vater, indem sie ihm Fragen darüber stellte, was der Rancher gesehen und was das Militär im Gefängnis zu tun hätte. Schließlich ermahnte ihre Mutter Inez, die genau wußte, was das Militär zum Sheriff gesagt hatte, Phyllis McGuire und bat, sie solle aufhören, Fragen zu stellen.[10]

Jahre später erfuhr Barbara Dugger, die damals bei ihrer Großmutter Inez lebte, mehr über die Ereignisse im Juli 1947. Inez, in der Familie als Big Mom bekannt, erzählte ihr, daß eine fliegende Untertasse in der Nähe von Roswell abgestürzt sei. Dugger mußte ihr versprechen, nie etwas darüber weiterzuerzählen, weil das Militär sie und ihren Mann unter Eid zur Geheimhaltung verpflichtet hatte.

Dugger zufolge wußte der Sheriff mehr über den Absturz, als er je zugab. Inez erzählte ihrer Enkelin, daß man Körper gefunden hätte, kleine Männer mit großen Köpfen, die graue, seidenartige Anzüge getragen hätten. Es habe ein verbranntes Gebiet und metallische Trümmer gegeben.

Natürlich wollte Dugger mehr wissen, doch Inez zögerte, darüber zu reden. Sie hatte seit jener Woche im Juli 1947 nicht darüber gesprochen. Sie hatte die Geschichte so lange in ihrem Inneren vergraben, daß sie sie nun jemandem erzählen mußte. Sie warnte Dugger mehrere Male und sagte ihr, daß sie niemals jemandem von dem erzählen dürfe, was sie gleich zu horen bekommen werde.

Dugger zufolge war der Sheriff zu irgendeiner Stelle hinausgefahren, nicht weit vom Norden der Stadt, wo er ein großes Gebiet mit metallischen Trümmern sah. Er hatte auch von einer Reihe von kleinen Wesen erfahren, drei von ihnen tot und eines noch am Leben. Inez war sich aber nicht sicher, ob ihr Mann die Wesen tatsächlich gesehen hatte.

Inez' Geschichte basierte auf dem, was der Sheriff ihr erzählt hatte, nachdem er an diesem Abend zurückgekehrt war. Offenbar wußten Wilcox und/oder seine Hilfssheriffs irgendwie von der Absturzstelle unmittelbar nördlich der Stadt, ehe der Rancher Brazel von seinem Fund berichtete. Ihre unabhängigen Nachforschungen führten ihn zu der Absturzstelle, nicht dem Trümmerfeld nahe Corona. Inez gab zu verstehen, daß die Stelle, die ihr Mann fand, nur ungefähr fünfzig Kilometer von Roswell entfernt lag.

Inez zufolge regten diese Ereignisse den Sheriff Wilcox dermaßen auf, daß er das Interesse daran verlor, weiterhin County-Sheriff zu sein. Als seine Amtszeit auslief, weigerte er sich, sich zur Wiederwahl aufstellen zu lassen.

Inez kandidierte als Sheriff, doch in den späten Vierzigern war der Kreis Chaves nicht so weit, einen weiblichen Sheriff zu akzeptieren, und sie verlor.

Tommy Thompson, einer von Wilcox' Hilfssheriffs, erzählte später verschiedenen Forschern, die Vorfälle hätten Wilcox »zerstört«. Thompson behauptete, er wisse nichts über den Absturz oder die fliegende Untertasse, doch er war sich über die Einstellung des Sheriffs im klaren.

Wilcox' Demoralisierung hatte ebenso viel mit dem Verhalten des Militärs zu tun wie mit der außergewöhnlichen Natur des Geheimnisses, das das Militär zu wahren versuchte. Nachdem die erste Aufregung vorüber war und die Militärbehörden die Kiste mit Trümmern zurückbekommen hatten, erhielt Wilcox einen zweiten Besuch von ihnen. Inez erzählte Dugger: »Als sich der Vorfall ereignete, kam die Militärpolizei ins Gefängnis und sagte George und mir, wenn wir jemals irgend etwas über diesen Vorfall erzählen oder in irgendeiner Weise darüber sprechen würden, würden nicht nur wir getötet, sondern sie würden den Rest der Familie abholen.«

Dugger fragte: »Hast du gehört, wie sie das gesagt haben, Big Mom?« Und sie antwortete: »Ja, das habe ich.« [11]

Wilcox spielte, wenn auch unwissentlich, eine große Rolle bei der Geschichte. Ohne diesen anfänglichen Kontakt mit irgendeinem zivilen Zeugen in der Nähe von Roswell, hätte sich die Information vielleicht weiter und schneller verbreitet, so daß die Army und die Ortsbehörden nicht in der Lage gewesen wären, sie zurückzuhalten. Mit diesem einen Telefonanruf wurde Wilcox zu einer Hauptfigur bei einer der erfolgreichsten militärischen Desinformationskampagnen aller Zeiten.

5.

Major Jesse Marcel und das Trümmerfeld

Als Jesse Marcel das Trümmerfeld am Montagmorgen, den 7. Juli, zum ersten Mal sah, war es für ihn klar, daß »etwas über dem Boden explodiert und herabgefallen sein muß.«[1] Er inspizierte das Gebiet mit Hauptmann Sheridan Cavitt und Mac Brazel und war in der Lage, zu »bestimmen, aus welcher Richtung es kam und in welche Richtung es sich bewegte. Es paßte in dieses Muster. Aus der Art, wie es spärlicher wurde, konnte man erkennen, wo es anfing und wo es endete. Ich konnte sagen, daß es dort dichter war, wo wir zuerst nachsahen, und es dünnte sich aus, als wir nach Südwesten gingen.«

Marcel sagte: »Wir fanden irgendein Metall, kleine Stückchen Metall. Wir sammelten es auf.« Marcel zufolge war es etwas, das hergestellt worden war. »Ich wollte sehen, ob ein Stückchen davon brannte, doch ich hatte nur einen Zigarettenanzünder. Ich hielt den Zigarettenanzünder an ein Stückchen dieses Materials, doch es brannte nicht.«

Auch er beschrieb Doppel-T-Träger-förmige Strukturen. Obwohl sich die Materialstückchen nicht biegen und nicht brechen ließ, sahen sie nicht metallisch aus. Marcel sagte: »Sie waren, soweit ich mich erinnere, vielleicht knapp einen Zentimeter hoch und gut einen halben Zentimeter breit, und kamen in fast allen Längen vor, keines davon sehr lang.« Das größte war »ich würde sagen ungefähr neunzig bis einhundertzwanzig Zentimeter lang und gewichtslos. Man konnte nicht einmal spüren, daß man es in der Hand hatte.«

Er bemerkte auch »«nicht zu entziffernde« zweifarbige Zeichen längsseits eines der Doppel-T-Träger. »Ich selbst habe noch nie so etwas gesehen. Ich weiß nicht, ob sie je entziffert wurden oder nicht. Längsseits von einem der Teile befanden sich kleine Zeichen. Zweifarbige Zeichen … wie chinesische Schrift. Nichts, dem man einen Sinn entnehmen konnte.«

Marcel sagte, daß sie »so viel aufgesammelt hatten, wie wir tragen konnten, und einiges wurde dort zurückgelassen.« Marcel schickte dann Cavitt wieder zur Basis und kehrte zum Trümmerfeld zurück, um mehr von den Wrackteilen aufzusammeln. Marcel sammelte so viel auf, wie er konnte, und lud es in seinen Dienstwagen. Marcel: »Wir haben nur einen sehr kleinen Teil davon aufgesammelt.«[2]

Mit seinem vollen Wagen fuhr Marcel zum Stützpunkt, doch unterwegs hielt er bei seinem Haus an. Er sagte später, er sei so beeindruckt von den Trümmern gewesen, daß er wollte, daß seine Frau und sein Sohn das außergewöhnliche Material sahen, obwohl er sie dafür wecken mußte.[3]

Die Trümmer stammten eindeutig nicht von einem Flugzeug, einer Rakete oder einem Wetterballon. »Ich habe noch nie etwas derartiges gesehen. Ich wußte nicht, was wir da aufsammelten. Ich weiß es immer noch nicht. Bis zum heutigen Tag weiß ich immer noch nicht, was es war. Es konnten keine Teile eines Flugzeugs gewesen sein, keine Teile irgendeines Wetterballons oder Versuchsballons. Aus einem Grund: Wenn es ein Ballon gewesen wäre, wären sie nicht porös gewesen. Sie waren aber porös. Ich habe Raketen gesehen, die im White-Sands-Testgelände abgeschossen wurden. Es waren definitiv weder Teile eines Flugzeugs noch die einer Rakete.«[4]

Jesse Marcel jun., damals elf Jahre alt, erinnert sich daran, wie er geweckt wurde und sein Vater sich über ihn beugte und ihn fragte, ob er ihn zum Auto begleiten wolle, um eine von mehreren Kisten mit metallischen Trümmern zu holen.

Im Haus breiteten sie die Trümmer auf dem Küchenfußboden aus, versuchten Teile davon wie ein riesiges Puzzlespiel zusammenzusetzen. Sie bedeckten den größten Teil des Küchenfußbodens von der Hintertür bis zu der Tür, die ins Wohnzimmer führte. Sie verteilten sich vom Ofen zur linken bis zur Spüle und dem Kühlschrank über den Fußboden.

Außer der Alufolie und den Doppel-T-Trägern beschrieb Jesse jun. ein kleines, schwarzes, plastikartiges Material, dicker als die Folie und viel stärker. Jahre später sagte er, daß es Bakelit® geglichen habe.

Während Marcel und sein Sohn versuchten, die Trümmer zusammenzufügen, hob Marcels Frau Viaud eines der Doppel-T-Träger-Stücke auf und sagte: »Auf dem hier ist eine Schrift.«

Jesse jun. beschrieb sie als »verschiedene geometrische Formen, Blätter und Kreise.« Danach befragt, sagte Jesse jun. aus, daß die Symbole glänzend purpurrot und klein waren, weniger als einen Fingernagel breit. Es waren viele separate Figuren.

Marcel sen. meinte, daß die Stücke von einer fliegenden Untertasse stammten. Sein Sohn fragte ihn, was eine fliegende Untertasse sei, und sein Vater mußte es ihm erklären.

Als sie mit der Untersuchung des Materials aufhörten, half Jesse jun. seinem Vater, es zurück in die Kiste zu packen, und sie trugen es dann hinaus ins Auto. Marcel setzte danach seine Fahrt zum Stützpunkt fort.[5]

Als Marcel sich am nächsten Morgen mit Blanchard traf, zeigte er dem Oberst einige der Trümmer, die sie aufgesammelt hatten, und erklärte, daß es nichts sei, das er kenne.

Wie Marcel sagt, »schickte mich« Oberst Blanchard später an diesem Morgen »nach Carswell [Fort Worth Army Air Field], um dort mit General Roger Ramey zu sprechen. Mein Kommandeur sagte mir: ›Beeilen Sie sich und lassen Sie es zum Wright-Patterson Air Field [Wright Field] in Ohio‹, fliegen, doch als ich nach Carswell kam, war General Ramey nicht da.«[6]

Nachdem die Flugmannschaft die dem Flug vorhergehenden Sicherheitsüberprüfungen an dem Flugzeug, einer B-29, vorgenommen hatte, brachte ein Dienstfahrzeug aus Gebäude 1034 das Material in kleinen Päckchen heraus. Ein Mitglied der Mannschaft, Feldwebel Robert Porter, erinnerte sich, wie sie ihm die Pakete durch die Bodenluke hinaufreichten. Das größte davon war sechsundsiebzig Zentimeter bis neunzig Zentimeter breit, siebeneinhalb bis zehn Zentimeter dick und dreieckig. Die anderen drei Pakete hatten ungefähr die Größe von Schuhkartons. Sie alle fühlten sich an, als ob sie leer wären.

Nachdem sich die Pakete im Inneren des Flugzeugs befanden, wurden sie im hinteren Teil des Laderaums verstaut. Porter sagte, daß er sie nicht mehr sehen konnte.

Als das Flugzeug auf dem Army-Flugplatz von Fort Worth ankam, wurden Porter und die anderen Unteroffiziere angewiesen, bei dem Flugzeug zu bleiben, bis eine Wache postiert wurde. Nachdem dies erfolgt war, wurde der Flugmannschaft gestattet, ins Kasino zum Essen zu gehen. Porter zufolge wurde das Material in eine B-25 umgeladen und nach Wright Field geflogen. Als Porter und die anderen zum Flugzeug zurückkehrten, wurde ihnen mitgeteilt, daß die Trümmer nichts weiter als ein Wetterballon gewesen seien.[7]

Nachdem der General zurückgekehrt war, brachte Marcel die Trümmerteile in Rameys Büro, um ihm zu zeigen, was man gefunden hatte, und legte das Material auf dessen Schreibtisch. Ramey sagte, er wolle die genaue Lage der Fundstelle wissen, und die beiden gingen in den Kartenraum. Als sie in Rameys Büro zurückkehrten, waren die Wrackteile verschwunden. Stattdessen war auf dem Boden ein Wetterballon ausgebreitet.[8]

Dann machte Major Charles A. Cashon, Offizier für Öffentlichkeitsarbeit (PIO) von Fort Worth, zwei Fotos von Marcel, wie er in der Nähe der Überbleibsel des Wetterballons hockte.

Später am Abend hielt Ramey eine Pressekonferenz in seinem Büro ab. Marcel war zwar dabei, doch man hatte ihm befohlen, still zu bleiben. Marcel: »Es waren eine Menge Nachrichtenreporter da und eine Menge Mikrofone. Sie wollten mich interviewen, doch ich durfte nichts sagen, ehe ich mit dem General gesprochen hatte. Ich mußte seinen Befehlen gehorchen.«[9]

Ebenfalls auf dieser Pressekonferenz zugegen war Oberstabsfeldwebel (später Major) Irving Newton, ein Wetteroffizier, der in Fort Worth stationiert war. Er wurde hereingerufen, um die Trümmer auf dem Boden zu identifizieren. Newton kam herein und fand einen rawinartigen Wetterballon auf dem Boden ausgebreitet vor, der sich ihm zufolge in einem »schlechten Zustand« befand. Er war zerfetzt, in Stücke gerissen und wurde auf einem braunen Papier präsentiert. Newton sagte: »Der General fragte mich, was ich denke. Ich sagte ihm, was ich dachte. Es kam mir vor, als ob der General sich irgendwie über ihn [Marcel] lustig machte, weil er solch ein Dummkopf sei, den Wetterballon den ganzen Weg von Roswell herzubringen.«[10] Nachdem er die Trümmer als einen Ballon identifiziert hatte, sagte Ramey den Spezialflug ab, der die Trümmer nach Wright Field bringen sollte.[11]

Als die Pressekonferenz vorbei war, sagte Marcel: »Der General befahl mir: ›Fahren Sie zurück nach Roswell. Sie werden dort mehr gebraucht.‹ «[12] Marcel blieb über Nacht in Fort Worth und kehrte am nächsten Tag nach Roswell zurück.[13]

Robert Slusher, ein Mitglied der Flugmannschaft aus Roswell, brachte am 9. Juli einen anderen Spezialflug nach Fort Worth. Wie Slusher angibt, wartete bei ihrer Ankunft in Fort Worth ein Empfangskomitee auf dem Flugplatz, darunter viele Spitzenleute der Eighth Air Force.

Nachdem die Kiste, die sie aus Roswell eingeflogen hatten, entladen und weggebracht worden war, kam Marcel aus dem Kommandostand. Nach Aussage von Slusher kehrte Marcel an diesem Abend mit ihnen nach Roswell zurück.[14]

Bei seiner Ankunft zu Hause sagte Marcel sowohl seiner Frau als auch seinem Sohn, daß sie nicht erwähnen dürften, was sie gesehen hätten. Er erklärte ihnen, sie sollten »es vergessen«.[15]

Doch Marcel war mit dem Absturz in Roswell noch nicht fertig. Er wußte, daß das, was er auf der Ranch gefunden hatte, kein Wetterballon gewesen war. Jahre später äußerte er: »Ich war mit den meisten Dingen, die sich damals in der Luft befanden, bestens vertraut, nicht nur mit meinem eigenen Militärflugzeug, sondern auch mit vielen aus fremden Ländern, und ich glaube immer noch, daß es nichts war, das von der Erde stammte. Es kam zur Erde, aber nicht von der Erde.«[16]

Marcel fuhr zur Basis hinaus und fand Cavitt und Oberstabsfeldwebel Lewis Rickett im Nachrichten-Büro vor. Marcel ging auf Cavitt zu und fragte ihn, ob er einen schriftlichen Bericht vorbereitet hätte. Cavitt sagte, das hätte er, doch Marcel dürfe ihn nicht sehen. Rickett zufolge ärgerte Marcel dies, und angesichts seiner Behandlung und Demütigung in Fort Worth am Tage zuvor war das nicht verwunderlich.

Marcel schnauzte ihn an: »Ich stehe rangmäßig über Ihnen, und ich will diesen Bericht sehen.«

Cavitt entgegnete, seine Order kämen aus Washington, und wenn es Marcel nicht passe, könne er es ja mit denen dort aufnehmen. Marcel konnte die Herausgabe nicht erzwingen.[17]

Das war das letzte Offizielle, was Marcel über die Trümmer erfuhr. Er hörte nichts mehr von Ramey oder aus Wright Field. Wenn Blanchard je mehr erfuhr, so erwähnte er es jedenfalls Marcel gegenüber nicht.

Jesse jun. erörterte im Laufe der Jahre die Vorfälle gelegentlich mit seinem Vater. Jedesmal betonte der ältere Marcel, daß er nichts gesehen habe, das er kenne. Wäre es ein Radar reflektierender Ballon gewesen, hätte es für Marcel keinen Grund gegeben, ihn nicht zu erkennen. Seinem Sohn zufolge war er während des Zweiten Weltkrieges in Radaroperationen ausgebildet worden. Seinem Stab gehörte ein Radarauswertungsoffizier an, und natürlich gab es mehrere Wetteroffiziere, die dem Stützpunkt in Roswell zugeteilt waren und verschiedene Typen von Wetterballons einsetzten.[18]

Marcel sagt: »Bis zum heutigen Tag weiß ich nicht, was es war.«[19]

6.

Die Presseberichte

Während die Presse in Roswell beruhigt worden war, tat Brigadegeneral Roger Ramey, Kommandeur der Eighth Air Force, alles, was er tun konnte, um die Geschichte in Fort Worth abzublocken. Das Flugzeug aus Roswell war bereits abgeflogen, doch es gab Leute in Fort Worth, die an seiner Ankunft interessiert waren.

Als der Reporter J. Bond Johnson[1] an diesem Tag im Juli 1947 in sein Büro beim »Fort Worth Star Telegram« ging, hörte er eine unglaubliche Geschichte: Der AP-Fernschreiber meldete, daß ein Flugzeug mit dem Wrack einer fliegenden Untertasse, die man außerhalb von Roswell gefunden habe, unterwegs sei.

Lokalredakteur Cullen Green fragte Johnson, der normalerweise für den Polizeibericht zuständig war und gelegentlich als Fotograf einsprang, ob er seine Kamera, eine Speed-Graphic, dabei habe. Als er dies bejahte, bat ihn der Redakteur, zu General Rameys Büro hinauszufahren.

Johnson kam am späten Nachmittag in der Basis an. Die Wache am Tor war vorbereitet; sie wußte, daß er kam, und schickte ihn zu Rameys Büro. Das entsprach nicht dem üblichen Procedere. Normalerweise ging Johnson ins Büro für Öffentlichkeitsarbeit.

In Rameys Büro sah Johnson Wrackteile auf dem Boden ausgebreitet. Es war kein beeindruckender Anblick, bloß etwas aluminiumartige Folie, Balsaholzstäbe und faulig riechender, verbrannter Gummi. Johnson sagte: »Es war jedenfalls bloß ein Haufen Abfall.«

Johnson beschrieb die Szenerie so: »Er hatte ein großes Büro, wie die meisten von ihnen [den Generälen]. Er kam herüber, und ich postierte ihn so, daß er hockend darauf hinunterschaute und das Material festhielt. Dann wurde ich darüber informiert, daß es keine Flugscheibe sei, wie anfangs berichtet, sondern in Wirklichkeit ein Wetterballon, der abgestürzt sei. Fast das erste, was Ramey sagte, war: ›Oh, wir haben herausgefunden, was es ist. Wissen Sie, es ist ein Wetterballon.‹ «

Johnson machte vier Bilder.[2] Zwei zeigten Ramey und zwei weitere Ramey zusammen mit Oberst Thomas J. DuBose, Stabschef der Eighth Air Force. Johnson hatte nur zwei Halter mitgebracht, so daß er nur die vier Aufnahmen machen konnte. Ihm zufolge sprach er ungefähr fünfzehn Minuten mit Ramey, ehe er zum Büro der Zeitung zurückkehrte. Dies war ein paar Stunden vor der Pressekonferenz, die in Rameys Büro abgehalten wurde.

Johnson wurde sofort in die Dunkelkammer geschickt, um den Film zu entwickeln und die Abzüge zu machen. Der Redakteur konnte es kaum abwarten, so daß Johnson ihm die noch tropfenden Abzüge in die Lokalredaktion bringen mußte.

Fachleute von der »Associated Press« warteten bereits auf ihn. Johnson erwähnte, daß sie zusammen mit einem tragbaren Funkfotosender in einem Bus aus Dallas gekommen waren.

Auch die Telefone in der Redaktion klingelten. Johnson sagte, wenn er mehr Fotos gemacht hätte, wäre er vielleicht reich geworden. »Jeder wollte ein exklusives, und ich hatte nur zwei [!] Filmplatten belichtet.«[3]

Später an diesem Tag berief Ramey eine Pressekonferenz ein. Diese fand zusätzlich zu dem Gespräch statt, das er am frühen Nachmittag mit Johnson geführt hatte. Johnson war sich sicher, daß er der einzige Reporter dort gewesen war, als er Ramey interviewte und fotografierte. Er meinte, zu dieser Zeit habe sich niemand sonst in dem Büro befunden, und es sei seine Idee gewesen, Oberst DuBose auf zwei der Fotos mit aufzunehmen.[4]

Während Johnson im »Star-Telegram« seine Geschichte schrieb, in der er erklärte, daß die Trümmer nichts weiter als ein Wetterballon waren, riefen andere Reporter im Stützpunkt an. Die »Dallas Morning News« erfuhr ihrer Story zufolge um 17.30 Uhr, daß die Offiziere in Roswell die Ballonüberreste irrtümlich für die Trümmer einer fliegenden Untertasse gehalten hatten. Der Reporter sprach mit Major Edwin M. Kirton, einem Nachrichtenoffizier der Basis.[5]

Später am selben Nachmittag saß Irving Newton, einer der Wetteroffiziere der Eighth Air Force, allein in seinem Büro, als ein Oberst aus Rameys Stab anrief. Newton wurde befohlen, dem Hauptquartier Bericht zu erstatten, doch er weigerte sich, indem er erklärte, er könne das Büro nicht unbesetzt lassen. Daraufhin rief General Ramey ihn an und befahl Newton, »Ihren Arsch jetzt hierher zu bewegen. Nehmen Sie einen Wagen, und falls nötig, nehmen Sie den ersten, in dem die Schlüssel stecken.«

Als Newton ankam, bereitete ihn ein Oberst schnell im Flur vor, abseits der Reporter. Newton konnte sich nicht erinnern, wer es war, sagte aber, die

Botschaft sei klar gewesen. »Diese Offiziere aus Roswell glauben, sie hätten eine fliegende Untertasse gefunden, aber der General glaubt, daß es ein Wetterballon ist. Er will, daß Sie einen Blick darauf werfen.«

In Rameys Büro sah Newton den Ballon auf dem Boden liegen. Newton zufolge war es keine Frage, was er da sah. Es war ein Rawin-Zielballon.

Laut Newton befanden sich fünf oder sechs Reporter in dem Raum. Sie waren zurückgetreten und hörten zu, was vor ihnen ablief. Ramey, ein paar Obersten und ein Major, der vermutlich derjenige war, der aus Roswell eingeflogen war, waren ebenfalls anwesend.

Newton zufolge stellten die Reporter keine Fragen, und der Major hätte erklärt, es sei ihm nicht erlaubt, mit den Reportern zu sprechen. Doch Newton sagte: »Der Major zeigte dauernd auf Teile des Ballons, um zu fragen, ob ich denke, daß diese bei normalen Ballons gefunden würden.« Newton berichtete, er habe den Eindruck gehabt, daß der Major versuchte, sein Gesicht zu wahren und nicht als ein Dummkopf dazustehen, der einen gewöhnlichen Ballon nicht von etwas aus dem Weltall unterscheiden kann.[6]

Es ist nicht klar, ob dieser Major Marcel oder Major Charles Cashon, der Offizier für Öffentlichkeitsarbeit war. Newton kannte beide Männer nicht. Als Teil seines Jobs hätte Cashon versucht haben können, der Presse die Ballon-Erklärung zu verkaufen.[7] Marcel hätte als ein Offizier, der in Radaroperationen ausgebildet und Gruppenleiter der Luftaufklärung war, in der Lage sein müssen, einen Ballon zu identifizieren, selbst einen so zerfetzten wie den in Rameys Büro. Tatsächlich waren vierzig Jahre nach dem Bericht die Wetterexperten in verschiedenen Fernsehstationen in der Lage, auf den Fotos, die in Rameys Büro gemacht worden waren, die Überreste eines Ballons zu erkennen.[8]

Nachdem Ramey die Trümmer als Ballon identifiziert hatte, beauftragte er seinen Berater, Hauptmann Roy Showalter[9], den Spezialflug abzusagen. Newton ging so schnell er konnte, weil niemand im Wetterbüro war.

Jahre später gestand DuBose zu, daß die Geschichte mit dem Wetterballon dazu bestimmt war, »dem General« die Reporter »vom Hals zu schaffen«. Und obwohl Ramey in Gegenwart der Reporter anordnete, den Spezialflug zu stornieren, wurde er nicht gestoppt. DuBose zufolge befahl Generalmajor Clements McMullen, stellvertretender Kommandeur des Strategischen Luftwaffenkommandos, Ramey, die ganze Sache zu vertuschen. Sie wollten so schnell sie konnten »das Feuer löschen«.

DuBose wußte sogar noch mehr darüber. Laut DuBose war irgendein Wrack aus Roswell »zwei oder drei Tage zuvor« von Roswell nach Fort Worth gebracht worden. DuBose war der Offizier, der die Männer in Washington alarmierte, daß irgend etwas in der Nähe von Roswell gefunden worden war.

Und es war DuBose, der irgendwann später am Sonntag, den 6. Juli, von McMullen eine die Trümmer betreffende Order erhielt.

DuBose: »Er [McMullen] rief mich an und sagte – es war die Rede von einigen Teilen, die auf dem Gelände außerhalb von Roswell, New Mexico, gefunden worden waren –, daß die Trümmer oder Teile in einen passenden Behälter gepackt werden sollten, und Blanchard solle dafür sorgen, daß sie übergeben wurden. Sie wurden in ein passendes Behältnis gepackt, und Al Clark, der Kommandeur des Stützpunktes in Carswell [Fort Worth Army Air Field] sollte sie entgegennehmen und sie persönlich McMullen in Washington übergeben. Niemand, und das muß ich betonen, niemand durfte mit seiner Frau darüber sprechen, ich nicht mit Ramey, mit niemandem. Soweit es uns betraf, war die Angelegenheit damit abgeschlossen.«

DuBose rief dann Blanchard an und gab die Instruktionen an ihn weiter. In diesem Moment wurden unter Blanchards Befehl Proben der Trümmer, die Brazel dem Sheriff von Chaves County übergeben hatte, zum Roswell Army Air Field gebracht.

DuBose fuhr fort, indem er sagte: »... und sagte ihm, daß da dieses Material sei, das sein S-2 [Marcel] in der Wüste gefunden habe, und ich sagte, dies muß von diesem Major in einen passenden Behälter gepackt werden, und du mußt dafür sorgen, daß er versiegelt in dein kleines Kommandoflugzeug verfrachtet und von einem zuverlässigen Kurier [gemeint ist ein Offizier oder Unteroffizier, der autorisiert ist, geheimes Material zu transportieren] nach Carswell geflogen und Al Clark übergeben wird, der es dann McMullen überantworten wird.«

Weil es an diesem Tag heiß war, wartete DuBose in seinem Büro, bis man ihm mitteilte, daß das Flugzeug aus Roswell sich im Anflug befinde. Nachdem er die Nachricht erhalten hatte, fuhr er hinaus zur Rampe und wartete auf die Landung des Flugzeugs. Er konnte sich nicht entsinnen, ob es eine B-25 oder eine B-26 gewesen war, sagte jedoch, er wisse, daß es keine B-29 war. McMullen hätte es nicht gebilligt, einen seiner Bomber dafür zu benutzen.[10]

Als das Flugzeug zum Stehen kam, ging Oberst Alan Clark[11] hinüber und nahm die Tasche von der Roswell-Crew entgegen. DuBose sagte: »Clark nahm das Päckchen und stieg in den Rumpf der B-26 [das bereitstehende Fort-Worth-Flugzeug] ein. Er übergab es jemandem. Es war eins von den Dingern, die man sich ums Handgelenk schnürt, und er überreichte die Tasche jemandem und stieg ein. Und das ist das letzte, was ich davon sah. In ein paar ... drei Stunden wurde sie McMullen übergeben, und das ist das letzte, was ich davon hörte.«

DuBose war sich nicht sicher, was mit den Trümmern geschah, nachdem sie nach Washington gelangten, weil McMullen ihn angewiesen hatte, nicht darüber zu sprechen. Er berichtete jedoch: »McMullen sagte mir oder zu irgend jemandem, was wir damit tun werden, ist, es nach Wright Field schicken und es analysieren lassen. Die Möglichkeit dazu hatten sie in Andrews [dem Stützpunkt in Washington, an dem Clark und das Flugzeug landeten] nicht.«

DuBose zufolge befanden sich auf dem Flug von Roswell keine Wachen, auch keine in dem Fort-Worth-Flugzeug. Er sagte auch, daß er nie die Gelegenheit hatte, die Trümmer zu sehen. »Ich sah nur das Behältnis, und das Behältnis war eine Plastiktasche, die, ich würde sagen, sieben bis neun Kilo wog. Sie war versiegelt ... Bleisiegel oben. Die einzige Weise hineinzulangen, war, es aufzuschneiden.«

Laut DuBose war dies das einzige Päckchen. Er machte deutlich, daß die Trümmer in der Tasche sich von den Trümmern unterschieden, die zwei Tage später in Rameys Büro gezeigt wurden. Der einzige Flug mit Trümmerteilen, von dem DuBose wußte, war der vom Sonntag, den 6. Juli.[12] Es gab andere Flüge, doch zu dieser Zeit war alles streng geheim. Tatsächlich sagte DuBose: »McMullen trug mir auf, nicht darüber zu sprechen. Dies sei zum gegenwärtigen Zeitpunkt mehr als Top Secret, noch geheimer. ›Dies ist die höchste Priorität, und Sie werden nichts sagen.‹ Das war das Ende.«[13]

Den Reportern in Fort Worth erschien die Wetterballon-Erklärung plausibel. Schließlich hatte sich Ramey bereit erklärt, das Wrack zu zeigen, er hatte seinen Experten vor Ort mitgebracht, um es zu identifizieren, und Marcel, der Mann, der mit all dem angefangen hatte, schien gegen die Erklärung keinen Einspruch zu erheben.[14]

Ramey erzählte seine Geschichte auch Reportern außerhalb von Fort Worth. Joe Wilson von den »ABC News« in Chicago interviewte Ramey. Er bekam eine Beschreibung, die mit dem Ballon auf dem Boden von Rameys Büro übereinstimmte. Die Deckgeschichte wurde an diesem Abend in der »ABC Headline Edition« um zwanzig Uhr gebracht.[15]

Es ist möglich, daß die Wetterballon-Deckgeschichte durch ein Ereignis angeregt wurde, das Tage zuvor die Aufmerksamkeit der nationalen Presse erregt hatte. Sherman Campbell aus Circleville, Ohio, war mit dem, was er für die Lösung des Rätsels der fliegenden Scheiben gehalten hatte, zum örtlichen Sheriff gegangen. Das Bild von Campbells Tochter Jean, die ein Teil davon festhielt, war am 6. Juli 1947 im ganzen Land veröffentlicht worden. Dieses Foto könnte das Militär zu seiner Deckgeschichte angeregt haben. In diesem Fall jedoch wußte jeder Beteiligte in Ohio, der es sah, daß es ein Wetterballon war.[16]

Andere Berichte schienen die Ballon-Erklärung zu unterstreichen. Wetterexperte L. J. Guthrie sagte, er sei sich sicher, daß die von Brazel gefundene angebliche Scheibe zum Wetterdienst gehöre. Basierend auf den Beschreibungen, die er gehört hatte, war er sich sicher, daß es einer von »mehreren Typen war, die verwendet wurden, um die Windgeschwindigkeit in den oberen Bereichen zu messen, und daß einige von ihnen dreieckig konstruiert waren, mit einer angehängten Radarzielscheibe.«[17]

Newton, noch immer in Fort Worth, wurde zitiert: »Wir verwenden sie, weil sie weit höher reichen, als das Auge sehen kann.«[18]

Die Aufmerksamkeit verlagerte sich von Fort Worth zurück nach Roswell. Reportern, die aus der ganzen Welt anriefen, wurde mitgeteilt, Oberst Blanchard sei jetzt in Urlaub.[19] Mac Brazel, in Militärgewahrsam, stand bis zum 9. Juli für Kommentare nicht zur Verfügung. Unter Militäreskortierung wurde er zu den Büros des »Roswell Daily Record« gebracht, wo er von Reportern dieser Zeitung sowie von zwei Männern aus Albuquerque, Jason Kellahin und R. A. Adair, interviewt wurde.[20]

Die Nachrichtenmedien waren damals von dem vorgelegten Beweismaterial überzeugt. Sie hatten den Ballon gesehen, sie hatten die Erklärung des Wetterexperten und die der Offiziere in Fort Worth gehört. Sie hatten keinen Grund zu argwöhnen, daß sie nichts gesehen und man ihnen nichts erzählt hatte. Es sollte mehr als dreißig Jahre dauern, bis irgend jemand entdecken würde, daß Ramey nicht die Wahrheit gesagt hatte.

7.

Die Geschichte des Jahrhunderts

Die »Geschichte des Jahrhunderts« dauerte den größten Teil des Nachmittags des 8. Juli 1947. Zeitungen und später Radiostationen im ganzen Land brachten den Bericht, daß die Army eine fliegende Untertasse auf einer Ranch nahe Roswell, New Mexico, geborgen habe. Mehr als drei Stunden lang war die Presse in Aufruhr, verlangte zu erfahren, ob die Army den Begriff »Flugscheibe« benutzt habe, ob sie sich in Alamogordo oder in White Sands befinde, und bat inständig um zusätzliche Einzelheiten. Während dieser drei Stunden glaubte man, daß die Antworten auf die Fragen der fliegenden Untertassen bekannt seien.[1]

Es fing gegen Mittag in New Mexico an (vierzehn Uhr in Washington D.C.), als Oberleutnant Walter Haut, der Offizier für Öffentlichkeitsarbeit der 509. Bombergruppe, eine Pressemitteilung zum Büro von KGFL brachte, einer der beiden Radiostationen in Roswell. Er setzte seine Runde fort, indem er KSWS ein Exemplar auslieferte, ebenso der »Roswell Daily Record« und zum Schluß noch der »Roswell Morning Dispatch«. Als er damit fertig war, fuhr er zum Mittagessen nach Hause.[2]

»Morning Dispatch«-Herausgeber McQuiddy sagte später: »Ich kann mich recht gut daran erinnern, was an diesem Tag geschah. Es war gegen Mittag und Walter brachte eine Pressemitteilung herein. Er war bereits bei einem der Radiosender gewesen, und ich schlug einen Mordskrach, er sei parteiisch. Als Haut bei mir ankam, dauerte es keine zehn Minuten, und die Telefone begannen zu klingeln. Ich kam erst spät am Nachmittag vom Telefon weg. Ich bekam Anrufe aus London und Paris und Rom und Hong Kong, an die ich mich gut erinnern kann.«

McQuiddys Pech war es, daß der »Dispatch« eine Morgenzeitung war, und bis sie die nächste Ausgabe unter die Leute bringen konnten, war das Interesse verebbt. »Die Geschichte starb praktisch so schnell wie sie begonnen hatte.«[3]

Andere hatten McQuiddys Problem nicht. Sie besaßen Nachmittagszeitungen mit einem Redaktionsschluß, der es ihnen ermöglichte, die Meldung zu drucken, sobald sie aus Roswell eintraf.

Die Aufregung begann um 16.26 Uhr (14.26 Uhr Roswell-Zeit), als die Geschichte über den Ticker ging. Der erste Tagesbericht las sich folgendermaßen:

Roswell, N. M. – Die Army Air Forces hier haben heute bekanntgegeben, daß auf einer Ranch nahe Roswell eine Flugscheibe gefunden wurde und sich im Besitz der Army befindet.
Das Informationsbüro berichtet, daß sie in Zusammenarbeit mit einem Rancher aus Roswell und mit Sheriff George Wilson (!) aus Roswell in Besitz der Scheibe gekommen seien.
Die Scheibe landete irgendwann letzte Woche auf einer Ranch nahe Roswell. Da er kein Telefon hatte, bewahrte der Rancher, dessen Name noch nicht bekannt geworden ist, die Scheibe auf, bis er Kontakt mit dem Büro des Sheriffs von Roswell aufnehmen konnte.
Das Büro des Sheriffs benachrichtigte seinerseits einen Major des 509. Nachrichtenbüros.
Es wurden sofort Maßnahmen eingeleitet, und die Scheibe wurde im Haus des Ranchers abgeholt und zum Luftwaffenstützpunkt von Roswell gebracht. Nach einer Untersuchung wurde die Scheibe von Nachrichtenoffizieren in einem Superbomber (B-29) zu einem geheim gehaltenen, »höher stehenden Hauptquartier« geflogen.
Der Luftwaffenstützpunkt hat weitere Einzelheiten über die Konstruktion oder das Äußere der Scheibe verweigert.
Bewohner in der Nähe der Ranch, auf der die Scheibe gefunden wurde, berichteten, sie hätten mehrere Tage zuvor gegen drei Uhr morgens ein seltsames blaues Licht gesehen.[4]

Vier Minuten später, 16.30 Uhr Washington D.C.-Zeit, gab es den »ersten Zusatz«, der die erste Aktualisierung der Geschichte darstellte: »Lt. Warren Haught [Walter Haut], Offizier für Öffentlichkeitsarbeit von Roswell Field, gab bekannt, daß das Objekt ›irgendwann letzte Woche‹ gefunden worden sei.«[5] Der Bericht gab außerdem an, daß das Objekt sich auf dem Weg in ein höher stehendes Hauptquartier befinde.

Die vielen Gerüchte bezüglich der fliegenden Scheiben wurden gestern zur Realität, als der Nachrichtenoffizier der 509. Bombergruppe der Eighth Air Force, Roswell Army Air Field, das Glück hatte, durch

die Mitwirkung von einem ortsansässigen Rancher und des Büros des Sheriffs von Chaves County in den Besitz einer Scheibe zu gelangen. Das Flugobjekt landete irgendwann letzte Woche auf einer Ranch nahe Roswell. Da er kein Telefon hatte, bewahrte der Rancher die Scheibe auf, bis er Kontakt mit dem Büro des Sheriffs aufnehmen konnte, der seinerseits Major Jesse A. Marcel vom Nachrichtenbüro der 509. Bombergruppe benachrichtigte.
Es wurden sofort Maßnahmen eingeleitet, und die Scheibe wurde im Haus des Ranchers abgeholt. Sie wurde inspiziert und dann von Major Marcel an ein höherstehendes Hauptquartier weitergeleitet.«[6]

Die »Associated Press« berichtete, daß Generalleutnant Hoyt S. Vandenberg, stellvertretender Chef der Army Air Forces, zur Presseabteilung der AAF (Army Air Force) in Washington geeilt sei, um die Sache bezüglich der Nachricht vom Fund in New Mexico aktiv in die Hand zu nehmen. General Carl Spaatz, Kommandeur der Army-Luftwaffe, war in Urlaub im Staat Washington und stand für einen Kommentar nicht zur Verfügung.[7]

Um 16.55 Uhr (Washington D.C.) kam eine zweite Ergänzung, doch diese trug eine »95er«-Kennzeichnung, was bedeutete, daß sie an Bedeutung einer amtlichen Bekanntmachung am nächsten kam. Dieses Mal wurde berichtet, wo die Scheibe gefunden worden war. Sie wiederholten diese Meldung einmal, und um 17.08 Uhr wiederholten sie dann die ganze Geschichte.

Ein weiterer »95er« ging um 17.10 Uhr (16.10 Uhr in Fort Worth, Texas, 15.10 Uhr in New Mexico) über den Fernschreiber. Er war an die verschiedenen Redakteure adressiert und besagte, daß die AP jetzt »der Sache nachgeht«.[8]

In Fort Worth kam J. Bond Johnson, ein Reporter des »Fort Worth Star Telegram«, gegen 16 Uhr (17 Uhr an der Ostküste) in seinem Büro an und wurde von seinem Redakteur Cullen Green beauftragt, zu General Rameys Büro zu fahren, weil sie dort eine fliegende Untertasse hätten und diese aus Roswell herbrächten. Johnson verließ das Büro, um hinüber zum Fort Worth Army-Air-Field zu fahren.[9]

Um 17.11 Uhr (16.11 Uhr in Fort Worth) gab der »dritte Zusatz« zum Bericht bekannt, daß »das Kriegsministerium in Washington nichts Direktes über den berichteten Fund zu sagen habe.«[10]

Gegen 16.30 Uhr (17.30 Uhr in Washington) kam Johnson in Fort Worth Army-Air-Field an und wurde zu Rameys Büro geschickt. Johnson sagte später, daß ihn dies überrascht habe, weil er normalerweise gebeten wurde, sich im Büro für Öffentlichkeitsarbeit zu melden.

Johnson wurde in Rameys Büro gebeten und sah dort das Wrack, das auf dem Boden ausgebreitet war, aluminiumartige Folie, Balsaholzstäbe und verbrannter Gummi.[11]

Zwanzig Minuten später, um 17.53 Uhr (16.53 Uhr in Fort Worth) kam ein weiterer Bericht über den AP-Ticker. Obwohl er eine Datumszeile aus Washington trug, zitierte er Brigadegeneral Roger Ramey, der aussagte, die »Scheibe« sei nach Wright Field nahe Dayton, Ohio, gebracht worden.[12]

Es sollte hier erwähnt werden, daß Ramey Johnson bereits mitgeteilt hatte, daß das Objekt ein Wetterballon sei, und er ihm die auf dem Boden des Büros ausgebreiteten Überbleibsel gezeigt hatte. Später wurde klar, daß die von Ramey gezeigten Trümmer nicht dieselben waren, die in Roswell gefunden worden waren. Es war auch klar, daß eine Deckgeschichte erfunden worden, jedoch keine Abstimmung mit Washington erfolgt war. Ramey wird an beiden Stellen zitiert, wobei Dinge ausgesagt werden, die sich widersprechen. Die Trümmer konnten nicht auf dem Weg nach Ohio sein, wenn sie sich auf dem Boden von Rameys Büro befanden.

Um 17.56 Uhr und noch einmal um 17.59 Uhr (16.56 Uhr und 16.59 Uhr in Fort Worth) wurden weitere Informationen über den Fernschreiber der AP geschickt. Nur eine Minute später, um 18.00 Uhr, wurde ein typographischer Fehler korrigiert und dann die Information von 17.59 Uhr fortgesetzt.[13]

Johnson kehrte mit den vier Fotos, die er in Rameys Büro gemacht hatte, in die Büros des »Star Telegram« zurück. »Ich fuhr zurück zur Zeitung. Die Agenturen waren aufgeregt. Die AP hatte einen tragbaren Funkfotosender vorbeigeschickt. Jeder wollte ein Exklusivfoto.«

Als Johnson mit den nassen Abzügen seiner Bilder aus der Dunkelkammer kam, klingelten in der Redaktion die Telefone wie wild. Er sagte, sechzig oder siebzig Nachrichten hätten auf ihn gewartet. Jeder wollte ein Bild.[14]

Um 18.02 Uhr (17.02 Uhr in Fort Worth) setzte die AP die ganze Geschichte auf und begann die Übertragung mit »Erster Aufmacher Scheibe«. Die neue Story kam aus Albuquerque und besagte: »Die Army Air Forces sind in den Besitz einer fliegenden Scheibe gelangt, wie Leutnant Warren Haught [Walter Haut !], Offizier für Öffentlichkeitsarbeit von Roswell Army Air Field, heute bekannt gegeben hat.« Dieser neue Aufmacher sollte in die Geschichten eingefügt werden, die über den Fernschreiber bereits an Redaktionen im ganzen Land gegangen waren.

Zwei Minuten später gab es einen weiteren Bericht, diesmal aus Oelwein, Iowa. Ein Farmer hatte behauptet, er hätte eine Scheibe gefunden, doch diese Geschichte wurde ignoriert.[15] Es gab keine offizielle Untermauerung dafür, anders als dies bei den Berichten, die aus New Mexico und Texas kamen, der Fall war.

Die Telefonleitungen in Roswell waren total überlastet. Oberst William Blanchard, befehlshabender Offizier der 509. Bomberstaffel, wollte vom Stützpunkt aus hinaustelefonieren, konnte aber keine freie Leitung bekommen.[16] Reporter aus der ganzen Welt versuchten, mehr zu erfahren. Sheriff Wilcox berichtete später, daß er Anrufe aus London, Paris und Rom bekam.[17]

Die Reporter von der »Dallas Morning News« riefen in Fort Worth Army-Air-Field an, um offizielle Vertreter zum Thema Flugscheibe zu interviewen. Um 17.30 Uhr (18.30 in Washington) teilte Major E. M. Kirton, ein Nachrichtenoffizier im Hauptquartier der Eighth Air Force in Fort Worth, den Reportern mit, daß »nichts daran sei. Es ist ein Rawingerät zur Höhensondierung.« Kirton sagte, daß die Identifizierung jetzt abgeschlossen und es nicht nötig sei, das Gerät, wie ursprünglich geplant, nach Wright Field in Ohio zu schicken. Kirton bestätigte, daß das Objekt in einer B-29 von Roswell nach Fort Worth geflogen worden sei.[18]

Fast dreißig Minuten später, um 18.59 Uhr (17.59 Uhr in Fort Worth) gab es weitere Informationen aus New Mexico, und vier Minuten später eine weitere »Erste Aufmacher«-Story aus Washington. Dies war der erste Hinweis der »Associated Press«, daß die Scheibe nichts Spektakuläres, sondern nur eine meteorologische Vorrichtung war.

Dann, um 19.15 Uhr (18.15 Uhr in Fort Worth), kam ein neuer Bericht, der besagte, daß Ramey über den Sender der »National Broadcasting Company« (NBC) sprechen würde. Die Zuschaltung war offenbar in Zusammenarbeit mit WBAP, einer Radiostation in der Dallas Fort-Worth-Region arrangiert worden.[19]

Zwei Minuten später (18.17 Uhr in Fort Worth, 19.17 Uhr in Washington) schaltete sich das FBI ein. Das FBI-Büro in Dallas schickte eine Nachricht über den Absturz an das Büro in Cincinnati. Es war an den Direktor (J. Edgar Hoover) und an den SAC (Special Agent in Charge, diensthabender Spezialagent) gerichtet und mit »Flugscheibe betreffende Information« überschrieben.

Der Text lautete:

Major Curtan [Major Edwin Kirton !], Hauptquartier der Eighth Air Force, setzte dieses Büro am heutigen Tage [8. Juli 1947] davon in Kenntnis, daß ein Objekt, das angeblich eine Flugscheibe ist, nahe Roswell, New Mexico gefunden wurde. Die Scheibe war hexagonal-förmig und mit einem Kabel an einem Ballon aufgehängt, wobei der Ballon [!] ungefähr sechs Meter im Durchmesser maß. Major Curtan [!] teilte ferner mit, daß das gefundene Objekt einem Höhen-Wetterballon mit einem Radarreflektor ähnelt, daß aber Telefongespräche zwischen seinem Büro und Wright Field diese Ansicht nicht erhärtet hätten. Scheibe und Ballon werden in einem Spezialflugzeug zur Überprüfung [!] nach Wright Field gebracht. Die Information wurde diesem Büro aufgrund des landesweiten Interesses an dem Fall übermittelt und aufgrund der Tatsache, daß die »National Broadcasting Company, »Associated Press« und andere versuchen, die Geschichte vom Fund der Scheibe heute zu verbreiten. Major Curtan [!] setzte uns in Kenntnis, er werde Wright Field ersuchen, das Büro in Cincinnati über die Ergebnisse der Untersuchung in Kenntnis zu setzen. Es wird keine weitere Untersuchung durchgeführt.[20]

Im Büro von General Ramey hatte sich eine Gruppe von Reportern versammelt. Oberst DuBose zufolge befragten drei oder vier Reporter, einschließlich dem Fort Worth PIO Major Charles A. Cashon, den General und seinen Wetteroffizier Warrant Irving Newton.[21]

Newton, der vom General hereingerufen wurde, sagte, er wußte in dem Augenblick, als er es sah, was es war. Newton hatte während der Invasion von Okinawa im Jahre 1945 Dutzende ähnlicher Ballons gestartet und seitdem noch einige Hundert mehr. Der Trümmerhaufen, der auf dem Boden gezeigt wurde, war »ein beschädigter Rawin-Zielballon.«[22]

Um 19.29 Uhr (18.29 Uhr in Fort Worth) kam ein weiterer Bericht durch, der besagte: »Washington vorziehen, vollständiger Aufmacher Scheibe.« Das bedeutete, daß der neue Aufmacher mit einer »neuen« Story beginnen sollte, die das gesamte Material beinhalten sollte, das bis dahin gesendet worden war.

Eine Minute später wurde dieser »95er«von einem anderen Bericht unterbrochen. Er lautete: »Fort Worth – Roswells gefeierte ›Flugscheibe‹ wurde rüde ihres Glanzes beraubt, als ein Wetteroffizier vom Fort Worth Army Air Field das Objekt spät am heutigen Tage als einen Wetterballon identifizierte.«

Nach dieser Nachricht »verblaßte« der Rest der Geschichte, doch die Story war bereits gestorben. Bei solch einer Auflösung des Rätsels gegenüber der Presse, die die Scheibe als nichts weiter als ein gewöhnliches Gerät zur Wetterbeobachtung bezeichnete, bestand kein weiteres Interesse daran.[23]

Die »ABC News« berichteten in der »Headline Edition« mit Taylor Grant von zweiundzwanzig Uhr: »Die Army Air Forces haben bekanntgegeben, daß eine Flugscheibe gefunden wurde und sich nun im Besitz der Army befindet. Army-Offiziere sagen, der Flugkörper, der irgendwann letzte Woche gefunden wurde, sei in Roswell, New Mexico, inspiziert und zur weiteren Untersuchung nach Wright Field, Ohio, geschickt worden.«[24]

Nach der Werbepause setzten sie den Bericht fort, in dem sie sagten: »Am späten Nachmittag legte ein Bericht aus New Mexico nahe, daß das weit verbreitete Rätsel der fliegenden Untertassen vielleicht bald gelöst sein wird.

Army-Air-Force-Offiziere berichteten, daß irgendwann letzte Woche eine der seltsamsten Scheiben gefunden und inspiziert wurde. Unsere Korrespondenten in Los Angeles und Chicago standen in Kontakt mit offiziellen Vertretern der Army, um die jüngsten Informationen zu erhalten. Joe Wilson berichtet uns jetzt aus Chicago.«

Joe Wilson sagte: »Vielleicht gelingt es der Army, dem ganzen Gerede über die sogenannten fliegenden Untertassen auf den Grund zu gehen. Tatsache ist, daß das Hauptquartier der 509. Atombombergruppe in Roswell, New Mexico, berichtet, in den Besitz einer Scheibe gelangt zu sein, die auf einer Ranch außerhalb von Roswell gelandet ist. Die Scheibe landete auf einer Ranch in Corona, New Mexico, und der Rancher übergab sie der Luftwaffe. Rancher W. W. Brazel war der Mann, der die Untertasse entdeckte. Oberst William Blanchard von der Luftwaffenbasis in Roswell weigert sich, weitere Einzelheiten darüber bekanntzugeben, wie die Flugscheibe aussieht.

In Fort Worth, Texas, wohin das Objekt zuerst geschickt wurde, sagte Brigadegeneral Roger Ramey, daß sie gerade per Luftfracht in das AAF-Forschungszentrum in Wright Field, Ohio, gebracht wird.

Vor ein paar Minuten sprach ich mit offiziellen Vertretern in Wright Field, und diese erklärten, daß sie die sogenannte fliegende Untertasse dort erwarteten, sie seit jedoch noch nicht eingetroffen. In der Zwischenzeit beschrieb General Ramey das Objekt als Leichtbaukonstruktion, fast wie ein Kastendrachen. Er äußerte, es sei so zertrümmert, daß er nicht in der Lage sei zu sagen, ob es scheibenförmig sei, und er sagte nichts über seine Größe. Ramey sagte, soweit festgestellt werden konnte, habe niemand das Objekt in der Luft gesehen, und er beschreibt das Material als eine Art Stanniolpapier. Andere Vertreter der Army berichten, daß die weitere Auswertung darauf hindeutet, daß das Objekt einen Durchmesser von sechs bis sieben Meter hatte und nichts an der offensichtlichen Konstruktion auf irgendwelche Geschwindigkeitsvorrichtungen hindeutete, und es gab keine Anzeichen für ein Antriebsaggregat. Es erschien außerdem zu leicht, um einen Menschen zu tragen. Jetzt zurück zu Taylor Grant in New York.«[25]

Um 23.59 Uhr wurde eines der Fotos, das Johnson im Laufe des Tages aufgenommen hatte, für Zeitungen im ganzen Land in den AP-Nachrichten-Ticker gegeben. Die Bildunterschrift lautete: »Brigadegeneral Roger M. Ramey, Kommandierender General der Eighth Air Force, und Oberst Thomas J. DuBose, Stabschef der Eighth Air Force, identifizieren die metallischen Reste, die nahe Roswell, New Mexico, gefunden wurden, nicht als eine Flugscheibe, sondern als ein Rawin-(!) Höhen-Sondierungsgerät, das von der Air Force und dem Wetterbüro benutzt wird, um Geschwindigkeit und Richtung zu bestimmen. Foto von J. Bond Johnson.«[26]

Am nächsten Morgen berichteten die Zeitungen, die gefundene Scheibe stamme nicht aus einer anderen Welt. Eine der Schlagzeilen der »New York Times« titelte: »*Oberstabsfeldwebel löst Rätsel, das seine Vorgesetzten zum Narren hielt – Berichte von ›Fliegenden Untertassen‹ strömen aus der ganzen Welt herein*«. Der Aufmacher sagte: »Himmlisches Geschirr brachte die Army gestern für mehrere Stunden aus dem Häuschen, bis ein Army-Offizier erklärte, daß das, was ein Kollege für eine ›Flugscheibe‹ gehalten hatte, nichts weiter als ein zerfetzter Wetterballon der Army sei.«[27]

Am 9. Juli erschienen weitere Erklärungen in Zeitungen im ganzen Land. Die »Associated Press« ließ verlauten: »Berichte von fliegenden Untertassen, die am Himmel schwirren, wurden heute zunichte gemacht, als Army und Navy eine konzentrierte Kampagne startete, um die Gerüchte zu stoppen.« Dies kennzeichnete für mehr als dreißig Jahre das Ende der Geschichte.[28]

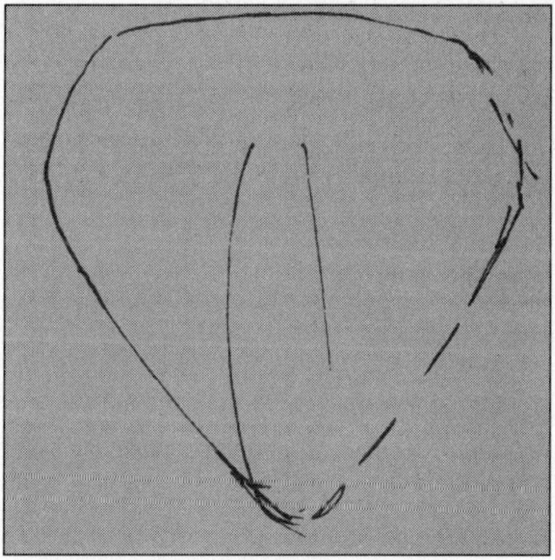

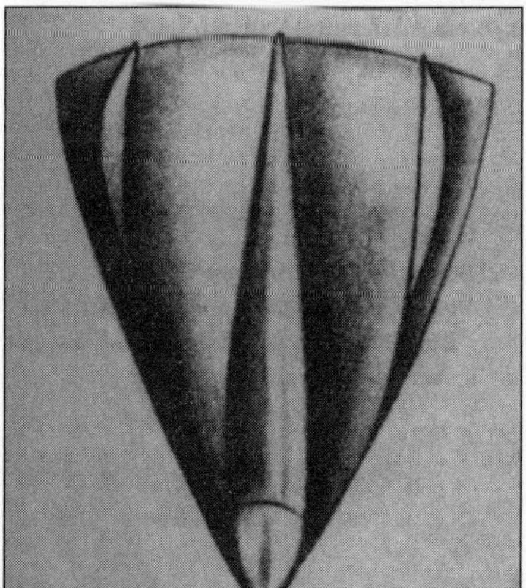

Oben:
Die Originalzeichnung eines Augenzeugen, eines in Roswell stationierten, hochrangigen Army-Offiziers, zeigt die Aufsicht des unbekannten Flugobjekts, das nördlich von Roswell, New Mexico, abstürzte.

Unten:
Co-Autor Don Schmitts Illustration des Flugobjektes, die auf der Zeichnung des Augenzeugen vom 26. Juli 1947 basiert

Ein von Dr. W. Curry Holden (ganz links) geleitetes Archäologenteam, das ungefähr zur Dämmerung am Morgen des 5. Juli auf die Absturzstelle stieß. Sie sahen »ein abgestürztes Flugzeug ohne Flügel« und drei Körper. Die Texas Tech Field Staff ist hier 1938 an der Arrowhead-Ruine nahe Glorietta, New Mexico, abgebildet.
(Foto mit freundlicher Genehmigung von Tom Carey)

George A. Wilcox, im Juli 1947 Sheriff von Chaves County, der die Army über Brazels Geschichte von einer fliegenden Untertasse informierte. Er sagte später, wenn er noch einmal damit konfrontiert wäre, würde er zuerst die Presse benachrichtigen und die Reporter zur Absturzstelle fahren lassen, ehe er der Army etwas sagen würde.
(Foto mit freundlicher Genehmigung von Phyllis McGuire)

Das Flugobjekt, das in Roswell abstürzte, war lang und schmal; es war keine »fliegende Untertasse«. Durch einen Spalt in der Seite des Objekts sah ein Mann die abgebildeten Symbole. Ein anderer Zeuge beschrieb, daß sie eine Borte um einen Teil des Inneren des Schiffs bildete und ihn an Hieroglyphen erinnerte.

(Illustration von Don Schmitt, basierend auf den Aussagen von drei Augenzeugen aus erster Hand)

Blick auf die Absturzstelle, der das Gelände und den Abhang zeigt, wo das Objekt aufschlug *(Foto mit freundlicher Genehmigung von Kevin Randle)*

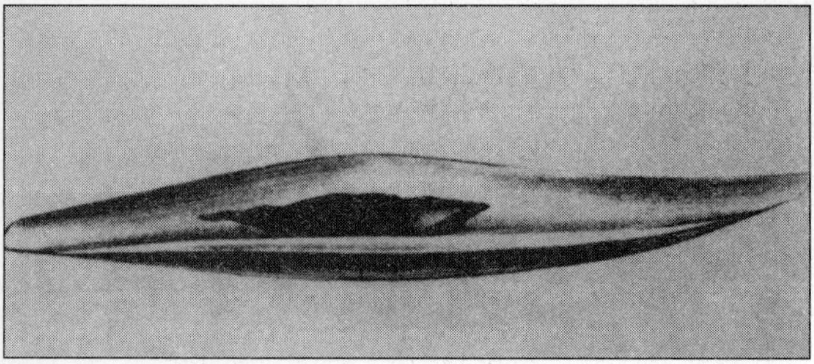

Diese Seitenansicht des Objekts zeigt das Loch, das den Absturz verursacht haben könnte. Als mehrere Zeugen vom Militär sich vorsichtig näherten, sahen sie Körper im Inneren.
(Illustration von Don Schmitt, basierend auf Augenzeugenberichten)

Das Äußere der Außerirdischen, die in Roswell gefunden wurden, weicht von der konventionellen Vorstellung Außerirdischer ab: Ihre Augen sind klein, sie haben kleine Nasen, ihre Gesichtszüge sind fein – dem Anschein nach fast menschlich ,– und sie haben individuelle Gesichter.
(Illustrationen von Don Schmitt, basierend auf Augenzeugenberichten)

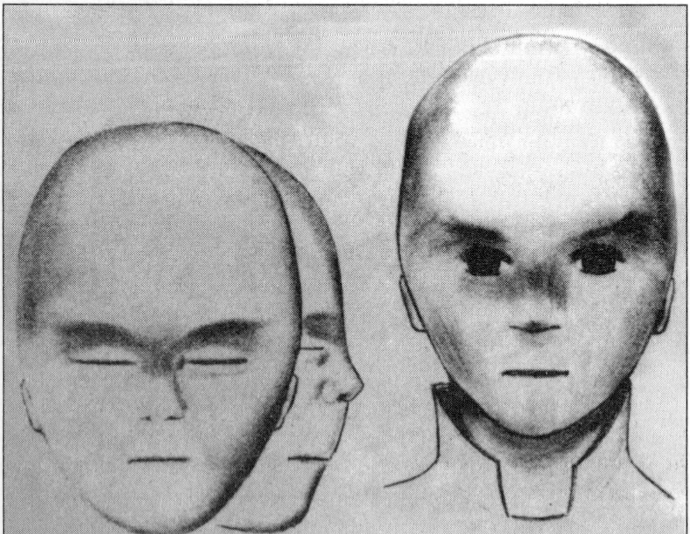

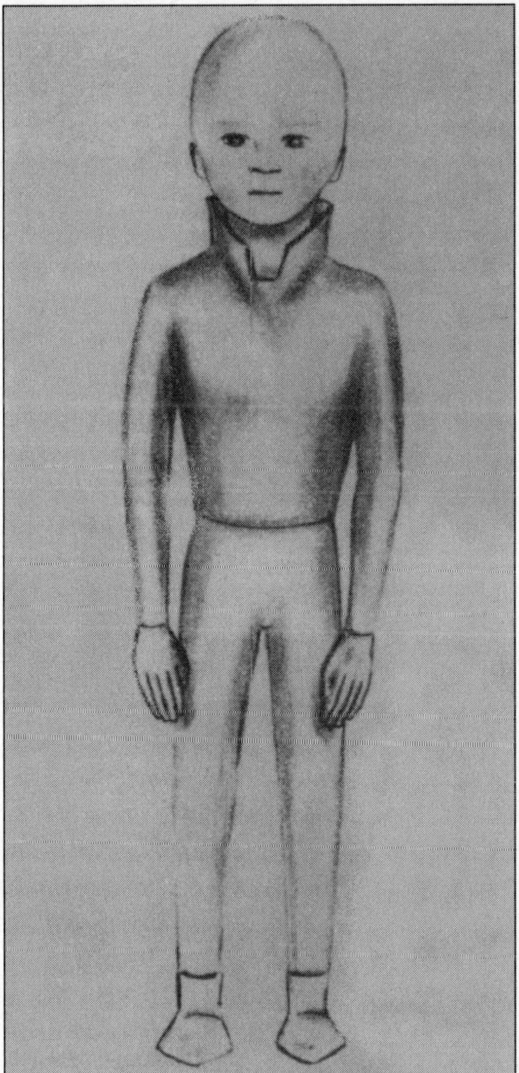

Die Zeichnung zeigt eines der fünf an der Absturzstelle in Roswell gefundenen Wesen in voller Größe. Die Kleidung wurde als grau und metallisch beschrieben, jedoch so weich und dehnbar wie Stoff.

(Illustration von Don Schmitt, basierend auf Augenzeugenberichten)

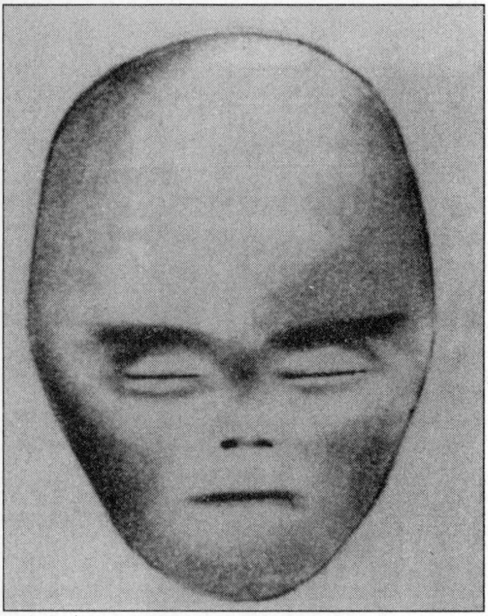

Einer der Männer, der die Körper sah, berichtete, daß er von dem gelassenen Ausdruck eines der toten Wesen beeindruckt war
(Illustration von Don Schmitt, basierend auf Augenzeugenberichten)

Nach Jahrzehnten des Schweigens bestätigte Major Edwin Easley, Chef der Militärpolizei, unmittelbar vor seinem Tod im Jahre 1992, sowohl die Körper als auch die Absturzstelle nördlich von Roswell
(Foto mit freundlicher Genehmigung dem RAAF-Jahrbuch entnommen)

Lewis S. Rickett, verantwortlicher Unteroffizier der Spionageabwehr-Truppe, hier 1945 in Deutschland fotografiert. Als leitender Unteroffizier des Spionageabwehr-Dienstes in Roswell, traf er am 8. Juli an der Absturzstelle ein. Er beschrieb die Trümmer als sehr dünnes, leichtgewichtiges Metall, das sich jedoch nicht wie Metall verhielt.
Foto mit freundlicher Genehmigung von Mrs. Lewis Rickett)

So sah das Trümmerfeld im Januar 1990 aus. Wäre MacBrazel am Morgen des 5. Juli 1947 nicht auf seiner Weide gewesen, so hätte die Roswell-Geschichte die Öffentlichkeit überhaupt nie erreicht.
(Foto mit freundlicher Genehmigung von Paul Davids)

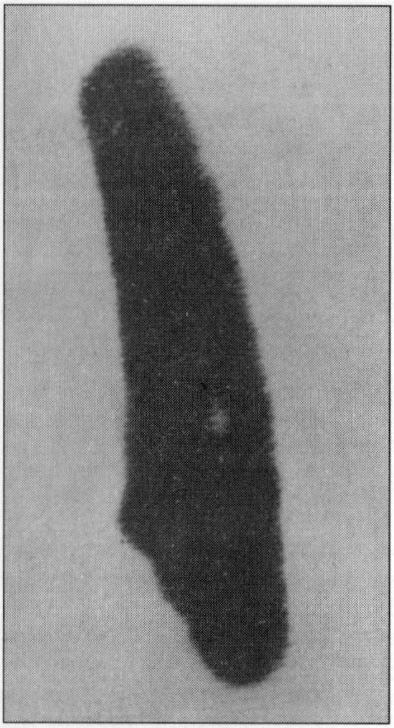

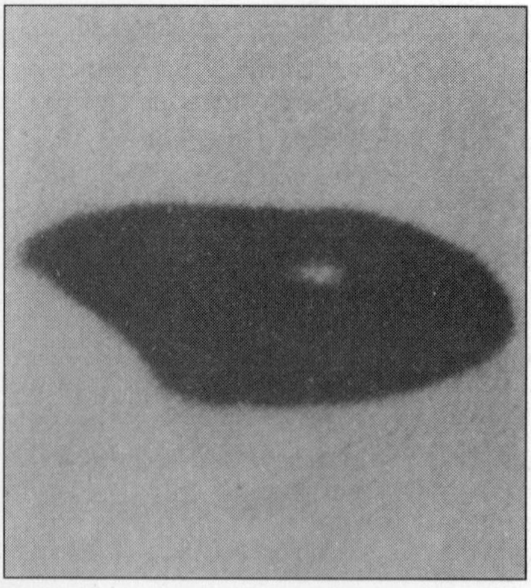

Die Fotos, die William Rhodes am 7. Juli 1947 über Phoenix, Arizona, aufnahm, wurden wichtig, als bekannt wurde, daß das Flugobjekt, das nahe Roswell abstürzte, keine »Untertasse«, sondern halbmondförmig war

8.

KGFL, Walt Whitmore und Frank Joyce

Frank Joyce war vielleicht der erste Pressemensch, der vom Absturz der fliegenden Untertasse erfuhr.[1] 1947 war Joyce einer der wenigen Angestellten des Radiosenders KGFL. Während seiner Radiosendung am Sonntagnachmittag spielte er Schallplatten, las Werbetexte vor und fungierte als Ingenieur – mehr als einmal mußte er schnell das Mischpult reparieren, um die Station auf Sendung zu halten.

Am Sonntag, den 6. Juli, rief er Sheriff George Wilcox an, um aktuelle Neuigkeiten zu erfahren. Wilcox sagte, er hätte vielleicht etwas Interessantes für ihn und reichte Mac Brazel das Telefon weiter. Während er Platten abspielte, hörte er zu, wie Brazel vom Fund der seltsamen Metalltrümmer auf einer seiner Weiden erzählte. »Ich dachte, er sei verrückt«, erinnerte sich Joyce.

Heute verrät Joyce wenig von dem, was Brazel ihm während dieses ersten Interviews erzählte. Er sagt, er will Brazel keine Worte in den Mund legen. Doch er macht deutlich, daß die Geschichte, die Brazel ihm am Sonntagnachmittag erzählte, sich wesentlich von der unterschied, die er nur ein paar Tage später wiedergab, als Brazel von Militäroffizieren zu den Büros des »Roswell Daily Record« und dann zu KGFL eskortiert wurde.[2]

Doch das Militär hatte Brazel nicht die ganze Zeit in Gewahrsam. Nachdem er Marcel die Trümmer gezeigt hatte, verschwand er. Jud Roberts zufolge behielt Walt Whitmore sen. Brazel über Nacht in seinem Haus.[3] Walt Whitmore jun. bestätigte dies und sagte, er hätte auf der Couch schlafen müssen, weil Brazel sich in seinem Zimmer aufhielt. Am nächsten Morgen traf er Brazel in der Küche, als er sich Kaffee machte.[4] Sie sprachen kurz miteinander, und dann entschied Whitmore sen., Brazel dem Militär zu übergeben.

Das Militär behauptete zu dieser Zeit natürlich, das in Roswell gefundene Objekt sei nichts weiter als ein Ballon. Sie arbeiteten intensiv daran, der Presse und der Öffentlichkeit diese Geschichte zu verkaufen. Wichtiger noch, sie kontrollierten all die Zeugen und Informationen. Da sie all die zivilen Zeugen in der Hand oder zum Schweigen verdammt hatten, standen kaum gegenteilige Informationen zur Verfügung.

Die Pressemitteilung von Walter Haut hatte darauf hingewiesen, daß eine Flugscheibe geborgen worden war. Es dauerte jedoch nicht lange, bis es eine Fortsetzungsgeschichte über den Nachrichtenticker gab:

> *Die Stellvertreter des Sheriffs in Roswell sagten, daß Brizell [!] ihnen erzählte, er habe gesehen, wie sie auf seiner Ranch gelegen und er sie aufgehoben und beabsichtigt habe, sie aufzubewahren. Sie sagten, daß er keine vollständige Beschreibung des Objektes lieferte, außer daß er sagte, es scheine irgendwie wie Stanniolpapier und groß zu sein – ungefähr so groß wie der Safe im Büro des Sheriffs.*
> *Die Stellvertreter des Sheriffs sagten, Brizell habe ihnen erzählt, er plane, das Objekt zu behalten, doch dann habe er Berichte von Flugscheiben gehört und beschlossen, nach Roswell zu fahren und seinen Fund im Büro des Sheriffs zu melden.*

Gefolgt wurde dies von der kryptischen Botschaft:

> *95*
> *FRR*
> *War SS [!] dieselbe Ranch, die letzte Woche im Zusammenhang mit der Aufregung um eine Flugscheibe erwähnt wurde?*
> *DX CX336P 7/85*

Joyce zufolge ließ diese Pressemitteilung »die Telefone verrückt spielen«. Joyce erinnerte sich, daß er einen wütenden Anruf von einem Mann bekam, der sich nur als Oberst Johnson auswies. Mit schreiender Stimme verlangte der Oberst zu wissen, wer zum Teufel ihm erlaubt habe, die Pressemitteilung herauszugeben. Joyce erklärte, er sei Zivilist und es gebe nichts, was Johnson oder in diesem Fall irgend jemand sonst im Pentagon ihm antun könne. Johnson entgegnete: »Ich werde Ihnen zeigen, was ich Ihnen antun kann.«[6]

Der Zorn des Oberst war wahrscheinlich von einem »Zusatz« der »Associated Press« geschürt worden, der um 17.09 Uhr (Eastern Standard) übertragen wurde, in welchem darauf hingewiesen wurde, daß ein Radioreport die Geschichte aufgebracht habe. Art McQuiddy erinnerte sich, daß um die Zeit, als Haut in seinem Büro bei der »Morning Dispatch« angekommen war, die Geschichte bereits über den AP-Ticker ging.[7]

Nach allem, was passiert war, beschloß Joyce, daß er am besten die Pressemitteilung und die Nachrichten, die aus dem Fernschreiber eintrafen, heraussuchen sollte, um seinem Boß zu beweisen, daß er die Geschichte nicht erfunden hatte. Er durchsuchte den Sender, sammelte all die Fernschreiber-Berichte ein und versteckte sie. Leider durchsuchte später jemand den Sender, fand einiges von dem versteckten Material und stahl es. Jud Dixon von der »United Press Association« (ein Vorläufer von »United Press International«) berichtete, dasselbe sei in seinem Büro in Santa Fe, New Mexico, passiert.[8] Obwohl Joyce es zu der Zeit nicht wußte, trat allmählich die Deckgeschichte auf den Plan. Der Fernschreiber druckte weiterhin Anfragen bezüglich zusätzlicher Informationen aus. Joyce konnte einige davon retten:

FRR
Hat die Army es als eine »Flugscheibe« bezeichnet oder wie?
DXR.

NAJ DXR
FYI, Roswell berichtet, daß Major Jesse A. Marcel, Nachrichtenoffizier der 509. Bombergruppe in Roswell Army Air Base, in Fort Worth Tex. bei 8. Army Hauptquartier ist [!], »wenn er nicht bereits wieder nach Rowell [!] aufgebrochen ist.« Empf daß Sie schnellstens Staatsanwalt holen. Könnte dort sein, wo Scheibe hingeflogen wurde.
FRR V7/8

FRR
Staatsanwalt bereits alarmiert.
Wie lautet Army-Bezeichnung – »Flugscheibe« oder wie?
DXR

DXR
Unser S5&4 nannte es »Flugscheibe«. Wir bekommen selbst - S 635 keine Aussagen von -4.6. Sind schnellstens hinterher. S5/4 sagte »Flugscheibe«.
FRR V7/8

JD/FRR
Lassen Sie uns schnellstens eine Verlautbarung der Army als Test bringen. Geben Sie sie testweise aus und setzen Sie sie in Anführungszeichen.
DX NJ317P7/8

NJ DXR
Army machte verbale Verlt.barung. Kein Text.
FRR V7/89

Nach diesem Austausch und der Bemerkung, daß die Army eine verbale Verlautbarung von sich gab, die sich auf eine Pressekonferenz bezog, die am 8. Juli in Fort Worth Army-Air-Field abgehalten wurde, wurde der Nachrichtenaustausch gemächlicher. Hier zeigte Brigadegeneral Roger M. Ramey einen Wetterballon, gestattete Reportern, ihn zu fotografieren, und sagte ihnen, die Aufregung sei dadurch entstanden, daß die Offiziere der 509. nicht in der Lage gewesen seien, einen ziemlich gebräuchlichen Wetterballon mit einer flachen, Radar reflektierenden Schüssel daran zu erkennen.

Der Fernschreiber druckte die folgende Abänderung der Geschichte aus:

FRR 8
Rredakteure [!]: Bitte ersetzen Sie Vorspann 5. Seite und Rest von FRRE8
-0-
Jedoch wurden Offiziere der Roswell Army Air Base hier sofort vom Büro des Sheriffs benachrichtigt.
Major Jesse A. Marcel – Nachrichtenoffizier des Roswell Stützpunktes – und ein Unteroffizier stimmten sich mit dem Sheriff ab. Sheriff Wilcox zitierte Brizell [!], der sagte: »Es erschien mehr oder weniger wie eine Stanniolfolie.« Wilcox sagte, Brizell berichtete, daß die Scheibe ziemlich beschädigt sei – offensichtlich von dem Sturz. Der Sheriff sagte, daß Brizell das Objekt als so groß wie ein Safe im Büro des Sheriffs beschrieb. Er fügte hinzu, daß der Safe ungefähr einen halben Fuß [!] mal ein Meter zwanzig groß sei.

Brizell brachte das Objekt nicht zum Büros des Sheriffs, sondern fuhr lediglich die hundertzwanzig Kilometer von der Ranch nach Roswell, um seinen Fund zu melden. Sheriff Wilcox sagte, daß Major Marcel, kurz nachdem er den Bericht erhielt in das Gebiet aufbrach, in dem die Scheibe gefunden wurde.
In der Zwischenzeit ließ ein Bericht aus Carrizozo, New Mexico, verlauten, daß eine Scheibe sechsundfünfzig Kilometer südöstlich von Corona gefunden worden sei. Der Bericht – der nicht erhärtet wurde – sagt bloß, es sei »eine Gummi-Substanz und in Stanniolfolie eingehüllt.« Es wurde jedoch vermutet, daß es dieselbe wie die aus Roswell gemeldete ist.
Berichte aus dem Roswell-Stützpunkt besagten, daß Major Marcel beim 8. Army Hauptquartier in Fort Worth, Texas, sei, aber daß »er sich möglicherweise auf dem Rückflug nach Roswell befinde.« Offizielle Vertreter im Roswell-Stützpunkt sagen jedoch, sie wüßten nichts über die Scheibe oder deren Beschreibung [!] oder wo das »höherstehende Hauptquartier« sich befinde, wohin sie gebracht worden sei.
V342P7/8[10]

Am 9. Juli starb die Geschichte, als die Army behauptete, sie hätte die Trümmer als Teil eines Wetterballons und einer Radarzielscheibe identifiziert. Die in Fort Worth abgehaltene Pressekonferenz, einschließlich Fotos von Marcel mit den Überresten des Ballons, hatten jedermann davon überzeugt, daß in Roswell nichts Ungewöhnliches gefunden worden war. Für die meisten Teile der Welt war die Geschichte abgeschlossen.

Doch für Joyce war sie nicht zu Ende. Als er spät am Abend des 8. Juli arbeitete, wurde Mac Brazel zu den Büros des KGFL gebracht, nachdem er mit den Reportern beim »Roswell Daily Record«[11] gesprochen hatte.[12]

»Ich erinnere mich daran, wie er hereinkam und seine Geschichte abänderte«, sagte Joyce später. Brazel kauerte etwa einen Meter vom Mischpult entfernt, an dem Joyce saß, und schaute zu Boden, während er sprach. Für Joyce sah es so aus, als ob Brazel Dinge sagte, die er selbst nicht glaubte.

»Er war ein alter Cowboy, und ich sagte ihm: ›Was Sie sagen ist nicht das, was Sie an dem anderen Abend erzählt haben.‹ Und er drehte sich um und gab zu, daß er …, daß man ihm befohlen hatte zu kommen, oder sonst würde … Wir hatten dann noch ein paar Diskussionen, bei denen Ihnen die Haare zu Berge stehen würden.«

Joyce fuhr fort: »Ihm und mir war es an diesem Abend, an dem er in die Station kam, wirklich unheimlich zumute. Ich sagte: ›Sehen Sie ...‹ Er erzählte mir, was sie mit uns machen würden, und ich sagte: ›Sie werden uns gar nichts tun.‹ Ich brüllte ihn an. Ich wurde wirklich verrückt. Er war wirklich zutiefst verängstigt. Er kam herein und bat mich: ›Sie werden ihnen doch nichts sagen, oder?‹ Ich war inzwischen aufgebracht und antwortete: ›Ich werde ihnen nichts erzählen.‹ Wir waren inzwischen beide völlig ratlos. Er mehr als ich, denn ich denke, er stand unter anderen Einflüssen – von anderen Leuten als denen, mit denen er sonst verkehrte.«

Brazel meinte gegenüber Joyce, daß er nichts anderes tun könne; er mußte die neue Geschichte erzählen. Falls er es nicht täte, »würde es ihm schlecht ergehen«. Die Geschichte von dem Ballon, »ungefähr so groß wie ein Safe im Büro des Sheriffs«, war nicht die Wahrheit. Und Brazel wußte, daß Joyce es ebenfalls wußte.

Joyce war sich sicher, daß die Geschichte mit dem Wetterballon eine schnell fabrizierte Deckgeschichte war. Als sein zweites Interview mit Brazel zu Ende ging, sagte Joyce: »Die Geschichte ist anders, besonders was die kleinen grünen Männchen betrifft.« Brazel zögerte für einen Augenblick und sagte dann: »Nur daß sie nicht grün waren.« Brazel öffnete dann die Tür und ging zu der Militäreskorte, die draußen auf ihn wartete.[13]

Teil III

Das Nachspiel

[illegible]

[illegible]

9.

Die Verbindung zu Wright Field

Zahlreiche Berichte deuteten darauf hin, daß das von den Offizieren und Männern des Roswell Army-Air-Field entdeckte Material nach Wright Field in Dayton, Ohio, gelangte. Pappy Henderson brachte eine Flugzeugladung voll mit Trümmern dorthin.[1] Thomas DuBose sagte, daß die Trümmer, die er am 5. Juli aus Roswell angefordert hatte, mit einem Zwischenstop in Washington D.C. nach Wright Field gingen.[2] Ein FBI-Dokument mit Datum vom 8. Juli erwähnte, daß die »Scheibe und der Ballon von einem Spezialflugzeug zur Untersuchung nach Wright Field geschickt wurde.«[3]

Fast jeder, der etwas über die Körper wußte, behauptete, daß Wright Field deren endgültige Bestimmung war. Die Krankenschwester im Krankenhaus von Roswell erwähnte, daß sie nach Wright Field gelangten.[4] John Tiffany sagte aus, sein Vater sei von Wright Field nach Fort Worth geschickt worden, um die Körper dort abzuholen. [5] Und dann gab es diejenigen, wie Norma Gardner, die behauptete, daß die Körper sich Jahre nach dem Ereignis in Ohio befanden.[6] Aussagen waren gemacht und ein paar Zeugen gefunden worden, doch der Beweis war bei weitem noch nicht schlüssig. Dann trat Brigadegeneral Arthur E. Exon auf den Plan.

Exon ist ein Pilot mit einhundertfünfunddreißig Kampfeinsätzen und über dreihundert Stunden Kampflügen während des Zweiten Weltkrieges. Sein Flugzeug wurde von einem explodierenden Munitionslager schwer beschädigt, und er war gezwungen, mit dem Fallschirm über feindlichem Territorium abzuspringen. Gefangengenommen, verbrachte er etwas über ein Jahr in deutschen Kriegsgefangenenlagern. Er wurde im April 1945 befreit.

Nach dem Krieg absolvierte er im Institute of Technology der Luftwaffe einen Lehrgang über industrielle Verwaltung und wurde dann dem Hauptquartier des Air Materiel Command (AMC, Versorgungskommando Luft) in der Wright-Patterson-Luftwaffenbasis zugeteilt. (Es sollte erwähnt werden, daß

Generalleutnant Nathan F. Twining Kommandeur des Air Materiel Command war, das verschiedene nachrichtendienstliche Funktionen kontrollierte.)

Im Laufe der nächsten Jahre hatte er eine Vielzahl von Positionen inne und kam schließlich 1955 als Oberst ins Pentagon. 1960 wurde er Befehlshaber über ballistische Raketen und war verantwortlich für die Aufstellung des ballistischen NATO-Raketensystems Jupiter in Italien und der Türkei. Im Juli 1963 verließ er Europa für einen Auftrag in der Luftwaffenbasis Olmsted in Pennsylvania. Im August 1964 wurde er als Kommandeur des Wright-Patterson-Luftwaffenstützpunktes eingesetzt und im August 1964 zum Brigadegeneral befördert.[7]

Somit hatte General Exon eine höchst beeindruckende militärische Karriere gemacht. Offiziere werden nicht in die höchsten Positionen (Generalsrang) befördert, ohne sich als kompetent erwiesen zu haben. Diejenigen, die es während ihrer aktiven Dienstzeit schaffen und nicht erst im Ruhestand mit einer Beförderung belohnt werden, stellen nur eine kleine Minderheit dar. Nur die Top-Offiziere erreichen das Privileg, Sterne zu tragen.

Exon: »Wir hörten, daß das Material aus Wright Field käme.« In den verschiedenen Laboratorien wurden Tests gemacht: »Alles – chemische Analyse, Belastungs-, Kompressions- und Flexibilitätstests. Es wurde in unsere Materialauswertungs-Labors gebracht. Ich weiß nicht, wie es hierher kam, doch die Jungs, die es testeten, sagten, es sei sehr ungewöhnlich.«

Exon beschrieb das Material auch: »Einiges davon ließ sich leicht zerbrechen oder verändern. Andere Teile waren sehr dünn, aber enorm robust und konnten mit schweren Hämmern nicht eingedellt werden. Es war ziemlich flexibel.«

Er berichtete: »Einiges davon war hauchdünn und doch verdammt robust, und anderes war fast wie Folie, aber stark. Es hat sie ziemlich verwirrt.«

Die Laborchefs in Wright Field hatten ein »Spezialprojekt« für die Tests des Materials eingerichtet. »Sie wußten, daß sie etwas Neues in Händen hatten. Das Metall und Material war jedem, mit dem ich sprach, unbekannt. Was auch immer sie herausgefunden haben, ich habe nie erfahren, wie die Resultate ausfielen. Einige glaubten, es könne russisch sein, doch die vorherrschende Meinung lautete, daß die Stücke aus dem Weltraum stammten.«

Exons Aufgabe war nicht streng auf Wright Field begrenzt. Ihm zufolge flog er viel später über die Absturzstelle. Er konnte jedoch noch erkennen, wo das Flugobjekt heruntergekommen war, und er konnte einige der Berichte bestätigen, die in den Jahren seitdem gemacht worden waren.

»Es war wahrscheinlich Teil desselben Unfalls, doch es gab zwei unterschiedliche Stellen. Aus der einen folgere ich, daß das Ding – soweit ich es verstehe und soweit ich mich an den Flug später über das Gebiet erinnere –, aus Südosten Richtung Nordwesten zu kommen schien, doch es könnte in die entgegengesetzte Richtung geflogen sein, aber es erscheint nicht wahrscheinlich. Die weiter nordwestlich auf der Ranch gefundenen Stücke waren überwiegend metallisch.«[8]

Exon bestätigte auch die Furche, von der Bill Brazel neben anderen berichtet hatte. Exon sagte: »Ich erinnere mich an Autospuren, die zu den zentralen Stellen führten, und an offensichtliche Furchen in dem Gelände.«[9]

Zu den Körpern befragt, sagte er: »Es gab eine andere Stelle, an der .... sich offenbar der Hauptrumpf des Raumschiffs befand ... und von der sie sagten, daß dort die Körper gewesen seien. Sie wurden offenbar alle außerhalb des Raumschiffs gefunden, waren jedoch in ziemlich gutem Zustand. Mit anderen Worten: Sie waren nicht sehr verletzt.« Dies erhärtet natürlich zum Teil die Zeugenaussagen derjenigen, die an der Absturzstelle waren, und später auch die von Adair.

Danach befragt, ob die Körper nach Wright Field gebracht wurden, meinte Exon: »Das entspricht meinen Informationen. Doch einer von ihnen kam zum Begräbnistrupp. Ich glaube, damals befand der sich in Denver. Doch die Hauptinformation war die, daß sie nach Wright-Pat gebracht wurden.«[10]

Es hat kürzlich eine Diskussion über die Richtigkeit von Exons Aussagen gegeben. Es wurde behauptet, daß Exon im Juli 1947 Student in Wright Field war oder daß er sich während der kritischen Tage am Anfang des Monats außerhalb des Stützpunktes befunden habe.

Doch beide Kritikpunkte sind irrelevant. Obwohl er im Juli 1947 als Student im Institute of Technology der Luftwaffe war, war er bis August 1946 dem Stab des Hauptquartiers des Air Materiel Command zugeteilt, und nach seinem Abschluß war er Chef der Maintenance Data Section in Wright Field.[11]

Obwohl es möglich ist, daß sich Exon während des kritischen Wochenendes vom 4. Juli außerhalb der Basis befand und, wie einige behaupten, eine Konferenz besuchte, spielt dies keine Rolle. Er war der Basis zugeteilt und kehrte nach Beendigung der Konferenz zurück. Der Dokumentation zufolge befand er sich in einer Position, die es ihm ermöglichte, von dem Absturz zu hören und davon zu erfahren, daß Material zur Analyse eintraf. Es ist weder behauptet worden, daß er auf die Flugzeuge traf noch daß er irgendeine der Analysearbeiten durchführte.

Die verfügbare Dokumentation zusammen mit Exons eigenen Worten plazieren ihn an die richtige Stelle zur richtigen Zeit. Er ist sich darüber im klaren, daß er nur wiedergab, was ihm von Freunden und Kollegen in Wright Field erzählt wurde, und daß sein einziges Erlebnis aus erster Hand sein Flug einige Zeit später über das Trümmerfeld und die Absturzstelle war.[12]

Exon stand mit seiner Meinung, daß die Körper nach Wright Field gebracht worden waren, nicht allein da. John G. Tiffany berichtete, sein Vater sei in Wright Field stationiert gewesen, und seine Einheit habe als Teil ihrer Aufgabe die 509. Bombergruppe in Roswell unterstützt. Tiffany zufolge war sein Vater zu einem Bestimmungsort in Texas geschickt worden. Dort sammelten sie metallische Trümmer und einen großen Zylinder auf, der ihn an eine riesige Thermosflasche erinnerte.

Tiffany sagte, das Metall sei sehr leicht und sehr robust gewesen. Es hatte ein glatte, glasartige Oberfläche, und alles, was die Flugmannschaft unternahm, um es zu markieren, zu biegen oder zu brechen, mißlang.

Was die Besatzung jedoch beschäftigte, war der ungewöhnliche Zylinder und sein unbekannter Inhalt. Tiffany war sich nicht sicher, ob sein Vater tatsächlich irgend etwas wie Körper gesehen hatte, doch er sagte aus, zwei seien unversehrt gewesen. Nach dem Flug spürte die Crew, daß sie sich darauf keinen Reim machen konnte. Sie konnten nicht »darüber hinwegkommen, mit etwas derartig Fremdem zu tun zu haben«.

Sobald sie in Wright Field ankamen, wurde alles abgeladen, einschließlich der riesigen »Kanne«. Alles wurde auf Lastwagen verfrachtet, und nachdem sie abgefahren waren, wurde der Flugzeugbesatzung von einem hochrangigen Offizier eingebleut, daß der Flug nie stattgefunden habe.[13]

Eine andere Zeugin, Sarah Holcomb[14], berichtete, sie habe in Wright-Patterson eine sensible Sekretariatsstelle innegehabt. Sie konnte verschiedene Dokumente vorlegen, die ihre Anwesenheit im Stützpunkt und ihre Sicherheitsstufe belegen. Auch sie berichtete, daß Körper in Wright-Patterson eintrafen.

Wie sie sagte, erzählte ihr ein Feldwebel, den sie kannte und der Zugangsberechtigung zu ihrem Büro hatte, daß er gerade von einem Spezialflug gekommen sei. Er erzählte ihr und den anderen in dem Büro, sie hätten Körper vom Absturz einer fliegenden Untertasse abgeholt. Er erzählte ihnen, daß fliegende Untertassen real seien. Es gebe keinen Zweifel daran. Und er erwähnte die Körper der Besatzungsmannschaft.

Kurz nachdem der Feldwebel gegangen war, erschien der Kommandeur der Basis mit einer Erklärung, die sie alle unterschreiben mußten. Er teilte ihnen mit, daß an dem Gerücht, das der Feldwebel verbreitet hatte, nichts Wahres sei, daß sie jedoch unter Strafandrohung von zwanzig Jahren Gefängnis und einem Bußgeld von 20.000 Dollar niemals darüber sprechen oder es auch nur erwähnen dürften.

Holcomb wollte wissen, ob sie an den Eid, den sie unterschrieben hatte, noch immer gebunden sei, da sie selbst zu diesem späten Zeitpunkt noch fürchtete, das Militär und die Regierung würde sie belangen, wenn sie darüber spräche. Sie war sehr vorsichtig, entschied aber, daß die Information über die Körper veröffentlicht werden sollte.

Helen Wachter sprach über sie, nachdem sie angekommen waren. Wachter erzählte, daß sie eine Freundin besucht hatte, die gerade ein Baby bekommen hatte. Während Wachter sich in der kleinen Wohnung aufhielt, kam der Ehemann der frischgebackenen Mutter aufgeregt nach Hause. Er zerrte seine Frau in das einzige Schlafzimmer und erzählte ihr mit einer Stimme, die durch die dünne Wohnungswand hindurch nicht zu überhören war, daß »Körper von Aliens« in den Stützpunkt gebracht worden seien. Wachter dachte zuerst, er bezöge sich auf Leute aus einem anderen Land (Alien kann auf englisch »fremd« oder »außerirdisch« bedeuten), doch es wurde bald deutlich, daß er von Wesen von einem anderen Planet sprach.[15]

Exon wußte auch etwas über die Vertuschung, besonders die, die aus Roswell stammte. Da er Blanchard kannte, sagte er: »Blanchards Urlaub war ein Vorwand. Es war seine Pflicht, zu der Stelle zu fahren und einen Entschluß zu fassen.«

In bezug auf die Vertuschung wies Exon darauf hin, daß es damals keinen geheimen Ballon oder Wettergeräte gab, die eine Erklärung für die Trümmer dargestellt hätten. Da es ihr Job war, hätten die Laborleute und Offiziere in Wright Field es erkannt, wenn die Trümmer in diese Kategorien gepaßt hätten. Die Ballon-Erklärung war erfunden. »Blanchard hätte ein Wetterballon eigentlich egal sein können«, sagte Exon.

»Ich weiß, daß zu der Zeit, als sich die Sichtungen ereigneten, ich zu General Ramey ging, und er beschloß zusammen mit den Leuten draußen in Roswell, die Geschichte zu ändern, während sie ihre Akten zusammenkramten und die Information an das Pentagon und den Präsidenten weiterleiteten.«

Exon zufolge alarmierte Ramey den Stabschef Dwight Eisenhower, sofort nachdem sie die Bedeutung des Fundes erfaßt hatten. Sobald die Information in Washington eintraf, wurde die Operation vom Pentagon aus kontrolliert. Die Männer in Roswell wurden mit den Aufräumarbeiten beauftragt, weil sie vor Ort zur Stelle waren, doch die Verantwortung für die Aufräumaktion sei die Befehlskette hinauf ins Pentagon und ins Weiße Haus gelangt.

Exon zufolge ging daraus ein streng geheimes Komitee hervor, das das Phänomen und die in Roswell gefundenen Trümmer untersuchen sollte. Ein Aufsichtskomitee wurde gebildet; es war dafür verantwortlich, die Daten zu schützen, den Zugang zu ihnen zu kontrollieren und Studien zu erstellen, um sie auszuwerten: eine kleine Gruppe als Kontrollinstanz, eine untergeordnete Gruppe, die aus Beratern, Assistenten und Personal bestand, und dann eine dritte Ebene, in der die eigentliche Untersuchung vorgenommen wurde.[16]

Nicht alle Analysen wurden von Männern durchgeführt, die Wright Field zugeteilt waren. Einige Untersuchungen wurden von Wissenschaftlern außerhalb der Basis erstellt. Steve Lytle berichtete über seinen Vater, daß dieser während seiner langen Laufbahn bei einer Reihe von Gelegenheiten und Projekten mit Robert Oppenheimer zusammengearbeitet habe. Lytles Vater war Mathematiker, und Lytle zufolge war ihm einer der an der Stelle bei Roswell gefundenen Doppel-T-Träger gegeben worden, um die Symbole zu entziffern.

Natürlich war die Aufgabe nicht ganz leicht. Die Symbole stellten keinen Code dar, der geknackt und entziffert werden konnte, sondern eine fremde Sprache. Lytle konnte einige statistische Analysen durchführen, doch er konnte die Lieferung ohne eine Menge Zusatzinformationen nicht lesen. Er brauchte einen Schlüssel, um den Code zu knacken.[17]

Der wichtige Punkt ist jedoch der, daß Lytle die Art der Forschung repräsentiert, die betrieben wurde. Obwohl er kein Angehöriger der Militäreinrichtung oder der Wissenschaftsgemeinde in Wright Field war, war er in ein streng geheimes Forschungsprojekt verwickelt worden. Deswegen wurde ihm eine repräsentative Probe mit Symbolen gegeben mit dem Auftrag, ein paar Bestimmungen zu machen.

Exon war sich sicher, daß das Material, zumindest einiges davon, noch immer in Wright-Patterson aufbewahrt würde. Es gebe Berichte, wahrscheinlich im Gebäude für Foreign Technology abgeheftet, die alles beschrieben, was in den letzten über vierzig Jahren herausgefunden wurde. Es gebe abgeheftete Fotos vom Trümmerfeld und der Absturzstelle, von den Körpern und den Autopsien. Alles was nötig sei, um zu beweisen, daß in Roswell der Absturz eines außerirdischen Raumschiffs stattgefunden habe, könne man dort finden, falls diese Berichte jemals freigegeben würden.

Wie andere, die im Juli 1947 an der Absturzstelle und zur Zeit der Entdekkung in Roswell oder aber in Fort Worth gewesen waren, als Marcel das Material hereinbrachte, war Exon davon überzeugt, daß dies das Wrack eines Raumschiffs war. Es war nichts, das auf der Erde produziert worden war. »Roswell war der Ort, an dem ein Raumschiff aus dem All geborgen wurde.«[18]

10.

Die Autopsieberichte

Es ist ziemlich klar, daß wenn Körper geborgen wurden, auch Autopsien durchgeführt wurden. Nachdem die Körper an der Absturzstelle inspiziert und in die bleiversiegelten Leichensäcke gesteckt worden waren, wurden sie zum Stützpunkt in Roswell gebracht. Sobald sie dort eintrafen, wurden zwei oder drei der Körper, Quellen zufolge, in das Krankenhaus der Basis gebracht, wo einige Vorarbeiten geleistet wurden.

Glenn Dennis kannte jemanden der an dieser vorbereitenden Autopsie beteiligten Personen.[1] Es war eine Krankenschwester, mit der Dennis sich getroffen hatte, und sie erzählte ihm, daß sie an diesem Tag ihren üblichen Pflichten in diesem Krankenhaus nachgegangen war. Sie hatte einen Untersuchungsraum auf der anderen Seite des Flurs, in dem sie arbeitete, betreten, um ein paar Vorräte zu holen. Als sie die Tür öffnete, erblickte sie zwei Ärzte, Männer, die sie im Krankenhaus der Basis noch nie gesehen hatte. Einer der Ärzte, möglicherweise ein Oberst namens Sanford, der aus El Paso eingeflogen worden war, sagte zu ihr: »Bleiben Sie hier. Wir brauchen Sie.«

Als sie hineinging, bemerkte sie einen entsetzlichen Geruch. Die Ärzte untersuchten gerade drei Körper, »fremde Körper« war der Ausdruck, den sie benutzte. Zwei waren schlimm entstellt, doch ein Wesen sah aus, als ob es den Absturz überlebt haben könnte, und der Körper war größtenteils unversehrt. Das Wesen war offenbar einige Zeit nach dem Absturz an Unterkühlung gestorben. Sie sagte, die Ärzte glaubten, daß die anderen beiden vielleicht von Raubtieren entstellt worden wären und daß sie vielleicht den Elementen der Hochwüste ausgesetzt gewesen wären.

Aufgrund des Gestanks fiel es ihr schwer, in dem Raum zu bleiben. Die Ärzte arbeiteten mit ihrer Unterstützung an den Körpern, doch dann mußte sie hinausgehen, weil ihr übel wurde. Den Ärzten erging es genauso, und sie mußten schließlich aufgeben. Sie schnürten die Körper in Leichensäcke, damit sie, wie die Krankenschwester annahm, in die Leichenhalle des Krankenhauses gebracht werden konnten.

In einem anderen Punkt war sich die Schwester jedoch sicher: Sie kannte keinen der Ärzte in dem Raum. Sie gehörten nicht zur Basis in Roswell, sondern waren von außerhalb eingeflogen worden. Nach dieser kurzen Begegnung in dem Krankenhausraum sah sie sie nie wieder.[2]

Der einzige andere Arzt, der an der Autopsie in Roswell teilnahm und als solcher identifiziert wurde, war Dr. Jesse B. Johnson jun.[3] Im Juli 1947 war er der Staffel M., 509. Bombergruppe, zugeteilt, und er war der Pathologe der Basis.[4] Leider starb Dr. Johnson, ehe er von Forschern interviewt werden konnte, und falls er beteiligt gewesen war, hatte er offenbar niemandem davon erzählt.[5]

Anderen zufolge wurden die Körper noch in jener selben Nacht aus dem Stützpunkt weggebracht. Die Autopsien wurden anderswo durchgeführt, und ein Mann sagte später, daß er während eines Treffens Mitte der Sechziger Dias von der durchgeführten Autopsie gesehen hätte. Es seien die ausführlichen Autopsien gewesen und nicht die schnell durchgeführte Voruntersuchung, die in der Basis vorgenommen wurde. Er weigerte sich, viele Einzelheiten über die inneren Strukturen zu liefern.[6]

Len Stringfield, von dem der Begriff »Absturzbergung« stammt und dessen Forschungen ihn in mehrere interessante Richtungen führten, traf sich mit einem Arzt, den er als »mein medizinischer Hauptkontakt« beschrieb. Von diesem Mann erfuhr er etwas über das Aussehen der inneren Struktur der außerirdischen Körper.

Später konnte er mit einem anderen Arzt sprechen, der auch an einer Autopsie von außerirdischen Körpern teilgenommen hatte. Stringfield zufolge lieferte die neue Quelle eine Vielzahl zusätzlicher Daten. »Durch ihn war ich mit der Zeit in der Lage, mir den ganzen Körper vorzustellen, und ich erfuhr vieles über seine innere Chemie und einige seiner Organe, beziehungsweise von deren Fehlen im Vergleich zum Menschen.«

Stringfield sagte, daß er aufgrund seiner Quellen eine Reihe von Schlußfolgerungen ziehen konnte. Ihm zufolge waren die Wesen humanoid, ein bis ein Meter zwanzig groß und wogen ungefähr vierzig Pfund.

Der Kopf war größer als ein menschlicher Kopf, und es gab zwei große runde Augen, obwohl eine Quelle behauptete, sie seien »orientalisch oder mongoloid, tief und weit auseinander liegend.« Die Nase war vage angedeutet, nur leicht hervortretend, der Mund ein schmaler Schlitz und öffnete sich nur zu einer leichten Höhle. Er diente nicht »als Mittel zur Kommunikation oder als Öffnung zur Verdauung von Speisen«, und es waren keine Zähne vorhanden. Es gab keine Ohrläppchen oder »hervortretendes Fleisch jenseits der Öffnungen auf beiden Seiten des Kopfes.«

Auf dem Kopf befand sich kein Haar, obwohl laut Stringfield eine seiner Quellen aussagte, daß er mit einem leichten Flaum bedeckt gewesen sei.

Der Hals war dünn wie der Torso. Die Arme waren ebenfalls lang und dünn, und die Hände reichten fast bis zu den Knien. Stringfields Quellen zufolge wiesen die Hände vier Finger und keinen Daumen auf, was mit dem übereinstimmt, das die Krankenschwester Dennis erzählte. Stringfield schreibt, daß »von drei autorisierten Beobachtern ein leichter gewebeartiger Effekt zwischen den Fingern bemerkt wurde.« Einer von denen, die an der Absturzstelle waren, sagte jedoch, es gebe einen Daumen an der Hand.

Stringfield schreibt: »Die Haut ist *nicht* grün. Einige behaupten beige, gelbbraun, braun oder bräunlich oder rötlich-grau, und einer sagte, sie sah unter den kalten Lampen fast ›bläulich-grau‹ aus. Die Beschaffenheit wird als schuppig oder reptilienartig beschrieben und als dehnbar, elastisch oder beweglich über glattem Muskel- oder Knochengewebe. Kein gestreifter Muskel. Keine Ausdünstung oder Körpergeruch.«

Stringfields Quellen lieferten weitere Informationen. Er merkte an, daß »die Gewebestruktur, wie man mir sagte, unter Vergrößerung netzartig oder wie ein Gitternetzwerk aus horizontalen und senkrechten Linien erscheint. Eine frühere Quelle bestätigend, die die Haut des Wesens als ›reptilienartig‹ beschreibt, deutet diese neue Information auf die Struktur der grobkörnigen Haut von Eidechsen hin wie die von Leguanen und Chamäleons.«[7]

Melvin E. Brown, ein Feldwebel bei der 509., erzählte Familienangehörigen, daß er die Körper von außerirdischen Wesen gesehen hätte, als er mit ihrer Bewachung betraut wurde. Ihm zufolge waren sie kleiner als Menschen und hatten eine gelblich-orange Haut wie die einer Eidechse, wobei er meinte, daß sie ledrig und perlschnurartig war, jedoch nicht schuppig.[8] Berücksichtigt man die Umstände bei seiner Gelegenheit, die Körper zu beobachten, kann die farbliche Abweichung auf die Lichtbedingungen zurückgeführt werden. Es ist interessant, daß Brown ebenso wie Stringfields Quellen von eidechsenartiger Haut sprechen.

Stringfield konnte ein wenig über die innere Struktur erfahren. Es gab keine offensichtlichen Fortpflanzungsorgane und keine Genitalien. Die Gehirnkapazität ist nicht bekannt. Im Körper gab es eine farblose Flüssigkeit, die laut Stringfield »keine roten Blutkörperchen aufweist. Keine Lymphozyten. Kein Sauerstoffträger. Keine Nahrungs- oder Wasseraufnahme bekannt. Kein Verdauungssystem oder Magen-Darm-Trakt. Kein Darm, keine Speiseröhre oder Rektalzone beschrieben.«

Am 2. Juli 1979 erhielt Stringfield einen maschinengeschriebenen Bericht von einem Arzt, der in den frühen Fünfzigern eine Autopsie durchgeführt hatte.

GRÖSSE – Das Exemplar war einhundertdreiundzwanzig Zentimeter groß. Es ist so lange her, und meine Akten enthalten keine Angaben über das Gewicht. Ich erinnere mich gut an die Länge, weil wir uns uneinig waren und jeder selbst nachmaß.

KOPF – Der Kopf war birnenförmig und nach menschlichen Maßstäben zu groß für den Körper. Die Augen waren anscheinend mongoloid. Die Augenwinkel, die am weitesten von der Nasenwölbung entfernt waren, neigten sich nach oben in einem Winkel von etwa zehn Grad. Die Augen lagen tief im Kopf. Es schien keine sichtbaren Augenlider zu geben, nur etwas, das wie eine Falte erschien. Die Nase bestand aus einer kleinen, faltenartigen Vorwölbung um die Nasenöffnungen herum. Der Mund schien eine runzelartige Falte zu sein. Es gab keine den Menschen ähnlichen Lippen als solche – nur einen Schlitz, der sich zu einer Mundhöhle von etwa fünf Zentimetern Tiefe öffnete. Eine Membran im hinteren Teil der Höhle trennte sie von dem, was der Verdauungstrakt wäre. Die Zunge schien fast zu einer Membran verkümmert zu sein. Es wurden keine Zähne bemerkt. Röntgenbilder zeigten sowohl einen Ober- als auch einen Unterkiefer sowie eine Schädelknochenstruktur. Die äußeren »Ohrläppchen« waren nicht vorhanden. Die vorhandenen Gehöröffnungen waren unseren mittleren und inneren Gehörgängen ähnlich. Der Kopf enthielt keine Haarfollikel. Die Haut erschien gräulich und beweglich, wenn sie verschoben wurde.

Die obigen Beobachtungen rühren von allgemeinen anatomischen Beobachtungen her. Ich habe die Kopfregion nicht genauer autopsiert oder studiert, da dies nicht mein Spezialgebiet war.

ANMERKUNG – In Ihrer Zeichnung des Kopfes sollten die Wangenknochen weggenommen oder glatter konturiert werden. Die Augen in der Nasenhöhle stimmen nicht. Die Vertiefung und Falte verläuft kontinuierlich über die Stirn. Der Hals erscheint als zu lang, und die Schultern fallen nicht so stark ab. Das vermittelt Ihnen vielleicht diesen Eindruck. Die Arme sind nach menschlichen Maßstäben überlang. Es gab keinen Daumen. Der Zeigefinger ist in Ihrer Zeichnung länger als der Mittelfinger. Ich glaube nicht, daß dies richtig ist, doch in diesem Punkt ist meine Erinnerung verschwommen. In der Brustregion befand sich etwas, was wie zwei verkümmerte Brustwarzen erschien. Die Geschlechtsorgane waren verkümmert. Einige andere

Forscher haben weibliche Merkmale bemerkt. Ich hatte diese Gelegenheit nicht. Die Beine waren kurz und dünn. Die Füße wiesen keine Zehen auf. Die Haut bedeckte den Fuß in einer Weise, die den Eindruck einer übergezogenen Socke vermittelte. Die Röntgenuntersuchung zeigte jedoch darunter eine normale Knochenstruktur.

Stringfield schrieb in einem Kommentar zu dem oben dargelegten: »Der von dem Arzt erhaltene Bericht, den ich erbeten hatte, ist in der Tat ein Durchbruch. Ich möchte hinzufügen, daß ich keine Anzeichen oder offensichtliche Ungereimtheiten finde, die auf einen Schwindel hindeuten. Mehr noch, einige der Informationen, von denen er im vergangenen Jahr berichtet hat und die in seinem Bericht nicht enthalten sind, wurden durch eine andere Quelle, ebenfalls ein Arzt, bestätigt.«[9]

Zwischen den verschiedenen Berichten gab es einige Diskrepanzen, und Stringfield war darüber beunruhigt. Ihm wurde mitgeteilt, daß »es mehr als einen Typ gebe«.[10]

Das spielt jedoch keine Rolle, denn es gibt gute Zeugenaussagen darüber, daß Körper in Roswell geborgen wurden, und es gibt Zeugenaussagen von Ärzten über ihre Beteiligung an Autopsien. Die meisten der Daten sind aus zweiter Hand und stammen aus der Arbeit von Len Stringfield. Es besteht kein Zweifel daran, daß Stringfield genau wiedergibt, was ihm berichtet wurde.

Weitere Bestätigung der Autopsien kommt aus einer anderen Quelle. Dr. La June Foster, eine renommierte Expertin und Autorität auf dem Gebiet des Rückenmarks leitete 1947 eine Praxis in San Diego. Sie wurde herbeigerufen, um die Rückenmarksstrukturen zu untersuchen. Sie reiste nicht nach Wright Field, sondern nach Washington D.C., wo sie ungefähr einen Monat verbrachte. Während Fosters Abwesenheit arbeitete Dr. Laura Henderson in der Klinik in San Diego.

Weil Dr. Foster während des Zweiten Weltkriegs verdeckt für das FBI gearbeitet hatte und bereits eine Sicherheitsstufe innehatte, wurde sie nach Washington D.C. geflogen, um die Rückenmarksstrukturen der nahe Roswell geborgenen Körper zu untersuchen. Sie berichtete, es sei möglich, daß einer lebend, jedoch schwer verletzt gefunden wurde. Ihr zufolge wurde das Wesen eiligst nach Washington gebracht, erlag aber bald seinen Verletzungen.

Foster sah einen oder zwei der Körper. Ihre Aufgabe war es, die Knochen, das Rückenmark und die Wirbel zu untersuchen und mit der menschlichen Anatomie zu vergleichen.

Wie die anderen beschrieb Foster die Wesen als klein mit großen Köpfen. Sie sagte, daß sie merkwürdige Augen hatten.

Laut ihren Familienangehörigen war sie bei ihrer Rückkehr aus Washington sehr erregt. Man hatte ihr angedroht, daß sie ihre Praxis verlieren und getötet würde, falls sie reden würde. »Jemand in der Regierung versucht, mich zum Schweigen zu bringen«, sagte sie.[11]

Es gab andere Berichte von Medizinern, doch sie weigern sich, ihre Namen mit diesen Berichten in Zusammenhang zu bringen. Die Informationen über die Autopsien sind bestenfalls skizzenhaft. Diejenigen, die ausgewählt wurden teilzunehmen, wurden deshalb genommen, weil man sich darauf verlassen konnte, daß sie schweigen.

Irgendwo sind die Berichte und Fotos abgelegt, die während der Autopsien gemacht wurden. Irgendwo sind die Daten versteckt, die unsere Fragen beantworten könnten. Wenn diese Akten zur allgemeinen Überprüfung geöffnet werden, werden wir die Antworten bekommen. Bis dahin sind wir gezwungen, den unvollständigen Informationen zu vertrauen, die wir von Quellen aus zweiter Hand vorgelegt bekommen und die nur einige Kommentare von denen enthalten, die tatsächlich an den Autopsien teilnahmen.

11.

Die Drohungen

Zu den beunruhigendsten Aspekten dieser Geschichte zählen Berichte, die besagen, daß an diesem Vorfall Beteiligte – auch einzelne, die nur am Rande darin verwickelt waren – von Mitgliedern des Militärs der Vereinigten Staaten und Vertretern der U.S.-Regierung bedroht wurden. Zu denen, die solche Geschichten zu erzählen wissen, gehören auch Frauen und Kinder.

George Wilcox war als der Sheriff von Chaves County einer der ersten Zivilisten, der in den Fall verwickelt wurde. Er sprach mit Brazel, sah einen Teil der Trümmer und ist vielleicht auch an der zweiten Stelle gewesen, an der die Körper gefunden wurden.[1] Obwohl er mit dem Militär zusammenarbeitete und Telefonanrufe der Presse beantwortete, behauptete er später, nicht in den Fall verwickelt gewesen zu sein. Einige der ersten Forscher glaubten, er habe nicht mehr getan, als die 509. Bombergruppe über die Tatsache zu informieren, daß Brazel mit den seltsamen Metalltrümmern in der Stadt war.

Doch spätere Untersuchungen enthüllten, daß Wilcox eine größere Rolle spielte. Er war gewarnt worden, nicht darüber zu reden. Das Militär wollte, daß er still blieb.

Wilcox' Enkelin Barbara Dugger machte das Ausmaß der Drohungen klar. Ihre Großmutter erzählte ihr, daß die Militärpolizei zum Gefängnis kam und »George und mir sagte, wenn wir jemals etwas über den Vorfall erzählten oder in irgendeiner Weise darüber sprächen, nicht nur wir getötet, sondern der Rest der Familie abgeholt werden würde.«

Dugger fragte ihre Großmutter: »Hast du sie das sagen gehört, Big Mom?« Und die Antwort war ja. Inez Wilcox hatte neben ihrem Mann gestanden, als die Drohung ausgesprochen wurde. Dugger machte absolut deutlich, daß ihre Großmutter die Drohung glaubte. Dugger zufolge, »saß Inez aufrecht da und hörte zu. Sie war eine sehr loyale Bürgerin. Diese Männer scherzten nicht. Sie suchten sie nie wieder auf und bedrohten sie nie wieder.«[2]

Wilcox selbst richtete dem Leichenbestatter Glenn Dennis aus Roswell, der im Krankenhaus der Basis gewesen war, als die Körper ankamen, eine Drohung aus. Zuvor hatte ein rothaariger Hauptmann Dennis gewarnt, wenn er nicht aufpasse, werde man seine Knochen in der Wüste einsammeln können. Der schwarze Feldwebel beim Hauptmann fügte hinzu, Dennis würde »gutes Hundefutter abgeben«. Sie machten deutlich, daß sie später nicht erfahren wollten, daß Dennis in der Stadt seinen Mund nicht gehalten hätte.

Am nächsten Tag fuhr Wilcox zum Haus der Dennis' hinaus und erzählte dem älteren Dennis, daß sein Sohn in Schwierigkeiten mit der Basis stecke. Die Warnung lautete, er solle besser vorsichtig sein. Wilcox sagte Dennis Vater: »Glenn hat gewisse Schwierigkeiten mit dem Stützpunkt. Ich weiß nicht, worum es geht, doch ein schwarzer Feldwebel war bei mir mit der Nachricht, ich solle Ihnen ausrichten, Sie sollen Ihrem Sohn sagen, daß er seinen Mund halten soll, denn er habe in der Basis nichts gesehen.« Darin lag die versteckte Andeutung, daß es Leute gäbe, die ihn beobachteten.

Dennis, ein Zivilist, war von den Drohungen nicht sonderlich beeindruckt, doch eine andere Begebenheit war für ihn ziemlich alarmierend. Einen Tag, nachdem er mit der befreundeten Krankenschwester in der Basis gesprochen hatte, rief er sie an, um sich zu erkundigen, ob sie sich von der Krankheit erholt habe, wegen der ihr Mittagessen abgebrochen worden war. Dennis: »Sie teilten mir mit, sie sei nicht bei der Arbeit, sie war an diesem Tag nicht zu erreichen. Am nächsten Tag rief ich zwei- oder dreimal an, und wieder war sie nicht zu erreichen. Am dritten Tag rief ich wieder an. Sie sagten mir, sie sei versetzt worden. Sie wußten nicht, wohin, jedenfalls war sie nicht mehr im Luftwaffenstützpunkt.«

Dennis gibt an: »Etwa zehn Tage bis zwei Wochen später bekam ich einen Brief von ihr ..., nur eine Notiz: ›Ich kann jetzt nicht schreiben, doch hier ist eine APO-[Army Post Office; Armee-Postamt] Nummer, an die du Post schikken kannst.‹ Ich schrieb einen Brief zurück, wahrscheinlich zwei Wochen danach. Der Brief kam an mich zurück, und auf dem Umschlag stand: ›Zurück an Absender‹, und groß rot gedruckt stand da: ›Verstorben‹.«

Als Dennis herauszufinden versuchte, was geschehen war, war alles, was er hörte, ein Gerücht, daß sie zusammen mit fünf anderen Krankenschwestern bei Manövern getötet worden sei. Ihr Flugzeug sei abgestürzt, und alle an Bord seien dabei umgekommen.[3]

Es wurde nie ein Beweis für den Unfall gefunden. Recherchen verschiedener Quellen wie »The New York Times Index«, das National Transportation and Safety Board und die Army konnten nicht bestätigen, daß sich solch ein Absturz ereignet hatte.

Militäroffiziere machten weiterhin ihre Runden in der Gegend um Roswell.

Frankie Rowe berichtete: »Das Militär kam zu uns nach Hause, und im wesentlichen drohten sie uns, nichts zu erzählen. Sie würden Mutter fortbringen, und sie würden Daddy fortbringen, so daß wir alles vergessen sollten, was wir je gesehen hatten. Wir dürften nie darüber sprechen. So weit es uns betraf, hatte sich der ganze Vorfall nie ereignet.«

Es war nur ein paar Tage, nicht mehr als zwei oder drei, nachdem Rowe die Trümmerstücke in der Feuerwehrstation von Roswell gesehen hatte, als eine Gruppe von Militärleuten zu ihr nach Hause kam. Sie wollten mit dem Kind sprechen, das bei der Feuerwehrstation gewesen war. Als der Gruppenführer wußte, wer es war, schickte er die jüngeren Kinder nach draußen, um dort mit ein paar der anderen Militärs zu warten.

Es waren vier, alle mit Gewehren bewaffnet, bis auf den Anührer, der wahrscheinlich ein Offizier war. »Einer stand draußen neben dem Auto, sein Gewehr an einer Seite seines Körpers«, sagte sie. »Einer stand neben dem Kerl, der mit uns sprach, im Eßzimmer, und einer ging mit den anderen drei Kindern nach draußen.«

Der Anführer ließ keinen Zweifel daran aufkommen, daß er Befehle erteilte. Er zwang Rowe und ihre Mutter, sich an den Tisch zu setzen, und ließ sie nicht stehen. Sie sagt: »Er stand. Wir saßen.«

Die anderen Kinder befanden sich draußen mit bewaffneten Männern. Rowe und ihre Mutter blieben drinnen mit dem Anführer der Gruppe und einem weiteren Mann, der mit einem Gewehr bewaffnet war. »Der andere Kerl stand mit seinem Gewehr im Anschlag neben ihm und hielt es vor ihren Körpern nach oben gerichtet.«

Er wußte offenbar bereits, was an der Feuerwehrstation geschehen war, daß ein staatlicher Polizeibeamter den Feuerwehrmännern und einem kleinen Mädchen die Trümmer gezeigt hatte. Als er sich sicher war, daß er die richtigen Leute vor sich hatte, »nahm er kein Blatt vor den Mund«, wie Rowe angibt. Er befahl ihr, nie wieder darüber zu sprechen. Wenn sie es doch täte, »könnte es sein, daß sie uns in diese Wüste bringen würden, und niemand würde uns je wiederfinden.«[4]

Helen Cahill, Rowes Schwester, erinnerte sich an den heftigen Zorn ihres Vaters über das Drohgespräch. Soldaten hatten auch all die anderen Feuerwehrmänner bedroht, die dabeigewesen waren. Städtische Polizeibeamte, die darin verwickelt waren, wurden ebenfalls bedroht. Sie bestätigte, daß irgend etwas geschehen war und daß ihr Vater ihr nichts darüber erzählte. Ihre Mutter jedoch sagte, die Familie bekäme Schwierigkeiten, wenn Dan Dwyer jemals erwähnen würde, was er gesehen hatte.[5]

Die Drohungen gegenüber Zivilisten werden auch von einem von Wilcox' Hilfssheriffs bestätigt, der noch lebt. Als wir das erste Mal Kontakt mit ihm aufnahmen, stieß er hervor: »Ich will nicht erschossen werden.«[6] Jetzt leugnet er einfach, darin verwickelt gewesen zu sein oder irgend etwas über die Ereignisse im Juli 1947 zu wissen.

Die Drohungen gegenüber Ruben Anaya, seinem Bruder Pete und seinen Freunde waren indirekt. Als Ruben Anaya Joe Montoya zu den Ereignissen befragte, sagte ihm dieser, er solle es vergessen. »Es ist zu gefährlich«, meinte Montoya gequält. »Das FBI wird dich beseitigen.«[7]

Einigen der zivilen Zeugen wurde nur gesagt, sie dürften den Fall nicht mit Außenstehenden erörtern. Mac Brazel erwähnte nie eine spezielle Drohung, doch er gab sein Wort, daß er nichts sagen würde. Wann immer Bill Brazel seinen Vater nach den Ereignissen im Juli 1947 fragte, sagte Mac Brazel stets, er hätte einen Eid abgelegt, nicht darüber zu reden. Er hätte der Regierung versprochen, daß er nichts sagen würde.[8]

Selbst die männlichen und weiblichen Militärangehörigen, die an der Bergung beteiligt gewesen waren, wurden von den Drohungen oder Geheimhaltungseiden nicht verschont. Nachdem sie ihre Aufträge erledigt hatten, wurden sie alle an die verschiedenen Eide erinnert, die sie abgelegt hatten.[9] In den meisten Fällen handelte es sich um eine freundliche Mahnung.

Pappy Henderson erzählte seiner Frau Sappho erst 1982 von dem Fall, nachdem er einen Zeitungsartikel darüber gelesen hatte. Er sagte ihr, daß er »seit Jahren darauf gebrannt hätte, ihr davon zu erzählen«, aber per Eid zur Geheimhaltung verpflichtet worden sei. Nun, da ein Artikel dazu veröffentlicht worden war, glaubte er irrtümlicherweise, die Freiheit zu haben, ihr davon zu erzählen.[10]

Edwin Easley war auf dem Trümmerfeld gewesen und war verantwortlich für die Abriegelung der Absturzstelle. Obwohl er freimütig gestand, daß er im Juli 1947 Kommandeur der Militärpolizei für die 509. Bombergruppe war, wollte er nicht zugeben, in die Ereignisse dieses Monats verwickelt gewesen zu sein. Er versuchte den Fragen aus dem Weg zu gehen, indem er darauf hinwies, daß er nicht frei sprechen dürfe: »Ich bin per Eid zur Geheimhaltung verpflichtet worden.« Er enthüllte seine Informationen langsam und vorsichtig über einen Zeitraum von Monaten.[11]

Frank Kaufmann berichtete, die Männer seien in kleinen Gruppen in den Besprechungsraum geführt worden, so daß keiner die Namen der vielen anderen Beteiligten erfuhr. Ihnen wurde mitgeteilt, die Bergung falle unter die höchsten Sicherheitsstufen und niemand dürfe unter welchen Umständen auch immer darüber sprechen. Die Männer wurden dann durch eine Tür hinausgelassen, während diejenigen, die auf die nächste Unterweisung warteten, durch eine andere hereinkamen. Auf diese Weise konnte niemand zu viele Fragen stellen, weil man nie wußte, wer dabeigewesen war und wer nicht.[12]

Das Militär ging zum Äußersten, um die Informationen geheimzuhalten. 1945, in den letzten Kriegstagen des Zweiten Weltkriegs, baten FBI-Agenten und Militäroffiziere darum, daß die amerikanischen Bürger ihr Wissen um die japanischen Ballonbomben für sich behielten. Obwohl die Japaner verzweifelt zu erfahren versuchten, ob die Bomben den amerikanischen Kontinent erreicht hatten, bedrohte die amerikanische Regierung keine Bürger, um ihr Stillschweigen sicherzustellen. Dies ist ein interessanter Kontrast.

In Roswell ging die Regierung unter Androhung von Gefängnis bis hin zum Tod gegen jeden vor, der irgend etwas wußte. Agenten bedrohten ganze Familien, äußerten gar ihre Bereitschaft, Kinder zu ermorden.

Wenn solch ein Bericht von einem einzelnen käme, läge die Vermutung nahe, daß die Person überreagiert oder etwas falsch verstanden hätte. Doch diese Berichte kamen von mehreren Einzelpersonen, die – obwohl sie nichts von den vergleichbaren Aussagen anderer wußten – auffallend ähnliche Geschichten erzählten.

Was machte die Ereignisse in Roswell so anders, daß die Regierung das Gefühl hatte, es sei nötig, ihre eigenen Bürger zu bedrohen? Was machte dieses Geheimnis so wichtig, daß sie nicht auf die Aufrichtigkeit und Loyalität dieser Bürger vertrauen konnte? Was machte die Ereignisse so anders, daß offizielle Vertreter glaubten, es sei nötig, die männlichen und weiblichen Militärangehörigen an ihre Eide und ihre Verpflichtung zur Wahrung des Geheimnisses zu erinnern?

Wenn es keine weiteren Informationen über den Roswell-Fall gäbe, würde allein dies genügen, Fragen aufzuwerfen. Es ist ein Umstand, der einzigartig in der amerikanischen Geschichte ist. Es ist das einzige Mal, daß Männer, Frauen und Kinder von Vertretern der amerikanischen Regierung mit physischer Gewalt bedroht wurden. Es ist das einzige Mal, daß Vollzugsbeamten gesagt wurde, Familienangehörige seien in Gefahr, wenn sie über die Ereignisse sprächen.

Die Aussagen zu diesem Aspekt des Falles sind überwältigend. Niemand konnte die Emotionen beobachten, die Frankie Rowe bewegten, als ihre Erinnerungen sie überfluteten, ohne von der Tiefe dieser Gefühle beeindruckt zu sein. Dies waren spontane Erinnerungen – nicht unter der Befragung von Forschern hervorgeholt, sondern Erinnerungen des Gastes mit dem New-England-Akzent in einer Radio-Talkshow.[13]

Die Frage bleibt also bestehen: Wenn die Ereignisse sich mit einem Ballon erklären ließen, wie die offizielle Regierungspolitik noch immer behauptet, warum wird diese Information noch immer so sorgsam gehütet? Wir wissen, daß dies der Fall ist, weil einer der Männer, die sich am 9. Juli auf einem Flug nach Fort Worth befanden, kürzlich von einem beunruhigenden Telefonanruf berichtete. Da er umgezogen war und seine Telefonnummer sich geändert hatte, war er überrascht, als er mit einer nicht identifizierten Stimme konfrontiert wurde, die seinen militärischen Decknamen wußte, seine Einheit kannte und dann behauptete, daß all die MPs, die beteiligt gewesen waren, Selbstmord begangen hätten.[14]

Die MPs hatten keinen Selbstmord begangen, doch die Andeutung war klar. Diejenigen, die von den Ereignissen wußten und unpassende Bemerkungen darüber machten, starben schnell. Es entsetzte den Mann dermaßen, daß er beschloß, nichts mehr auszusagen.

Diese Drohungen wurden mehr als vierzig Jahre lang aufrecht erhalten, und sie sind noch immer wirksam. Da sind diejenigen, die sich weigern zu reden, und da sind diejenigen, die erst bereit waren zu reden und dann ihre Meinung änderten. Wenn Roswell nichts weiter als ein geheimes Ballonprojekt war, warum kümmert sich heute noch jemand darum? Was ist das wahre Geheimnis von Roswell?

12.

Anatomie einer Untersuchung

Die Untersuchung des Absturzes bei Roswell umfaßt mehr, als nur mit Zeugen zu sprechen. Es ist eine Suche nach erhärtender Dokumentation und eine Interpretation der Fakten und Zeugnisse. Es ist der Versuch, die Erinnerungen mit den Dokumentationen abzugleichen und ein Ganzes zu schaffen, das all die Fakten und die Zeugenaussagen umfaßt.

Eines der anschaulichsten Beispiele dafür ist die Entdeckung, daß die beiden Männer, die vom New Yorker Büro der »Associated Press« von Albuquerque nach Roswell entsandt wurden, beide noch am Leben und wohlauf sind. Dieses winzige Segment des Roswell-Falles ist bisher noch von keinem Forscher untersucht worden. Es war jungfräuliches Territorium und ermöglichte uns, es als separaten Punkt zu prüfen.

Nachdem Walter Haut die Pressemitteilung herausgegeben hatte, verlangte die Welt nach weiteren Informationen. Alle Behörden in der Gegend um Roswell berichteten, daß sie Dutzende von Telefonanrufen erhielten. George Wilcox bekam Anrufe aus London, Rom und Hong Kong. Die Telefonleitungen zur Basis waren überlastet, und Blanchard ärgerte sich, weil er keine Leitung nach draußen bekommen konnte und forderte, daß Haut etwas unternehmen solle. Gegen Redaktionsschluß der Zeitungen wurde die Situation noch schlimmer, da die Reporter nach Neuigkeiten hungernde Herausgeber befriedigen mußten.

Jason Kellahin war im Sommer 1947 AP-Reporter in Albuquerque, New Mexico. Er bekam einen Anruf vom New Yorker Büro der »Associated Press«[1], er solle so schnell wie möglich ins Zentrum von Roswell fahren. Kellahin: »Wir wurden über die Entdeckung dort informiert. Der Bürochef entsandte mich und jemanden, der den Fernschreiber bediente, vom Büro in Albuquerque.« Kellahin erinnerte sich, daß es Robin Adair war, der ihn begleitete.

Kellahin sagte, als er mehr als vierzig Jahre später zu Hause interviewt wurde: »Es muß am Morgen gewesen sein, weil wir tagsüber dorthin fuhren. Es dauerte ein paar Stunden, um dorthin zu gelangen.«

Kellahin fuhr fort: »Wir fuhren nach Vaughn. Es war direkt südlich von Vaughn, wo sie das Material fanden.«

Ihm zufolge lag die Ranch nicht weit vom Haupt-Highway (Highway 285) von Vaughn nach Roswell entfernt. Sie bogen südlich von Vaughn von diesem Highway ab auf die Straße nach Corona. Sie fuhren nach Westen und sahen »eine Menge Autos und fuhren hin. Wir nahmen an, daß dies die Stelle war. Offiziere von der Basis waren da. Sie waren schon vor uns da.«

Kellahin beschrieb Militärwagen, zivile Autos und sogar Polizeifahrzeuge, die an der Straße parkten. In einem der an die Straße angrenzenden Felder, am äußersten Ende davon, befanden sich eine Reihe von Militäroffizieren, nicht mehr als fünf oder sechs. Kellahin stieg aus dem Auto aus und betrat das Feld, auf dem er die verstreuten Trümmer sah.

»Dieser Mann aus Albuquerque, der bei mir war, hatte eine Kamera. Er machte ein paar Aufnahmen von dem Zeug, das auf dem Boden lag, und von dem Rancher, der da war. Brazel war dort, und der Fotograf nahm ihn auf.«

Kellahin stellte Brazel ein paar Fragen, als er ihn dort auf dem Feld interviewte. »Ich sprach mit ihm. Er nannte mir seinen Namen [Brazel], und uns sagte man, daß es auf seiner Ranch sei.«

Kellahin erinnerte sich nicht mehr an viel von dem, was Brazel sagte. »Was er sagte, war, er sei dort hinausgegangen und habe dieses Zeug gefunden, und er habe einem Nachbarn davon erzählt, und der Nachbar sagte, du solltest es dem Sheriff melden. … So sei er am nächsten Tag nach Roswell gefahren.«

Als er dort auf dem Feld nahe der Trümmer stand, hatte Kellahin die Chance, es aus nächster Nähe zu untersuchen. »Es machte nicht viel her. Bloß etwas silberfarbener Stoff, ein leichtes Holz wie das, woraus man einen Drachen macht. Ich hob es nicht auf. Tatsächlich baten sie [das Militär] uns, nichts aufzuheben. Man konnte es nicht aufheben und identifizieren. Man hätte wissen müssen, was es war. Doch es war ein Ballon. Es sah mehr wie ein Drachen aus als irgendwas sonst.«

Die Trümmer bedeckten ein kleines Gebiet, nicht mehr als zweitausend Quadratmeter groß. Die Militärangehörigen standen dicht dabei, als Kellahin Brazel interviewte, doch sie versuchten nicht einzugreifen. »Sie schenkten uns keine große Beachtung. Sie behinderten mich nicht. Ich ging überall hin, wohin ich wollte. Sie hielten mich überhaupt nicht davon ab. Mich oder den Fotografen.« Kellahin versuchte, mit den Militärs zu reden, doch sie gaben ihm keine Auskunft. »Sie waren sehr, sehr vorsichtig, weil sie nicht recht wußten.«[2]

Er hatte nicht viel Zeit für das Interview, weil die Militäroffiziere herüberkamen und ihm sagten, sie seien fertig und brächten Brazel nach Roswell. Als Brazel weg und die Aufräumarbeiten beendet waren, bestand für die AP-Reporter kein Grund zu bleiben. Kellahin und Adair setzten ihre Fahrt nach Roswell fort und kamen vor der Dunkelheit dort an.

Adair jedoch, der ein paar Tage nach Kellahin interviewt wurde, sagte, daß er in El Paso, Texas, gewesen sei, als er den Anruf aus New York erhielt.[3] Er war dort gewesen, um einige Ausrüstungsteile zu reparieren, und in El Paso stand auch die tragbare Ausrüstung für die Fernübertragung. Die Zentrale der »Associated Press« interessierte es nicht, wie er dorthin kam, sie wollten nur, daß er so schnell er konnte nach Roswell gelangte, selbst wenn er ein Flugzeug mieten müsse.

Adair landete auf dem städtischen Flugplatz von Roswell, jedoch erst, nachdem er ein halbes Dutzend Mal über Brazels Ranch in Lincoln County geflogen war. »Das hat uns kein bißchen genützt. Wir konnten keine Fotos machen. ... Selbst da schon war die Stelle von Polizisten und FBI-Leuten umringt. Sie ließen uns auf einen Kilometer nicht an die Stelle heran. Wir hatten Angst, zu weit zu gehen. Angst, daß sie auf uns schießen würden.

Wir nahmen uns dort ein Flugzeug, doch wir konnten nirgendwo in der Nähe landen. Wir gingen so nahe ran, wie wir konnten, und wollten tiefer gehen, doch die Zeichen [vom Boden aus] waren so, daß wir uns nicht trauten.« Später sagte er: »Sie [die Militäroffiziere auf dem Feld] winkten bloß. Man konnte nicht sagen, ob sie uns nur höflich mitteilen wollten, verdammt noch mal hier zu verschwinden.«

Aus der Luft hatte Adair einen guten Blick auf das, was sich später als Trümmerfeld erwies. »Wir konnten eine Menge Zeugs erkennen – sah aus wie eine verbrannte Stelle. Man konnte erkennen, daß dort etwas gewesen war.« Das Feld war groß, und Adair sagte: »Ich erinnere mich an vier Zeichen. Vom Flugzeug aus war es ziemlich schwierig, sie auf eine Reihe zu bekommen. Ich wollte herausfinden, ob sie nach Osten, nach Westen oder nach Süden verliefen. Ich konnte sie für mich selbst nicht einordnen.«

Obwohl er im Flugzeug saß, konnte Adair die Furchen und Spuren auf dem Boden erkennen. Er sagte: »Man konnte sie aus der Luft nicht allzu gut erkennen. Aus der Weise, wie es in den Boden einschnitt, was auch immer da auf dem Boden aufschlug, war offensichtlich, daß es kein Holz oder irgend etwas Weiches war. Es sah aus, als ob es Metall wäre.«

Adair glaubte nicht, daß es sich überschlagen hatte, als es auf den Boden aufprallte. Sein Eindruck war, daß es flach heruntergekommen war. »Direkt gerade herunter und direkt gerade zurück nach oben, als es abhob. Es hob auf dieselbe verdammte Weise ab. Es kam nicht ins Schleudern oder rutschte seitlich ab. Es ging gerade hoch, genauso wie es gerade herunterkam.«

Als er nach Roswell zurückkehrte, bemerkte er, daß keine der anderen Stellen, über die sie flogen, bewacht wurden. Sie versuchten nicht, an diesen anderen Stellen zu landen, weil das Gelände zerklüftet war. Außerdem waren sie nur an dem Ort interessiert, an dem sich die Militärwachen befanden.

Adair sagte, er habe zwei Stellen gesehen. »Eine davon war nicht sehr klar zu erkennen. Die andere war eindeutiger.«

Nachdem sie in Roswell gelandet waren, traf er sich ein paar Minuten später mit Kellahin. An diesem Abend gingen sie in die Büros des »Daily Record«. Adair machte die Sendevorrichtung klar, um aus der Redaktion der Zeitung zu übertragen. »Das macht manchmal ein wenig Mühe. Wir schafften es trotzdem und übertrugen die Bilder.«[4]

Kellahin bestätigte einiges davon, als er aussagte: »Wir fuhren zum ›Roswell Daily Record‹, und ich schrieb eine Story, und wir schickten sie über den AP-Fernschreiber. Adair entwickelte seine Bilder, machte die Foto-übertragungs-Anlage klar und sendete sie.«[5]

Bilder zu übertragen wurde für so bedeutend oder vielleicht für solch eine Novität gehalten, daß der »Record« auf der Titelseite der Ausgabe vom 9. Juli darüber eine Geschichte mit den Fotos von Kellahin und Adair brachte. Sie erklärten, daß das Foto, das von Brazel gemacht wurde, das erste sei, das aus Roswell gesendet wurde. Die Geschichte erläuterte, daß die Schaltung durch die Mountain States Telephone and Telegraph eingerichtet wurde und direkt nach Denver ging. Dem Artikel zufolge sagte Adair: »Es dauerte sieben Minuten, um das Bild von Brazel zu senden.«[6]

Die Story endete mit: »Adair und Kellahin wurden auf den speziellen Auftrag der AP-Zentrale in New York hin nach Roswell entsandt.«[7]

Als Kellahin die Ranch verließ, hatte er erwartet, Brazel am nächsten Tag in Roswell wiederzutreffen, sagte aber: »Ich erinnere mich nicht, daß ich ihn traf. Ich glaube, das Militär sprach mit ihm und ließ ihn mit niemanden sonst sprechen, soweit ich mich erinnere. Ich sah ihn dort, aber da waren einige Militärleute bei ihm.«

Um die Geschichte so weit wie möglich zu recherchieren, sprach Kellahin mit Sheriff Wilcox. »Als wir zu der Zeitung kamen, war er dort. Ich sah ihn dort oder in seinem Büro. ... Zu diesem Zeitpunkt kam das Militär dazu. Er war sehr vorsichtig.«

»Es war ein Wetterballon«, meinte Kellahin. »Meiner Meinung nach war es das. Das ist es, was wir sahen. Wir sahen nichts anderes, aus dem wir hätten schließen können, daß es etwas anderes war.«[8]

Sobald sie in der Redaktion fertig waren, kehrte Kellahin nach Albuquerque zurück, und Adair wurde zurück nach El Paso beordert, um seinen dortigen

Auftrag zu beenden. Der Rückflug war ruppig. Sie gerieten in einen Sandsturm und versuchten, über ihn hinwegzufliegen. Irgendwann trafen sie auf einen Luftwirbel, und der Pilot knallte mit dem Kopf gegen die Seite des Flugzeugs. Adair fürchtete, sie müßten ohne Hilfe des Piloten landen.

In El Paso beendete er seinen Auftrag und kehrte dann zum Büro in Albuquerque zurück.[9] El Paso wurde wie die meisten Büros in New Mexico von Albuquerque aus geleitet.[10]

Nun, dies ist die Rekonstruktion, die auf den Berichten der beiden Männer und der verfügbaren Dokumentation in Form der 1947 veröffentlichten Zeitungsartikel basiert. Es gibt einige Widersprüche, doch diese können durch die lange Zeit, die zwischen den Ereignissen und den Interviews verstrichen ist, erklärt werden.

Darüber hinaus war die Roswell-Story am Morgen des 9. Juli gestorben. Das Militär hatte eine Erklärung für das geliefert, was sie gefunden hatten, und es schien keinen Grund zu geben, diese anzuzweifeln. Als Kellahin nach Albuquerque zurückkehrte, wartete eine neue Story auf ihn, die nichts mit fliegenden Untertassen zu tun hatte. Ein weiterer Auftrag, nicht weniger wichtig als sein letzter.

Sowohl Kellahin als auch Adair versuchten, die Fragen so aufrichtig wie möglich zu beantworten, indem sie sich bemühten, sich die Situation im Juli 1947 ins Gedächtnis zurückzurufen. Soweit man das jedoch beurteilen kann, stimmen sie nicht miteinander überein. Es ist eindeutig nicht möglich, daß Adair sowohl in El Paso als auch in Albuquerque war.

Alle Fakten sind zusammengetragen worden. Die Zeitungsartikel, die in der fraglichen Zeit geschrieben wurden, wurden gefunden. Obwohl viele von ihnen keine Verfasserzeile aufwiesen, trugen sie jedoch ein AP-Satzzeichen und gaben Roswell als Ortsangabe an. Da Kellahin der einzige AP-Reporter war, der vom Bürochef in Albuquerque auf Anfrage der AP-Zentrale in New York hin beauftragt wurde, ist es klar, daß er die Artikel schrieb.

Das erste Problem, auf das man trifft, ist Kellahins Erinnerung, den Anruf früh am Morgen erhalten zu haben. Dies stimmt einfach nicht mit dem Beweismaterial überein. Erstens wurde Hauts Pressemitteilung nicht vor ungefähr Mittag des 8. Juli ausgegeben.[11] Das bedeutet, daß es für die AP keinen Grund gab, am Morgen des 8. Juli einen Reporter zu beauftragen. Bis zu jenem Nachmittag gab es keine Story. Und am Morgen des 9. Juli war die Geschichte gestorben. Kein Grund also, jemanden nach Roswell zu schicken, weil in Fort Worth bereits Fotos von den Trümmern gemacht und die Informationen schon veröffentlicht worden waren. Außerdem macht die Geschichte in der Ausgabe des »Roswell Daily Record« vom 9. Juli deutlich, daß Kellahin und Adair bereits am 8. Juli in Roswell eingetroffen und vorbeigekommen waren.[12]

Das zweite Problem ist die Geschichte, daß Kellahin den Wetterballon auf Brazels Ranch sah. Seine Lagebeschreibung südlich von Vaughn, jedoch unmittelbar am Haupt-Highway nach Roswell, ist falsch.[13] Das Trümmerfeld, wie es von Bill Brazel und Bud Payne angegeben wurde, liegt nicht in der Nähe des Highways Vaughn/Roswell. Tatsächlich ist das Feld, auf dem die Trümmer entdeckt wurden, von der umgebenden Straße aus nicht zu sehen. Es bedarf einer Querfeldein-Fahrt.

Wichtiger noch, zu der Zeit, als Kellahin zu diesem Feld gelangt sein konnte, sollte der Ballon schon entfernt worden sein. Marcel und den Zeitungsartikeln zufolge befand sich der Ballon bereits in Fort Worth, wenn wir dem Glauben schenken können, was berichtet wurde. Schließlich hätte man nicht lange gebraucht, um einen Ballon aufzusammeln, und Marcel hatte dies am Tag zuvor getan.

Es scheint so, daß Kellahin, indem er in die Artikel schaute, die er für die »Associated Press« schrieb, und den »Roswell Incident« las (ein Exemplar davon wurde in seinem Haus gesehen), ein Szenario entwarf, das dem entsprach, was er glaubte, das geschehen sei. Er erwähnte nichts vom Anruf des New Yorker Büros und rekonstruierte eine Situation, die nicht auf seiner Erinnerung an das tatsächliche Geschehen basierte, sondern auf dem, was er glaubte, was geschehen sei.

Adair auf der anderen Seite berichtet, er sei von El Paso aus angefordert und beauftragt worden, ein Flugzeug zu mieten, wenn er eines brauche. Hier liegt eine Serie von ungewöhnlichen Umständen vor. Es kam nicht jeden Tag vor, daß er von einer Arbeit abgezogen und beauftragt wurde, ein Flugzeug zu mieten, um zum nächsten zu fliegen.

Er erwähnte den Anruf aus New York, der durch den Zeitungsartikel im »Daily Record« bestätigt wird. Dieses Detail, das überprüft wurde, war von Kellahin nicht erwähnt worden. Dieser Anruf aus New York ist eine Art besonderes Detail, das im Gedächtnis haften bleibt, einfach weil es außerhalb des Üblichen lag.

Der Versuch, durch AP-Dokumente eine zusätzliche Bestätigung von Adairs Geschichte zu erhalten, scheiterte. Obwohl auf unterschiedlichen Ebenen Recherchen angestellt wurden – auch in Redaktionen in Albuquerque und Dallas sowie in New York – konnten keine Belege gefunden werden, die Adairs Geschichte untermauern würden. Quittungen oder Dokumente, die vielleicht einige der Fakten verifizieren würden, sind gegenwärtig nicht aufzufinden.[14] Es wurde dem keine Bedeutung zugemessen, einfach weil diese Dokumente heute fast fünfzig Jahre alt wären.

Adairs Aussage über zwei Fundstellen wird von anderen Zeugen bestätigt, auch von Brigadegeneral Exon, der ebenfalls über das Gebiet flog. Obwohl Exons Flug später stattfand, stimmen seine Beschreibungen des Geländes und der Furche mit denen von Adair überein.

Von dieser Warte aus betrachtet, scheint es, daß die von Adair gemachte Aussage größtenteils mit den unabhängigen Beweismitteln übereinstimmt, die gefunden werden konnten. Adairs Bericht von seinem Flug über die beiden Stellen ist deshalb wertvoll, weil er andere Aussagen bestätigt und nahelegt, daß die Ballon-Erklärung falsch ist, denn es gab eine Furche und zwei Fundstellen.

Kellahins Aussage, draußen auf dem Feld einen Ballon gesehen zu haben, ist interessant – nicht weil er ein Augenzeuge für den Ballon an der Absturzstelle ist, sondern wegen dem, worauf dies hindeutet. Falls dort ein Ballon war, würde das bedeuten, daß die Army einen hingebracht haben mußte. Anders ausgedrückt, sie »frisierten« das Areal, und das wäre höchst bedeutend. Es würde nahelegen, daß die Army etwas zu verbergen hatte, wenn sie damit beschäftigt war, »Beweise« auszulegen.

Nach der gegebenen Abfolge der Ereignisse, basierend auf den Zeitungsberichten und anderen Zeugenaussagen, konnte Kellahin frühestens spät am 8. Juli auf dem Feld gewesen sein. Zu dieser Zeit jedoch waren Marcel und der Spezialflug aus Roswell bereits in Fort Worth. Wenn die Ballonerklärung stimmt, dann waren die Beweisstücke seit langem eingesammelt, und es gab für Kellahin nichts mehr zu sehen.

Kellahin sagt auch, daß sie Fotos auf dem Feld gemacht hätten. Ihm zufolge wurden diese Fotos von Roswell aus übertragen. Das von Brazel übertragene Foto wurde jedoch nicht auf dem Feld, sondern in der Zeitungsredaktion gemacht.[15] Wenn Fotos auf dem Feld gemacht worden sind, wurden sie nie gedruckt. Hätten sie existiert, selbst in schlechter Qualität, wären sie gedruckt worden. Was hätte es schließlich Besseres geben können, als Fotos von Mac Brazel mit den Trümmern auf dem Feld?

Im Gegensatz dazu wurden die sieben Bilder, die in Rameys Büro aufgenommen wurden, landesweit abgedruckt. Alle sieben konnten ausfindig gemacht werden. Selbst das ziemlich seltene Bild von Irving Newton wurde in einer Zeitung in Texas abgedruckt[16] und von den Herausgebern von »Look« verwendet, als sie 1966 ein »Flying-Saucer«-Special veröffentlichten. Doch die Fotos, von denen Kellahin behauptete, sie seien von Brazel auf dessen Ranch mit den Trümmern gemacht worden, sind nie gefunden worden. Das legt nahe, daß Kellahins Gedächtnis lückenhaft ist.

Das Beweismaterial und die Zeugenaussagen lassen vermuten, daß der Anruf aus New York an Kellahin in Albuquerque und an Adair in El Paso ging. Beide wurden auf dem schnellstmöglichen Weg nach Roswell bestellt, was sogar das Chartern eines Flugzeuges einschloß.

Kellahin hielt auf seiner Fahrt dorthin nicht bei der Ranch an. Er irrt sich in diesem Punkt. Das Fehlen der Fotos und Beweise zum Aufenthaltsort von Brazel am Nachmittag des 8. Juli lassen darauf schließen. Die Ortsangabe, die Kellahin macht, ist falsch. Die Ranch lag nicht nahe bei Vaughn, und das Trümmerfeld liegt nicht nahe irgendeiner Straße.

Adair flog über das Gebiet, um die Absturzstelle zu suchen. Seine etwas vage Beschreibung entspricht der, die von anderen Augenzeugen geliefert wurde. Er landete dann auf dem städtischen Flugplatz von Roswell, wo er Kellahin wahrscheinlich vor Einbruch der Dunkelheit traf, gegen sieben oder acht Uhr an jenem Abend.

Als sie ankamen, war die Luft größtenteils 'raus. Ramey erklärte in Fort Worth, daß das in Roswell gefundene Material nichts Außergewöhnliches sei. New York verlangte keine Bilder mehr. Tatsächlich waren in Fort Worth bereits mehrere Fotos gemacht worden.

Das Interview mit Brazel fand nach dem Zeitungsartikel in der Ausgabe des »Roswell Daily Record« vom 9. Juli am Abend des 8. Juli statt. Brazel wurde von Walt Whitmore sen., dem Eigentümer von KGFL, hereingeführt. Brazel wurden dann von Kellahin interviewt, außerdem von einem Reporter des »Daily Record«. Die übertragenen Bilder von Brazel und George Wilcox sind die, die zu diesem Zweck in der Redaktion aufgenommen wurden. Kellahin schrieb seine Story, die am nächsten Tag in den Zeitungen erschien.

Als die Geschichte gestorben war, wurden beide Männer abgezogen, um ihre vorherige Arbeit wieder aufzunehmen. Sie verließen Roswell. Kellahin glaubte, daß nichts Ungewöhnliches gefunden worden war, und es gab keinen Grund, daß ihm die Ereignisse im Gedächtnis haften blieben.

Adair, der militärische Aktivität auf dem Feld gesehen hatte, ahnte, daß etwas Außergewöhnliches geschehen war, wußte aber nicht, was. Er glaubte, daß es nichts mit einem Ballon zu tun hatte. Er vermutete, daß es vielleicht mit den Atombomben zusammenhing, allerdings nur aufgrund der Anwesenheit der 509. Bombergruppe.

Der springende Punkt ist jedoch der, daß wir die Aussagen der beiden Männer und die Dokumentation nehmen und mit hoher Genauigkeit rekonstruieren können, was am 8. und 9. Juli 1947 geschah. Dies ist möglich, weil wir es mit jüngerer Vergangenheit zu tun haben. Wir haben die beiden beteiligten Männer, und, ebenso wichtig, einen schriftlichen Bericht aus der fraglichen Zeit. Ohne diese beiden Punkte könnten wir nichts weiter als spekulieren.

13.

Der Twining-Brief, »Project Moon Dust« und eine Täuschungsgeschichte

Es gibt Leute, die glauben, ein am 23. September 1947 von Generalleutnant Nathan F. Twining geschriebener Brief beweise, daß es keinen Absturz in Roswell gab. Skeptiker, die den Brief zitieren, behaupten, er zeige den Denkfehler der UFO-Gemeinde auf. Ferner behaupten sie, daß es keine Geheimstudien gab und daß die Luftwaffe 1969 mit ihrer aktiven Erforschung der fliegenden Untertassen aufhörte. Nichts davon ist wahr.

Nach dem Absturz in Roswell wurden eine Reihe von Taktiken verfolgt. Es sollte vierzig Jahre dauern, bis sie verstanden wurden. Es sollte auch vierzig Jahre dauern, bis deren Existenz sowie die sie erhärtende Dokumentation aufgespürt wurde. Es war jedoch der Fund in Roswell, der für die UFO-Forschung ausschlaggebend war. Wäre der Absturz nicht so kurz nach den ersten Berichten von fliegenden Untertassen erfolgt und hätte er nicht in solch einem entlegenen Teil des Landes stattgefunden, wäre die Geschichte dieses Phänomens vielleicht völlig anders verlaufen.

Die Geheimhaltungspolitik wurde deutlich, als Twining auf Anfragen antwortete, die an das Air Materiel Command gerichtet waren. Dieser Brief, 1947 als »geheim« eingestuft, wurde zum alles entscheidenden Punkt für alle Aspekte der UFO-Frage. Um ihn und alle seine Folgen zu verstehen, ist es nötig, über ihn hinauszuschauen, die Gründe aufzuzeigen, aus denen heraus er geschrieben wurde, was er beabsichtigte, sowie die Stimmung, in der sich im Sommer 1947 die Inhaber der befehlshabenden Positionen befanden.

Der Brief selbst wurde als Antwort auf eine Anfrage von Brigadegeneral George F. Schulgen abgefaßt, der stellvertretender Stabschef des Nachrichtendienstes der Luftwaffe war.[1]

Neben anderen Militärs sowie Angehörigen ziviler Geheimdiensteinrichtungen einschließlich dem FBI hatte Schulgen einen offensichtlichen Mangel an Interesse an den Berichten über fliegende Untertassen festgestellt. In einem undatierten Papier aus den FBI-Akten, das offenbar eine Lageeinschätzung der Army-Luftwaffe am 30. Juli 1947 begleitete, schrieb ein Offizier: »Der Mangel an Ermittlungen seitens der Spitze, verglichen mit den sofortigen und dringlichen Ermittlungen, die die Spitze bei früheren Vorfällen durchgeführt hat, legt mehr als das übliche Gewicht auf die Möglichkeit, daß es sich hierbei um ein eigenes Projekt handelt, von dem der Präsident et cetera weiß.«[2]

Das Problem hierbei ist, daß die Schlußfolgerung nicht zutraf. Das FBI hatte sich mit Oberst L. R. Forney von der Abteilung des Nachrichtendienstes des Kriegsministeriums (später die Spionageabwehrstelle) beraten. Forney sagte Spezialagent S. W. Reynolds, daß die Scheiben keine Army- oder Navy-Fahrzeuge seien. Tatsächlich leugneten mehrere Dienststellen in der U.S.-Regierung, wie auch die Atomenergiekommission, daß die Scheiben zu ihnen gehörten oder daß sie irgendwelche geheimen Experimente darstellten, die die Sichtungen erklärten.[3]

Das Schweigen von oben besagte genau das Gegenteil. Es schien, daß die Geheimhaltung so hoch war, daß selbst die höchsten Stufen des Nachrichtendienstes innerhalb der Army Air Force im Dunkeln gehalten wurden. Reynolds, der auch in Kontakt mit Oberstleutnant G. D. Garrett stand, welcher unter Schulgen diente und in einer Position gewesen sein sollte, die Antworten zu kennen, schlußfolgerte, daß die Scheiben wahrscheinlich »ein sehr hochklassifiziertes Experiment der Army oder der Navy« waren.[4]

Es gab einen historischen Präzedenzfall für diese Annahme. Als die Phantomraketen 1946 über Schweden flogen, »übten« die »hohen Tiere« des Kriegsministeriums Garrett zufolge »enormen Druck auf den Nachrichtendienst der Air Force aus, damit sie Nachforschungen durchführte und Informationen sammelte, um diese Sichtungen aufzuklären«. In scharfem Kontrast dazu gab es nun Sichtungen über den Vereinigten Staaten, und die »hohen Tiere« schienen »völlig desinteressiert«.[5] Dies führte zu der Schlußfolgerung, daß die hohen Tiere die Antworten auf die Fragen bezüglich der Identität der Objekte bereits kannten. Sie hatten lediglich kein Interesse daran, die Antworten mit denen in den Schützengräben zu teilen.

FBI-Agent Reynolds war durch die Antwort nicht völlig zufriedengestellt und rief seinen Verbindungsmann im Kriegsministerium, Oberst L. R. Forney an. Forney hatte Erkundigungen über geheim eingestufte Army-Projekte eingezogen und erfahren, daß die Army keine Ahnung hatte, was dies für Scheiben seien. Eine weitere Überprüfung durch Garrett, der sogar Schulgen zu einer Antwort drängte, zeigte, daß Schulgen keine Erklärung anbieten konnte. Es wurde vereinbart, daß die Nachforschungen an eine höhere Stelle weitergeleitet werden sollten. General Curtis LeMay, Chef der Abteilung Forschung und Entwicklung, berichtete, daß »eine sorgfältige Überprüfung der Forschungsaktivitäten enthüllt, daß die Army Air Forces kein Projekt betreiben, das Ähnlichkeiten mit den Charakteristika aufweist, die mit den Flugscheiben in Verbindung gebracht werden.«[6]

Es schien, daß die Frage beantwortet war. Doch da es immer noch solche gab, die aufgrund der Situation beunruhigt waren, wurde beschlossen, eine direkte Anfrage um Information an den befehlshabenden Offizier im Hauptquartier des Air Materiel Command in Wright Field, Ohio, zu richten. Die Anfrage an General Twining wurde begleitet von der ersten Einschätzung der nachrichtendienstlichen Gemeinde bezüglich der fliegenden Untertassen. Obwohl die Studie Spezifika aus sechzehn Fällen enthielt, erwähnt der Hauptteil des Berichts achtzehn. Es waren dies die interessantesten Sichtungen seit dem Bericht vom 17. Mai aus Oklahoma City. Sie schlossen die Sichtung von Kenneth Arnold ein und endeten mit einem Fall aus Elmendorf Field, Alaska. In fünf der Fälle waren Militärpiloten involviert, einschließlich der Sichtung von vier Piloten am 28. Juni über Maxwell Field. Sechs der Sichtungen waren von zivilen Piloten gemacht worden, auch die vom 4. Juli nahe Emmett, Idaho, die eine Flugmannschaft der United Airlines hatte.[7]

Die Beurteilung enthielt Schlußfolgerungen, die auf den zur Verbreitung verwendeten Informationen basierten. Es schien, daß die Offiziere nicht glaubten, daß die Flugscheiben ein großes Rätsel darstellten. Sie hielten sie für mechanische Luftobjekte. Sie wußten nur nicht wessen, doch aufgrund des Mangels an Interesse seitens der Führungsspitze glaubten sie, daß sie ein streng geheimes U.S.-Projekt darstellen müßten.[8] Es war die einzige Schlußfolgerung, die für sie einen Sinn ergab.

Dies war denn die Situation im Spätsommer 1947. Und dies war die Information, die Twinings Stab verwendete, um den Bericht vorzubereiten, der an Schulgen geschickt werden sollte. Sie verwendeten nichts anderes als die Informationen, die ihnen zugeführt worden waren, und fügten der Diskussion überhaupt nichts hinzu.

Die Antwort von Twining muß jeden überrascht haben. Sie hatten geglaubt, daß das Air Materiel Command (AMC) alles über die Flugscheiben wüßte, doch Twining teilte ihnen im wesentlichen mit, daß das Phänomen echt sei und erforscht werden sollte, daß die Flugscheiben jedoch keine US-amerikanischen wären.[9]

In dem geheimen Brief sagte General Twining auf die Vorschläge seines Stabes hin, daß eine Untersuchung der »Flugscheiben« fortgesetzt werden sollte. Das Thema des Briefes lautete: »AMC-Meinung bezüglich ›Flugscheiben‹ «. Es war zurück an den befehlsführenden General der Army Air Forces in Washington D.C. geleitet worden und an den Brigadegeneral George Schulgen gerichtet.

Der Brief lautete:

1. *Auf Anfrage des AC/AS-2 folgt nachstehend die Einschätzung dieses Kommandos zu den sogenannten »Flugscheiben«. Diese Ansicht basiert auf Vernehmungsprotokollen, die das AC/AS-2 geliefert hat, sowie vorläufigen Studien der Mannschaft von T-2 und dem Flugzeuglabor, Ingenieursabteilung T-3. Diese Meinung ergab sich aus einer Besprechung zwischen der Belegschaft des Lufttechnischen Instituts, Nachrichtendienststelle T-2, dem Chef der Ingenieursabteilung sowie dem Labor für Flugkörper, Antriebe und Propeller der Ingenieursabteilung T-3.*
2. *Es besteht die Auffassung, daß:*
   a. *das berichtete Phänomen etwas Reales und nichts Eingebildetes oder Erfundenes ist.*
   b. *es Objekte gibt, die wahrscheinlich annähernd die Form einer Scheibe haben und eine solch beachtliche Größe aufweisen, daß sie ebenso groß erscheinen wie ein menschengemachtes Flugzeug.*
   c. *die Möglichkeit besteht, daß einige der Vorfälle von natürlichen Phänomenen wie Meteoren verursacht sind.*
   d. *die beschriebenen Flugeigenschaften wie extreme Steiggeschwindigkeiten, Manövrierfähigkeit (besonders beim Wenden) und ein Verhalten, das als ausweichend zu bezeichnen ist, sobald sie gesichtet werden oder von Flugzeugen oder Radarstationen eine friedliche Kontaktaufnahme versucht wird, Grund zu der Annahme geben, daß einige der Objekte entweder manuell, automatisch oder ferngesteuert gelenkt werden.*
   e. *die Objekte allgemein folgendermaßen beschrieben werden:*
      (1) Metallische oder lichtreflektierende Oberfläche.

Seite zwei begann mit der Kopfzeile:

Basic Ltr fr CG, AMC WF an CO, AAF, Wash. D.C. zum Thema »Meinung des AMC bezüglich ›Flugscheiben‹ «:

(2) Fehlen eines Kondensstreifens, außer in einigen wenigen Fällen, als das Objekt offensichtlich unter Hochleistungsbedingungen operierte.

(3) Runde oder elliptische Form, unten flach und oben kuppelförmig.

(4) Mehrere Berichte sprechen von exakten Formationsflügen *von drei bis neun Objekten.*
(5) Gewöhnlich kein Begleitgeräusch, außer in drei Fällen, wo ein lautes donnerndes Dröhnen bemerkt wurde.
(6) Reisegeschwindigkeiten werden normalerweise auf über fünfhundertfünfzig Stundenkilometer geschätzt.

f. es beim gegenwärtig in den Vereinigten Staaten vorhandenen Wissen möglich ist – vorausgesetzt, daß weitreichende und tiefgreifende Entwicklung betrieben wird – ein bemanntes Flugzeug zu bauen, auf das die allgemeine Beschreibung des Objektes in oben genanntem Unterparagraph (e) zuträfe und das schätzungsweise eine Größenordnung von gut elftausend Kilometern bei Unterschallgeschwindigkeiten erreichen könnte.

g. alle Entwicklungen in diesem Land, die den angegebenen Parametern entsprechen würden, extrem kostenspielig und zeitaufwendig wären und erheblich zu Lasten laufender Projekte gingen; falls sie angeordnet würden, sollten sie daher unabhängig von existierenden Projekten eingerichtet werden.

h. folgende Punkte angemessen berücksichtigt werden sollten:
(1) Die Möglichkeit, daß diese Objekte inländischen Ursprungs sind – das Produkt eines streng geheimen Projekts, das dem AC/AS-2 oder diesem Kommando nicht bekannt ist.
(2) Das Fehlen greifbarer Beweise in Form geborgener Wrackteile aus Abstürzen, die zweifellos die Existenz dieser Objekte belegen würden.
(3) Die Möglichkeit, daß irgendeine fremde Nation über eine Antriebsform, möglicherweise nuklearer Art, verfügt, die sich unserer eigenen Kenntnis entzieht.

3. Es wird empfohlen, daß:

a. das Hauptquartier der Army Air Forces eine Direktive erläßt, in der es unter Angabe der Sicherheitsstufe und eines Decknamens eine mit Vorrang zu behandelnde Studie bezüglich dieser Angelegenheit anordnet, die eine vollständige Zusammenstellung aller verfügbaren einschlägigen Daten enthält und anschließend zur Stellungnahme an folgende Stellen weitergeleitet wird: Army, Navy, die Atomenergiekommission, das Joint Research and Development Board (JRDB), die Air Force

Scientific Advisory Group, das National Advisory Committee on Aeronautics (NACA) und die Projekte Research and Development (RAND) und Nuclear Energy for Propulsion Applications (NEPA); ein vorläufiger Bericht sollte innerhalb von fünfzehn Tagen nach Erhalt der Daten erstellt werden und danach alle dreißig Tage ein ausführlicher Bericht darüber, wie die Untersuchung voranschreitet. Es sollte ein umfassender Informationsaustausch stattfinden.

4. *Bis zum Eintreffen einer spezifizierten Anweisung wird das Air Materiel Command die Untersuchung im Rahmen seiner derzeitigen Möglichkeiten fortsetzen, um die Natur des Phänomens genauer zu bestimmen. Eingehende Berichte über wesentliche Einzelerkenntnisse werden umgehend zur Weiterleitung auf dem Dienstweg erstellt.*

N. F. Twining
Generalleutnant, U.S.A.
Befehlshaber[10]

Das Problem für heutige Forscher besteht in dem einen Paragraph über das »Fehlen greifbarer Beweise in Form geborgener Wrackteile aus Abstürzen«. Sicherlich wären Twining und die hochrangigsten Mitglieder seines Stabs benachrichtigt worden, wenn eine Flugscheibe abgestürzt wäre. Die Labors und Einrichtungen, um solch einen Fund zu untersuchen und auszuwerten, befanden sich im Komplex Wright-Patterson Field in Dayton, Ohio. Die Konstruktionsanalyse von erbeuteten fremden Raketen, Flugzeugen und Waffen wurde dort in der Abteilung für fremde Technologien durchgeführt.[11]

Man könnte das Argument aufstellen, die Absturztrümmer aus Roswell wurden nicht erwähnt, weil in den Twining zugegangenen Berichten nichts über sie enthalten war. Da nichts darüber enthalten war, sah Twinings Stab keinen Grund, Schulgen und andere über deren Existenz zu informieren, vor allem weil sie ihre Aufgabe bewältigen konnten, ohne sie zu erwähnen. Während die in Washington erwarteten, das Air Materiel Command würde ihnen mitteilen, daß keine weitere Untersuchung nötig sei, weil die Antworten an der Führungsspitze vorlägen, erzählte Twining ihnen, dies sei nicht der Fall. Die Untersuchung sollte fortgesetzt werden, und es wurde sogar empfohlen, für die Sammlung der Informationen über die Flugscheiben ein Projekt mit einer hohen Priorität, einer Sicherheitsstufe und einem Codenamen einzurichten. Es wurde auch hervorgehoben, daß das Air Materiel Command mit seiner Untersuchung fortfahren würde, »um die Natur des Phänomens genauer zu bestimmen«.

Hier gibt es hier eine andere Überlegung, und zwar die der Klassifikationsebene, sowohl der von Schulgens ursprünglicher Anfrage als auch der darauffolgenden Antwort des Air Materiel Command.

Zuerst sei daran erinnert, daß Twinings Brief als »geheim« eingestuft worden war. Das bedeutete, daß jeder, der als »Geheimnisträger« galt, an diese Information herankam. Fast jeder Offizier im Militär wird routinemäßig zum »Geheimnisträger«. Zusätzlich sind Tausende von Zivilisten, die im Pentagon und auf anderen Ebenen in der gesamten Bundesregierung arbeiten, ebenfalls Geheimnisträger.

Zweitens, wenn der Roswell-Zwischenfall stattgefunden und Trümmer aufgesammelt worden wären, wäre dies höher als »geheim« klassifiziert worden. Jedoch zeigen die vorliegenden Informationen, daß der Fall Roswell eines der strengsten und am meisten gehüteten Geheimnisse ist. Sicherlich war er 1948 als »streng geheim« klassifiziert, als der Twining-Brief geschrieben wurde, und wird heute immer noch als »streng geheim« eingestuft. Diese Daten in den Bericht einzuflechten hätte es erforderlich gemacht, den gesamten Bericht als »streng geheim« zu klassifizieren.

Während es keinen Grund gibt, warum der Bericht nicht hätte höher klassifiziert werden können, unterscheiden sich die Vorschriften im Umgang mit streng geheimem Material von denen für geheimes. Zum Beispiel bedarf es für streng geheimes Material anstelle eines Safes eines Panzerschranks. Der Zugang zu streng geheimem Material ist beschränkt und muß in einer Liste vermerkt werden. Wenn es vernichtet werden soll, müssen zwei Offiziere zugegen sein, um zu beglaubigen, daß das Dokument angemessen vernichtet wurde. Dagegen kann ein Offizier Material, das als »geheim« oder niedriger eingestuft ist, allein vernichten.[12]

Aus dem Ganzen entsteht ein Dilemma. Was geht hier vor? Auf der einen Seite konnten bestimmte Ebenen der nachrichtendienstlichen Gemeinde nichts über die Flugscheiben in Erfahrung bringen; der Mangel an Interesse »von oben« legte nahe, daß die Antworten bereits vorlagen, und sie standen im Begriff aufzugeben. Auf der anderen Seite kam plötzlich eine Direktive von oben, die mitteilte, daß die Flugscheiben ein ernstes Problem darstellten und daß eine koordinierte Untersuchung Priorität haben sollte. Das bedeutete ganz einfach, daß die Antworten an der Spitze doch nicht existierten.

Hier gibt es eine zweite Überlegung: Wenn die Flugscheiben irgendein »Top-Secret«-Experiment darstellten und dieses streng geheimgehalten wurde, wie es der Fall gewesen zu sein scheint, wäre das letzte gewesen, was Twining und sein Stab getan hätten, eine Untersuchung mit einer hohen Priorität zu initiieren. Sie hätten Offizieren auf einer niederen Befehlsebene geraten, eine Kampagne mit dem Ziel zu starten, das Geheimnis aufzudecken. Sie hätten aufgrund des vom Büro gezeigten Interesses nicht nur die Informationsquellen der Army, sondern auch das FBI dazu gebracht, das Geheimnis zu lüften.

Wären die Flugscheiben amerikanische gewesen, würde Twining stattdessen vorgeschlagen haben, das ganze Projekt fallenzulassen. Wenn die Anfragen weitergegangen wären, hätte ein beruhigendes Wort in den richtigen Ohren die Untersuchung und einen möglichen Kompromiß gestoppt.

Twinings Reaktion beweist, daß Twining und sein Stab, obwohl sie vom Roswell-Absturz wußten, zusätzliche Informationen über die Flugscheiben haben wollten. Sie machten den Vorschlag, fügten dann aber die Behauptung über das Fehlen von Wrackteilen aus Abstürzen hinzu. Mit anderen Worten forderte Twining die im Rang unter ihm Stehenden auf, sich nicht um die Geschichten von fliegenden Untertassen zu kümmern, weil es keine Trümmer gebe. Er klammerte einen Untersuchungsbereich aus und gab zu verstehen, daß die auffallenden Berichte in der Presse Falschmeldungen oder Fehldeutungen waren. Er wollte nicht, daß jemand in diese Berichte schaute, weil sie zurück nach Roswell führen würden.

Natürlich beantwortet nichts davon die Frage nach Twinings Behauptung, Trümmer aus Abstürzen würden fehlen. Alles, was dies tatsächlich zeigt, ist, daß es ein Interesse auf höchster Ebene gab und daß die Schlußfolgerung, diejenigen auf den höchsten Befehlsebenen wüßten alles über die Flugscheiben, falsch ist.

Denjenigen, die glauben, der Twining-Brief beweise, daß der Roswell-Absturz nicht stattfand, kann die Aussage von J. Edgar Hoover entgegengehalten werden. Am 10. Juli 1947 schickte FBI-Agent E. G. Fitch ein »amtliches Memorandum« über die Flugscheiben an D. M. Ladd. Schulgen hatte Spezialagent Reynolds gebeten, an der Nachrichtenbeschaffung bezüglich der Flugscheiben mitzuwirken. Clyde Tolson, einer der Top-FBI-Männer, billigte am 15. Juli das Memorandum mit den Worten: »Ich denke, wir sollten dies tun.«[13]

Es wurde dann an Hoover weitergeleitet, der schrieb: »Ich würde es tun, doch ehe wir dem zustimmen, müssen wir auf vollen Zugang zu den geborgenen Scheiben bestehen. In dem Fall La zum Beispiel riß die Army sie an sich und wollte sie uns nicht einmal für eine flüchtige Untersuchung zur Verfügung stellen.«[14]

Das Problem an dieser Aussage ist die schludrige Handschrift Hoovers. Viele haben den Ort als La interpretiert und versucht zu bestimmen, was es damit auf sich hatte. Am 7. Juli 1947 gab es eine Falschmeldung aus Shreveport, Louisiana.[15] Es gibt keinen Zweifel daran, daß dieser Fall ein Schwindel war, und nicht einmal ein cleverer. Falls es das ist, was Hoover mit seinem Zusatz auf dem Brief meinte, dann ist die Frage beantwortet, und wir sind keinen Schritt weiter gekommen, die Situation im Juli 1947 aufzuklären.

Doch das FBI wurde aus dem Shreveport-Fall nicht herausgehalten. Tatsächlich spielte das FBI sogar einen wichtigen Part bei der Untersuchung. Das FBI berichtete durch den befehlsführenden General in Barksdale Field, Louisiana, an den befehlsführenden General der Army Air Forces (General Carl Spaatz) in Washington D.C. Der Bericht sagte auszugsweise: »Der ortsansässige FBI-Agent, Shreveport, wurde vom FBI-Büro New Orleans telefonisch informiert und kontaktiert, faßte einen ersten Bericht ab und informierte später dieses Büro, daß die Entdeckung ein Schwindel sei, und legte einen vollständigen Untersuchungsbericht vor. Eine Zusammenfassung der Fallinformation wird noch geliefert.«[16]

Weil das FBI so stark involviert war, weil der Fall ein offensichtlicher Schwindel war und weil die Bilder der »Flugscheibe« in den Zeitungen veröffentlicht wurden, scheint es nicht wahrscheinlich, daß dies der Fall ist, den Hoover erwähnte, einfach deshalb, weil die Army ihn nicht an sich riß und niemandem Einblick gewährte.

Der naheliegendste Schluß ist dann der, daß »La« sich auf Los Angeles bezieht, jedoch gibt es keine Fälle aus diesem Gebiet, die zu den Fakten passen. Während es Sichtungen in oder nahe der Los-Angeles-Region gab und ein Pilot aus Los Angeles behauptete, ein Objekt in den Bergen von Montana abstürzen gesehen zu haben[17], gibt es aus Los Angeles keine Berichte von einer abgestürzten Scheibe. Bis auf die undeutlichen Buchstaben im Hoover-Zusatz gibt es nichts, das nahelegt, daß es in Los Angeles war.

Andere wieder behaupten, »La« bezöge sich auf Los Alamos. Das Problem besteht darin, daß man, obwohl einige der Roswell-Trümmer nach Los Alamos gebracht wurden, wie Zeugen in Roswell ausgesagt haben, nicht vom Los-Alamos-Fall sprechen kann. Los Alamos liegt mehrere hundert Kilometer von den Absturzstellen im südöstlichen New Mexico entfernt. Der Absturz fand nahe Roswell statt, und immer bezog man sich dabei auf diesen Ort. Selbst im Juli 1947 kamen alle Informationen aus Roswell, all die Zeitungsberichte wiesen in ihrer Kopfzeile die Nachrichten als solche aus Roswell aus, und Anfragen seitens der Presse waren an die Vertreter verschiedener Behörden in Roswell gerichtet. Natürlich gab es Fragen und Stellungnahmen von amtlichen Vertretern in Fort Worth und Washington, doch dies waren die Amtssitze von offiziellen Vertretern und nicht die Stelle eines Absturzes.

Eine bedeutsame Sache hierbei ist, daß wir eine Spur in FBI-Dokumenten gefunden haben, die den Fall in Roswell ansprechen, und die Frage aufwerfen, was am 8. Juli geschah. Und schließlich gibt es ein Dokument, das nahelegt, daß kurz nach dem 15. Juli, lange nachdem die Zeitungen Roswell vergessen hatten, die Führung des FBI sich immer noch auf eine abgestürzte Scheibe bezog, die die Army sie nicht sehen lassen wollte.

Doch beide Dokumente liefern keinen schlüssigen Beweis – weder der Brief von Twining noch das FBI-Memo. Sie neigen dazu, sich gegenseitig aufzuheben. Aber die Informationen, die durch andere Quellen an den Tag gebracht wurden, sowie die existierende Dokumentation haben die Tendenz, den Grad der Geheimhaltung in den militärischen Einrichtungen zu offenbaren. All dies vorausgesetzt, ist es nicht unlogisch anzunehmen, daß Twining, der alles über Roswell wußte, es in seiner Antwort an Brigadegeneral Schulgen nicht erwähnte. Die Erwähnung der fehlenden Absturztrümmer zeigt nur, daß solche Wrackteile die Fragen schlüssig beantworten würden, doch Schulgen hatte sie in den dem Air Materiel Command zur Analyse vorgelegten Berichten nicht erwähnt. Da der Brief basierend auf die von Schulgen gelieferten Informationen aufgesetzt wurde, kann daraus geschlossen werden, daß die Behauptung über die fehlenden Trümmer sich nicht auf die reale Situation im Air Materiel Command bezieht, sondern auf das Beweismaterial, das Schulgen lieferte.

Die Anmerkung von Hoover auf dem FBI-Memo legt nahe, daß etwas anderes vor sich ging; doch wieder wirft dies Probleme auf. Es ist vielsagend genug, daß Forscher gezwungen sind darüber zu spekulieren, welchen Absturzbericht er meinte. Im Juli 1947 hatte es mehrere Berichte über geborgene Trümmer gegeben, wie den Louisiana-Fall, einen nahe Houston, Texas, und einen gemeldeteten Absturz ohne Trümmer nahe Bozeman, Montana. Und natürlich den Titelseitenbericht aus Roswell, New Mexico.

Das Problem ist, daß keines der Dokumente schlüssig ist. Jedes davon steht der Deutung offen. Aufgrund der Begleitumstände, unter denen das Schreiben aufgesetzt wurde, kann nicht gesagt werden, daß Twinings Brief den Absturz in Roswell ausschließt. Der Roswell-Fall könnte durch diese Lücken rutschen – oder durch sie hindurch gestoßen werden.

Man kann aber auch nicht behaupten, Hoovers Anmerkung sei schlüssig. Man kann nicht sagen, daß sie einen Absturz in Roswell dokumentiert. Sie läßt Raum für eine alternative Erklärung.

Wiederum gibt es Beweise, doch der Beweis in Form der Dokumente läßt einiges zu wünschen übrig. Überzeugende Argumente in beide Richtungen können aufgestellt werden, doch am Ende ist alles, was man sagen kann, daß es nicht der letzte Schlußstein ist. Etwas Greifbareres ist vonnöten.

Doch die Fährte der Dokumente und der bewußten Täuschung endet dort nicht. Twinings Vorschlag eines klassifizierten Prioritätsprojektes wurde akzeptiert und durchgeführt. Dies war der Beginn von »Project Sign«, das am 30. Dezember 1947 mit einer Prioritätsstufe von 2A gestartet wurde.

Während des Sommers 1948 setzten die Offiziere von Sign einen Bericht auf, Gerüchten zufolge als »streng geheim« klassifiziert, den sie »Eine Einschätzung der Situation« nannten. Der Bericht schlußfolgerte, daß die fliegenden Untertassen außerirdischen Ursprungs seien. Die »Einschätzung« wurde an General Hoyt S. Vandenberg weitergeleitet, zu dieser Zeit Stabschef der Luftwaffe. Vandenberg wies den Bericht zurück, denn er behauptete, die Schlußfolgerungen seien durch das vorgelegte Beweismaterial nicht gerechtfertigt.[18] Alle Kopien des Berichtes sind angeblich vernichtet worden, doch es halten sich Gerüchte, daß eine oder mehrere aufbewahrt wurden. In seinem Buch behauptet Ruppelt, eine Kopie gesehen zu haben, kurz nachdem er Chef von »Project Blue Book« geworden sei.[19]

Die Zivilgemeinde wußte, daß das Militär UFOs untersuchte, und es wurde gesagt, der Name laute »Project Saucer«. Doch dies war ein Deckname für »Project Sign«.

Im Februar 1949 wurde ein zweiter Bericht über fliegende Untertassen vorgelegt. Er empfahl:

> *Zukünftige Aktivität zu diesem Projekt sollte auf dem kleinstmöglichen Level gehalten werden, das nötig ist, um die bei künftigen Berichten erhaltenen Daten zu erfassen, zusammenzufassen und auszuwerten und die spezialisierten Untersuchungen, die nun im Gange sind, abzuschließen. Wenn und falls eine ausreichende Anzahl von Vorfällen so weit aufgeklärt wird, um daraus schließen zu können, daß diese Sichtungen für die Sicherheit der Nation keine Gefahr darstellen, könnte die Zuweisung des besonderen Projektstatus zu der Dienststelle aufgehoben werden. Künftige Berichtsuntersuchungen würden dann auf routinemäßiger Basis wie jede andere nachrichtendienstliche Arbeit behandelt werden.*
>
> *Den berichterstattenden Organen sollte die Notwendigkeit eingebleut werden, mehr faktisches Beweismaterial über Sichtungen zu sammeln, wie Fotos, greifbare Beweise, Radarsichtungen und Daten über Größe und Form. Das Personal, das solche Objekte sichtet, sollte wenn möglich die Hilfe anderer einschalten, um mehr definitive Daten zu erhalten. Zum Beispiel sollten Militärpiloten über Funk benachbarte Stützpunkte über die Gegenwart und Flugrichtung eines unidentifizierten Objekts benachrichtigen, so daß andere Beobachter in der Luft oder auf dem Boden bei der Identifikation mithelfen könnten.*[20]

Es ist interessant festzustellen, daß nur etwa sechs Monate zuvor die Offiziere von Sign für die extraterrestrische Hypothese eintraten, und dann, nach der Zurückweisung ihres Berichtes durch den Stabschef zu dem Schluß kamen, daß das Projekt in Bezug auf die Geheimhaltung herabgestuft werden sollte. Sicherlich richteten sie sich nach General Vandenberg, selbst wenn dessen Anhaltspunkte nicht stichhaltig waren.

Am 11. Februar 1949 wurde der Projektname in »Grudge« geändert, weil Ruppelt zufolge der Codename »Sign« aufgedeckt worden war.[21] Zur selben Zeit verlor das Projekt einiges von seiner Priorität.

Im August 1949 verfaßten Offiziere von Grudge ihren eigenen Bericht, in dem sie empfahlen, »daß die Untersuchung von Berichten über unidentifizierte Flugobjekte im Umfang reduziert werden solle.« Am 27. Dezember 1949 wurde die Schließung von »Project Grudge« verkündet.[22]

Das Projekt wurde jedoch nicht aufgegeben. Im September 1951 fragte Generalmajor C. B. Cabell Leutnant Jerry Cummings vom »Project Grudge«, was mit den fliegenden Untertassen wäre. Auf die Antwort hin »nicht viel«, attackierte Cabell heftig die Desorganisation des Projekts und befahl eine Generalüberholung des Systems.[23] Die Projektoffiziere müssen die widersprüchlichen Aussagen vom Pentagon verwirrt haben.

Die Folge davon war die Anordnung von Edward Ruppelt, das Projekt mit einem neuen Namen, nämlich »Blue Book«, zu betiteln. Ruppelt sollte das Projekt vorantreiben, was er tat, indem er wissenschaftliche Berater einsetzte und versuchte, die gesammelten Daten besser zu kategorisieren. Im März 1952, als der Name offiziell geändert wurde, war das Projekt höher eingestuft worden.[24]

Im Sommer 1952 berichteten Tausende über fliegende Untertassen. Das öffentliche Interesse an dem Phänomen hatte seinen Höchststand erreicht. Als UFOs an zwei aufeinanderfolgenden Wochenenden über die Hauptstadt schwärmten, begannen die Erklärungen der Luftwaffe für UFOs bestenfalls schwach zu klingen. Die Ressourcen von Blue Book wurden bis zur Zerreißgrenze strapaziert. Und obwohl Ruppelt versuchte, mehr und bessere Information über UFOs zu sammeln, wurde sein System überschwemmt, und gute Fälle mußten ignoriert werden.

Aufgrund der großen Anzahl von Sichtungen konnte Washington das UFO-Problem nicht mehr ignorieren. Die CIA, die vorgab, Angst zu haben, daß UFO-Berichte die nachrichtendienstlichen Berichtskanäle während einer Zeit angespannter nationaler Sicherheit verstopfen könnten, begann die UFO-Sichtungen herunterzuspielen.

Im Dezember 1952 versuchte die CIA das UFO-Problem zu einer Sicherheitsfrage zu erklären. Sie drängte die Luftwaffe, sich auf eine Auswahl der besten Fälle aus den Blue-Book-Akten zu einigen. Daraus entstand der Robertson-Ausschuß, der sich, wie geplant wurde, im Januar 1953 treffen sollte.[25]

Am 3. Januar 1953 wurde nach Verordnung 24-4 des Luftverteidigungs-Kommandos das Air Intelligence Squadron 4602d (AISS, Luftaufklärungs-

Staffel 4602d) ins Leben gerufen, was für eine erstaunliche Koinzidenz gehalten werden kann. Der Robertson-Ausschuß tagte etwa zwei Wochen später. Sie besprachen die Informationen, schlugen Antworten auf die zuvor als unidentifiziert aufgelisteten Fälle vor und empfahlen, daß den UFO-Sichtungsberichten der Mythos genommen werden sollte. Sie schlugen vor, die Medien zu benutzen, um die Öffentlichkeit über fliegende Untertassen »aufzuklären«. Sie glaubten, wenn sie die Öffentlichkeit über die Natur der UFOs belehren könnten, würde die Anzahl der Sichtungsberichte abnehmen.[26]

Dann, unmittelbar nach Abschluß der Tagung des Robertson-Ausschusses, wurde Blue Book seiner Untersuchungsfunktion enthoben.[27] Sichtungsberichte sollten nicht mehr an Blue Book und ATIC (Air Technical Intelligence Center; Technischer Nachrichtendienst Luft) in Wright-Patterson geschickt werden, sondern zur Staffel 4602d in Fort Belvoir, Virginia. Eine Reihe von neuen Verordnungen und Spezialeinheiten wurde geschaffen, die sorgfältig darlegten, wer für die UFO-Erforschung verantwortlich war, und es war nicht Blue Book.[28]

Sieben Monate später, am 26. August 1953, wurde die Staffel 4602d unter Air-Force-Verordnung 200-2 mit der offiziellen Erforschung von UFOs beauftragt. Die Verordnung verlangte, daß alle UFO-Berichte innerhalb der Vereinigten Staaten an 4602d geschickt würden, ehe sie an das »Project Blue Book« (in der Verordnung als ATIC aufgeführt) weitergeleitet wurden.[29]

Mit anderen Worten, die Verordnungen der Luftwaffe schrieben vor, daß bei einem UFO-Bericht zuerst eine andere Organisation als »Blue Book« und ATIC benachrichtigt werden sollte. Dann würde 4602d entscheiden, ob er an ATIC im Luftwaffenstützpunkt Wright-Patterson weitergeleitet werden sollte. Die hauptsächliche Verantwortung für UFO-bezogene Berichte lag in Fort Belvoir, Virginia.

Die Air-Force-Verordnung 200-2 ist eine nachrichtendienstliche Verordnung mit der Überschrift »Berichte über Unidentifizierte Flugobjekte« (Kurztitel: »UFOB«). Sie hat nur mit UFO-bezogenen Fragen zu tun. 1969, als Brigadegeneral C. H. Bolender schrieb, »überdies werden Berichte von unidentifizierten Flugobjekten, die die nationale Sicherheit beeinträchtigen könnten, im Einklang mit JANAP 146 (Joint Army Navy Air Force Publication; gemeinsames Mitteilungsblatt von Army, Navy und Air Force) oder dem Air Force Manual 55-11 gemacht und sind nicht Teil des »Blue Book«-Systems«,[30] kannte er die Wahrheit, wie sie in den Verordnungen der Luftwaffe dargelegt wurde. Die wahre Verantwortung für UFO-Berichte lag in Virginia und nicht in Ohio.[31] »Project Blue Book« war nichts weiter als eine Public-Relations-Einrichtung, dazu bestimmt, Objekte zu identifizieren und die Öffentlichkeit davon zu überzeugen, daß etwas getan wurde.

Die Bezeichnung für die »Spezialeinheit« in Fort Belvoir änderte sich mehrmals. Staffel 4602d wurde im Juli 1957 das 1006. AISS. Im April 1960 wurde sie zur 1127. USAF Activities Group.[32] Diese Bezeichnung wurde wichtig, als wir die »Project Moon Dust«-Dokumente verfolgten.

Im November 1961 wurde durch die Luftwaffe eine andere Politik in Form eines Dokumentes etabliert, das an verschiedene Nachrichtendienststellen der Luftwaffe geschickt wurde. Es gab einen Überblick über die Einrichtung des »AFCIN Intelligence Team Personnel«.[33] Es war ein weiterer Beweis dafür, daß die Luftwaffe an UFOs interessiert war und deren Erforschung fortsetzte.

Ein Teil des Dokumentes wurde gelöscht, doch in Paragraph 2, Unterpunkt c heißt es: »Zusätzlich zu den Aufgabenzuweisungen des Stabs hat das Nachrichtenteam-Personal in Friedenszeiten Aufgabenfunktionen zur Unterstützung solcher Air-Force-Projekte wie »Moon Dust«, »Bluefly« und »UFO« sowie anderer AFCIN-gesteuerter Projekte, die eine schnelle Reaktion sowie die Funktionsfähigkeiten des Nachrichtenteams erfordern (siehe Definitionen).«

Diese Definitionen tauchen in Paragraph 5 auf. Er deckt nicht nur die Funktionen der Teammitglieder, sondern auch die Begriffe ab, die im Dokument selbst verwendet werden.

a. *Linguist: Personal, das durch Vernehmen und Übersetzen aus dem Russischen und/oder Blockstaaten-Sprachen nachrichtendienstliche Informationen ins Englische übertragen kann.*
b. *Techniker: Personal, das qualifiziert ist, durch Felduntersuchungen und Analyse von fremdem Material nachrichtendienstliche Informationen zu entwickeln mit Schwerpunkt auf dem Markierungsprogramm und technischer Fotografie.*
c. *Einsatzleiter: Nachrichtenteamchef. Qualifiziert, Nachrichtenteams anzuleiten, Zugang zum Zielobjekt zu erlangen, feindliches Personal und Material auszuhorchen beziehungsweise auszuwerten und in der Handhabung von Feld-Kommunikationsanlagen für schnelles Übermitteln von Nachrichteninformationen.*
d. *Luftpersonal: Militärisch geübte und verdienstvolle Fallschirmspringer.*
e. *Unidentifizierte Flugobjekte (UFO): Das Hauptquartier von USAF hat ein Programm zur Untersuchung von aus zuverlässigen Quellen gemeldeten unidentifizierten Flugobjekten innerhalb der Vereinigten Staaten eingerichtet. AFR 200-2 beschreibt genau die Zuständigkeiten für die Ermittlung der 1127.*

f. Blue Fly: Operation Blue Fly wurde eingerichtet, um die Beförderung von »Moon Dust«oder anderer Posten von großem technischem, nachrichtendienstlichem Interesse an FTD zu erleichtern. AFCIN SOP vom Februar 1960 sieht für Operationen von Blue Fly die Mitwirkung der 1127. vor.

g. Moon Dust: Als einen Spezialaspekt seines vorwiegend der Materialauswertung gewidmeten Programms hat das Hauptquartier der USAF »Project Moon Dust« eingerichtet, um abgestürzte fremde Raumfahrzeuge zu orten, zu bergen und auszuliefern. ICGL #4 vom 25. April 1961 beschreibt genau die Zuständigkeiten für die Ermittlung.[34]

Im Diskussionsteil des Dokuments ist die Zusammensetzung der Teams definiert. »Die Nachrichtendienstteams bestehen aus je drei Männern und umfassen einen Linguisten, einen Techniker und einen Einsatzleiter. Alle sind flugtauglich. Kreuzweises Training sorgt dafür, daß jedes Teammitglied die Fertigkeiten der anderen Teammitglieder besitzt, um die Teamfunktionsfähigkeit auch bei Unfällen sicherzustellen, die während der Arbeit auftreten können.«[35]

Das bedeutet, daß die Regierung oder genauer die Luftwaffe einen Plan für den Eventualfall hat, der die Bergung von Material aus dem Weltraum zum Thema hat. Es wird deutlich dargelegt, daß ein Teil dieses Verantwortungsbereiches sich um UFO-Material dreht, was alles beinhaltet, das unidentifiziert ist und deshalb extraterrestrischer Fabrikation sein könnte.

Lassen Sie uns zusammenfassen, was dies bedeutet. Die Luftwaffe schuf direkt nach dem Treffen des Robertson-Ausschusses im Januar 1953 eine Reihe von Spezialeinheiten und neuen Verordnungen. Dadurch wurde die anfängliche Zuständigkeit von »Project Blue Book« abgezogen, wodurch dieses von einer aktiven Untersuchungskommission in nichts weiter als eine Stelle für Public Relations verwandelt wurde. Es ist sorgfältig auseinandergeklaubt, wer für die UFO-Forschungen zuständig ist, und es ist nicht »Blue Book«.

In einem klassifizierten Dokument, das vom Außenministerium aufgesetzt und am 26. Juli 1973 an »alle amerikanischen Diplomaten und Konsularstellen« geschickt wurde, wurde angeordnet, daß »der Projektleiter von ›MOODUST‹ (!) in Fällen von nicht US-amerikanischen Weltraumobjekten oder Objekten unbekannten Ursprungs informiert wird.«[36]

Dokumente, die Clifford Stone, ein Forscher aus Roswell, New Mexico, gefunden hat, deuten darauf hin, daß »Moon Dust«bei einer Reihe von Gelegenheiten aktiv wurde. In der Nacht vom 25. auf den 26. März 1968 fielen vier Objekte in der Gegend von Nepal vom Himmel. Die amerikanische Botschaft in Kathmandu alarmierte in einer geheimen Nachricht, datiert vom 23. Juli, die

1127. USAF Field Activities Group in Fort Belvoir und teilte mit, daß sie volle Kooperation mit der Regierung von Nepal erwarte. Thema der Nachricht war »Moon Dust«.[37]

Obwohl Teile der Nachricht gelöscht wurden, wird deutlich, daß die Natur der vier Objekte dem Personal in der Botschaft in Nepal bereits bekannt war, daß sie Fotos von drei der Exemplare gesehen hatten, ihnen aber nicht gestattet wurde, das vierte zu inspizieren, und daß »ein Technikerteam nicht geschickt werden sollte, es sei denn, daß eine persönliche Untersuchung des vierten Objektes für wesentlich gehalten wird.« Es ist auch klar, daß drei der Objekte zur Untersuchung in die Vereinigten Staaten geschickt wurden, und man erwartete, daß sie am 28. Juli an Nepal zurückgegeben würden.[38]

»Moon Dust« kam am 17. August 1967 zum Einsatz, wobei es sich leicht um die Bergung eines auf der Erde hergestellten Satelliten handeln könnte, der im Sudan gefunden wurde. Achtzig Kilometer von Kutum entfernt wurde ein würfelförmiger Satellit gefunden, der drei Tonnen wog. Die Nationalität des Satelliten war nicht bekannt, weil es auf der äußeren Hülle keine Beschriftung gab. Örtlichen Behörden zufolge »haben sie in El Fasher Fotos und mit Mühe herausgeschnittene Proben.«[39]

»Moon Dust« wurde in einem anderen Dokument, datiert vom 7. Oktober 1979, erwähnt, als ein Bericht vom Außenministerium zur 1127. USAF Field Activity Group und zum FTD in Wright-Patterson geschickt wurde. Er besagte: »Thema (U) Moon Dust. DATT vom Minister des Inneren zusammengerufen, um den Fund zu inspizieren. ... Minister sagte, daß das Objekt mit drei lauten Explosionen in dem Gebiet abstürzte und dann fünf Tage lang brannte. ... Das Objekt ähnelt einem unter Druck gesetzten Benzintank.«[40]

Diese drei Vorfälle, alle von Stone bei seiner Suche nach »Moon Dust« entdeckt, zeigen, daß »Moon Dust« existiert und daß es benutzt wurde, um Trümmer unbekannter Herkunft zu bergen. Jeder dieser Fälle könnte durch auf der Erde fabrizierte Flugobjekte erklärt werden. Natürlich könnte jeder davon sich auch auf etwas beziehen, das nicht auf der Erde hergestellt wurde. Es zeigt, daß die Regierung Teams besaß, die trainiert waren und bereitstanden, schnell zu reagieren, wenn etwas passierte. Es sind diese Teams, die zum Einsatz kämen, wenn etwas von einem anderen Planeten abstürzen würde.

Wenn man sich die Sichtung in Kecksburg im Dezember 1965 anschaut, wird deutlich, daß ein »Moon-Dust«-Team in dieses Gebiet entsandt wurde. Wenn keine andere Information verfügbar wäre, wäre es logisch, dies anzunehmen, einfach weil die verschiedenen Air-Force-Verordnungen dies vorschrieben. Irgend etwas kam aus dem Weltraum herab; es verhielt sich nicht wie ein Meteor und erschien deshalb wie ein fabriziertes Objekt. Das war das richtige Kriterium, um »Moon Dust« zu aktivieren.

Tatsächlich enthält die Dokumentation aus den Akten des »Project Blue Book« ein handgeschriebenes Logbuch von einem der Air-Force-Kommandoposten, das die Behauptung unterstützt, »Moon Dust«sei involviert gewesen. Es besagt: »Ich rief Maj. Quintanilla um seinen Rat und seine Unterstützung an. Er kam zur Basis und rief Major Liver an. Ein weiterer Anruf zur Oakdale Radarstelle in Penna wurde getätigt. *Ein dreiköpfiges Team ist nach Acme, Pa, entsandt worden, um ein Objekt zu untersuchen und aufzusammeln, das ein Feuer auslöste.*«[41] Dies ist das dreiköpfige Team, das in dem Air-Force-Dokument, datiert vom 3. November 1961, in groben Zügen dargestellt wurde.

Hier liegt ein »UFO«-Fall vor, bei dem bestätigt wurde, daß »Moon Dust« beteiligt war. Es gibt keinen Zweifel, daß etwas über Teilen von Kanada und dem Osten der Vereinigten Staaten gesichtet wurde. Manche Leute in der Gegend um Kecksburg glauben, es zu Boden stürzen gesehen zu haben. Die Luftwaffe alarmierte »Moon Dust« und schickte die Projektleute in das Gebiet.

1965 war General Arthur Exon Stützpunktkommandeur in der Wright-Patterson-Air-Force-Basis. (Für weitere Daten zu Exon, siehe Kapitel 9: »Die Verbindung zu Wright Field«.) Bei mehreren Interviews mit ihm erklärte er, er würde manchmal einen Anruf aus Washington D.C. erhalten, der ihm befehle, ein Flugzeug bereitzustellen. Exon: »Sie bitten um ein Flugzeug morgen früh, und das würde den Kerls die Möglichkeit einräumen, mit einer kommerziellen Fluglinie dorthin zu gelangen. ... Manchmal sind sie für drei Tage weg und manchmal für eine Woche. ... Ich weiß, daß sie in eineinhalb Jahren einige Male 'raus nach Montana und Wyoming und zu den nordwestlichen Staaten flogen. Ein- oder zweimal flogen sie nach Arizona.«

Gefragt, ob sie Wright-Patterson zugeteilt seien, sagte Exon: »Nein. Sie kamen aus Washington D.C.« Er sagte auch, das Team habe vielleicht aus acht, möglicherweise fünfzehn Leuten bestanden. Er konnte sich nicht genau erinnern. Er wußte nur, daß es eine kleine Anzahl trainierter Männer war.[42]

»Moon Dust« war in Aktion, während Exon Stützpunktkommandeur in Wright-Patterson war. Sie waren verantwortlich für die Bergung von Artefakten aus dem Weltraum, und ihre Muttereinheit war in der Region Washington D.C. stationiert. Es macht Sinn, daß einige der Leute, an die Exon sich erinnerte, nach Ohio flogen und unter Befehlen als Teil von »Project Moon Dust« operierten.

Hinter »Operation Blue Fly« verbirgt sich nichts weiter Geheimnisvolles als die Schaltzentrale, die die nötigen Bewegungen von Personal und Ausrüstung an die entsprechenden Orte zu einer »Moon Dust«-Bergung durchführt. Im Nepal-Vorfall war es ein »Moon Dust«-Team, auf das mit der Bemerkung verwiesen wurde, es sei nicht nötig, es zu schicken, es sei denn, sie hätten

Zugang zu dem vierten Trümmerteil. Wenn sie geschickt worden wären, hätte »Blue Fly« diese Operation durchführen müssen.[43]

Soviel konnten wir über »Moon Dust« in Erfahrung bringen. In der Antwort auf Anfragen nach dem Gesetz zur Freigabe von Information und in Briefen von Militärs an verschiedene Kongreßvertreter wird jedoch behauptet, »Moon Dust« hätte nie existiert. Stone schrieb aus New Mexico an den U.S.-Senator Jeff Bingaman, und Bingaman leitete die Anfrage an die Luftwaffe weiter. Stone besaß bereits das Dokument des Außenministeriums, so daß er über einen Brief überrascht war, der von der Luftwaffe an Bingaman geschickt wurde und der behauptete, »Moon Dust« hätte nie existiert.[44]

Oberstleutnant John E. Madison von der Abteilung für an den Kongreß gerichtete Anfragen, Verbindungsdienststelle zur Legislative, schrieb: »Es gibt in Fort Belvoir, Virginia, keine Dienststelle, noch hat es je eine gegeben, die sich mit UFOs beschäftigen würde oder irgendwelche Informationen über den Vorfall in Roswell hat. Außerdem gibt es kein Project Moon Dust oder eine Operation Blue Fly. Diese Missionen haben nie existiert.«[45]

Innerhalb von Monaten, nachdem Stone und Bingaman um Antwort gebeten hatten, erhielt Bingaman einen weiteren Brief, diesmal von Oberst Mattingley, offenbar Madisons Chef. Er schrieb: »Im Zuge näherer Prüfung des Falls … möchten wir die Aussagen, die in der vorherigen Antwort auf Ihre Anfrage enthalten waren, korrigieren.« Er gab dann zu, daß sowohl »Moon Dust« als auch »Blue Fly« existiert hätten, doch daß »diese Teams sich schließlich aus Mangel an Handlungsbedarf auflösten; die Missionen von »Project Moon Dust« und »Operation Blue Fly« wurden ähnlich eingestellt. … Obwohl gelegentlich von Zivilisten der Vereinigten Staaten von Objekten und Trümmern aus dem Weltraum berichtet wurde und in der Folge dem Personal der Luftwaffe zur Analyse übergeben wurden, erforderten derartige Vorfälle nicht die Unterstützung durch ein Team des Nachrichtendiensts.«[46]

Natürlich haben die anderen Dokumente bereits bewiesen, daß dies nicht stimmt. »Moon Dust«wurde bei einer Reihe von Gelegenheiten eingesetzt, sowohl innerhalb als auch außerhalb der Vereinigten Staaten. Mattingley war offen, nun, da seine Dienststelle bei einer Reihe von irreführenden Aussagen gegenüber einem Senator der Vereinigten Staaten ertappt worden war, doch er war nicht vollkommen ehrlich.

Und seine Behauptung, daß »Moon Dust« und »Blue Fly« eingestellt wurden, ist nicht wahr. Andere Dokumente, die unter dem Gesetz zur Freigabe von Information zu erhalten waren, beweisen dies. Robert G. Todd erfuhr in einem Brief von der Luftwaffe, datiert vom 1. Juli 1987, daß der »Deckname ›Project Moon Dust‹ offiziell nicht mehr existiert.« Oberst Phillip E. Thompson, stellvertretender Stabschef, Nachrichtenabteilung: »Es [Project Moon Dust] wurde durch einen anderen Namen ersetzt, der nicht offengelegt werden kann. Die Aufgaben des FTD sind in einer klassifizierten Passage einer klassifizierten Verordnung aufgelistet, die zurückgehalten wird, weil sie aktuell und ordnungsgemäß klassifiziert ist.«[47]

Dies alles bedeutet, daß wir nun dokumentieren können, daß es ein geheimes Projekt gab, das UFOs untersuchte, daß es nichts mit »Project Blue Book« zu tun hatte und die Bergung von Material im Hinterkopf hatte. Nach 1953 entwickelte sich »Blue Book« zu einer Public-Relations-Einrichtung, und mit der Zeit wurde »Blue Book« 1969 aufgelöst. Sein Hauptquartier war nicht der Nachrichtendienst, sondern das Büro für Information.

Die Dokumente zeigen auch, daß sich die Luftwaffe auf den Versuch einließ, die Öffentlichkeit in die Irre zu führen. Während sich die linke Hand in Ohio befand und Informationen und Pressemitteilungen über UFOs herausgab, saß die rechte Hand in Virginia und unterdrückte gemäß der Verordnung alle Informationen über Sichtungen, die als unidentifiziert aufgelistet waren.

All dies kann durch Dokumente bewiesen werden, die deutlich offizielle Stellungnahmen sind. Es gibt keinen Zweifel an ihrer Herkunft. Sie zeigen ein Muster von Täuschung und Falschinformation über ein Thema auf, von dem die Air Force und die Regierung gerne hätten, daß wir glaubten, daß es nicht existent sei. Ein Muster, das mit Twinings Brief 1947 begann, über die Schließung von »Project Blue Book« hinausging und heute immer noch weiterbesteht. Wenn dies der Fall ist, warum dann mehr als vierzig Jahre Lügen? Warum nicht die Wahrheit erzählen – es sei denn, diese Wahrheit ist das, was wir die ganze Zeit über wußten? UFOs sind außerirdische Raumschiffe.

14.

Die Suche nach den Archäologen

Es war Barney Barnett, der den Begriff der Archäologen in den Roswell-Absturz-Fall einführte. Oder vielmehr waren es diejenigen, die Barnetts Geschichte aufgriffen, weil Barnett starb, ehe die Forscher mit der Untersuchung begannen.[1] Es war Jean Maltais, der sagte, sie wären der Universität von Pennsylvania angegliedert.[2] Der Rahmen für eine Untersuchungsära, die mehr als eine Dekade wenig Früchte tragen sollte, war gesteckt worden.

Bill Moore schrieb in seinem Aufsatz aus dem Jahre 1985 über den Stand seiner Untersuchung zu Roswell, die Verbindung zur Universität von Pennsylvania sei bestätigt worden.[3] Er bot nichts in Form eines Beweises dafür an, daß diese Verbindung bestätigt worden war, bloß diese Behauptung.

Als unsere Untersuchung 1989 begann, gab es keinen Grund, Barnetts Aussage in irgendeiner Art für einen Irrtum zu halten. Die allgemeine Meinung ging dahin, die Barnett-Story unbesehen zu akzeptieren, und die Suche nach den Archäologen – potentielel Zeugen aus erster Hand für das Raumschiff und die Körper – wurde gestartet. Einer gut ausgearbeiteten Marschroute folgend, begannen wir damit herauszufinden, wer im Juli 1947 im Staat New Mexico archäologisch arbeitete, mit Schwerpunkt auf denen, die Untersuchungen in der Region der Ebenen von San Agustin durchführten.

Dokumente standen zur Verfügung, die auflisteten, wer wo war und was getan wurde. Die archäologische Literatur lieferte zusätzliche Anhaltspunkte. Während einige der Schriften, die im Museum of New Mexico und in den Laboratorien der Anthropologie, beide in Santa Fe, und in der Universität von New Mexico in Albuquerque zur Verfügung standen, vielleicht unvollständig sind, enthielten die Artikel Dankesrubriken, die die örtlichen Helfer und Amateure auflisteten, die bei einzelnen Projekten mitgeholfen hatten. Mit anderen Worten, es gab eine Fährte in Form von Schriften, die zurück zu den Archäologen führen würde, falls welche involviert gewesen waren.

Die Archäologen, die im Juli in den Ebenen oder in der Nähe der Ebenen gearbeitet haben, sind identifiziert worden und schieden aus. Alle von ihnen haben verneint, von dem dortigen Geschehen irgend etwas zu wissen.[4] Freunde von ihnen wurden aufgesucht und befragt, in der Hoffnung auf einen Anhaltspunkt, doch es ergab sich keiner. Die einzige Schlußfolgerung, die gezogen werden konnte, war die, daß keiner von ihnen dabei gewesen war.

Angesichts dieser Situation wäre es leicht gewesen zu entscheiden, daß die Geschichte mit den Archäologen irgendwie zwischen dem angesiedelt war, was Barnett tatsächlich sagte, und dem, was diejenigen, mit denen er gesprochen hatte, hören wollten. Zeugenaussagen aus zweiter Hand sorgten für das Ende der Barnett-Geschichte, und es ist möglich, daß etwas mißverstanden wurde. Da heute niemand mehr Barnett interviewen und fragen kann, waren die Forscher gezwungen, über sein Vermächtnis zu spekulieren.

Es wäre einfach gewesen, die Verbindung zu den Archäologen zu ignorieren, wären da nicht zwei zusätzliche Fakten gewesen. Am 15. Februar 1990, ungefähr ein Jahr, nachdem wir aktiv begonnen hatten, den Roswell-Fall zu untersuchen, rief ein Mann an, der behauptete, einer dieser Archäologen zu sein.

Ihm zufolge hatten sie die Region ganz allgemein inspiziert, um nach »Anzeichen der Inbesitznahme« zu suchen, »die die Ankunft des weißen Mannes vordatierte.«

Das war interessant, aber völlig irrelevant. Jeder, der etwas über den Roswell-Fall gelesen hatte, wäre in der Lage gewesen, dieses Detail zu erfinden. Aus dem wenigen, das dazu gesagt worden war, war klar, daß die Stätten des frühen Menschen für die in New Mexico arbeitenden Archäologen von Interesse waren. Als er jedoch gefragt wurde, ob er einer der Archäologen sei, die in den Ebenen gewesen seien, sagte er: »Nein. Wir haben nördlich der Capitan Mountains gearbeitet.«

Das war der neue Wink. Niemand war auf die Idee gekommen, daß die Archäologen anderswo als in den Ebenen von San Agustin gearbeitet hatten. Er fuhr fort, indem er sagte, daß sie querfeldein über das Land gefahren seien, um nach Anhaltspunkten dafür zu suchen, daß die Inder in der Frühzeit in dem Gebiet gewesen seien. Sie kamen über eine Anhöhe, und in dem Gebiet unterhalb »vielleicht eine halbe Meile, vielleicht mehr … lag etwas, das aussah wie ein abgestürztes Flugzeug ohne Flügel.« Der Anrufer sagte, es habe wie ein stark beschädigter Flugzeugrumpf ausgesehen, ohne Anzeichen einer Kuppel, eines Bullauges oder einer Ausstiegsluke.[5]

Interessanterweise sagte der Mann, er habe einen anderen Mann gesehen, der bereits dort war. Es wurde vermutet, daß dies Barney Barnett war, doch jetzt muß die Frage gestellt werden, ob es Jim Ragsdale war, der Zivilist, der mit seiner Freundin draußen gecampt hatte. Der Archäologe schenkte dem anderen Zeugen keine große Beachtung, weil er so mit dem abgestürzten Luftschiff beschäftigt war, von dem er sagte, er wisse heute, daß es kein Flugzeug gewesen sei. »Es war rundlicher.« Es sei so schwer beschädigt gewesen, daß er nicht sagen könne, ob es scheibenförmig oder nicht gewesen sei.

Er sah nur drei Körper. Sie waren klein mit großen Köpfen und großen Augen. Er sagte, sie seien zur Seite gedreht gewesen, so daß es schwierig war, die Gesichtszüge zu sehen. Die Wesen trugen silberfarbene Fluganzüge.

Das Militär tauchte wenige Augenblicke später auf. Der Archäologe glaubte, es sei ein Offizier bei ihnen gewesen, war sich dessen aber nicht sicher. Alle waren mit Pistolen bewaffnet, und ein paar von ihnen hatten Gewehre. Die Archäologen wurden aufgefordert, sich von dem Flugobjekt zu entfernen, und standen dann mit abgewandtem Gesicht da. Der Befehlshaber sagte ihnen, es sei im Interesse der Nation enorm wichtig zu vergessen, was sie gesehen hatten. Der Mann nahm dann die Namen und Schulzugehörigkeiten auf und sagte ihnen, daß bewilligte Programme und Regierungsfonds verlorengehen könnten, wenn sie je erwähnten, was sie gesehen hatten.[6]

Sie wurden dann, von bewaffneten Wachen eskortiert, aus dem Gebiet weggebracht. Der Archäologe erwähnte nicht, was mit dem Mann geschah, der zuerst dort gewesen war. Es wurde vermutet, daß es Barnett war, der dieselbe Behandlung erfuhr, doch zwischenzeitlich scheint es, daß der Mann verschwand, ehe das Militär eintraf.

Die interessanten Aspekte dieses Berichts waren die, daß er nicht von einer Scheibe sprach und daß sie unter Militäreskorte von der Stelle weggebracht wurden. Obwohl nichts über die Postenkette veröffentlicht worden war, beschrieb der Archäologe sie korrekt, als er sagte, daß dort ein Army-Wagen war, der an der Straßenseite parkte, mit ein paar daneben stehenden Soldaten. Sie schickten jeden zurück, der versuchte, die Straße zu befahren.

Es war eine interessante Geschichte, und der Mann klang ehrlich, doch dasselbe könnte auch über Gerald Anderson gesagt werden. Einerseits war die Aussage Andersons tatsächlich besser, weil er nicht anonym war und einiges an Dokumentation lieferte. Doch nachdem dies nicht stichhaltig war, wurde die Anderson-Story als Fälschung verworfen.[7]

Bezeichnenderweise veränderte der Archäologe die Lage der Absturzstelle. Er verlegte sie nach Lincoln County nahe der Ranch von Brazel. Er veränderte die Beschreibung des Flugobjekts und erwähnte nur drei Körper. Es war eine interessante Bestätigung für einen Teil von Barnetts Geschichte, doch es gab genügend Unterschiede, um anzunehmen, daß der Mann berichtete, was er gesehen hatte, und nicht, was er gelesen hatte. Doch leider gab es ohne weitere Informationen wenig, das zur eingehenden Überprüfung unternommen werden konnte.

Allerdings war dies nicht der einzige Hinweis auf die Archäologen. Nach der Fernsehsendung »Unsolved Mysteries«, die im September 1989 ausgestrahlt wurde, trat Mary Ann Gardner hervor. Sie hatte sich die Sendung mit ihrem Mann angesehen, als sie plötzlich bleich wurde und sich ihr der Magen umdrehte. Die Geschichte der Archäologen hatte sie ungefähr zehn Jahre zuvor von einer sterbenden Krebspatientin gehört.

Die Frau (Gardner konnte sich nicht an ihren Namen erinnern) war im Krankenhaus einsam gewesen. Da es ihr leid tat, daß die Patientin keine Besuche bekam, verbrachte Gardner so viel Zeit wie möglich mit ihr und hörte sich deren Geschichten an. Mehrere Male sprach sie von dem Absturz eines Raumschiffs und kleinen Männern, die sie gesehen hatte.

Gardner: »Sie waren auf irgendein Raumschiff gestoßen, und ... da lagen Körper auf dem Boden. Die Army tauchte auf und vertrieb sie ... und teilte ihnen mit, wenn sie je etwas darüber erzählen würden, werde die Regierung sie jederzeit finden.«

Gardner konnte die Frau nicht dazu bringen, viel mehr zu sagen, als daß es »kleine Leute mit großen Köpfen« gewesen waren, und später fügte sie hinzu: »große Köpfe und große Augen.«

Gardner nahm an, die Militäroffiziere hätten die Körper auf dieselbe Weise geborgen, wie die Polizei Unfallopfer barg.

Danach befragt, erinnerte sich Gardner, daß die Frau das Wort »Raumschiff« benutzt hatte. Gardner meinte, daß einer der Männer das Schiff betreten hatte. Er untersuchte es nicht allzu gründlich, und dann »war das Militär überall, die Army-Leute waren überall.«

Gardner zufolge hätte die Frau nicht dort sein dürfen. Sie hatten »nach Fossilien gesucht. Das sagte sie. Sie stöberten Steine auf und suchten nach Fossilien. ... Sie war mit einem Freund dort.«

Als sie die Geschichte 1976 oder 1977 das erste Mal hörte, hielt Gardner sie für das Resultat einer durch Drogen ausgelösten Phantasie. Die Frau stand wegen ihrer Krebserkrankung unter Schmerztabletten, doch sie erzählte ihre Geschichte ein halbes Dutzend Male. Erst nach der Sendung »Unsolved Mysteries« begann Gardner sie zu glauben.[8]

Natürlich blieb einiges zu überprüfen. Gardner erinnerte sich an das Krankenhaus und konnte einen zeitlichen Rahmen für das Ereignis liefern. Es erschien einfach, die Krankenhausakten nach den Namen von Frauen durchzugehen, die während dieser Jahre an Krebs gestorben waren.

Das Krankenhaus war verkauft worden, doch der Krankenhausverwalter versprach, die Akten zur Verfügung zu stellen, wenn jemand nach Florida käme. Doch nachher gab es eine Reihe von Ausreden, warum die Akten nicht verfügbar seien. Gardner war sich sicher, daß sie den Namen wiedererkennen würde, wenn sie ihn hörte, doch es gab keine Möglichkeit, ihn durch das Krankenhaus zu erfahren.

Die nächstbeste Lösung bestand darin, die Todesanzeigen in den örtlichen Zeitungen durchzugehen, doch schon bald wurde deutlich, daß diese Aufgabe nicht zu bewältigen war. Alle Todesfälle in der Region und viele aus dem übrigen Teil des Staates waren aufgelistet. Alle Krankenhäuser waren inbegriffen. Ohne ein wenig mehr Informationen oder einen anderen Weg, die Suchparameter zu begrenzen, war die Aufgabe unmöglich zu lösen.[9]

Diese zwei Berichte – einer aus zweiter Hand und einer aus anonymer Quelle – legten nahe, daß die Aussage von Barnett, eine Gruppe von Zivilisten sei über die Absturzstelle gestolpert, korrekt war. Die Recherche ergab, daß die Archäologen weder in den Ebenen von San Agustin waren noch von der Universität von Pennsylvania stammten, und das waren fast alle bekannten Informationen.

Wie an anderer Stelle aufgezeigt, gab es sehr gutes Beweismaterial dafür, daß nahe Roswell etwas Ungewöhnliches passiert war. Für die Mac-Brazel-Story gab es eine Vielzahl von Quellen aus erster Hand, Dokumentation und Untermauerung. Bei der Barnett-Geschichte gab es nichts dergleichen.

Tatsächlich erinnerte sich Tom Carey an die 1985 von Moore gemachte Aussage, in der Moore behauptete, die Verbindung zur Universität von Pennsylvania bestätigt zu haben. Er rief Moore an und erfuhr, daß er mit einem Archäologen in Pennsylvania gesprochen hatte, der sich an die Geschichte erinnerte. Moore identifizierte ihn als Bernard Wailes, der noch immer in Pennsylvania lebte. Wailes verneinte, daß er das gewesen sei; er sei erst in den Sechzigern in dieses Land gezogen und wisse nichts über den UFO-Absturz nahe Roswell. Er erinnerte sich nicht einmal, Moore getroffen zu haben.[10]

Die Suche mußte sich dann auf das Gebiet um die Brazel-Ranch und das Gebiet nördlich von Roswell konzentrieren. Dort konnte vielleicht dokumentarisch belegt werden, daß etwas geschehen war. Es war die von dem anonymen Archäologen angegebene Region und fast der einzige Anhaltspunkt, der übrig geblieben war.

Die Leute im Labor für Anthropologie in Santa Fe warfen einen Blick auf all die Berichte, die über die Gegend nördlich der Capitan Mountains in östlicher Richtung von Roswell abgeheftet waren. Das Museum of New Mexico lieferte die Namen derjenigen, die zwischen 1945 und 1955 in diesem Gebiet gearbeitet hatten.

Zwei Namen tauchten auf: Donald Lehmer und Jane H. Kelly. Beide waren Fachleute, die Monographien geschrieben hatten, die Informationen aus genau der Region betrafen. Lehmer war leider bei einem Autounfall getötet worden[11], doch Kelly lebte und lehrte noch. Mark Rodeghier, der wissenschaftliche

Leiter des Center for UFO Studies (CUFOS), sprach mit ihr, und sie berichtete, erst irgendwann nach 1948 zu Studienzwecken in diese Region gegangen zu sein.[12] Dies wurde durch ihre Monographie belegt.

Freunde und Berater von Lehmer wurden gefunden und interviewt. Fred Wendorff kannte Lehmer gut, doch Lehmer habe ihm gegenüber nie etwas erwähnt. Wendorff glaubte, falls Lehmer involviert gewesen sei, hätte er nie etwas gesagt. Auch andere, die Lehmer kannten, meinten, er habe es nie erwähnt. Schließlich wurden Familienangehörige – darunter Megan, eine Tochter – ausfindig gemacht. Diese schrieb Tom Carey: »Ich habe mit meinen Brüdern und mit der Kusine meines Vaters gesprochen. Er erwähnte ihnen gegenüber nie etwas über den Roswell-Vorfall oder irgend etwas über UFOs.«[13] Damit schied Donald Lehmer aus.

Da wir bereits die Listen von professionellen Archäologen durchgegangen waren, die im Sommer 1947 in New Mexico gearbeitet hatten, blieb uns nur übrig, Amateurarchäologen zu finden. Diese reichten von solchen, die Jagd auf archäologische Fundstücke machten, bis zu Leuten mit Interesse an Archäologie. Selten machten sie, wenn überhaupt, schriftliche Aufzeichnungen, doch Profis arbeiteten bei ihren Forschungsprojekten häufig mit Amateuren zusammen. Wenn sie ihre Berichte abschlossen, wurden die Amateure oft aus Dank für deren Mithilfe aufgelistet.

Die Bibliothek des Labors für Anthropologie bewahrte nicht nur die von Profis angefertigten Monographien auf, sondern auch die Gutachten, die im Auftrag des Landesvermessungsamtes erstellt wurden. Vielleicht wäre es möglich, die Namen einiger der Amateure in Erfahrung zu bringen, wenn man diese Dokumente verwendete.

Es gab eine Reihe von Amateuren, deren Spur in die Landkreise Lincoln und Chaves zurückführte. Wir bekamen Listen von Amateuren, die im Gebiet um Fort Stanton sowie für das Museum and Art Center in Roswell gearbeitet hatten. Es gibt eine Reihe von bedeutenden Ausgrabungsstätten in dem Gebiet, besonders entlang dem Hondo River Valley, das zum Westen von Roswell führt. Diejenigen, die an den Ausgrabungsstätten gearbeitet hatten, wurden alle identifiziert und, falls noch am Leben, kontaktiert. Doch wieder war es eine Sackgasse. Keiner wußte aus erster Hand von den Ereignissen, und keiner konnte sich vorstellen, wer es gewesen sein könnte.

Ein anderer Amateurarchäologe mit dem Namen Cactus Jack tauchte auf. Nach der Sendung »Unsolved Mysteries« hatte Iris Foster angerufen und von einem alten Scherbenjäger berichtet, den sie nur als Cactus Jack kannte. Er hatte Foster erzählt, er hätte das »Objekt, das rund, aber nicht wirklich groß war«, gesehen. Er behauptete, vier Körper gesehen zu haben; sie seien klein gewesen. Cactus Jack zufolge sei ihr Blut wie Teer, dick und schwarz gewesen und habe Flecken auf den silbernen Uniformen hinterlassen, die sie trugen.[14]

Foster konnte sich nicht an den wirklichen Namen von Cactus Jack erinnern, dafür aber ihre Schwester Peggy Sparks. Diese sagte, es handele sich um Larry Campbell, einen alten Hasen, der sein ganzes Leben lang durch Teile von New Mexico, Texas und Arizona gezogen sei. Sie glaubte, Campbell sei vor einigen Jahren bei einem Feuer in Taos schwer verbrannt worden und lebe in einem Pflegeheim in Las Vegas, New Mexico.[15]

Eine Suche in den »Taos News« erbrachte keinerlei Hinweis auf ein Feuer oder einen Larry Campbell. Carey versuchte in Erfahrung zu bringen, ob Campbell je in dem Pflegeheim in Las Vegas gewesen war, doch die Antwort war ein Nein.[16] Campbell schien wieder eine Sackgasse zu sein.

Interessanterweise wurde ein anderer Cactus Jack ausfindig gemacht. Leider saß er im Gefängnis in Anthony, New Mexico. Eine schnelle Überprüfung erbrachte, daß er nicht alt genug war, um der Cactus Jack vom Roswell-Absturz sein zu können.[17]

Lange Listen von Archäologen und Anthropologen wurden ausfindig gemacht, und viele der Leute interviewt, darunter Joe Ben Wheat, Jesse Jennings, Wiliam Pearce, Art Jelinek, Ridgely Whitman, John Speth, Regge Wiseman und viele andere. Die Listen reichten von Leuten, die selbst hätten beteiligt sein können, bis hin zu solchen, die vielleicht hätten wissen können, wer involviert gewesen war.

Zwei Jahre lang schien es, daß nichts Konkretes herauszubekommen war. Wären da nicht Gardner und der unidentifizierte Archäologe gewesen, der angerufen hatte und Insiderwissen zu haben schien, hätte man diesen Aspekt des Falls einfach ignorieren können. Die langen Recherchen, die Überprüfungen in Universitäten überall in den Vereinigten Staaten hatten keinen Anhaltspunkt erbracht. Mit wenigen Ausnahmen waren alle, die interviewt wurden, freundlich und interessiert. Sie wollten helfen, doch es gab einen Punkt, an dem die genannten Namen dieselben waren wie die, die bereits interviewt worden waren. Es war eine Sackgasse.

Dann erzielte Tom Carey den Durchbruch. Eine Freundin eines neuen Mitglieds von Mutual UFO Network (MUFON) erzählte Carey, daß ihr Vater, C. Bertram Schultz, jahrelang die Geschichte von einer abgestürzten fliegenden Untertasse erzählt hätte. Er war zwar kein Anthropologe, aber Paläontologe. Er hatte einige Zeit in Roswell verbracht und von einer Gruppe von Archäologen in Roswell gesprochen, die von dem Absturz wußten. Auch sprach er von einer Militärpostenkette, die er sah, als er aus Roswell hinausfuhr, und berichtete von Wachen auf der westlichen Seite des Highways. Da er nicht nach Westen fahren wollte, war er zwar neugierig, aber nicht beunruhigt.[18]

Die große Frage war: Konnte sich Schultz an die Namen von irgendeinem der anderen Archäologen erinnern? Ihm zufolge war W. Curry Holden der Leiter der Gruppe.[19]

Holden, einst der Vorsitzende der Abteilung für Geschichte und Anthropologie an der Texas Tech in Lubbock, Texas, war sechsundneunzig Jahre alt, als er ausfindig gemacht wurde. Als er 1992 interviewt wurde, sagte er, daß er dort gewesen sei. Er konnte sich an nichts zu dem Vorfall erinnern, außer daß er dort gewesen sei und alles gesehen habe. Jedesmal, wenn ihm während des kurzen Treffens diese Frage gestellt wurde, bestätigte er, daß er alles gesehen habe.[20]

Später sagten sowohl seine Frau als auch seine Tochter aus, daß er leicht verwirrt sei. Er brachte Erinnerungen aus seinem Leben durcheinander und ordnete sie neu, doch er hatte nie einer von beiden gegenüber erwähnt, daß er in den Absturz einer fliegenden Untertasse verwickelt gewesen sei.[21] Holden wurde diese Frage drei verschiedene Male und auf drei verschiedene Weisen gestellt, um ihm die Gelegenheit zu geben, sie abweichend voneinander zu beantworten, doch er antwortete stets, er sei dort gewesen.

Holdens Aktenunterlagen, fast eine Viertelmillion Blätter, wurden dem Texas Tech zur Durchsicht übergeben. Mit etwas Glück sollte es in den Unterlagen etwas geben, das die Fragen auf die eine oder andere Weise beantwortete.

Das Wochenende, an dem das Raumschiff abstürzte, war ein dreitägiges Feiertagswochenende gewesen. Holdens Aufzeichnungen enthüllten, daß er am 3. Juli einen Scheck in Lubbock ausgestellt hatte, am 8. Juli zu einer Hochzeit eingeladen gewesen war und am 9. Juli eine Bankeinlage getätigt hatte. Es gab keinen Weg zu beweisen, daß er an dem kritischen Sonntag, als die Archäologen sich an der Absturzstelle aufhielten, in Lubbock gewesen war.[22] Da Roswell nur zwei oder drei Stunden entfernt war, und angesichts der Geschichtsträchtigkeit dieser Region, gab es keinen Grund, nicht an seine dortige Anwesenheit zu glauben?

Schultz war sich sicher, daß Holden einer der Archäologen war. Schultz erwähnte, daß er die Postenkette selbst gesehen hatte,[23] und seine Töchter betätigten, daß er oft in Roswell gewesen war, besonders in der Region südlich von Roswell.[24]

Es gibt auch Aufzeichnungen von Schultz selbst. Er war vor und nach dem richtigen Datum in Süd-Nebraska, um Proben zu sammeln, doch wieder gibt es keine Belege darüber, wo er sich an den kritischen Tagen aufhielt. Die Feldaufzeichnungen, die wir an der Universität von Nebraska einsehen konnten, führten zu keinem Ergebnis, und die persönlichen Tagebücher von Schultz sind nicht verfügbar.[25]

Interessanterweise brachten Unterlagen der Texas Tech Schultz und Holden beim 46. Jahrestreffen der Amerikanischen Anthropologischen Gesellschaft vom 28. bis 31. Dezember 1947 in der Universität von New Mexico in Zusammenhang. Holden besuchte das Treffen, und Schultz referierte über »Die Lime-Creek-Stätten: Neue Beweise für den frühen Menschen im Südwesten von Nebraska.«[26]

Hier gab es zwei wichtige Funde: Archäologen, die behaupteten, von den Ereignissen in Roswell zu wissen, einer aus erster Hand und einer, der sowohl Informationen aus erster als auch aus zweiter Hand hatte. Doch wichtiger noch, beide siedelten den Ort des Vorfalls in der Roswell-Region und nicht irgendwo in der Nähe der Ebenen von San Agustin an.

Die Archäologen waren gefunden worden, doch sie stellten nicht die Entdeckung dar, die wir erwartet hatten. Holden, der im April 1993 starb, konnte keine zusätzlichen Daten mitteilen, und sein Alter verhinderte eine detaillierte Befragung. Schultz, der interviewt werden konnte, berichtete nur das, was er von Holden gehört hatte und das wenige, das er selbst gesehen hatte.

Die Recherche wäre ohne diese Anhaltspunkte fallengelassen worden, doch konnte Carey es nicht dabei belassen. Ohne die Angaben der anonymen Quelle und ohne die neuen Daten hätte die Nachforschung beendet werden müssen; es hätte keine Hoffnung mehr gegeben.

Doch Carey blieb an der Sache dran, interviewte diejenigen erneut, die gefunden und als unbrauchbar verworfen worden waren. Er sprach mit Dr. George Agogino, der schließlich zugab, die Geschichte selbst gehört zu haben. Er wußte, wer dort gewesen war. Als Carey ihm Notizen aus dem Gespräch mit der anonymen Quelle vorlas, sagte Agogino: »Das ist das, was er mir gesagt hat.«[27]

Agogino wollte die Identität des Archäologen nicht lüften, weil er dem Mann hatte versprechen müssen, nichts zu sagen. Angst vor der Regierung schien der Grund zu sein. Der Mann wollte nicht in Schwierigkeiten kommen. Doch Agogino packte aus,[28] lieferte sowohl einen Namen als auch eine untermauernde Quelle.

Die Suche nach den Archäologen ist nahezu beendet. Ihr Leiter, Dr. W. Curry Holden, wurde identifiziert, und er hat bestätigt, dabei gewesen zu sein. Zeugen zur Erhärtung wurden gefunden und interviewt. Die Geschichte von den Archäologen an der Absturzstelle direkt nördlich von Roswell ist wahr. Die von ihnen gelieferten Einzelheiten waren skizzenhaft, doch können wir jetzt besser verstehen, was im Juli 1947 in jener Wüste in New Mexico geschah. Alles, was bleibt, ist die Namen der anderen Zeugen in Erfahrung zu bringen und sie der Liste von Leuten hinzuzufügen, die das größte Geheimnis des zwanzigsten Jahrhunderts bewahrten.

Teil IV

Die Erklärungen

15.

Alternativerklärung Nummer Eins: Eine japanische Ballonbombe?

In einem Artikel der Aprilausgabe 1990 von »Fate« behauptete der Esoterik-Journalist John Keel, das Roswell-Rätsel bereits zwanzig Jahre zuvor gelöst zu haben. Seinem Bericht zufolge fand Mac Brazel eine japanische Ballonbombe aus Reispapier auf seinem Feld. Sie hätte unentdeckt in einem entlegenen Teil der Ranch gelegen, bis wechselhafte Winde sie während eines Gewitters freilegten. Wegen der allgemeinen Betretenheit angesichts des japanischen Projekts hätten die Offiziere der 509. Bombergruppe die wahre Natur von Brazels Fund verschwiegen. Keel behauptete, daß die Offiziere der Army Air Forces im Hauptquartier der Eighth Air Force die Ballonbombe dann gegen einen Wetterballon austauschten, um den Mythos von Amerikas Unangreifbarkeit aufrecht zu halten.

Wenn diese Theorie funktionieren sollte, müßte es einen Grund gegeben haben, solch ein Geheimnis im Nachkriegsamerika zu wahren. In seinem Artikel »Die Angriffe japanischer Ballonbomben auf Nordamerika im 2. Weltkrieg« schreibt Robert C. Mikesh: »Am 4. Januar 1945 bat das Office of Censorship (Amt für Zensur) Zeitungsherausgeber und Radiosender, die Ballonvorfälle in keiner Weise publik zu machen. Diese freiwillige Zensur wurde von Küste zu Küste befolgt, eine bemerkenswerte Selbstbeschränkung in einem Land, das stolz auf seine Pressefreiheit ist.« Dies legt nahe, daß der Theorie eine gewisse Glaubwürdigkeit zukommt.

Mikesh nennt dann den Grund für das Gesuch. Die Regierung fürchtete, japanische Spione würden diese Zeitungsgeschichten lesen und ihrem Hauptquartier berichten, daß die Ballonbomben die Vereinigten Staaten erreicht hätten. Nach dem Krieg sichergestellte Dokumente berichteten von japanischen Plänen, biologische Kriegführung gegen die Vereinigten Staaten einzusetzen, falls die Bombardierung erfolgreich wäre. Doch die Japaner gaben den Plan auf, als sie keine Bestätigung erhalten konnten, daß einer ihrer Ballons das amerikanische Festland erreicht hatte. Sie nahmen fälschlicherweise an, all die Ballonbomben wären ohne Schaden anzurichten in den Ozean gefallen.

Der Zensurplan wurde im Sommer 1945 aufgegeben, als eine Ballonbombe sechs Ausflügler in Oregon tötete. Wie Pfarrer Archie Mitchell sagt, befand er sich mit seiner Frau und mehreren Kindern auf einem Picknickausflug. Während er das Auto parkte, fanden seine Frau und die Kinder den Ballon im Wald. Indem sie daran zogen, lösten sie eine der Bomben aus. Die Explosion tötete Elsie Mitchell, Jay Gifford, Eddie Engen, Sherman Shoemaker, Joan Patzke und Dick Patzke.

Die sechs Toten waren die einzigen registrierten Opfer auf dem Festland der Vereinigten Staaten, die durch eine feindliche Aktion während des Zweiten Weltkriegs umkamen. 1949 stimmte ein Senatskomitee einer Gesetzesvorlage des Repräsentantenhauses zu, wonach den Angehörigen der Opfer zwanzigtausend Dollar ausgezahlt wurden.

Nach den Todesfällen startete das Kriegsministerium eine »Flüsterkampagne«, um die allgemeine Öffentlichkeit vor den Gefahren der Ballonbomben zu warnen. Es sponserte Programme in Schulen, öffentlichen Gebäuden und über verschiedene Bürgerbüros. Selbst »Smilin' Jack«, ein beliebtes Comic, trug am 7. und 8. August 1945, etwa einen Monat vor Kriegsende, eine Warnung vor den Ballonbomben. Das Kriegsministerium glaubte, ein gut geplantes, gut koordiniertes und zurückhaltendes Programm könnte die Öffentlichkeit warnen, ohne den Japanern einen Wink zu geben, daß ihre Ballons die Vereinigten Staaten erreichten.

Als der Krieg endete, wurde das bereits verblassende Geheimnis gelüftet. Grace Maurer, eine Reporterin für eine kleine Wochenzeitung in Laurens, Iowa, erinnerte sich an die Ballonbomben. Sie hatte einen Artikel geschrieben, in dem sie von der Entdeckung einer Ballonbombe in Iowa am 2. Februar 1945 berichtete. Weitere Ballons gingen nahe Holstein und Pocahontas, Iowa, nieder, und George Buckwalter, Leiter der Zivilverteidigung, schaffte die Wrackteile fort.

Die Funde waren relativ unbedeutend, außer, daß das FBI Maurer im Februar 1945 einen Besuch abstatte und sie bat, ihre Geschichte zurückzuziehen. Sie erklärten die Situation, und Maurer leistete Folge und wartete bis zum 16. August 1945 mit der Veröffentlichung ihres Artikels, einem ausführlichen Bericht über die japanische Bombardierung von Iowa.

Die Zensur wurde wahrscheinlich von einem Artikel des »New York Herald Tribune«, »Ballonbombe in Alaska«, heraufbeschworen, der am 2. Januar 1945 erschien. Zwei Tage später gab das Büro für Zensur sein Gesuch aus.

Am 16. August 1945 berichtete »The New York Times«: »Pleite für Ballonbomben«. »The Washington Post« gab am 16. Januar 1946 bekannt, daß

»neuntausend Ballonbomben gegen die Vereinigten Staaten eingesetzt wurden.« »The New York Times« vom 9. Februar 1946 informierte über »Bombenangriffe durch japanische Ballons«.

Tatsächlich brachte die »New York Times« 1947 eine Artikelserie über die Bomben, darunter: »Piccard fliegt japanischen Papierballon«, am 17. Februar, und: »Ballons … Doch Japan erfährt nie das Ergebnis«, am 29. Mai.

Unter den Magazinartikeln befand sich im »Engineering Journal« vom September 1945 ein Beitrag zu »Japanischen Papierballons«. George E. Weider schrieb im Januar 1946 in einem nichtklassifizierten Bericht für die U.S. Army über »Japanische Bomberballons«.

Zusammen mit anderen Geschichten in örtlichen Zeitungen informierten diese die Öffentlichkeit über die Ballonbomben. Die auferlegte Geheimhaltung galt nur für die Zeit des Krieges und ging nicht über die Unterzeichnung der Japaner ihrer bedingungslosen Kapitulation im Jahre 1945 hinaus. Nachdem der Krieg gewonnen war, machte eine weitere Geheimhaltung keinen Sinn. Es gab keinen Grund mehr zu leugnen, daß die Bomben die Vereinigten Staaten erreicht hatten, und mehr noch, es gab kein Anzeichen mehr dafür, daß das Thema immer noch als »geheim« klassifiziert war.

Keels Behauptung, daß Brazel einen Haufen Reispapier auf seiner Weide fand, ist mit den Beschreibungen der Zeugen unvereinbar. Er setzt sich über die Aussagen der Zeugen hinweg, die dort waren und mit dem Material in Berührung kamen.

Jesse Marcel zufolge waren Trümmer über ein Gebiet verstreut, das mehr als dreiundneunzigtausend Quadratmeter groß war. Das waren zu viele Trümmer für Ballonbomben, die ungefähr zehn Meter im Durchmesser maßen. In jedem Fall wäre solch ein Ballon für die Untersuchungsbehörden leicht zu identifizieren gewesen.

Marcel erwähnte das Pergamentpapier, das Keel so aufbauscht, doch Keel ignoriert, was Marcel dazu zu sagen hatte. Marcel berichtete, daß er versuchte, einiges von dem Pergamentpapier zu verbrennen, doch es brannte nicht. Dies ist eine entscheidende Aussage, die praktisch ignoriert wird, weil sie konventionell nicht erklärbar ist.

Sheridan Cavitt, der im Juli 1947 in Roswell stationierte Spionageabwehr-Agent, entgegnete, als er gefragt wurde, ob das Wrack eine Ballonbombe sei, frei heraus: »Auf keinen Fall.«

Bill Brazel, der ebenfalls Trümmer aufbewahrte, die von dem Wrack stammten, beschrieb nichts, das auf eine Ballonbombe hindeuten würde. Er sah Drähte, die ihn an Fiberoptik erinnerte, Folie, die sich, wenn zu einem Ball zusammengeknüllt, selbst glättete, und ein kleines Stück Metall, das so stark war, daß es mit einem Messer nicht geschnitten oder verkratzt werden konnte.

Nichts davon glich den Überbleibseln, die man mit einer Ballonbombe in Verbindung gebracht hätte.

Keel lenkt die Aufmerksamkeit auf die blumenartigen Zeichnungen, die auf einigen der Wrackteile beobachtet wurden; er behauptet, japanische Schulkinder, die wie er glaubt die Bomben montierten, hätten sie mit solchen Symbolen verziert. Doch Robert Mikesh zufolge wurde das ganze Projekt unter strengsten Sicherheitsvorkehrungen durchgeführt. »Während normalerweise japanische Zeichen und Stempel verwendet wurden, um die Montage der Komponenten zu erleichtern, wurden stattdessen Buchstaben des Alphabets und Symbole verwendet. Es durfte keinen Hinweis auf die Herkunft geben, und die Kontrolleure wurden bei einer Übertretung dieser Vorschrift gemaßregelt. Angst vor der Entdeckung des Fabrikationsortes oder der Abschußstelle, die zu Vergeltungsangriffen durch B-29er geführt hätte, waren für diese scharfen Maßnahmen verantwortlich.«

Doch Untersuchungen sind eine Suche nach der Wahrheit, was auch immer diese Wahrheit sein mag. Selbst wenn Keels Behauptung, daß die Ballons 1947 klassifiziert waren, falsch ist, und es keine entlegenen Gebiete auf der Ranch gab, wo die Ballons zwei Jahre lang hätten versteckt gehalten werden können, und er die Beschreibungen der Trümmer und der Absturzstellen ignoriert, die nicht mit seiner Theorie übereinstimmen, wäre es möglich, daß seine Idee einen gewissen Wert hat.

Art McQuiddy, Herausgeber der »Roswell Morning Dispatch«, sagte, gefragt, ob er je von dem Gerücht, der Geschichte oder der Erklärung gehört hätte, daß Brazel eine Ballonbombe gefunden hätte: »Niemals, niemals, niemals. Es ist nicht einmal eine Theorie. Wenn es jemand behauptet hätte, hätte ich es gehört.«

Judd Roberts war Mitinhaber der Radiostation KGFL in Roswell. Als er gefragt wurde, ob der Fund eine Ballonbombe hätte sein können, sagte er: »Nein. Das ist das erste Mal, daß ich das höre.«

Im Juli 1947 arbeitete George Walsh für eine andere Radiostation in Roswell, KSWS. Walsh sagte, er habe Gerüchte über eine fliegende Untertasse gehört, doch zur Ballonbombe äußerte er: »Das habe ich noch nie gehört.«

John McBoyle arbeitete im Sommer 1947 mit Walsh zusammen. Gefragt, ob er die Theorie, das Gerücht oder die Erklärung gehört hätte, daß Brazel eine Ballonbombe gefunden hätte, sagte er: »Ich kann mich nicht erinnern. Ich habe das nie gehört.«

Al Stubbs arbeitete zu verschiedenen Zeiten für beide Tageszeitungen in Roswell. 1949 verließ er die »Morning Dispatch«, um für den »Daily Record« zu arbeiten. Als er gefragt wurde, ob er je die Erklärung gehört hätte, daß Brazel einen japanischen Ballon gefunden hätte, sagte er: »Nein, das habe ich noch nie gehört.«

Da Roswell 1947 eine Militärstadt war und gute Beziehungen zwischen der Basis und der Stadt bestanden, wäre es möglich, daß das Militär die Wahrheit vor den Vertretern der lokalen Medien versteckte. Es wäre nicht das erste Mal gewesen, daß Reportern eine gute Story entgangen wäre.

Im Juli 1947 war der Vater von Phyllis McGuire, George Wilcox, Sheriff. Als sie gefragt wurde, ob die Möglichkeit bestanden haben könnte, daß das, was gefunden wurde, eine japanische Ballonbombe hätte sein können, sagte McGuire: »Nein, das habe ich noch nie gehört. Ich glaube nicht, daß er [Keel] weiß, was eine Ballonbombe ist. Es ist nicht logisch.«

Die meisten der Deputies, die im Juli 1947 für den Sheriff arbeiteten, sind seit langem tot. Doch einer von ihnen lebt noch, und seine Reaktion auf die Theorie war: »Ich habe nie etwas dergleichen gehört, überhaupt nichts.«

Wenn Keels Theorie stimmen würde, hätte es natürlich sein können, daß selbst der Ortssheriff aus der Sache herausgehalten wurde. Ihm, oder in diesem Fall seiner Tochter und seinem Hilfssheriff wäre vielleicht nicht gesagt worden, was Brazel gefunden hatte. Mitglieder aus Oberst Blanchards Stab hätten es jedoch gewußt. Sie waren die Männer, die mit dem Aufräumen der Trümmer beauftragt waren.

Im Juli 1947 war Joe Briley ein Oberstleutnant und dem Stützpunkt in Roswell als Einsatzoffizier zugeteilt. Als er zu der Ballonbombe befragt wurde, sagte er: »Ich habe davon nie etwas gehört. Es gab keine Gerüchte darüber. Es war sicherlich nicht im Gespräch auf dem Stützpunkt, und wenn es je behauptet worden wäre, hätte ich es gehört.«

Im Juli 1947 war Patrick Saunders Major und Stützpunktadjutant. Sein Job brachte es mit sich, den Papierkram zu erledigen, der mit dem Zuteilen der Truppen für die Säuberung der Trümmer, was auch immer es war, verbunden war. Als er zu der Bergung einer Ballonbombe befragt wurde, sagte er: »Ich kann mich nicht daran erinnern. Wenn es eine gewesen wäre, würde ich mich daran erinnern.«

Blanchards Kommandeur der Militärpolizei, Major Edwin Easley, sagte, als er zu der Ballonbombe befragt wurde: »Nein. Ich habe nichts derartiges gehört, und wenn es eine gewesen wäre, hätte ich davon gewußt. Es ist eine idiotische Geschichte.« Es sollte erwähnt werden, daß Easley an der Absturzstelle war, das Raumschiff und die Körper sah und sagte, er glaube, das Raumschiff sei extraterrestrisch gewesen.

Es gab natürlich immer noch die Möglichkeit, wie abwegig auch immer, daß all diese Leute im dunkeln gehalten wurden. Es ist möglich, daß die Militäroffiziere zur Geheimhaltung gezwungen waren und logen. Doch das erklärt nicht, warum niemand in Roswell gehört hatte, daß es vielleicht eine Ballonbombe war. Es ist möglich, daß die Vertuschung so perfekt war, daß sie selbst nach vierzig Jahren durch Gespräche mit den Leuten, die dort waren, nicht aufgedeckt werden konnte. Nicht sehr wahrscheinlich, doch immerhin möglich.

Die »Annals of Flight« des Smithsonian Institute listen fast dreihundert Vorfälle im Zusammenhang mit Ballonbomben auf, zusammen mit den Orten, wo die Bomben geborgen wurden. Die Orte reichen von Michigan im Osten über Alaska und Kanada im Norden bis nach Mexico City im Süden. In New Mexico sind allerdings keine Bergungen aufgelistet.

Bei einer Überprüfung im Museum of New Mexico in Santa Fe kam es zu einer Stellungnahme von Charles Bennett, der sagte, er wisse von »keinen Aufzeichnungen oder Anzeichen irgendwelcher Angriffe durch Ballonbomben.« Tatsächlich sagte Bennett, er hätte etwas dieser Art gesucht und nie gesehen.

Bennett meinte jedoch, daß er vielleicht etwas übersehen haben könnte, und schlug vor, sich mit Robert Torres, ebenfalls vom Museum, in Verbindung zu setzen, weil er vielleicht hilfreich sein könne. Torres sagte: »Ich habe nie etwas derartiges gesehen. Kein Anzeichen, daß irgendwelche Ballonbomben tatsächlich New Mexico erreichten.« Torres sagte, er würde die verschiedenen Indexe, Aufzeichnungen und Karten durchsehen, um festzustellen, ob irgend etwas gefunden wurde. Wenn er erführe, daß eine oder mehr in New Mexico gesichtet wurden, würde er sich melden. Falls nicht, würde er sich nicht mehr darum kümmern. Er rief nicht an.

Doch das Museum of New Mexico in Santa Fe mit all seinen staatlichen Aufzeichnungen, Akten und Dokumenten hätte vielleicht eine einzelne Geschichte von einer Ballonbombe in den Landkreisen Chaves oder Lincoln übersehen können. David Orr vom Historischen Museum von Chaves County sagte, daß er nie von etwas derartigem gehört hätte. »Nicht daß ich wüßte. Vielleicht ist es hier zu weit und zu offen, so daß niemand etwas gefunden hat. Ich habe von denen an der Westküste gehört.«

Keel könnte behaupten, daß all diesen Leuten die Wahrheit verschwiegen wurde, obwohl es keine Anzeichen gibt, daß dies der Fall ist. Es könnte gesagt werden, daß nach all diesen Jahren die Leute im Museum of New Mexico und von der Historischen Gesellschaft von Chaves County sich nur der Ballonbomben nicht mehr bewußt waren. Es könnte sein, daß die Leute, die eine Ballonbombe sahen, sie vielleicht nicht als solche erkannten.

Im September 1947 wurde Lewis S. Rickett beordert, Dr. Lincoln La Paz durch New Mexico zu begleiten, während sie versuchten, die Geschwindigkeit und die Fallkurve des Geräts zu bestimmen, das auf Brazels Ranch abstürzte.

Rickett zufolge kam La Paz zu der Meinung, daß, was auch immer auf der Brazel Ranch aufschlug, eine Sonde von einem anderen Planeten war. Zu keiner Zeit sagte La Paz Rickett jedoch, er denke, das Material sei eine Ballonbombe. Es hätte für La Paz keinen Grund gegeben, Rickett zu erzählen, es sei etwas Außerirdisches, wenn es eine japanische Ballonbombe war. Rickett zufolge standen die japanischen Ballonbomben nie zur Diskussion.

Und die Meinung von La Paz war noch aus einem anderen Grund wichtig. La Paz hatte während des Zweiten Weltkriegs die Ballonbomben untersucht. Er arbeitete mit Offizieren im zweiten Hauptquartier der Air Force nahe Colorado Springs, als der erste der Ballons ankam. Er untersuchte eine Reihe von gemeldeten Funden und war dort, als die erste intakte Ballonbombe im Januar 1945 sichergestellt wurde. La Paz hätte das Material leicht als eine Ballonbombe erkannt, wenn es eine gewesen wäre.

Rickett war sich in der Tat voll bewußt, daß La Paz die Ballonbomben erforscht hatte. Als er gefragte wurde, ob es auf der Grundlage seiner Kenntnis und seiner Verbindung zu La Paz eine Ballonbombe hätte sein können, entgegnete Rickett: »Auf keinen Fall. Diese Leute [Keel] wissen nichts über dieses Land [New Mexico], die Berge oder die Winde.«

Keel sagte, er hätte mit einem örtlichen Historiker (in Roswell) gesprochen hätte, der ihm gesagt habe, es sei eine Ballonbombe gewesen. Wir müssen diese Erklärung akzeptieren, obwohl jeder, mit dem wir Kontakt aufnahmen, sagte, sie hätten so eine Geschichte nie gehört. Wir sind gehalten, dies zu glauben, obwohl Keel zugibt, daß er keinen Namen liefern kann.

Und Keel bietet für seine Behauptungen keine dokumentarischen Belege an. Er ignoriert die historischen Aufzeichnungen über die Truppeneinheit, die von der 509. Bombergruppe abgefaßt wurde. Während fliegende Untertassen erwähnt werden, wird die Bergung von Keels Ballonbombe es nicht.

Da die Dokumente ursprünglich als »geheim« klassifiziert waren, gibt es keinen Grund, daß die Ballonbombe nicht erwähnt wurde. In der Tat haben wir bei unserer Recherche nicht ein einziges Dokument zur Unterstützung der Theorie gefunden, daß Brazel eine Ballonbombe entdeckte.

Es ist interessant, daß in Keels Liste von Artikeln über die Ballonbomben keiner früher als 1953 ist. Zusätzlich zu den zuvor erwähnten Zeitungs- und Zeitschriftenartikeln (nur deshalb ausgewählt, weil sie dem Fund von Brazel im Juli 1947 vorausgingen) gibt es einen »Reader's Digest«-Artikel vom August 1950 und La Paz-Artikel im »Collier's« vom 17. Januar 1953. Es gibt außerdem unveröffentlichte Geschichten von mehreren Militäreinheiten aus den Jahren 1945, 1946 und 1947, die auf die Ballonbomben eingehen.

Keel behauptet, daß die Army 1947 die Bergung einer Ballonbombe vertuschte, weil das Militär und die Regierung den Mythos von der Unangreifbarkeit aufrecht erhalten wollten. Er bietet keinen Beweis dafür, daß dies der Fall war.

Wir können durch eine breite Auswahl von dokumentarischen Belegen beweisen, daß die Ballonbomben 1947 kein Geheimnis waren. Dutzende von Artikeln wurden darüber veröffentlicht. Keel gibt dies in der Januar 1991-Ausgabe von »Fate« selbst zu, wenn er schreibt: »Tatsächlich gab es Hunderte von Artikeln, die zwischen 1946 und 1970 dazu veröffentlicht wurden, besonders in regionalen Zeitschriften und Lokalzeitungen.« Genau das ist unser Punkt. Bis 1947 waren die Ballonbomben nicht mehr von Geheimhaltung umgeben.

Die Ausgabe vom 9. Juli 1947 des »Roswell Daily Record« setzt diesem Aspekt der Kontroverse vielleicht ein für allemal ein Ende. In einer Geschichte auf Seite 6 wird ein Wetterexperte in der Station von Albuquerque zitiert: »Er sagte, daß die Radiosonden periodisch für Aufregung im Land sorgen und vor zwei Jahren eine Panik vor japanischen Ballonbomben auslösten.«

Keel berichtet von Reispapier und Seilen und ignoriert all die Beschreibungen des Metalls, das in Roswell gefunden wurde. Er weist die Aussagen der Zeugen zurück und tut sie mit dem lächerlichen Satz ab: »Ich schätze, bis 1999 wird es Tausende von Roswell-Zeugen aus dieser lang verblaßten Ära geben.« (Damit ignoriert er in der Tat, daß die zitierten Leute mit Dokumenten belegen können, daß sie 1947 in Roswell waren oder dem Stützpunkt zugewiesen waren.)

Keel ignoriert, was er nicht erklären kann, setzt herab, was er nicht ignorieren kann und bietet uns nichts an, um zu beweisen, was er sagt. Er liefert keine Dokumente, keine Namen von Zeugen zur Verifikation, überhaupt keinen Beweis. Seine Theorie bricht unter objektiver Forschung zusammen. Wenn es eine Ballonbombe gewesen wäre, warum gibt es keine Zeugen dafür? Kann Keel einen einzigen Namen nennen? Wenn es eine Ballonbombe war, warum gibt es keine Belege dafür? Kann Keel einen einzigen Zeitungsartikel anbieten, einen einzigen Bericht oder eine einzige Aussage von den historischen Gesellschaften und Museen in New Mexico, die seine Behauptungen unterstützen? Kann Keel überhaupt irgendeinen Beweis anbieten?

16.

Alternativerklärung Nummer Zwei: Eine V-2-Rakete?

Waren Mac Brazels Trümmer nichts weiter als die Überreste einer verirrten V-2-Rakete? Ein Autor, Ron Schaffner, hat behauptet, die Trümmer stammten von der Raketenspitze und der Fallschirmvorrichtung einer deutschen V-2.

Schaffner zufolge kam eine V-2 mit einem defekten Gyroskop nach einem Start am 29. Mai 1947 vom White Sands Testgelände aus vom Kurs ab. Die Rakete stürzte auf einem Friedhof etwa eine halbe Meile südlich von Juarez, Mexico, ab.

Aufzeichnungen aus White Sands deuten darauf hin, daß dies eine modifizierte V-2 war, die aus Teilen einer erbeuteten deutschen Rakete gebaut worden war. Es war die zweite einer Reihe von Raketen, die in Verbindung mit dem Hermes-II-Raketenprojekt von General Electric und der Army-Artillerie abgefeuert wurde. Der offizielle Bericht sagt: »Die Rakete hob normal von der Startplattform ab, doch nach vier Sekunden funktionierte offenbar das Programm nicht mehr. Beobachter in der Testkontrollstelle stellten fest, daß die Rakete sich leicht nach Süden bewegte, schätzten aber, daß der Winkel so steil war, daß die Rakete innerhalb der Grenzen des Testgeländes herunterfallen würde. Der Brennschluß trat nach sechsundvierzig Sekunden ein, und die Rakete landete nahe Juarez in der Republik Mexico.«

Dieser Fehler führte zu einer zeitweiligen Sperre für weitere Abschüsse, bis der Chef der Artillerie überzeugt war, daß zukünftige Raketenstarts kontrolliert werden könnten. Der nächste Start wurde am 3. Juli versucht, doch die V-2 hob nicht von der Rampe ab. Die »Chicago Sun« schrieb: »Ein fehlerhafter Mechanismus wurde heute [4. Juli 1947] für den Unfall mit einer V-2-Rakete verantwortlich gemacht, bei dem gestern acht Personen mit Säure besprüht wurden.«

Selbst wenn der Start vom 3. Juli erfolgreich gewesen wäre, deuten sämtliche Zeugenbeschreibungen der Trümmer und der Absturzstellen, die an anderer Stelle ausgeführt werden, darauf hin, daß es sich nicht um den Absturz einer V-2, sondern von etwas anderem handelte. Wenn man alle Fakten zusammennimmt, fällt jegliche Spekulation über die V-2 oder irgendeine der anderen Raketen, die damals in White Sands getestet wurden, in sich zusammen.

Zunächst einmal beschrieb Marcel neben anderen ein Trümmerfeld, das mehr mit einem Flugzeugabsturz als mit einem Raketenabsturz vereinbar ist. Eine V-2 würde einen Krater mit wenigen über die Felder verteilten Trümmern hinterlassen haben, nicht die weit verstreuten Trümmer, die von den Augenzeugen beschrieben wurden.

Die V-2-Fallschirme, die Schaffner auf Brazels Weide plaziert, bestanden aus zwei Teilen: einem Schirm aus Aluminiumfolie mit einem Durchmesser von zweieinhalb Metern, der aus einem mit einem Metallgeflecht überzogenen Streifen gefertigt und für einen langsamen Sinkflug entwickelt war, und einem zweiten Fallschirm von etwa vier Metern Durchmesser. Keiner von beiden bot genügend Material, um die Weide in dem von den Zeugen geschilderten Ausmaß zu bedecken.

Die Aussagen der unmittelbaren Augenzeugen bieten keine Unterstützung für Schaffners Theorie. Während es sicher möglich ist, daß Marcel selbst als Kopf der Nachrichtenabteilung der 509. Bombergruppe vielleicht nichts von den Experimenten mit der V-2 in New Mexico wußte, wäre er sicherlich in der Lage gewesen, die Komponenten als etwas irdischer Machart zu erkennen.

Und selbst wenn Marcel sich irgendwie hätte täuschen lassen, wären auch die anderen Offiziere der 509. einschließlich des Kommandeurs unfähig gewesen, die Folie, den Fallschirm und die Kapsel als etwas auf der Erde Hergestelltes zu identifizieren? Sie hätten nicht wissen müssen, daß sie von einer verirrten V-2 stammten, um zu erkennen, daß die Komponenten konventionellen Ursprungs waren.

Jedenfalls waren viele der Männer der 509. während des Zweiten Weltkriegs in der Army und während der V-2-Angriffe dort in England stationiert. Das Wrack einer V-2 war ihnen nicht unbekannt. Pappy Henderson, Pilot der Ersten Lufttransporteinheit, im Juli 1947 in Roswell stationiert, besaß sogar ein Trümmerstück einer V-2, das er während des Krieges in England aufgelesen hatte. Dennoch sagte Sappho Henderson, seine Witwe, daß ihr Mann die Roswell-Trümmer als »überirdisch« beschrieb. »Es glich nichts, das er je gesehen hatte.«

Hauptmann Sheridan Cavitt verneint, je an der Materialbergung einer abgestürzten V-2 teilgenommen zu haben. »Nein. Nachdem eine beinahe eine Stadt [Juarez] getroffen hatte, stellten sie sicher, daß keine verirrten Raketen dem Boden mehr nahekamen«, sagte er. Cavitt nahm nie an der Bergung einer Rakete teil, während er in Roswell stationiert war. Ihm zufolge wäre die Bergung einer abgestürzten V-2 nicht von der Basis in Roswell aus abgewickelt worden, sondern vom nahe gelegenen Alamogordo und dem White Sands Testgelände aus. Obwohl White Sands keinen lückenlosen Radarüberblick über das Gebiet hatte, hätte das Personal die ungefähre Absturzstelle des Raketenwracks gekannt. Sie wären draußen gewesen, um sie zu bergen, lange bevor Mac Brazel zum Büro des Sheriffs von Chaves County fuhr, um das Trümmerfeld zu melden.

Eine ungefähr ähnliche Theorie wurde von Gerald Brown aufgestellt. Als ihm das Trümmerfeld und die Metalltrümmer beschrieben wurden, äußerte Dr. Brown, daß eine A-9, eine zweistufige Rakete, die Furche geschaffen haben könnte, von der an der Absturzstelle berichtet wurde. Er sagte, Duraluminium, ein extrem robustes Material, das in der Raketenspitze verwendet wurde, könnte einige der gefundenen Trümmer erklären. Ferner meinte er, einige der Kabel in der V-2 und der A-9 seien so beschaffen, daß Hitze das Innere der Kabel zum Schmelzen bringen und dabei hohle Röhren hinterlassen würde, die den Eindruck von Fiberoptik vermitteln könnte. Die Deutschen verwendeten bei der Beschriftung einiger der inneren Bauteile der Rakete eine Kombination aus griechischem Alphabet, wissenschaftlichen Formeln, Nummern und geometrischen Symbolen. Brown glaubte, die Körper könnten die Überreste von Tieren sein, die bei einigen der Experimente eingesetzt wurden, möglicherweise bereits 1947.

Duraluminium hat auch sehr gute Hochtemperatur-Eigenschaften. Mit anderen Worten: Wenn Marcel ein Stück Duraluminium gefunden hätte, wäre er vielleicht nicht in der Lage gewesen, es zu verbrennen. Wiederholte Schläge mit einem Holzhammer würden es jedoch in Stücke zerspringen lassen. Marcel berichtete, daß solche Schläge die Trümmer nicht eindellten, ja nicht einmal zerkratzten.

Brazels Beschreibung der einfaserigen Angelschnur klingt nicht nach einem Kabel, aus dem das Innere weggeschmolzen ist. Brown räumte ein, daß das Kabel, das er beschrieben hatte, ziemlich zerbrechlich sein würde. Das von Marcel schien hingegen unzerstörbar zu sein.

Und es gibt keine Aufzeichnungen darüber, daß eine der deutschen A-9-Raketen je in White Sands montiert oder von dort abgeschossen wurde. Über alle Tests stehen die vollständigen Aufzeichnungen zur Verfügung.

Tatsächlich stimmen Browns Theorien nicht mit den Erinnerungen der unabhängigen Zeugen überein, die das Material sahen. Browns Duraluminium und teilweise geschmolzene Kabel gleichen dem Material nur im weitesten Sinne, passen jedoch nicht genau dazu.

Jesse Marcel, der die Symbole beschrieb, die er gesehen hatte, erkannte keine davon. Wären sie aus dem griechischen Alphabet, wissenschaftliche Formeln, arabische Ziffern oder Worte auf deutsch gewesen, hätte Marcel eine Ahnung gehabt, was sie waren. Er wäre vielleicht nicht in der Lage gewesen, sie zu lesen, doch er wäre sicherlich in der Lage gewesen, sie zu identifizieren.

June Tyree, die ihr Leben lang in der Corona-Region gewohnt hat, erinnert sich nicht an Gerüchte über solche Vorfälle unter den Ranchern. Selbst wenn im Zweiten Weltkrieg ein geheimes Testflugzeug in den Bergen nicht weit von Corona abstürzte, hörten die Rancher davon, und viele der dort ansässigen Teenager fuhren hin, um es sich anzusehen. Doch es gab nie ein Gerücht über eine Rakete aus White Sands, die so nahe der Stadt Corona abstürzte.

Browns Erklärung für die Körper ist besonders wenig überzeugend. Zeugenbeschreibungen machen deutlich, daß sie weder menschlich noch tierisch waren. Selbst menschliche Körper, die bei einem starken Feuer verbrannt wurden, würden nicht zu den Beschreibungen passen. In jedem Fall stimmten alle, die auf dem Trümmerfeld oder an der Absturzstelle waren, wo die Körper gefunden wurden, in ihren Beschreibungen überein. Dort hatte kein Feuer stattgefunden.

Selbst Schaffner gibt zu, daß die frühesten Einsätze von Rhesusaffen erst in den frühen Fünfzigern stattfanden. Er fand keinen Anhaltspunkt, daß 1947 Affen benutzt wurden. Tatsächlich beweisen Informationen aus dem Space Center in Alamogordo, New Mexico, daß der erste Einsatz von Primaten am 11. Juni 1948 stattfand, ein Jahr zu spät für diese Theorie. Außerdem wären bei dem Experiment, in das Rhesusaffen involviert waren – kleine Tiere etwa von der Größe einer großen Hauskatze –, diese wohl kaum mit den Überresten eines menschlichen Piloten verwechselt worden.

Das Aeromedical Lab von Wright-Patterson führte mit der V-2 fünf mit Lebewesen bemannte Flüge durch, und diese Experimente gingen ziemlich daneben. Es sollte angemerkt werden, daß bei keinem der fünf Versuche ein Tier lebendig geborgen wurde. Sie alle starben infolge des Versagens der Fallschirme oder des Raketenprogramms. Und es gab keinen Versuch, einen dieser Fehler zu vertuschen.

Es ist also bloße Spekulation, daß das, was gefunden wurde, die Überreste einer V-2 waren, ebenso wie die Behauptung, daß ein Startverbot die offiziellen Vertreter in White Sands zwang, ihre Schnitzer zu vertuschen zu versuchen. Die Beschreibungen der Trümmer durch Männer und Frauen, die damit in Berührung kamen, passen nicht zu der eines Aluminium- und Maschenfallschirms. Das Trümmerfeld ist zu groß für eine V-2, die Furche paßt nicht zu einer V-2, und die Berichte über die Körper passen nicht zu der Spekulation, daß es Tiere waren. Die in Fort Worth gemachten Fotos, die

Schaffner nicht untersuchte, zeigen eindeutig die Überbleibsel eines Rawin-Zielgerätes und eines Gummiballons.

Während es stimmt, daß Männer, die versuchten, nach einem Absturz einer verirrten V-2 ihre Positionen zu schützen, vielleicht die Wahrheit verheimlichen, stimmt es nicht, daß die Vertuschung sich über mehr als vierzig Jahre erstrecken würde. Sobald diese Männer versetzt wurden oder in Ruhestand gingen, wäre das Beweismaterial über die Vertuschung zum Vorschein gekommen.

Doch die vernichtendsten Punkte sind die Berichte aus der »Chicago Sun« und der »Los Angeles Time«, um zwei Quellen zu nennen. Dort ist die Geschichte jenes versuchten Starts zu finden, die über die Zeitungen verbreitet wurde, so daß die ganze Welt davon erfuhr. Wenn es eine Vertuschung gab, dann war sie 1947 nicht wirksam. Hätten die bei Roswell geborgenen Trümmer von einer V-2 gestammt, gäbe es Dokumente, dies zu beweisen, was aber nicht der Fall ist. Die Suche nach der Wahrheit darüber, was in Roswell geschah, muß sich nicht mehr mit der V-2-Theorie aufhalten. Sie erklärt einfach nicht all die Fakten.

17.

Ballons, Bomben und Versuchsflugzeuge

Als General Roger Ramey das Wrack sah, das angeblich bei Roswell geborgen wurde, erklärte er, es sei ein Wetterballon. Er erlaubte Reportern, den Ballon zu fotografieren, er ließ sie seinen Wetteroffizier Irving Newton interviewen, und er beantwortete Fragen dazu und zur Bergung. Major Jesse Marcel erlaubte er allerdings nicht, irgendwelche Fragen zu beantworten oder mit den Reportern direkt zu sprechen. Marcel war als Alibi da.

Rameys Aussagen, die bei der Pressekonferenz durch andere Militärleute gestützt und von der angeordneten Geheimhaltung unterstrichen wurden, ließen die Ereignisse wirksam für die nächsten drei Jahrzehnte in Vergessenheit geraten. Selbst UFO-Forscher und Historiker stellten die Ballonerklärung nicht in Frage. Die Akten von »Project Blue Book« enthielten keine offiziellen Verweise darauf.

Erst 1978 ließ Jesse Marcel, der sich längst im Ruhestand befand und in einer kleinen Stadt in Louisiana lebte, die Geschichte wieder aufleben. Er erzählte Reportern und Forschern von seiner Rolle bei dem Ereignis und bestand darauf, daß die Trümmer kein Ballon gewesen sein konnten. Da er in der Radarerkennung ausgebildet war, wußte er von den Ballons vom Typ Rawin und hätte einen solchen sofort erkannt. Selbst wenn Marcel nicht ausgebildet gewesen wäre, hätte einer aus Roswell, zum Beispiel der Wetteroffizier, den Ballon erkannt, wenn dies die Lösung gewesen wäre.

Aufgrund Marcels Aussage, die in Fort Worth angebotene Ballonerklärung sei nichts weiter als eine Tarnung der wahren Geschichte, begannen Forscher tiefer zu graben.

Doch andere verteidigten die Ballonerklärung und wiesen auf den Artikel im »Roswell Daily Record« vom 9. Juli 1947 hin, der die Überschrift trug: »Gen. Ramey macht Schluß mit der Roswell-Untertasse«. Für die Skeptiker löste diese Geschichte das Rätsel ein für allemal.

Oberflächlich betrachtet scheint dieser Zeitungsartikel ein vernichtendes Dokument zu sein. Darin spricht Mac Brazel davon, das Objekt am 14. Juni gefunden zu haben. Brazel, seine Frau, ein Sohn und seine Tochter hätten den größten Teil des Wracks in das Hauptgebäude der Ranch gebracht. Brazel hätte erwähnt, das Material sei leichtzerbrechlich und bestünde hauptsächlich aus Folie und Balsaholz. Er habe sich nicht viele Gedanken darüber gemacht, bis er ein paar Wochen später von »fliegenden Untertassen« gehört hätte. Dann, als er in Roswell gewesen sei, angeblich, um Wolle zu verkaufen, hätte er dem Sheriff erzählt, er habe etwas Ungewöhnliches gefunden.

Der Artikel ging ausführlich auf das Material ein, sagte, das Gummi wäre rauchgrau gewesen, und es wäre über ein Gebiet von ungefähr hundertachtzig Metern im Durchmesser verstreut gewesen. Es hätte keine Worte oder Inschriften darauf gegeben, obwohl sich auf einigen Teilen Ziffern befunden hätten. Bei der Konstruktion wäre Klebeband und ein mit Blumen bedrucktes Band verwendet worden. Es hätte keine Seile oder Drähte gegeben, allerdings ein paar Ösen im Papier, die darauf hingedeutet hätten, daß eine Art von Befestigung verwendet wurde.

Zum Schluß der Geschichte sagte Brazel, daß er bei zwei anderen Gelegenheiten Wetterbeobachtungsgeräte gefunden hätte, doch was er diesmal gefunden hätte, gleiche diesen nicht. »Ich bin sicher, was ich gefunden habe, war kein Wetterbeobachtungsballon«, sagte er, »doch wenn ich etwas anderes außer einer Bombe finde, werden sie es schwer haben, mich dazu zu bringen, etwas darüber zu sagen.«

Obwohl Brazels Schlußbemerkungen explizit die Ballonerklärung zurückweisen, ist der Rest des Artikels – der praktisch allem widerspricht, was über die Begleitumstände der Bergung bekannt ist – mit solch einer Erklärung vereinbar.

Es gibt in der Tat keinen Grund, irgend etwas davon zu glauben. Brazel war nur vier Tage vor seiner Meldung der Trümmer auf dem Feld gewesen. Das bedeutet, am 14. Juni gab es dort kein Wrack, wie der Artikel behauptete. Brazel selbst erzählte militärischen Untersuchungsbeauftragten aus Roswell, er wisse, daß das Material nicht länger als vier Tage dort gelegen haben könne.

Die Größe des Trümmerfeldes, wie es von Marcel und Bill Brazel beschrieben wurde, stimmt nicht mit dem Artikel vom 9. Juli überein. Marcel und andere, die auf dem Trümmerfeld waren, erwähnten das dicht gestreute Material. Tommy Tyree, ein Farmgehilfe, den Brazel nach den Vorfällen angeheuert hatte, sagte, Brazel habe sich geärgert, weil das Material für die Schafe eine Barriere darstellte, die sie sich zu überschreiten weigerten. Brazel mußte sie um das Trümmerfeld herum treiben, um sie zum Wasser zu bringen.

Die Ballonerklärung geht nicht auf die Beschreibungen der Trümmer ein, welche von mehr als drei Dutzend Leuten geliefert wurden, die damit in Berührung kamen. Bill Brazel beschrieb Material, das so robust war, daß er es mit einem Messer, das in der Lage ist, Stacheldraht durchzutrennen, nicht schneiden konnte. Frankie Rowie sprach von Folie, die sich, wenn sie zu einem Ball zerknüllt wurde, in fließender Bewegung selbst wieder entfaltete. Marcel sen. beschrieb Metall, das unter wiederholten Schlägen mit einem Hammer nicht eingedellt wurde. Und Major Ellis Boldra sprach von Metall, das die Hitze eines Azetylen-Brenners ableitete.

Die Symbole, von denen einige der Zeugen einschließlich Jesse Marcel sprachen, bestanden aus geometrischen Formen, die nichts glichen, was von Menschen auf der Erde zur Kommunikation benutzt wurde. Glenn Dennis berichtete, daß er sie auf den »kanuartigen« Gebilden sah, die er im hinteren Teil des Krankenwagens bemerkte, und er erkannte sie nicht.

Einige Forscher haben behauptet, die Trümmer stammten von einem »Cluster-Ballon«, der von Alamogordo aus gestartet wurde. Tatsächlich brachten sowohl der »Roswell Daily Record« als auch die »Alamogordo News« Berichte über die Cluster-Ballons samt Fotos von ihnen.

Offiziere von »Project Sign« gingen dieser Erklärung nach. Ein deklassifiziertes Memo des Air Materiel Command, Cambridge Research Station, datiert vom 18. April 1949, überprüfte die Starts der Cluster-Ballons. Am 3. Juli fand der Cluster-Ballonstart Nummer acht statt. Der Ballon wurde nicht geborgen, doch er wurde im Tularosa Valley, ein paar Meilen nordwestlich von Alamogordo entdeckt. Es gibt keine Aufzeichnungen über einen Ballonstart Nummer neun, doch Nummer zehn fand am 5. Juli statt. Obwohl er nicht geborgen wurde, wieder aufgrund des Terrains, wurde gemeldet, er sei nordöstlich von Albuquerque niedergegangen.

Dem Memo zufolge handelte es sich bei diesen Ballons um sechs Meter große Plastikballons mit Instrumenten. Sie waren weiß und wie Eishörnchen geformt. Nichts in dem Memo deutet darauf hin, daß sie explodierten, Trümmer über ein weites Gebiet verstreuten oder daß das Material den Bemühungen verschiedener Einzelpersonen trotzen würde, sie entweder zu identifizieren oder zu zerschneiden. Das bei den Ballons verwendete Material, obwohl nicht auf den ersten Blick als Polyethylen erkennbar, wäre als eine Art gummiertes Plastik identifiziert worden. Es wäre unter dem Brenner verbrannt, und es hätte sich gekräuselt, wäre es mit einem Messer bearbeitet worden.

Andere haben behauptet, bei dem Roswell-Absturz handle es sich um einen Skyhook-Ballon (»Project Helios«, ein Vorläufer von »Skyhook«, war im Frühjahr 1947 gecancelt worden.). Das Navy Historical Center in der

Washingtoner Navy-Werft eliminierte das Skyhook-Projekt als Schuldigen, indem es bestätigte, daß der erste Skyhook-Start am 25. September 1947 in Saint Cloud, Minnesota, stattfand.

Aufzeichnungen in Alamogordo zeigen, daß ein Ballon, der aus derselben Art Material wie der Skyhook, nämlich Polyethylen, konstruiert war, am 3. Juli gestartet wurde. Es wurde argumentiert, wenn Brazel und die Forscher, die die Abfolge der Ereignisse rekonstruierten, sich nur leicht geirrt hätten, könne dieser Ballon, wenn auch kein Skyhook, für die südöstlich von Corona gefundenen Trümmer verantwortlich sein.

Diese Ballonstarts waren Teil eines geheimen Air-Force-Projektes namens Mogul, einem Nachfolger für das Navy-Project »Torrid«, das im Dezember 1946 abgesetzt wurde. Am 3. Juli wurden zehn Cluster-Ballons mit einer Nutzlast von fünfzehn Pfund gestartet. Darin involviert waren die Watson-Labors in New Jersey, die Ingenieursabteilung der Universität von New York und die Battelle-Gesellschaft. Es gibt keinen Anhaltspunkt dafür, daß einer dieser Cluster-Ballons auf der Ranch niederging, auf der Brazel die Trümmer entdeckte, oder daß die Bergung dieser Trümmer als die einer dieser Ballons vom Typ Cluster erklärt werden könnte.

Etwa zur selben Zeit war das geheime »Project Moby Dick« im Gange, das ebenfalls von der New Yorker Universität betrieben wurde. Dr. Athelston Spilhaus war der Verantwortliche. Mit Ballonstarts wurde im Juli 1947 begonnen, doch sie wurden abgebrochen, als Projektoffiziere vom Skyhook-Projekt der Navy erfuhren. Ein Ballon aus einem dieser Starts im Juli, der große Höhen erreichen sollte, wurde später in Norwegen gefunden.

Doch wieder schließen die Beschreibungen des Materials und des Trümmerfeldes sowie die physischen Beweise die Ballonerklärung aus. Der erste Skyhook trug eine Nutzlast von dreiundsechzig Pfund. Wäre er abgestürzt, ungeachtet der Tatsache, daß vor April 1949 keine Skyhooks von der Holloman-Air-Force-Basis (Alamogordo) gestartet wurden, hätte es weder eine Furche auf dem Boden noch weit verstreute Trümmer gegeben.

Und obwohl der Start am 3. Juli knapp in die in Frage kommenden vier Tage paßt, gibt es keine Beweise, um diese Theorie zu stützen. Der Ballon kam nicht in Zentral-New-Mexico herunter, und selbst wenn er auf der Brazel-Ranch gefunden worden wäre, sollten alle Betroffenen ihn als einen Ballon erkannt haben, selbst wenn sie das Material, aus dem er gemacht war, oder das Projekt, mit dem er verbunden war, nicht genau hätten benennen können.

Marcel sagte über das Material: »Es war nichts von dieser Erde. Dessen bin ich mir ziemlich sicher. Da ich im Nachrichtendienst war, war ich mit allen Materialien vertraut, die bei Flugzeugen und im Luftverkehr verwendet wurden. Dies war nichts dergleichen. Es hätte nicht sein können.«

Andere Teile der Zeitungsgeschichte fallen bei weiterer Untersuchung in sich zusammen. Wie bemerkt gibt es mehr als sechs Zeugen für Brazels Reise nach Roswell am 9. Juli. Floyd Proctor, Lyman Strickland, Bill Jenkins, Leonard Porter, Frank Joyce und Paul McEvoy gehören zu denen, die Brazel in Roswell sahen. Jeder von ihnen erwähnte, daß Brazel von mehreren Militäroffizieren begleitet wurde. Für eine unbedeutende Geschichte beschritt die Army ungewöhnliche Wege, um sicherzustellen, daß die neuen »Fakten« gut verbreitet wurden.

Obwohl die Zeitung behauptete, Brazel sei nicht allein auf der Ranch gewesen, als er das Objekt fand, sagten sein Sohn Bill Brazel und seine Nachbarn einschließlich den Proctors, daß außer Mac niemand im Farmhaus war. Der Rest der Familie lebte im Juli 1947 in Tularosa, New Mexico.

Bei einer Reihe von Interviews sagte Bill Brazel nicht nur, sein Vater sei allein auf der Ranch gewesen, sondern er habe beschlossen, als er die Geschichte über ihn in den Zeitungen von Albuquerque las, daß jemand auf die Ranch fahren müsse. Niemand war dort, als er am 12. oder 13. Juli dort ankam.

Der Artikel liefert jedoch ein paar wenige Hinweise darauf, welche Absicht das Militär verfolgte. Am 5. Juli fand Sherman Campbell ein seltsames Objekt auf seiner Farm in Circleville, Ohio. Sowohl Campbell als auch der örtliche Sheriff identifizierten es sofort. Am 6. Juli druckten Zeitungen im ganzen Land ein Bild von Jean Campbell, die ein drachenartiges Gebilde in den Händen hielt. Das Militär selbst mischte sich in die Episode nicht ein, und tatsächlich behielten die Campbells den Ballon noch Jahre danach.

Dem »Roswell Daily Record« vom 9. Juli zufolge brachte Brazel, von Marcel und Cavitt begleitet, das Material zum Hauptgebäude der Ranch und versuchte ohne Erfolg, daraus einen Drachen zu machen. Es gab für Brazel oder die Militäroffiziere keinen Grund zu versuchen, einen Drachen daraus zu machen, es sei denn, sie hätten versucht, die Erklärung und die Bilder aus dem Circleville-Bericht nachzuvollziehen.

Niemand kam auf die Idee zu fragen, warum sowohl Campbell als auch der Sheriff in Circleville den Ballon identifizieren konnten, warum die Offiziere in Roswell jedoch, von denen einige gut ausgebildete Beobachter waren, so überrascht waren, daß sie verkündeten, sie hätten eine fliegende Untertasse gefunden. Die Geschichte verbreitete sich, bis ein Offizier von niederem Rang, Irving Newton, das Wrack in Fort Worth als einen Ballon identifizierte.

All dies dient dazu, die Einschätzung von Oberst Thomas DuBose zu unterstreichen, der in Rameys Büro gewesen und zu der Ballon-Geschichte gesagt hatte: »Es war eigentlich eine Deckgeschichte. Der Ballon war ein Teil davon ..., die Reste [aus Roswell] wurden von diesem Ort weggebracht, und Al Clark brachte sie nach Washington, und was dann geschah – ich habe keine Ahnung. Dieser Teil davon [der Wetterballon] war tatsächlich eine Geschichte, die für die Öffentlichkeit und die Nachrichten erzählt wurde, und das war alles.«

Mit anderen Worten, keiner, der in den Fall verwickelt war – von Mac Brazel bis hin zu den Topleuten im Militärkommando in Roswell, Fort Worth und sogar Washington D.C. , nahm den Wetterballon (oder irgendeinen anderen Ballontyp) ernst.

Doch Ballons sind nicht die einzigen irdischen Objekte, die vorgeschlagen wurden. Angesichts der außergewöhnlichen Anstrengungen, jedes Bruchstück eines Beweises herauszufinden, steht zu folgern, daß es etwas Außergewöhnlicheres als ein Ballon gewesen sein mußte, sogar außergewöhnlicher als einer, der aus dem neuen und klassifizierten Material Polyethylen gemacht war.

Eine Theorie geht davon aus, daß das Objekt eine Übungsatombombe war. Übungsbomben waren massive Dinger, die so viel wogen wie eine echte Bombe und oft genauso geformt waren. Deren Nachrichtenwert für die Sowjets wäre fraglich gewesen, aber die 509. benutzte sie, um ihre Mission zu üben, und diese Tatsache war klassifiziert. Zivilisten und all diejenigen, die es nicht wissen mußten, waren nicht autorisiert, die Übungsbomben zu sehen, und wäre eine versehentlich auf Brazels Ranch gefallen, hätte das Militär sicherlich Vorkehrungen getroffen, um das Geheimnis zu wahren.

Natürlich waren die Übungsbereiche weit genug von der Brazel-Ranch entfernt, daß solch ein Unfall sich nicht hätte ereignen können. Und die Bomben, die dazu bestimmt waren, aus großer Höhe abgeworfen zu werden, so daß die Genauigkeit der Bombenschützen eingestuft werden konnte, gingen nicht los. Sie waren aus Eisen gemacht und hinterließen einen Krater, wenn sie einschlugen. Sie explodierten nicht, gingen nicht los und hüpften gewöhnlich nicht über den Boden, um eine Furche zu schaffen.

Curt Platt, der in der 509. diente, sagte, die Bomben wurden nach ihrem Abwurf zum erneuten Gebrauch geborgen. Sie für die Rückreise ins Transportflugzeug zu laden, war eine ganz schöne Aufgabe. Schon drei von ihnen konnten den Transporter leicht überladen.

Selbst wenn eine Übungsbombe losgegangen wäre, hätte sie die Splitter nicht so weit gestreut, wie Marcel es beschrieb, und wieder hätte Marcel erkannt, was es war. Er wußte alles über die Übungsbomben. Das war Teil seines Jobs als Nachrichtenoffizier der 509.

Stimmt, eine Deckgeschichte hätte ausgeheckt werden können, um die Existenz der Übungsatombomben und den versehentlichen Abwurf einer von ihnen zu vertuschen, wenn die Umstände dies erfordert hätten. Doch es gibt dabei zwei Probleme. Das eine ist, daß Marcel nicht 1978 gesagt hätte, es war nichts, das auf der Erde hergestellt wurde, wenn es eine Übungsbombe gewesen wäre.

Zweitens wäre die Information inzwischen durchgesickert. 1957 warf die Air Force versehentlich eine echte Atombombe nahe Albuquerque ab. Obwohl die Fakten mehrere Jahre verschwiegen wurden, wurde die Geschichte schließlich in den Zeitungen von Albuquerque veröffentlicht.

Ferner, die Geschichte der Truppeneinheit der 509., ein Dokument, das ursprünglich als »geheim« klassifiziert war, enthält keinen Hinweis auf einen Unfall, an dem eine Übungsatombombe beteiligt war. Tatsächlich findet sich in keinem der dokumentarischen Belege etwas, das darauf hindeutet, daß die Trümmer durch solch ein Ereignis erklärt werden könnten.

Einige haben behauptet, das Wrack sei auf einen Unfall mit einem Versuchsflugzeug zurückzuführen. Der Spekulation zufolge könnte das Flugzeug ein früher Jet gewesen sein, von dem Marcel und die Offiziere der 509. vielleicht nichts wußten. Doch zumindest wären die Trümmer als etwas erkennbar gewesen, das auf der Erde hergestellt worden war.

Andere haben darauf hingewiesen, es könnte vielleicht eins der Flugzeuge vom Typ Nurflügler gewesen sein, das in diesem Zeitraum getestet wurde. Zunächst ist es eine interessante Idee. Doch bereits eine oberflächliche Recherche in der historischen Dokumentation zeigt, daß diese Erklärung nutzlos ist. Und immer noch glauben einige, der Absturz in Roswell könne als ein Nurflügler erklärt werden, oder genauer, wie ein Forscher behauptet hat, als ein Northrop N-9M, einer kleineren Version des XB-35.

Northrop, der im August 1939 Präsident und Chefingenieur von Northrop Aircraft Inc. wurde, war von der Nurflügel-Konstruktion fasziniert. Obwohl der Zweck seiner Gesellschaft darin bestand, Militärflugzeuge in weniger als einem Jahr zu entwickeln und zu produzieren, hatte Northrop den N-1M, einen Nurflügler, fertig zum Testen. Hochrangige Offiziere des Army Air Corps interessierten sich dafür und wollten, daß er voll entwickelt würde.

Sie änderten die Bezeichnung von N-1M zu N-9M, und das Modell in voller Größe nannten sie XB-35. Sie sagten Northrop, sie meinten, es solle als Langstreckenbomber konzipiert werden.

Ende 1942 wurde ein Vertrag unterzeichnet, der den Bau und den Test von dreizehn XB-35ern vorsah. Sie unterschrieben auch für drei zusätzliche N-9Ms. Diese waren aus geschweißten Stahlröhren konstruiert und mit Holz bedeckt. Sie sahen wie die größeren XB-35er aus, besaßen aber zwei statt vier Maschinen.

Der erste Flug des N-9M fand am 27. Dezember 1942 statt, und fast jeder nachfolgende Flug wurde durch einen mechanischen Fehler der einen oder anderen Art verkürzt. Bei ihrem fünfundvierzigsten Flug stürzte der N-9M am 19. Mai 1943 ab, wobei der Pilot Max Constant getötet wurde.

Die letzten Testflüge mit dem N-9M fanden 1946 statt. Er wurde gegen einen großen XB-35 ausgetauscht, der am 25. Juni 1946 zum ersten Mal flog, und zwar vom Muroc Army Air Field aus (später Edwards Air-Force-Basis). Am 11. September 1946 wurde dem XB-35, der an Kontrollproblemen mit dem Getriebe und den Propellern litt, die Starterlaubnis entzogen. Erst im Februar 1948 wurde erneut ein volles Flugprogramm aufgenommen. Am 26. Juni 1947 wurde eine Reihe von Testflügen gestartet, doch das Flugzeug stürzte nicht ab, und es verließ Südkalifornien nicht. Diese beiden Punkte sind wichtig.

Als es im Juli 1947 Berichte von einem Absturz im südöstlichen New Mexico gab, deutete die Spekulation darauf hin, daß es eine der Nurflügeltypen von Northrop war. Aufgrund der historischen Sachlage konnte es offensichtlich keine kleinere N-9M-Holzversion sein, weil diese nicht mehr flog. Laut dem Bericht »A Synopsis of Flying Wing Development 1908 – 1953« (»Ein Abriß über die Entwicklung des Nurflüglers 1908 – 1953«), von Richard P. Hallion geschrieben, stürzte nur einer der N-9Ms ab, und das hat die Sache erklärt. Wenn der Nurflügler der Verursacher war, hätte es der größere XB-35 sein müssen. Natürlich war der aber Monate zuvor vom Start zurückgezogen worden.

Am 10. Juli berichtete die »Chicago Daily News«, sie hätten Army-Offiziere in Muroc Army Air Field gefragt, ob der Nurflügler für die Berichte von den Flugscheiben verantwortlich sein könnte. Leutnant Robert Jones, der Offizier für Öffentlichkeitsarbeit in Muroc, sagte: »Keiner von unseren Nurflüglern ist in der letzten Zeit in der Luft gewesen.« Obwohl er sich weigerte, zusätzliche Informationen zu liefern, sagte er jedoch: »Wir haben nur zwei.«

Der YB-49, die düsengetriebene Version des Nurflüglers, machte seinen ersten Flug am 21. Oktober 1947. Während der propellergetriebene Typ von Getriebeproblemen geplagt wurde, war die Düsenversion von solchen Problemen nicht betroffen. Leider ist das mehrere Monate zu spät, um die Trümmer des Roswell-Absturzes zu erklären.

Es gibt eine zweite Theorie, die behauptet, das wahre Geheimnis von Roswell sei nicht der Typ von Flugzeug, das getestet wurde, sondern die Tatsache, daß die Nurflügler auf Radarschirmen kaum sichtbar waren. 1947 glaubte man, die Vereinigten Staaten hätten einen riesigen Vorsprung vor der Sowjetunion in bezug auf die Fähigkeiten und die Entwicklung des Radars. Einige haben geglaubt, die Nurflügel-Technologie, die diesen Vorteil aufhob, wurde für zu wichtig gehalten, um zuzulassen, daß sie aufgegeben wurde. Wenn die Sowjets von der Antiradar-Fähigkeit wußten, konnten sie anfangen, selbst einen Nurflügler zu entwickeln. Das hätte für wichtig genug gehalten werden können, daß das Militär versuchte, all die involvierten Zeugen zum Schweigen zu bringen.

Dem neuen Szenario zufolge lag das Geheimnis von Roswell nicht in dem Flugzeug selbst, sondern in seiner Bauart, denn es konnte per Radar nicht erfaßt werden. Es ist eine interessante Idee, doch sie ist nicht haltbar, weil es einfach kein Geheimnis um die Nurflügel-Konstruktion gab.

Tatsächlich beweist dies ein Dokument, das Hauptmann N. LeBlanc für das Air Materiel Command erstellt hat. Seine Analyse der Entwürfe und Pläne der Gebrüder Horten, die gegen Ende des Zweiten Weltkriegs von den Nazis erbeutet wurden, wurden auf der niedrigst möglichen Stufe klassifiziert. Hätte man die Nurflügel-Konstruktion für so wichtig gehalten, wäre LeBlancs Bericht auf einer viel höheren Stufe klassifiziert worden. Die begrenzte Klassifikation bedeutete, daß eine Aufdeckung des darin enthaltenen Materials der nationalen Sicherheit der Vereinigten Staaten wenig Schaden zufügen würde.

Es gab so wenige Geheimnisse um den Nurflügler, daß »The Atomic Blast«, die Zeitung des Roswell-Stützpunktes, in der Ausgabe vom 22. Oktober 1947 ein Bild vom YB-49 brachte. Angesichts des Tatbestandes der hohen Sicherheitsstufe um die Ereignisse im Juli in Roswell, ergibt es keinen Sinn, daß nur ein paar Monate später Fotos vom Nurflügler veröffentlicht wurden, wenn dies die Erklärung für den mysteriösen Absturz im Juli ist.

Es gab offenbar zwei schwerwiegende Abstürze von Nurflügel-Flugzeugen – den des N-9M im Mai 1943 und einen des YB-49er im Jahre 1948, bei dem Hauptmann Glen Edwards getötet wurde. (Die Muroc Air-Force-Basis wurde zu Ehren des Hauptmanns in Edwards umbenannt.) Später wurde der erste der bestellten YB-49er bei Hochgeschwindigkeits-Bewertungstests zerstört.

Einige haben erklärt, daß es kein Northrop-Nurflügel war, sondern ein Flugzeug vom Typ Nurflügler. Da die Gebrüder Horten vor und während des Zweiten Weltkrieges eine Reihe solcher Flugzeuge für Deutschland entwikkelt hatten, wurde die Behauptung aufgestellt, daß es eine Konstruktion der Gebrüder Horten war, die von Sowjets erbeutet und zur Aufklärung verwendet wurde. Mit anderen Worten, das, was bei Roswell abstürzte, war ein sowjetisches Spionageflugzeug.

Obwohl einige der Topoffiziere in Roswell glaubten, als sie das erste Mal von dem Absturz hörten, es könne eine sowjetische Konstruktion gewesen sein, verwarfen sie diese Idee, sobald sie das Wrack sahen. Die Sowjets haben in der Vergangenheit versucht, mit Spionageflugzeugen in die Grenzen der Vereinigten Staaten einzudringen, doch die meisten dieser Versuche fanden nach 1950 statt. Es wurden keine Aufzeichnungen gefunden, die darauf hindeuten, daß es 1947 sowjetische Versuche dieser Art gab.

Doch die Theorie von einem gestohlenen sowjetischen Flugzeug geht noch einen Schritt weiter. Es wird behauptet, die Piloten dieses Flugzeugs seien keine Menschen gewesen, genau wie die Zeugen angeben, sondern in Wirklichkeit Schimpansen. Damit die Theorie funktioniert, muß angenommen werden, daß die Männer auf dem Gelände in Roswell unfähig waren, die Körper von Schimpansen zu erkennen. Und es wird die Tatsache übersehen, daß es keinen Grund für fünf Schimpansenpiloten eines gestohlenen Spionageflugzeugs gibt.

Der beste gegenwärtig greifbare Beweis ist der, daß die Sowjets erst in den Sechzigern begannen, Schimpansen in ihrer Weltraum- und Flugforschung einzusetzen. Ohne die Schimpansen und mit der Freigabe der Dokumente über Spionage sowohl seitens der Amerikaner als auch der Sowjets scheidet die Frage eines Nurflügel-Absturzes vom Typ Gebrüder Horten aus. Es existieren keine Beweise, um solche eine Theorie zu stützen.

All das bedeutet, daß es kein Nurflügler war, der im Juli 1947 in New Mexico abstürzte. Es gibt tatsächlich keinen Beweis dafür, daß überhaupt ein Nurflügler in New Mexico flog oder daß im Juli 1947 irgendwo in den Vereinigten Staaten einer flog. Die Dokumentation existiert und ist auf Anhaltspunkte hin untersucht worden. Und da das Projekt nicht geheim und der allgemeinen Öffentlichkeit bekannt war, scheint es keinen Grund für die Annahme zu geben, daß es geheime Tests von Nurflüglern gab, die den Absturz erklären würden.

Man kann noch einen Schritt weiter gehen. Es gibt keinen Beweis dafür, daß irgendein experimentelles Flugzeug den Absturz in Roswell erklärt. Während des Wochenendes vom 4. Juli wurden keine solchen Experimente durchgeführt. Die Recherche in verschiedenen Aufzeichnungen, Zeitungsarchiven einschließlich dem »New York Times Index«, dem National Transportation and Safety Board und den Archiven der Luftwaffe haben keinerlei Belege hervorgebracht, die darauf hindeuten, daß der Absturz bei Roswell das Ergebnis eines Versuchsflugzeuges war.

Mehr noch, *niemand suchte nach dem Flugzeug*. Niemand hatte den Verdacht, daß irgend etwas vermißt sei, bis Brazel in das Büro des Sheriffs ging, um das Trümmerfeld zu melden. Und als er es gemeldet hatte, löste die Information keinen sofortigen Aufruhr aus.

Andere heute verfügbare Informationsquellen – und dazu gehören die Todesmeldungen des Militärs, ebenso Aufzeichnungen über die Tests verschiedener Flugzeugtypen, einschließlich geheimer Forschung – geben keine Hinweise darauf, daß ein Pilot oder Piloten bei Unfällen mit Versuchsflugzeugen in der ersten Juliwoche 1947 in New Mexico getötet wurden.

Wieder einmal kommen die historischen Aufzeichnungen sowohl der Eighth Air Force als auch der 509. Bombergruppe ins Spiel. Beide Dokumente waren zu der Zeit, als sie geschrieben und abgeheftet wurden, als »geheim« klassifiziert. Beide enthalten Informationen, die, wären sie irgendwie in die Hände sowjetischer Agenten gelangt, den Schutz und die Sicherheit der Vereinigten Staaten nachteilig beeinträchtigt hätten. Beide Dokumente waren gesichert, bis sie deklassifiziert und an verschiedene Archive freigegeben wurden. Keines davon erwähnt etwas von der Bergung eines abgestürzten Versuchsflugzeugs oder eines abgeschossenen sowjetischen Spionageflugzeugs.

»A History of Kirtland Air Force Base 1928 – 1982« (»Eine Geschichte der Kirtland-Air-Force-Basis 1928 – 1982«) deckt nicht nur die Geschichte von Kirtland, sondern auch der angegliederten Sandia-Basis ab. Obwohl es eine umfassende Geschichte der Forschung und Entwicklung in Albuquerque ist, einschließlich Bildern von den Atomwaffen, die gegen Ende des Zweiten Weltkrieges eingesetzt wurden, gibt es keinen Anhaltspunkt dafür, daß ein experimentelles Flugzeug aus dieser Basis Anfang Juli 1947 in Zentral-New Mexico abstürzte.

Kurz gesagt, keine irdische Erklärung funktioniert. Ein Flugzeug, das 1947 als »streng geheim« klassifiziert war, würde heute nicht mehr klassifiziert sein. Experimente mit dem SR-71, den Stealth-Jägern und -Bombern waren zu ihrer Zeit alle klassifiziert. Der Absturz eines SR-71 Mitte der Sechziger ist immer noch bis zu einem gewissen Grad klassifiziert, doch Informationen darüber sind durchgesickert. Und es sind nicht nur Informationen über die Stealth-Technologie bekannt, sondern ein Videoband des F-117 wurde von CNN an dem Tag gesendet, als er im Golfkrieg zum Kampf eingesetzt wurde.

Ballons, Übungsatombomben, Versuchsflugzeuge und sowjetische Spionageflugzeuge können für die von Mac Brazel gefundenen Trümmer nicht verantwortlich sein. Alternative, nicht-außerordentliche Hypothesen erklären die seltsamen Metalle mit den seltsamen Eigenschaften nicht, die von den Männer und Frauen beschrieben wurden, die damit in Berührung kamen. Kein Beweis belegt die Präsenz eines Ballons, einer Übungsbombe oder eines Versuchsflugzeugs. Solche Erklärungen haben einen fatalen Fakt gemeinsam: völliger Mangel an stützenden Beweisen.

18.

Eine vollständige Untersuchung des Beweismaterials

Obwohl die für das Material und den Absturz in Roswell angebotenen Erklärungen sorgfältig untersucht worden sind, gibt es immer jemanden, der frisch an die Sache herangeht und glaubt, er oder sie hätte etwas gefunden, das noch niemand sonst gesehen hätte. Die Erklärung, es sei ein Wetterballon, eine V-2, eine Ballonbombe, ein Cluster-Ballon aus einem der vielen Geheimprojekte in Süd-New-Mexico, ein Versuchsflugzeug oder eine Kombination aus all dem, wird vorgebracht, ohne einen ausgiebigen Blick auf das Beweismaterial zu werfen, durch das sich solche Behauptungen zurückweisen lassen. Wenn das gesamte Beweismaterial untersucht wird, verringert sich die Möglichkeit, daß Roswell irdisch erklärt werden kann, auf Null.

Die Militärs waren die ersten, die eine Erklärung anboten. Innerhalb von Stunden nach Walter Hauts Pressemitteilung sagte die Army, es sei nichts weiter als der Radarreflektor eines Rawin-Zielballons. General Ramey im Hauptquartier der Eighth Air Force in Fort Worth erzählte allen, die zuhörten, daß die Offiziere in Roswell, in der Aufregung über den Flugscheibenwahnsinn gefangen, den Ballon irrtümlich für etwas anderes gehalten hätten.

Dies läßt natürlich die Tatsache außer acht, daß die Männer in Roswell wegen ihres fachmännischen Könnens sorgfältig ausgesucht worden waren. Sie alle waren extrem geübte Einzelpersonen, die aufgrund ihrer Professionalität ausgewählt worden waren. Schließlich waren dies zu jener Zeit die einzigen Nuklearstreitkräfte der Welt. Leute zweiter Wahl gab es in Roswell nicht.

Lassen Sie uns dies jedoch für einen Moment außer acht lassen. Nehmen wir an, Marcel ließ sich von der Folie, dem Balsaholz und der Schnur des normalen Rawin-Ballons täuschen und glaubte, er hätte etwas äußerst Ungewöhnliches gefunden. Seine erste Handlung bestand natürlich darin, die Überreste von der Absturzstelle nordwestlich von Roswell zur Untersuchung in den Stützpunkt zu bringen.

Marcels Unterlagen und den Aussagen seines Sohnes zufolge war Marcel im Umgang mit Radar ausgebildet. Angenommen, er hätte im Rahmen dieser Ausbildung nichts über die Ballons gelernt, erscheint es vernünftig, daß Marcel zumindest von ihnen gewußt hätte. Der Truppengeschichte der 509. Bombergruppe für 1947 zufolge gehörte zu Marcels Stab ein Radarauswertungsoffizier. Diese Ausbildung mag vielleicht wiederum den Umgang mit Ballons nicht eingeschlossen haben, besonders bei denjenigen nicht, die zugeteilt waren, dem Wetteroffizier beim Sammeln von Wetterdaten zu assistieren. Marcel als der Nachrichtenoffizier der Gruppe wäre jedoch mit den vom Wetteroffizier gesammelten Daten und den dafür verwendeten Instrumententypen einschließlich den Ballons vertraut gewesen. Mit anderen Worten, es gab nichts Geheimes am Sammeln von Wetterdaten, das Marcel daran gehindert hätte, den Arbeitsvorgang zu beobachten oder die Instrumente zu überprüfen.

Es ist fast unmöglich, daß Marcel, als er die Trümmer das erste Mal untersuchte, dazu verleitet wurde, deren extrem ungewöhnliche Eigenschaften zu kommentieren, wenn es nichts weiter als ein normaler Rawin-Zielballon gewesen wäre.

Drei Fakten sprechen dafür. Erstens wurde verschiedenen meteorologischen Quellen zufolge der Rawin-Zielballon das erste Mal in den späten Zwanzigern eingesetzt. Ursprünglich war er mit einem stark reflektierenden Anhängsel versehen, damit das Bodenpersonal ihn mit den Augen verfolgen konnten, während er durch die Atmosphäre aufstieg. Später wurde er für den Einsatz mit Radaranlagen umgebaut. Irving Newton sagte, er habe während der Invasion von Okinawa gegen Ende des Zweiten Weltkriegs Hunderte solcher Ballons gestartet. Der Rawin-Zielballon war also keine neue oder ungewöhnliche Konstruktion, die all die äußerst geübten Männer der 509. Bombergruppe getäuscht hätte.

Zweitens entdeckte Sherman Campbell, ein bei Circleville, Ohio, lebender Farmer, am oder um den 1. Juli die Überbleibsel eines der Rawin-Zielballons auf seiner Ranch. Campbell, der nicht in Nachrichtenarbeit ausgebildet war, erkannte, daß er einen Ballon gefunden hatte, glaubte aber, er könne aufgrund des glänzenden Reflektors, den der Ballon in die Höhe mithinaufzog, einige Flugscheibenberichte erklären.

Campbell rief den örtlichen Sheriff an, der den Ballon sofort als etwas Irdisches identifizierte. Die lokalen Zeitungen wurden ebenfalls informiert, und die Presse brachte einen Artikel über den Fund. Die Geschichte, der ein Foto von Jean Campbell beigefügt war, der Tochter (in der Bildunterschrift fälschlicherweise als Campbells Frau bezeichnet), erschien in Zeitungen im ganzen Land.

Niemand in Ohio glaubte, der Ballon sei etwas anderes als ein Ballon. Das Militär griff nicht ein, flog die Überreste nicht zu einem anderen Teil des Landes und gab keine Pressemitteilung über den Fund heraus. Jeder Beteiligte erkannte völlig ungeübt den Ballon als das, was er war. Dies steht im Kontrast zu den Fehlern, die das ausgebildete Personal in New Mexico machte.

Sieht man über all dies hinweg, indem man von der Möglichkeit ausgeht, daß ein Fehler unterlief, gibt es die Zeugenaussage von Oberst Thomas J. DuBose. Im Juli 1947 war er Stabschef der Eighth Air Force, und er wußte genau, was vor sich ging. Er sagte wiederholt sowohl auf Audio- als auch auf Videoband: »Es war eigentlich eine Deckgeschichte, der Ballon war ein Teil davon. Ich weiß nicht, ob es McMullen [Clements McMullen] oder Kalberer [Oberst Alfred Kalberer, Nachrichtenchef der Eighth Air Force] oder wer war, irgend jemand dachte sich die Deckgeschichte aus ..., wir werden diesen Wetterballon benutzen. Das war die Richtung, die man uns gab. Ich meine, es gab keinen Zweifel daran. Uns wurde gesagt, das ist die Geschichte, die an die Presse ausgegeben wird, und vergeßt alles andere.«

Oberst DuBose zufolge war es keine Frage, daß die Deckgeschichte entworfen worden war, um General Ramey die Reporter vom Hals zu halten. Gebt ihnen eine Erklärung, die sie akzeptieren, aber sagt ihnen nicht die Wahrheit.

Angesichts all dieser Aussagen der Beteiligten und angesichts der Fakten scheint es, daß die Ballonerklärung ausscheidet. Es ist klar, daß etwas in Roswell abstürzte, und ebenso klar ist, daß es kein Ballon war. Ballons wurden als Alibi benutzt, um die Spekulation über die Identität des abgestürzten Objektes aus dem Weg zu räumen.

Andere Ballontypen, experimentelle Flugzeuge, Raketen und Geheimprojekte aller Art sind als alternative Erklärungen für den Absturz in Roswell vorgeschlagen worden. Lassen Sie uns für den Moment die Tatsache außer acht lassen, daß keiner in der Lage war, irgendwelche Belege vorzulegen, die dies schlüssig beweisen – eine Überprüfung sämtlicher Zeugenaussagen wird all diese Erklärungen zunichte machen. Damit irgendeine davon funktioniert, ist es nötig, die *Augenzeugen*-Aussagen aus vielfältigen Quellen zurückzuweisen. Wenn alle Fakten untersucht werden, gehen solche Alternativen unter.

Jede der Alternativen könnte akzeptabel sein, wenn es keine Zeugen für den Absturz gäbe. Bis zu diesem Werk bestand die allgemeine Überzeugung, daß niemand den Absturz gesehen hätte. Die Trümmer waren bereits auf dem Grundstück von Mac Brazel gefunden worden. Bei unserer Suche nach der Wahrheit fanden wir die Überreste des Raumschiffs und die Körper.

Doch Zeugen an verschiedenen separaten Orten beobachteten den Absturz. Ragsdale und Truelove sahen das Objekt während eines Gewitters gegen 23.30 Uhr brennend herabstürzen. Ein Ballon wäre nicht brennend heruntergekommen und wäre nachts nicht sichtbar gewesen.

William Woody beschrieb das Objekt, das vom Himmel fiel, einem Meteor ähnlich. Ein heller, weißer Meteor, der einen roten Schweif nachzog. Er beobachte ihn lange genug, um ihn deutlich wahrzunehmen. Da Woody sich südlich von Roswell befand und das Trümmerfeld, das Brazel entdeckte, ebenso wie die Absturzstelle, an der das Raumschiff geborgen wurde, beide weit nördlich von Roswell liegen, scheidet wiederum die Ballonerklärung aus.

Unteroffizier E. L. Pyles sah südwestlich von Roswell eine Sternschnuppe. Er dachte, es sei eine Sternschnuppe, die »in Orange gehüllt« war. Wie die anderen glaubte er, daß es unmittelbar vor Mitternacht geschah. Es war eindeutig etwas, das groß und hell genug war, um aus einer Entfernung von fünfzig oder sechzig Kilometern sichtbar zu sein.

Die Beobachtungen all dieser Zeugen lassen auch das Versuchsflugzeug ausscheiden. Was für eine Art Versuchsflugzeug wurde in New Mexico getestet – nachts – während eines Gewitters? Wiederum stehen nirgendwo irgendwelche Belege zur Verfügung, die irgendeine Art Ballonexperiment oder Test eines Versuchsflugzeugs spät am Abend des 4. Juli bestätigen würden.

Und, was das betrifft, warum sollte solch ein Test für den späten Abend des 4. Juli angesetzt werden? Hätte man ihn nicht früher in der Woche durchgeführt? Oder hätten sie nicht bis zum folgenden Montag gewartet, wenn alle wieder bei der Arbeit waren?

Und bedenken Sie, all dies wurde noch von einer weiteren Partei beobachtet. Die katholischen Nonnen lieferten Belege über den Absturz, der am Abend des 4. Juli stattfand. Dieses Datum allein legt nahe, daß es nichts mit irgendwelchen Experimenten, ob verborgen oder nicht, zu tun hatte, weil alle an dem Tag frei hatten.

Der andere Aspekt, der bedacht werden muß, ist die Zeugenaussage von MacKenzie. Das Objekt, was auch immer es war, hatte sich mit kurzen Unterbrechungen fast vier Tage lang über Süd-New-Mexico befunden. Wenn es etwas gewesen wäre, das den Vereinigten Staaten gehörte – wenn es ein Forschungsballon, ein Versuchsflugzeug oder eine Rakete aus White Sands gewesen wäre –, hätten die Männer in Roswell oder ihre Vorgesetzten wie General Scanlon, General Ramey, General McMullen oder General Kenny die Befugnis gehabt, es aufzudecken. Wenn dies der Fall gewesen wäre, wären die Beobachtungen unter Befehl untersagt worden, doch dem war nicht so.

Wenn die Augenzeugen nur das Trümmerfeld und das dort geborgene Wrack beschrieben hätten, könnte man Spekulationen über seine Natur anstellen, das heißt, bis alle Aussagen der Augenzeugen sorgfältig überprüft würden.

Marcel sagte über die Trümmer: »Ich habe noch nie etwas dergleichen gesehen. Ich wußte nicht, was wir da aufhoben.« Er berichtete, einige der Trümmer waren so dünn wie Zeitungspapier und federleicht, jedoch so stark, daß er sie nicht verbiegen oder verbrennen konnte. Er beschrieb folienartiges Material, Doppel-T-Träger und »anderes Zeug dort, das Pergamentpapier sehr ähnlich sah, aber nicht brannte.«

Marcel war so beeindruckt von dem, was er gesehen hatte, daß er auf seinem Rückweg zum Stützpunkt bei seinem Haus anhielt. Er wollte, daß seine Frau und sein Sohn die Trümmer sähen. Als Jesse Marcel jun. das seltsame Material sah, fragte er seinen Vater, was es sei. Marcel sen. entgegnete: »Es ist eine fliegende Untertasse.«

Marcel jun. sagte, daß er folienartiges Material sah, das dicker als Bleifolie und wesentlich stabiler war. Er erwähnte Doppel-T-Träger, die aus einer geschichteten Folie gemacht zu sein schienen und in die Schrift geprägt war. Marcel jun. beschrieb die Schrift als »purpurfarben. Seltsam. Ich habe noch nie etwas Derartiges gesehen.«

Nach ein paar Tagen kehrte Marcel sen. nach Hause zurück und sagte seiner Familie, daß sie nichts von dem erwähnen dürften, was sie gesehen hatten. Es sei jetzt hochklassifiziert, und sie dürften niemandem davon erzählen.

Mac Brazel, der das Trümmerfeld fand, wurde von UFO-Forschern nicht persönlich interviewt, aber sein Sohn Bill Brazel. In den Monaten nach dem Absturz suchte Bill Brazel nach Trümmerstücken, indem er über den Teil des Gebietes ritt. Er sagt: »Oh, nicht über ein Dutzend, und ich würde sagen acht. Es gab drei [verschiedene Arten von] Stücken. Etwas in der Art von Balsaholz und etwas in der Art von starker, einfaseriger Angelschnur und ein kleines Stück von ... Es war nicht wirklich Aluminiumfolie, und es war auch keine Bleifolie.«

Brazel sagte, das holzartige Stück ließ sich ein wenig biegen: »Ich konnte es nicht zerbrechen, und ich konnte es mit meinem Taschenmesser nicht einkerben. ... Der einzige Grund, warum ich auf die Blechfolie aufmerksam wurde, war der, daß ich dieses Zeug aufhob und es in meine Hosentasche steckte. Und als ich es herausholte und in die Schachtel packte, begann es sich selbst zu entfalten und glättete sich. ... Ich faltete oder zerknüllte es und legte es hin und beobachtete es. Es war irgendwie verrückt.«

Als er seinem Vater ein Stück des Materials zeigte, sagte Brazel, sein Vater hätte gemeint: »Das sieht aus wie etwas von dem komischen Zeug, das ich gefunden habe.«

Bill Brazel zeigte das kleine Stück Folie anderen. Sallye Tadolini war die Tochter von Marian Strickland, 1947 eine von Brazels Nachbarn. Brazel zeigte ihr die Folie, und sie hatte den Eindruck, daß es matt in der Farbe war, vielleicht grau, und daß es ein kleines Stück war. Ihr zufolge zerknüllte Brazel es in seiner Hand, öffnete sie dann und ließ es zu seiner ursprünglichen Form zurückkehren. Sie glaubte, es sei fest wie Aluminiumfolie gewesen, jedoch sei es ihr nicht metallisch erschienen.

Andere im Umkreis der Brazel-Ranch wie Loretta Proctor sahen ein kleines Stückchen der Trümmer. Es war ein bleistiftförmiges Stück, das mit einem Messer nicht eingeritzt oder mit einem Streichholz nicht verbrannt werden konnte. Proctor sagte, es sah aus wie Plastik, doch daß sie »nicht wußte, was das Zeug war.«

Tommy Tyree, der nach den Ereignissen im Juli 1947 als Farmgehilfe angeheuert wurde, sagte, als er spät im Sommer mit Mac Brazel ausgeritten sei, hätten sie ein Trümmerstück auf der Wasseroberfläche in einer Bodenvertiefung schwimmen gesehen. Brazel sagte ihm, es sei ein Stück von den Trümmern des Absturzes. Etwas, das leicht genug war, auf der Wasseroberfläche zu treiben.

Militärleute sammelten die Trümmer auf, um sie von Roswell zu verschiedenen Labors im Lande zu schicken. Robert Smith, ein Unteroffizier bei der in Roswell stationierten Ersten Transporteinheit, berichtete, wie er zusammen mit einer Reihe anderer Männer drei oder vier Flugzeuge mit Kisten belud. Alle davon waren groß, und viele davon fühlten sich an, als ob sie leer wären. Smith war sich nicht sicher, was darin war, sagte aber, daß die Beladung unter bewaffneter Bewachung abseits des Hauptteils der Rampenzone des Flugplatzes stattfand.

Smith erfuhr, was in den Kisten war. Smith: »Wir sprachen darüber, was wohl in den Kisten sei, und so weiter, und er [ein anderer Feldwebel] sagte: ›Oh, erinnert ihr euch an die Geschichte über das UFO?‹ … Wir dachten, er scherzte, doch er ließ uns ein Stück in die Hand nehmen und steckte es zurück in seine Tasche.«

Wie alle anderen sagte Smith: »Es war bloß ein Stück Metall oder Folie oder was auch immer es war. Es war folienartig, doch es war etwas fester als Folie. Als Fachmann für Feinbleche interessierte mich das, denn man konnte es zerknüllen, und es glättete sich wieder, ohne irgendwelche Falten darin.«

Pappy Henderson, einer der Piloten, der Trümmer aus Roswell herausflog, erzählte ein paar Freunden von den Trümmern. Wichtiger noch, er war anscheinend ein paar Jahre lang im Besitz eines Stückes. Er zeigte es einem engen Freund, John Kromschroeder, der sich für Metallurgie interessierte. Kromschroeder sagte, er habe so etwas noch nie gesehen.

Kromschroeder zufolge war das Metall grau und glich Aluminium, jedoch war es härter und fester. Er konnte es nicht verbiegen, mußte aber vorsichtig sein, denn die Ränder waren scharf. Auf Grundlage der Bruchstellen sagte er, daß es keine kristalline Struktur zu haben schien. Es war nicht zerrissen worden. Kromschroeder sagte, Henderson hätte ihm erzählt, das Metall sei Teil des leichteren Metalls gewesen, mit dem das Innere des Raumschiffs überzogen war. Er sagte, wenn es richtig energetisiert wurde, wurde es zu einer perfekten Leuchtquelle. Es gab ein sanftes Licht ohne Schatten ab.

Dieses Trümmerstück stammte offensichtlich von Major Ellis Boldra. Boldra unterzog die Probe einer Reihe von Tests. Es war dünn, unglaublich robust und leitete in gewisser Weise Hitze ab. Boldra bearbeitete das Material mit einem Azetylen-Brenner, und es schmolz nicht und wurde kaum warm. Es glühte nicht, als es erhitzt wurde, und sobald die Flamme weggenommen wurde, konnte es innerhalb von Sekunden angefaßt werden.

Boldra versuchte es mit verschiedenen Werkzeugen zu schneiden, was ihm nicht gelang. Niemand erinnert sich, ob er versuchte, es zu durchbohren. Einer von Boldras Freunden sagte, daß es keinerlei Metallart war, die er hätte identifizieren können.

Boldra und Kromschroeder waren nicht die einzigen, die die Trümmer als unglaublich robust beschrieben. Lewis Rickett, der verantwortliche Unteroffizier der Spionageabwehrstelle in Roswell, hatte Gelegenheit, einige der Trümmer noch an der Absturzstelle zu sehen. Als Rickett am 8. Juli ankam, war der größte Teil der Trümmer aufgesammelt worden, doch es lagen immer noch einige Stücke verstreut herum.

Als Rickett das Feld mit Hauptmann Sheridan Cavitt betrat, wollte er wissen, ob es »heiß« sei. Ihm wurde gesagt, daß es keinen Anhaltspunkt für Radioaktivität gebe.

Rickett fand ein Stück, das etwa sechzig Zentimeter im Quadrat hatte, und bückte sich, um es aufzuheben. Es war leicht gewellt, doch die einzige Weise, dies genau zu erkennen, war, es auf etwas Flaches zu legen. Er stemmte es dann gegen sein Knie und benutzte seinen Arm für den Versuch, es zu verbiegen. Rickett zufolge war es sehr dünn und sehr leicht.

Cavitt sagte über Major Edwin Easley, den Kommandeur der Militärpolizei: »Schlauer Bursche. Er versucht das zu tun, was uns nicht gelang.«

Rickett sagte, das Metall sei kein Plastik gewesen und fühlte sich nicht wie Plastik an, doch er habe noch nie ein Stück Metall gesehen, das derart dünn war und nicht verbogen werden konnte.

Es gibt noch andere, die die Trümmer sahen. Glenn Dennis sah einige im hinteren Teil des Ambulanzwagens, der draußen vor dem Krankenhaus des Stützpunktes parkte. Er beschrieb, die Trümmer hätten ausgesehen wie »der vordere Teil eines Kanus, ungefähr einen Meter lang. Da waren ein paar Inschriften, die den Rand des Wracks säumten.«

Kevin Randle kam mit einem kleinen Materialstück in Berührung, von dem man ihm sagte, es sei an der Absturzstelle aufgesammelt worden. Es sah aus wie grauer Bimsstein, war gewichtslos, wies eine gewisse Schichtenbildung auf und schien sehr robust zu sein. Es verhielt sich nicht wie irgendein Bimsstein, den er je gesehen hatte.

Es gab drei Arten von Trümmern, die übereinstimmend von den Zeugen beschrieben wurden. Erstens, die am weitesten verbreitete Folie, die dicker als normale Aluminiumfolie und eher wie eine Bleifolie war. Doch anders als eins von beiden entfaltete sich diese Folie ohne Anzeichen eines Knicks, wenn sie gefaltet oder zu einem Ball zusammengeknüllt wurde. Unter den Zeugen für die Folieneigenschaften sind Bill Brazel, Frankie Rowe, Robert Smith, Sallye Tadolini und Jim Ragsdale.

Zweitens sprach Bill Brazel von dem leichtgewichtigen Material, das ihn an Balsaholz erinnerte, jedoch so stark war, daß es nicht zerschnitten werden konnte. Loretta Proctor hatte etwas mit ähnlichen Eigenschaften in der Hand. Rickett, Marcel, Easley, Boldra, Kromschroeder und W. E. Lounsbury sprachen von leichtgewichtigem Material, »so dünn wie Zeitungspapier«, das nicht verbogen oder eingekerbt werden konnte.

Schließlich gab es noch die kabelähnlichen Stücke, die Bill Brazel als flexibel beschrieb. Er sagte, daß er mit einem Licht in ein Ende hineinleuchten konnte, und es kam am anderen heraus, egal wie er das Kabel verdrehte. Dies klingt verdächtig nach Fiberoptik.

Dies sind die Augenzeugen, die die Trümmer sahen oder damit in Berührung kamen, die entweder auf dem Trümmerfeld oder an der Absturzstelle gefunden wurden – Dutzende von Leuten, die das Material sahen und es auf die gleiche Weise immer und immer wieder beschrieben. Diese Überreste sind nicht der Stoff eines Ballons, kein Versuchsflugzeug oder Raketen. Wenn man zum Beispiel die Bleilage etwas stärker machen könnte – und Jesse Marcel meinte, daß sie benutzt wurde, um Doppel-T-Träger zu formen –, dann könnte sie bei der Herstellung von Autos verwendet werden. Der nächste Unfall mit Blechschaden könnte durch eine versteifende Ausfütterung des Autos gedämpft werden, wobei das Blech zu seiner früheren Form zurückkehren würde.

Der Punkt ist, daß ein solches Material heute nicht existiert. Es gibt Moleküle, die mehr oder weniger Gedächtnis haben, jedoch nichts, das aus der Form gebracht werden und dann zu seiner ursprünglichen Form zurückkehren kann, wenn der Druck nachläßt.

Die Frage ist: Wer stellte 1947 Material mit solch merkwürdigen Eigenschaften her? Warum gibt es heute nirgendwo eine Spur von diesem Material?

Natürlich läßt dieser Aspekt einen weiteren massiven Block von Augenzeugenaussagen außer acht: die Beschreibungen des Raumschiffs und der außerirdischen Körper, die an der Absturzstelle gefunden wurden.

Ragsdale beschrieb ein Flugobjekt, das in einem Winkel von etwa fünfunddreißig oder vierzig Grad im Boden steckte – kein zusammengeschrumpfter Ballon irgendeines Typs, nicht die Überreste eines mit Folie bedeckten Zielgerätes, das unter einem Ballon angebracht war, sondern irgendein Flugobjekt. Angesichts dieser Aussage eines Augenzeugen, die zum ersten Mal zur Verfügung steht, scheint es, daß die Ballonerklärung, ja alle Erklärungen von Rawin-Zielballons bis hin zu einer japanischen Ballonbombe endgültig ad acta gelegt werden können.

Wenn Ragsdale der einzige Zeuge an der Absturzstelle gewesen wäre, gäbe es vielleicht Raum für Deutungen. Aber andere, die an der Absturzstelle waren, haben Ragsdales Augenzeugenbericht bestätigt.

John McBoyle, ein Journalist der Radiostation KSWS in Roswell, saß in einem Café in Roswell und belauschte eine Unterhaltung unter Archäologen. McBoyle überredete sie, ihm die Absturzstelle zu zeigen. Die einzige Beschreibung, die McBoyle davon je lieferte, in einem Interview bestätigt, das unmittelbar vor seinem Tod im Jahre 1992 geführt wurde, war die, daß sich dort ein Objekt befand, das aussah wie »eine abgestürzte Abwaschschüssel«. Ein Objekt, ungefähr siebeneinhalb bis neun Meter lang, eingekeilt in einen Abhang.

MacKenzie, einer der Militärangehörigen vor Ort, war in seiner Beschreibung ausführlicher, als er sagte, daß es einen schmalen, schlägerartigen Flügel hatte und daß die Front zusammengedrückt war. Es steckte in einem Winkel im Boden, was darauf hindeutete, daß die Aufprallkräfte erheblich gewesen sein mußten.

Ein anderer Militäroffizier sagte bei Durchsicht der Akten, daß dieses Flugobjekt nicht im Amerika hergestellt worden war, und berichtete, es hätte einen »bogenförmigen Flügel« gehabt. Das Objekt war nicht mehr als neun Meter lang gewesen, hatte einen dicken Rumpf und war mit unglaublicher Wucht auf den Boden aufgeschlagen.

Major Edwin Easley, der Kommandeur der Militärpolizei in Roswell, der an der Absturzstelle war und praktisch verantwortlich für die Aufrechterhaltung der Absperrung war, sagte, das Objekt sei nicht auf der Erde hergestellt worden. Gefragt, ob es richtig sei, die extraterrestrische Theorie weiterzuverfolgen, bestätigte Easley, wir wären auf dem richtigen Weg.

Rickett, der an der Absturzstelle war, nachdem der Hauptkörper des Raumschiffs entfernt worden war, sagte dasselbe. Das Material, das er sah, stammte von etwas, das nicht auf der Erde gemacht wurde. Und er war in der Lage, die Form zu bestätigen, die von anderen, die dort gewesen waren, ausführlich beschrieben worden war. Es war lang, dünn mit einem »schlägerähnlichen« Flügel.

Der Punkt ist der, daß die Augenzeugen, die Männer, die dort waren, die für die Wahrung der Sicherheit an der Absturzstelle verantwortlich waren, die für die Bergung des Raumschiffs und der Körper verantwortlich waren, alle dasselbe sagten. Dies war kein konventionelles Flugzeug, das auf der Erde gebaut worden war.

Die Vorstellung, daß es ein experimentelles Flugobjekt war, weicht natürlich mit dem letzten Beweisstück: Es gab fünf Körper an der Absturzstelle. Es waren keine menschlichen Körper, sondern außerirdische Wesen.

Während es möglich wäre, die Punkte bezüglich der metallischen Trümmer anzufechten, zu behaupten, die Zeugen übertrieben, das Material sei nicht so beeindruckend gewesen und könne deshalb von fortschrittlicher Bauart gewesen sein – wenn die Diskussion zu den Körpern zurückkehrt, scheiden die konventionellen Erklärungen aus. Metall ist Metall, und Kabel sind Kabel, doch es gibt keinen Weg, die Körper zu erklären.

Als die Untersuchung begann, gab es über die Körper kaum mehr an Gerüchten als dies: Da war Barney Barnett, der vielleicht etwas gesehen hat, da war ein Hinweis auf Archäologen an der Stelle, aber es gab keine handfesten Aussagen aus erster Hand. Dieses Hindernis ist ausgeräumt worden.

MacKenzie stellte klar, daß die Körper – wenn sie äußerlich auch menschlicher aussahen als auf einigen der Zeichnungen, die von denen gemacht wurden, die behaupten, entführt worden zu sein – dennoch nicht menschlich waren. Sie waren kleiner als Menschen, und sie waren dünner als Menschen. Ihre Augen waren leicht größer als menschliche Augen. MacKenzie kam nahe genug an sie heran, um sie sorgfältig zu untersuchen.

Ragsdale kam nicht nahe genug heran, um die Körper sorgfältig zu überprüfen, aber er sah sie jedenfalls an der Absturzstelle. Er konnte keine genauen Einzelheiten liefern, außer daß er sagte, er habe gedacht, es könnten Attrappen sein. Sie sahen nicht aus wie erwachsene Menschen, und er dachte am Morgen des 5. Juli nicht an Wesen aus dem Weltraum.

Easley zögerte, über die Körper zu sprechen, sagte jedoch schließlich, ehe er starb, er hätte sie gesehen. Er war nahe genug gewesen, um zu wissen, daß sie nicht menschlich waren. Er nannte sie »Kreaturen«.

Es sollte daran erinnert werden, daß Easley als Kommandeur der Militärpolizei für die Absperrung der Absturzstellen von Flugzeugen verantwortlich war. Von der 509. Bombergruppe stürzten aufgrund der Anzahl erzielter Flugstunden eine Reihe von Flugzeugen ab. Easley war auch an diesen Stellen. Er hatte menschliche Körper gesehen, nachdem sie den Kräften eines Flugzeugunfalls ausgesetzt und nachdem sie verbrannt worden waren. Wären die Überreste die von einem oder von Menschen gewesen, hätte Easley sie als solche erkannt. Stattdessen sprach er von »den Kreaturen«.

Das ist das Problem mit den Theorien, die allzu oft aufgestellt werden: Sie ziehen nicht alle Aussagen von all den Augenzeugen hinzu. Es gibt zum Beispiel eine neue Theorie, daß die an der Absturzstelle gesehenen Körper Schimpansen waren. Die Idee dahinter ist die, daß die Männer an der Absturzstelle aufgrund des Zeitraums, in dem sie die Körper sahen, diese nicht als Tiere erkannten, weil sie so in der Erregung des Augenblicks gefangen waren. Später, als Theorien über die extraterrestrische Natur des Absturzes diskutiert wurden, hätte sich ihr Gedächtnis so »verfälscht«, daß die Affen – unter bizarren Umständen gesehen – zu außerirdischen Wesen wurden. Schließlich hätten die Männer in Roswell nicht erwartet, Schimpansen in silbernen Fluganzügen tot außerhalb eines unkonventionellen Flugzeugs liegen zu sehen, so daß sie annahmen, die Körper stammten aus einer anderen Welt.

Die dokumentarischen Belege zeigen, daß vor 1948 keine Primaten bei Experimenten eingesetzt wurden. Dem Bericht von Gregory P. Kennedy, »Mercury Primates«, zufolge wurden die ersten Affen am 11. Juni 1948 in einer V-2-Rakete abgeschossen. Dies waren keine Schimpansen, sondern kleine Affen, kaum größer als eine gewöhnliche Hauskatze.

Kennedys Bericht zufolge »wurde die Möglichkeit, einen lebenden Passagier unterzubringen, zwei Monate vor dem geplanten Flug präsentiert. Indem man den ganzen in der Kapsel zur Verfügung stehenden Raum ausnutzte, war es unter Schwierigkeiten möglich, darin einen neun Pfund schweren Rhesusaffen unterzubringen.«

Dies ist auch aus einem anderen Grund interessant. Da sind diejenigen, die glaubten, es sei möglich, daß der Roswell-Absturz das Ergebnis einer V-2 mit zwei Schimpansen an Bord war. Doch die Aufzeichnungen zeigen, daß Schimpansen viel zu groß gewesen wären, denn ein ausgewachsenes Männchen ist stehend etwa einen Meter fünfzig groß und wiegt vierhundert Pfund.

Die Suche nach Dokumenten bringt nichts hervor, das belegen würde, daß Schimpansen in dem passenden Zeitraum in der Luftfahrt oder der Raketenforschung eingesetzt wurden, weder von den Vereinigten Staaten noch von der Sowjetunion. Diese Dokumente zeigen, daß der Einsatz von Schimpansen im amerikanischen Weltraumprogramm erst in den Fünfzigern begann und bei den Sowjets viel später. Die Möglichkeit, daß die Flugmannschaft, die in Roswell getötet wurde, aus Schimpansen bestand, ist effektiv ausgeschlossen worden.

Natürlich schließt dies schon die Aussage derjenigen aus, die an der Absturzstelle waren. Das Gesicht eines Schimpansen ist unverwechselbar. Die Augen sind klein, selbst kleiner als die menschlichen, die Gesichtszüge sind nicht fein, und sie haben dichtes Haar auf dem Kopf. Der Kopf selbst ist nicht proportional größer als ein menschlicher Kopf auf einem menschlichen Körper. Und schließlich haben Schimpansen große Ohren, aber diejenigen, die die Körper sahen, erwähnten keine großen Ohren, sondern nur zwei kleine Löcher an der Seite der Kopfes, die vielleicht als Ohren dienten. Mit anderen Worten, die Beschreibungen der Körper passen selbst in der freiesten Interpretation nicht zu einem Schimpansen.

Und außerdem sind da die Archäologen. Dies waren Männer, die im Erkennen von Primaten geübt waren. Während man, wenn auch fruchtlos, argumentieren könnte, die Offiziere in Roswell hätten die Schimpansen nicht erkannt, kann solch ein Argument nicht erklären, warum sich die Archäologen täuschen ließen. Sie lieferten keinerlei Beschreibungen, die darauf hindeuteten, daß es sich bei den Körpern um Schimpansen handelte.

Was also übrig bleibt, ist ein großes Ganzes von Augenzeugenberichten über die hochgradige Seltsamkeit der Trümmer. Dünnes Metall von außerordentlicher Stärke; Folie, die sich selbst entfaltet und ihre ursprüngliche Form annimmt; Stränge von »Kabeln«, die nach Fiberoptik klingen; und Doppel-T-Träger, die sich biegen lassen. Niemand konnte ein einzelnes Exemplar dieses Materials aus jenem Zeitraum entdecken. Die beschriebenen Eigenschaften sind einzigartig.

Während es stimmt, daß es immer Gerüchte über klassifizierte Materialien gibt, die auf jene Beschreibungen zutreffen – wenn die Rede auf die Körper kommt, endet die Debatte. Es gibt keinen Weg, sie zu erklären. Ohne die Augenzeugenberichte könnte man behaupten, die Körper seine bloße Märchen. Doch durch die Zeugenaussagen von MacKenzie, Ragsdale, Easley, Holden und der anderen scheidet dies aus. Einer von ihnen könnte vielleicht lügen, doch nicht alle von ihnen zur selben Sache. Und die Möglichkeit einer falschen Identifikation kommt ebenfalls nicht in Frage. Es gibt zu viel in den Zeugenaussagen, das ihre Geschichten bestätigt.

Doch der wahre Beweis ist die Reaktion der Männer, die damit betraut waren, die Geschichte zu vertuschen. Es ist klar, daß sie versuchten, etwas extrem Sensibles zu vertuschen. Sie beschritten außergewöhnliche Wege, um sicherzustellen, daß die zivilen Zeugen nicht mit jemandem sprachen.

Grace Maurer aus Laurens, Iowa, fand etwas, von dem sie glaubte, es sei die Geschichte des Jahrhunderts, als man sie informierte, daß eine japanische Ballonbombe in Iowa gelandet war. Sie schrieb ihre Story, veröffentlichte sie aber nicht, ehe der Zweite Weltkrieg zu Ende war. Sie zog den Artikel zurück, nicht weil die Regierung sie bedroht hatte, sondern weil das FBI sie aufgesucht und sie gebeten hatte, sie nicht zu veröffentlichen. Keine Drohungen, keine Einschüchterung, keine Androhung von Gefängnis, sondern eine Bitte von offiziellen Regierungsvertretern, Stillschweigen zu wahren.

Zwei Jahre später, als etwas in Roswell abstürzte, wurden die zivilen Zeugen nicht gebeten stillzuhalten, es wurde ihnen befohlen. Sieben und zwölf

Jahre alte Kinder wurden mit Army-Soldaten konfrontiert, die Drohungen ausstießen. Frankie Rowe wurde gesagt, sie würde in die Wüste gebracht werden, und niemand würde sie je wiedersehen.

Glenn Dennis, ein Zweiundzwanzigjähriger war älter, doch die Drohungen waren nicht weniger massiv. Ihm wurde zuerst von einem Offizier gesagt, man könne seine Knochen aus dem Sand aufsammeln, und dann von einem Unteroffizier, er würde gutes Hundefutter abgeben Um sein Schweigen sicherzustellen, suchte das Militär seine Familie auf, ebenso der örtliche Sheriff.

Sogar der Sheriff selbst wurde seiner Enkelin zufolge bedroht. Wenn er jemandem sagen würde, was er gesehen hatte, würde er getötet, ebenso seine Frau und seine Kinder. Keine versteckte Drohung, sondern eine offene Drohung mit der Absicht sicherzustellen, daß nichts in die übrige Zivilgemeinde durchsickern würde.

Die Drohungen gehen bis heute weiter. Einer der Männer, der am 9. Juli auf einem der Flüge von Roswell nach Fort Worth gewesen war, sagte, er habe erst 1989 einen Telefonanruf von einem Unbekannten bekommen. Er war überrascht, daß der Anrufer seinen militärischen Decknamen kannte, wußte, daß er kürzlich umgezogen war und daß der Anrufer in der Lage gewesen war, seine nicht eingetragene Telefonnummer herauszufinden. Der Anrufer schloß damit, daß er ihm sagte, all die Militärpolizisten, die in den Roswell-Fall verwickelt waren, hätten Selbstmord begangen. Diese Aussage war falsch, doch die Implikation war deutlich. Diejenigen, die zuviel wußten und zuviel redeten, fanden den Tod.

Wenn der Roswell-Fall das Ergebnis eines amerikanischen Geheimprojektes war, warum wurden diese Leute derart eingeschüchtert? Kein anderes Projekt, außer möglicherweise das Manhattan-Projekt, erfuhr diese Art von Behandlung. Wenn man die Dokumente dieser Zeit durchsieht, gibt es nichts, was damals vor sich ging, das so hochklassifiziert war, daß es bis heute nicht aufgedeckt werden könnte. Tatsächlich legte die Regierung in den Wochen nach dem Roswell-Absturz eine Reihe von Ballonprojekten offen, die bis dahin klassifiziert gewesen waren. Die Implikation war, daß die Flugscheiben und der Absturz in Roswell durch diese Ballons erklärbar wären.

Doch es gibt keine Rechtfertigung für die Drohungen gegenüber Zivilisten. Wieder haben wir gute Zeugenberichte aus erster Hand über diese Drohungen. Nicht aus einer einzelnen Quelle, sondern aus vielen Quellen. Es gibt keinen Zweifel, daß die Drohungen ausgestoßen wurden.

Diese Art von Drohungen paßt nicht. Wenn Grace Maurer ihre Geschichte über die Ballonbomben in Zentral-Iowa veröffentlicht und die Japaner erfahren hätten, daß die Bombenangriffe mit gewissem Erfolg ankamen, dann hätten die Kriegsbemühungen gestört werden können. Weitere Menschen hätten vielleicht ihr Leben gelassen. Doch selbst angesichts dessen – einer echten Gefahr – *bat* das FBI sie um ihre Hilfe. In Roswell *forderte* die Regierung sie.

Wenn man all die Zeugenaussagen über die seltsamen Eigenschaften der Trümmer ignoriert, wenn man alle Augenzeugenberichte über die Körper ignoriert, und selbst, wenn man all die fehlgeschlagenen Versuche, Roswell auf irdische Weise zu erklären, ignoriert, bleibt immer noch eine brennende Frage: Was war an dem Absturz so wichtig, daß die Regierung ihre eigenen Bürger bedrohen mußte, um sicherzustellen, daß sie es nie erwähnten? Was konnte so wichtig sein, daß die Drohungen und Einschüchterungen bis heute andauern? Und wenn Roswell nichts Außerirdisches war, was war es dann?

Teil V

Die Ebenen von San Agustin

19.

Die Ebenen von San Agustin, Barney Barnett und Gerald Anderson

In Gesprächen mit Freunden und Familienangehörigen beschrieb Grady L. »Barney« Barnett, wie er über eine abgestürzte Untertasse und die Körper ihrer außerirdischen Crew gestolpert sei. Barnett erzählte jedem, daß er sich westlich von Socorro, New Mexico, in den Ebenen von San Agustin aufgehalten habe und die Ereignisse sich im Sommer 1947 zutrugen.

Barnetts enger Freund L. W. »Vern« Maltais sagte, Barnett habe ihm erzählt, das Raumschiff sei metallisch, stumpf grau und »ziemlich groß« gewesen. Barnett glaubte, es sei auseinander»gebrochen«. Es habe eine Hügelkette gerammt, und es seien dort fast keine Wrackteile verstreut gewesen.

Die Wesen waren alle klein, hatten birnenförmige Köpfe, dünne Arme und Beine und keine Haare. Sie alle trugen metallische, enganliegende, graue Anzüge ohne Knöpfe oder Reißverschluß.

Während er an der Stelle war, tauchten vier oder fünf andere auf – Barnett glaubte, es wären Archäologen –, doch sie näherten sich dem Raumschiff oder den Körpern nicht wie er. Augenblicke später kam das Militär, vereidigte sie alle auf Geheimhaltung und brachte sie von der Stelle weg.

Es war ein ziemlich grundlegender, offener Bericht über das, was Barnett gesehen und getan hatte. Er lieferte einen Ort und einen zeitlichen Rahmen, die generell in das Muster paßten, das sich aus der Untersuchung des Absturzes bei Roswell ergeben hat. Das einzige wahre Problem lag darin, daß Barnett ziemlich deutlich sagte, er sei westlich von Socorro gewesen, entweder nordwestlich von Magdalena oder zwischen Magdalena und Datil.

Dies löste bei einigen Forschern Spekulationen aus. Es war keine Frage, daß Mac Brazel, ein Rancher, der südöstlich von Corona, New Mexico, und etwa zweihundert Kilometer von Magdalena entfernt lebte, ein Feld voller metallischer Trümmer gefunden hatte. Es war keine Frage, daß Mitglieder der 509. Bombergruppe einschließlich Major Jesse Marcel die Trümmer bargen und sagten, es sei nichts, das auf der Erde hergestellt wurde. Die Frage ist: Kam ein einzelnes Raumschiff zuerst über dieses Feld bei Corona, verstreute Trümmer, während der Rest des Raumschiffs lange genug in der Luft blieb, um die Ebenen von San Agustin zu erreichen, oder waren zwei Raumschiffe in eine Art Luftkollision verwickelt?

Obwohl alle, die die Geschichte von Barnett hörten, seine Aufrichtigkeit und Ehrlichkeit bescheinigten, konnte durch ausgiebige Untersuchung keine unabhängige Bestätigung erbracht werden. Andere, die Barnett von der abgestürzten Untertasse reden hörten, einschließlich der Nichte Alice Knight, dem früheren Boß J. F. »Fleck« Danley und Nachbar Harold Baca, konnten ein paar wenige Einzelheiten ergänzen, wie zum Beispiel die Behauptung, die Archäologen seien von der Universität von Pennsylvania gewesen.

Was auf den ersten Blick wie eine Bestätigung eines Teils der Barnett-Geschichte aussah, kam von Robert Drake, der 1947 Anthropologie-Student gewesen war. Drake behauptete, die Geschichte von einer abgestürzten Untertasse gehört zu haben, als er in diesem ungefähren Zeitrahmen mit Wesley Hurt und Dan McKnight an einer allgemeinen Untersuchung archäologischer Stellen in den Ebenen gearbeitet habe.

Drake behauptete, er sei in Bat Cave am südlichen Rand der Ebenen gewesen und habe dort Spuren von schweren Maschinen gesehen. Im Verlauf dieser Reise im Oktober 1947 hätten er, Hurt und McKnight auf ihrer Rückreise nach Albuquerque kurz auf einer Ranch halt gemacht. Während ihres Aufenthalts sei Drake herumspaziert und habe einen alten Cowboy getroffen, der behauptet habe, während des Sommers sei in den Ebenen ein seltsames Schiff abgestürzt. Es war die Rede von mysteriösen Körpern. Drake wußte nicht, ob der Cowboy selbst etwas gesehen hatte oder eine Geschichte erzählte, die ihm von einer nicht identifizierten dritten Partei berichtet worden war.

Drake erwähnte auch Roscoe Wilmeth, einen Büroangestellten, der im Los Alamos National Laboratory arbeitete. Wilmeth hatte Drake zufolge geheime Akten über den Absturz einer fliegenden Untertasse, die Körper ihrer Crew und die Bergung von beidem gesehen. Wilmeth wollte zu der »Stelle mit den Körpern« gehen, was Drake so interpretierte, er meine, er wolle in die Ebenen von San Agustin gehen.

Drakes Geschichte wurde jedoch zunehmend ausführlicher. 1991 erinnerte er sich an ein Gespräch mit Studenten, die im Rahmen einer Sommerexkursion, die von der Universität von New Mexico organisiert wurde, im Chaco Canyon waren. Drake behauptete, daß eine Reihe von ihnen von einem Wochenendausflug zurückkehrten und aufgeregt von einem abgestürzten Raumschiff erzählten.

So interessant diese Aussage auch vielleicht ist, sie ist bestenfalls aus zweiter Hand. Keiner dieser Leute behauptete, selbst etwas gesehen zu haben. Drake sprach mit anderen, die angeblich etwas sahen oder etwas lasen, doch er wußte nichts aus unmittelbaren eigenen Beobachtungen, außer von den Spuren schwerer Maschinen nahe Bat Cave. Wilmeth hatte nie die Gelegenheit, seine Geschichte zu erzählen, und die Studenten im Chaco Canyon bestätigten sie nicht.

Wenn so ein Vorfall sich je ereignete, gab es irgendwo Augenzeugen. Bei Quellen aus zweiter Hand, bei denen die Daten durch andere gefiltert werden, gibt es zu viele Fehlermöglichkeiten. Schließlich wurde die Lage der Absturzstelle in den Ebenen ursprünglich nicht von Barnett, sondern von Barnetts Boß bestimmt, der glaubte, Barnett habe von den Ebenen gesprochen.

All dies änderte sich Anfang 1990, als Gerald Anderson, ein Mann aus Springfield, Missouri, den Bericht über die Ereignisse bei Roswell aus dem Jahre 1947 in der Fernsehsendung »Unsolved Mysteries« sah und dann die gebührenfreie Telefonnummer anrief. Anderson erzählte dem Mann am Telefon, er sei an der Absturzstelle gewesen und hätte alles gesehen. Innerhalb von Tagen erzählte er seine Geschichte allen, die sie hören wollten.

Am 4. Februar 1990 interviewte Kevin Randle Anderson telefonisch etwas über fünfzig Minuten lang. Obwohl Anderson im Juli 1947 erst fünf Jahre alt war, lieferte er einen ausführlichen Bericht einschließlich einer Beschreibung der Außerirdischen, des Raumschiffs, der Ortes und der Intervention des Militärs. Er drückte sein Erstaunen darüber aus, daß jeder von dem Absturz wußte, und sagte, er habe angenommen, das Militär habe erfolgreich all die Zeugen zum Schweigen gebracht. Das Telefoninterview endete mit einer Einladung seitens Anderson, Randle solle ihn einmal besuchen, wenn es sich einrichten ließe.

In einem im Dezember 1990 geführten Gespräch mit dem Springfield »News Leader« ergänzte Anderson zusätzliche Details und behauptete, er besitze ein Familientagebuch, das zur Zeit der Ereignisse geschrieben worden sei. Er erzählte dem Reporter, er habe es bei der Beerdigung seines Vaters mehrere Jahre zuvor bekommen.

Dem Tagebuch zufolge war die Familie Anderson am 4. Juli 1947 in New Mexico angekommen und hatte zeitweilig bei Ted Anderson, einem Onkel gelebt. Am nächsten Tag, dem 5. Juli, fuhren die Andersons von Albuquerque zum Rand der Ebenen von San Agustin, um nach Moosachat zu suchen.

Obwohl das Tagebuch besagt, daß der Vorfall bei Magdalena, New Mexico, stattfand, behauptete Anderson später, es habe sich nur etwa eineinhalb Kilometer von Horse Springs entfernt am westlichen Rand der Ebenen zugetragen. Horse Springs ist ungefähr hundert Kilometer von Magdalena entfernt.

Während dieses Ausflugs entdeckten sie das Raumschiff und die Körper. Sie näherten sich dem Schiff vorsichtig, weil sie glaubten, es könne eine Art Bombe sein. Als sie näher kamen, entdeckten sie drei Wesen, die im Schatten der kuppelförmigen Scheibe lagen. Zwei waren bewegungslos, und ein drittes hatte Schwierigkeiten zu atmen. Ein viertes saß unverletzt auf dem Boden. Es hatte offensichtlich versucht, seinen Kameraden zu helfen.

Ein paar Minuten später tauchten sechs Leute auf. Anderson zufolge waren es fünf College-Studenten und ihr Professor Dr. Buskirk. Sie hatten in irgendwelchen »Felsbehausungen ein paar Kilometer entfernt« gearbeitet, sagte Anderson. Sie hatten in der Nacht zuvor einen Meteor herunterfallen sehen und waren unterwegs, um nach ihm zu suchen.

Anderson, der einen Brechreiz verspürte, suchte Schutz unter dem Raumschiff und merkte, daß es nicht nur kühl, sondern kalt darunter war. Es fühlte sich an wie Luft, die aus einem Gefriergerät kommt.

Ungefähr zu dieser Zeit kam Barnett an. Barnett kam von Südwesten über die Spitze des Hügelkamms. Anderson glaubt, er hätte ausgesehen wie Harry Truman. Das Militär folgte Barnett dann so dicht, daß Anderson sich fragte, ob Barnett sie hergeführt hätte. Nun erschien es wie eine Invasion. Die Army rollte mit Jeeps, Lastwagen und einem Stabswagen auf die Absturzstelle. Sie hatten sogar einen Teil der Straße abgesperrt, so daß Flugzeuge sie als Landebahn benutzen konnten. Anderson beschrieb es als einen Einsatz von der Größe eines Bataillons. Am 24. März 1991 sprach Anderson in der Radiosendung »21st Century Radio's Hieronimus and Company«, die von Bob Oechsler moderiert wurde. Anderson bekräftigte noch einmal das Datum 5. Juli und beschrieb erneut die Außerirdischen und das Eintreffen des Militärs. Doch es gab einige Unterschiede zu dem, was er Forschern bei seinen ersten Interviews im Februar 1990 erzählt hatte.

Nun beschrieb er zum Beispiel die Augen der Außerirdischen, indem er sagte: »Sie waren riesig. Sie waren sehr schwarz und sehr groß. Fast oval.« Ursprünglich hatte er gesagt, die Augen wären von einem schwachen milchigen Blau gewesen. Anderson zufolge waren die Augen »oval und sehr, sehr groß. Sie hatten eine bläuliche Farbe. Nicht blau wie das Blau in menschlichen Augen … eine Art von milchigem Blau.«

Er behauptete jetzt auch, es habe ganze fünfundvierzig Minuten gedauert, bis irgend jemand sonst am Schauplatz eingetroffen sei. Diese Leute waren Dr. Buskirk und die Archäologen, die – wieder laut Anderson – von der Universität von Pennsylvania stammten.

Er sagte, es waren vier Außerirdische. »Zwei waren offensichtlich tot. Eins war irgendwo dazwischen, offenbar schwer verletzt, und eins war anscheinend überhaupt nicht verletzt.«

All diese öffentlich vorgebrachten Aussagen lieferten Forschern mehr als genug Einzelheiten, um eine legitime Untersuchung von Andersons Behauptungen vorzunehmen. Wenn sie erhärtet werden könnten, würde es lange dauern, das San-Agustin-Szenario zu bestätigen.

Tom Carey, ein Forscher, der in Pennsylvania lebte, und ein in Anthropologie ausgebildeter Mann starteten eine konzentrierte Aktion, um Archäologen im allgemeinen und Andersons Dr. Buskirk im besonderen ausfindig zu machen. Carey nahm an, daß jeder Archäologe, der eine Expedition leitete, irgendwann etwas darüber geschrieben hätte. Er hatte recht.

Dr. Winfred Buskirk arbeitete im Sommer 1947 an seiner Doktorarbeit. Sie wurde später unter dem Titel »The Western Apache« [Die westlichen Apachen] veröffentlicht, und dies führte Carey zu ihm.

Anderson hatte ein »Phantombild« von Buskirk gezeichnet und eine Beschreibung von ihm geliefert einschließlich der Fakten, daß Buskirk ein großer, rotgesichtiger Mann mit schütterem Haar sei, der vier Sprachen beherrsche. Als er das Foto des Autors auf dem Schutzumschlag mit dem von Anderson gelieferten Phantombild verglich, schloß Carey, daß der Mann, den Anderson als Leiter der archäologischen Expedition identifiziert hatte, Winfred Buskirk sei.

Noch ein weiteres Stückchen Information sprach für diesen Schluß. Dan McKnight und seine Frau sahen, während sie einen Freund in einem Buchladen in Las Cruces, New Mexico, besuchten, zufällig eine Kopie der Phantomzeichnung. Sie sagte zu ihrem Mann: »Oh, schau mal, das ist Win Buskirk.«

Waren Andersons Archäologen gefunden worden? Buskirk selbst zufolge nicht, denn er verneinte, im Juli 1947 in New Mexico gewesen zu sein. »Ich war den ganzen Juli 1947 über in Arizona. Ich war bestimmt in dem Reservat [Fort Apache Indian Reservation] zu beschäftigt, um mich um irgendwelche archäologischen Episoden am Rande zu kümmern.«

Anderson machte nun einen Rückzieher, indem er jetzt vorgab, der Mann, von dem er sprach, sei nicht Winfred Buskirk, und tatsächlich behauptete er, der Archäologe, den er gesehen habe, hieße Adrian Buskirk. Die Beweise jedoch besagen das Gegenteil. Alles, was Anderson über Winfred Buskirk gesagt hatte, stimmte. Buskirk sprach vier Sprachen, war ein Mann mit rötlicher Gesichtsfarbe, und er war groß und kahlköpfig.

Er stellte sich die Frage: Wenn Anderson Buskirk nicht an der Absturzstelle gesehen hatte, wo hatte er ihn dann gesehen? Offenbar kannte Anderson Buskirk von irgendwoher. Andere legten nahe, dies beweise, daß Anderson die Wahrheit sage. Doch 1957 war Anderson Student an der Highschool von Albuquerque. Buskirk, ein Geschichtslehrer, gab an der Highschool von Albuquerque auch einen Kurs in Anthropologie. Anderson nahm an diesem Kurs teil.

Buskirk sah die Aufzeichnungen durch und schrieb als Antwort auf Fragen zu seinem Kurs im Jahre 1957: »Anderson war damals im 1. Semester meines Anthropologie-Kurses und nahm den Durchschriften zufolge im zweiten Semester an einem Französischkurs teil.«

Als Anderson dies abstritt und zuerst behauptete, er könne sich nicht erinnern, welche Highschool er besucht habe, wurde er aufgefordert, eine offizielle Abschrift vorzulegen. Er weigerte sich. Stattdessen legte er ein kopiertes Dokument vor, das verändert worden zu sein schien. Er erlaubte unabhängigen Forschern nicht, seine Unterlagen zu überprüfen, um den Widerspruch aufzulösen.

Weitere Probleme mit der Anderson-Story tauchten auf. Anderson legte einen Teil des angeblich von seinem Onkel Ted geschriebenen Tagebuches vor. Das »Tagebuch« war voller grotesker Fehler. Zum Beispiel wird es darin so dargestellt, als ob die Ballonerklärung – die das Militär am 8. Juli abgab, um den Roswell-Absturz zu erklären – am 5. in den Zeitungen von Albuquerque erschienen wäre, also drei Tage zu früh. Tatsächlich erwähnten die Zeitungen von Albuquerque am 5. Juli nichts über Ballons.

Richard L. Brunelle, ein Gerichtswissenschaftler, der das Tagebuch untersuchte, führte Tests durch, die ergaben, daß das Papier einem Typ entsprach, den es 1947 gab. Die Tinte war jedoch erst irgendwann nach 1974 erhältlich. Dies stand in direktem Widerspruch zu der Geschichte, wie sie von Anderson erzählt worden war.

Es war eindeutig kein Dokument, das von Andersons Onkel Ted geschrieben worden war. Ted Anderson konnte nicht um einen Kommentar gebeten werden. Er war mehrere Jahre vor 1974 gestorben.

Die weitere Untersuchung ließ auch andere Teile von Andersons Geschichte zusammenbrechen. Anderson beschrieb einen Stoff, den der Anführer des Militärteams angeblich trug, und behauptete, dies deute darauf hin, daß die Soldaten vom White-Sands-Testgelände stammten. Zu jener Zeit gab es keinen spezifischen Stoff für das Personal des White-Sands-Komplexes.

Anderson widersprach sich dann wiederum selbst, indem er anderen Forschern erzählte, sein Onkel Ted habe den Anführer als einen Offizier des Sandia-Stützpunktes erkannt. Der beschriebene Stoff paßt nicht zu dem, der in diesem Zeitraum vom Personal der Sandia-Basis getragen wurde.

Andersons Bericht begann weiter in sich zusammenzufallen. Er behauptete, nur sechsundzwanzig Minuten mit Randle gesprochen zu haben. Als Beweis legte er eine Kopie seiner Telefonabrechung vor, die die Länge des Anrufs zeigte. Randle besaß jedoch ein Band mit mehr als fünfzig Minuten.

Eine weitere Untersuchung enthüllte, daß die von Anderson vorgelegte Rechnung nicht mit den Aufzeichnungen der Telefongesellschaft Southwestern Bell übereinstimmte. Tatsächlich bewiesen Dokumente, die mit Unterstützung von Southwestern Bell sichergestellt wurden, daß der Anruf länger als fünfzig Minuten gedauert hatte. John Carpenter, ursprünglich ein Verfechter des Anderson-Berichts, bestätigte die Information. Er schrieb: »Ich konnte schließlich herausbekommen, daß Gerald tatsächlich ein freundliches vierundfünfzigminütiges Telefonat führte, genau wie Randle behauptet hatte.«

Carpenter ging jedoch noch weiter: »Wir wußten jetzt vier Dinge über Gerald Anderson:

(1) Er war in der Lage, eine sehr klug gefälschte Telefonrechnung zu konstruieren.
(2) Er hatte zugegeben, uns bezüglich der ersten Telefonrechnung belogen zu haben.
(3) Er war soeben überführt worden, all die Forscher bezüglich dieser achtundzwanzigminütigen Telefonrechnung angelogen zu haben. (Was bedeutet, daß er bloß einen weiteren Schwindel konstruiert hatte!) Und
(4) Gerald mied uns nun.«

Dies bedeutete schlicht, daß Anderson überführt war, ein Stück Dokumentation konstruiert zu haben. Angesichts der forensischen Ergebnisse, die darauf schließen ließen, daß das Tagebuch nicht 1947 geschrieben worden war, und angesichts Dr. Buskirks Schreiben, in dem dieser sagte, daß Anderson in seinem Anthropologie-Kurs gewesen war, hatte sich Andersons Geschichte völlig aufgelöst. Sie stand im Widerspruch zu den physischen Beweisen und den Zeugenaussagen einer Reihe anderer, und er hatte zugegeben, einige der Belege fingiert zu haben.

Nach dem Zusammenbruch der Anderson-Story kehrte die Behauptung über einen Vorfall in den Ebenen zu ihrem ursprünglichen Second-Hand-Status zurück. Die meisten der Aussagen stammten aus einer einzigen Quelle – Barney Barnett. Dann erlitt die Barnett-Geschichte einen größeren Schlag.

Irgendwann Anfang 1947 schenkte irgend jemand Ruth Barnett einen Tageskalender, den sie in ein Tagebuch verwandelte. Während des ganzen Jahres zeichnete sie alles aus ihrem Leben und dem ihres Mannes auf. Als das Tagebuch später im Jahre 1990 auftauchte, waren die Forscher in der Lage, Barnetts Bewegungen in diesem Jahr nachzuvollziehen. Nichts in dem Tagebuch gab irgendeinen Hinweis auf eine Begegnung mit einer abgestürzten Untertasse. Tatsächlich war Barnett am 5. Juli – an dem Tag, als die Körper außerhalb von Roswell geborgen wurden – zu Hause in Socorro.

Andere Arten von Bekräftigung ließen zu wünschen übrig. Tom Carey machte ein halbes Dutzend Studenten ausfindig, die 1947 an der Exkursion am Chaco Canyon teilgenommen hatten, und jeder von ihnen sagte ihm, daß von einer abgestürzten Untertasse nicht die Rede gewesen sei, trotz Drakes gegenteiliger Aussage. Keiner von ihnen hatte von der Geschichte gehört.

Drake sagte auch, nachdem der nicht identifizierte Cowboy ihm von der abgestürzten Untertasse erzählt hatte, hätten auf der Rückfahrt nach Albuquerque er, Hurt, McKnight und Albert Dittert über den Vorfall diskutiert. Carey sprach mit allen dreien, und sie erzählten ihm, sie könnten sich nicht an eine abgestürzte Untertasse erinnern. Hurt sagte, er habe nichts davon gehört, bis ihn etwa fünfzehn Jahre zuvor Leute anzurufen begannen. Es hatte keine Diskussion über eine abgestürzte Untertasse auf der Rückfahrt nach Albuquerque gegeben.

Es gibt noch einen wichtigen Fakt. Sowohl Barnett als auch Anderson hatten behauptet, daß Archäologen in den Bericht verwickelt gewesen seien. Ein komplette Überprüfung aller Archäologen oder Anthropologen, die in den Ebenen gearbeitet hatten, ist vorgenommen worden, und keiner von ihnen wußte irgend etwas von einem UFO-Absturz. Auf der anderen Seite wurden Archäologen ausfindig gemacht, die unmittelbar nördlich von Roswell gearbeitet hatten, und sie bestätigten, daß sie involviert gewesen waren. W. Curry Holden machte unmißverständlich klar, daß er dort gewesen war.

Dies bedeutete, daß die Geschichte von den Archäologen stimmte. Der Ort war falsch. Da es keine Bestätigung für einen Absturz in den Ebenen gibt und nun die Archäologen gefunden waren, die behaupteten, der Absturz habe nahe Roswell stattgefunden, ist dem Gerücht über die Ebenen endgültig der Boden entzogen.

An dieser Stelle scheint es keinen Anhaltspunkt für einen Vorfall in den Ebenen zu geben. Die Aussagen aus zweiter Hand, die zur Stützung der Theorie verwendet wurden, fielen vollständig in sich zusammen. Die Barnett-Geschichte, einst die Grundlage solcher Behauptungen, war gelaufen. Das ganze Szenario mit den Ebenen paßt nicht in den Rahmen des Roswell-Vorfalls. Ohne bessere Informationen, ohne Bestätigungen aus erster Hand muß Barnetts Geschichte und auch das Szenario der Ebenen fallengelassen werden.

Teil VI

Der zeitliche Ablauf

20.

Die Ereignisabfolge

Die Geschichte über die Vorfälle in Roswell ist voll mit Namen, Orten und Ereignissen. Für die, die den Fall nicht jahrelang studiert haben, kann die Abfolge der Ereignisse verwirrend sein, besonders, da in vielen der ersten Bücher und Artikel, die über Roswell geschrieben wurden, wichtige Daten nicht enthalten waren. Schließlich sind in den letzten beiden Jahren neue Zeugen und neue Dokumente aufgetaucht, die den Ereignissen eine neue Wende geben. Statt mit Mac Brazel und nahe Corona, New Mexico, anzufangen, beginnen die Ereignisse zwei Tage früher, als der Absturz geschah. Wenn man die Abfolge der Ereignisse verändert, so ändert dies Brazels Rolle nicht grundlegend. Es verdichtet den zeitlichen Rahmen, aber es vermittelt auch Hinweise auf die Denkweise des Militärs im Jahre 1947.

Die folgende Zeitablauf beschreibt die Ereignisse um den Roswell-Absturz, wie er aus Interviews, Dokumenten, Zeitungen und physischen Beweisen rekonstruiert wurde. Da die Ereignisse vor mehr als fünfundvierzig Jahren stattfanden, war es eine schwierige Aufgabe. Das Ergebnis basiert auf der Untersuchung. Manche Ereignisse mögen leicht aus der zeitlichen Abfolge herausfallen, doch dies ist die wahrscheinlichste Zeitlinie.

Dienstag, 1. Juli 1947

- In dem Gebiet um Roswell, White Sands und Alamogordo wird über Radar ein Objekt verfolgt, das allem Herkömmlichen zu trotzen scheint. Seine Geschwindigkeiten und Manöver deuten darauf hin, daß es kein auf der Erde gebautes Flugobjekt ist. Überprüfungen der Radaranlage ergeben keinerlei Fehlfunktion, die die Anzeige erklären könnte.

Mittwoch, 2. Juli 1947

- Um 21.50 Uhr sehen Mr. und Mrs. Dan Wilmot ein ovales Objekt, »wie zwei umgestülpte Untertassen, die mit den Innenseiten aufeinander sitzen« über ihr Haus in Roswell, New Mexico, sausen. Das Objekt, das sich mit hoher Geschwindigkeit bewegt, fliegt nach Nordwesten.

Donnerstag, 3. Juli 1947

- Auf dem White-Sands-Testgelände schlägt der versuchte Start einer V-2-Rakete fehl, da sie nicht von der Rampe abhebt. Mehrere Leute werden durch versprühende Säure verletzt.
- Steve MacKenzie wird nach White Sands beordert, wo er fast vierundzwanzig Stunden die Radaranzeigen beobachtet, während das Objekt über den Himmel von New Mexico rast.

Freitag, 4. Juli 1947

- Das erste der Spezialflugzeuge aus Washington trifft ein. An Bord befindet sich Oberstabsfeldwebel Robert Thomas. Thomas und seine Begleiter sind bei ihrer Ankunft in Uniform, ziehen sich aber rasch um und legen Zivilkleidung an. Thomas wünscht so schnell wie möglich eine Lagebesprechung vor Ort. Diese Männer bleiben während der Bergung in Roswell.
- William Woody und sein Vater beobachten ein brennendes Objekt – weiß mit einem roten Schweif –, das nördlich von Roswell zu Boden fällt.
- Während eines Gewitters bei Corona, New Mexico, hört W. W. »Mac« Brazel einen enormen Donnerschlag, der wie eine Explosion klingt, sich aber irgendwie von dem übrigen Donner unterscheidet. Andere in der Region berichten von demselben Phänomen.
- Um 23.27 Uhr beobachten die Radarstellen das Objekt weiterhin. Es scheint einige Male zu pulsieren und explodiert dann wie eine Nova. Man nimmt an, daß das Objekt jetzt abgestürzt ist.
- Jim Ragsdale und Trudy Truelove sehen einen hellen Lichtblitz und hören ein dröhnendes Geräusch, das über ihren Köpfen hinwegzieht. Ragsdale weiß, daß nahe ihres Campingplatzes etwas in den Boden eingeschlagen ist.

Samstag, 5. Juli 1947

- Jason Ridgway*, ein Schäfer in Zentral-New-Mexico, findet die Überreste einer abgestürzten Untertasse. Er hält sich nicht lange an der Stelle auf und weigert sich viele Jahre lang, irgend jemandem davon zu erzählen. Ridgway ist ein Freund von Mac Brazel.
- Archäologen einschließlich W. Curry Holden, die an Kulturstätten um Roswell arbeiten, stolpern über die Absturzstelle. Einer von ihnen fährt zum nächsten Telefon, um Sheriff George Wilcox über die Entdeckung der Reste irgendeines abgestürzten Luftschiffs zu informieren.

- Wilcox ruft die örtliche Feuerwehr an, um den Absturz zu melden. Ein Lastzug, in dem Dan Dwyer sitzt, reagiert auf den Anruf. Die Stelle befindet sich etwa sechzig Kilometer nördlich von Roswell.
- Die Feuerwehr von Roswell macht sich in Begleitung von Angehörigen der Polizeidienststelle von Roswell über die Pine Lodge Road nordwestlich von Roswell auf den Weg. Die Männer gehören zu den ersten Zivilisten, die auf die Absturzstelle stoßen.
- Um 5.30 Uhr trifft das Militär, das die ungefähre Absturzstelle der Untertasse kennt, mit einem sorgfältig ausgesuchten Team zur Bergung des Raumschiffs ein. Die Soldaten finden an der Stelle bereits Zivilisten vor. Sie führen sie ab, während andere das Gebiet sichern. Fünf Körper werden an der Stelle gefunden. Die Stelle wird innerhalb von sechs Stunden gesäubert und gesichert.
- Nach dem Regen in der Nacht zuvor inspiziert Brazel die Weiden um das Farmhaus. Mit ihm reitet der junge Sohn der Proctors, William D. Proctor. Während der Inspektion entdeckt Brazel ein großes Trümmerfeld. Verstreut über die Abhänge, im Abflußgraben und in den Senken sind metallische, plastikartige Stangen, Stücke von leichtgewichtigem Material, Folie und Draht. Die Trümmer sind massiv genug, daß die Schafe sich weigern, das Feld zu überqueren, und sie müssen um sie herum mehr als eine Meile weit zum Wasser getrieben werden.
- Thomas und seine Mannschaft fahren zur Absturzstelle hinaus. Die Körper, ursprünglich mit Laken zugedeckt, befinden sich jetzt in bleiversiegelten Leichensäcken. Nur die mit der höchsten Zugangsberechtigung dürfen nahe an das Zentrum der Absturzstelle heran. Wachen werden postiert, um die Neugierigen abzuhalten. Sie müssen ihr Gesicht abwenden.
- John McBoyle, ein Reporter der Radiostation KSWS in Roswell, versucht die Absturzstelle zu erreichen. Er telefoniert, um ein Objekt zu melden, das aussieht wie eine zerquetschte Abwaschschüssel. Er sagt Lydia Sleppy, die in der Zentrale in Albuquerque arbeitet, sie solle einhängen. Sie hört ein Streitgespräch mit an, und McBoyle fordert sie dann auf, es zu vergessen, er habe einen Fehler gemacht. McBoyle befindet sich etwa sechzig Kilometer nördlich von Roswell.

  Sleppy versucht eine Meldung über den Fernschreiber herauszugeben. Sleppy zufolge fängt das FBI in Dallas die Meldung auf, und ihr wird befohlen, die Übertragung nicht fortzusetzen.
- Melvin E. Brown, der Wachdienst an der Absturzstelle hat, wird aufgefordert, auf die Ladefläche eines Lasters zu klettern. Obwohl ihm befohlen

* Der Name wurde auf Wunsch des Zeugen geändert.

wurde, nicht unter die Plane zu schauen, tut er es doch in dem Augenblick, als ihm alle den Rücken zudrehen. Er findet die Körper der außerirdischen Flugbesatzung. Sie sind klein, haben große Köpfe und eine gelbe oder orangefarbene Haut.

- Glenn Dennis, Leichenbestatter in Ballards Bestattungsinstitut in Roswell, erhält einen Anruf vom Dienstaufseher der Leichenhalle des Militärstützpunktes, der ihn nach kleinen Särgen fragt.
- Wegen einer Konferenz in Roswell fährt C. Bertram Schultz, ein Paläontologe, nördlich der Stadt auf dem Highway 285. Westlich davon sieht er entlang des Highways eine Reihe von Wachen. Schultz will nicht nach Westen fahren, deshalb hält er weder an, noch ist durch die Wachen beunruhigt.
- Der Dienstaufseher der Leichenhalle des Stützpunktes in Roswell ruft noch einmal an. Er stellt Glenn Dennis Fragen darüber, wie verschiedene Chemikalien Blut und Gewebe beeinflussen würden. Er will auch erfahren, wie man einen Körper präpariert, der draußen den Elementen ausgesetzt war. Dennis vermutet einen schweren Unfall, in den ein VIP verwickelt ist.
  Glenn Dennis erhält einen Anruf aus der Stadtmitte von Roswell, wo ein Flieger verletzt wurde. Das Bestattungsinstitut, in dem Dennis arbeitet, dient auch als Ambulanzdienst. Dennis fährt den verletzten Piloten zur Militärbasis, wird durch das Tor gewunken und hält am hinteren Ende des Krankenhauses. Dahinter parken in der Ladezone und vor der Notaufnahme drei Krankenwagen. In deren hinteren Teil sieht Dennis kleine, kanuartige Vorrichtungen und irgendwelche merkwürdigen Trümmer.
- Die Körper treffen in der Basis ein und werden zur Untersuchung ins Krankenhaus gebracht. Dr. Jesse Johnson verkündet, daß sie tot sind. Zwei Ärzte, die nicht zur Basis gehören, aber in einem der Spezialflugzeuge angekommen sind, beginnen mit der vorläufigen Autopsie.
- Brazel steckt Schnipsel des Materials ein und eilt zum Haus seiner nächsten Nachbarn, Floyd und Loretta Proctor. Er zeigt ihnen »ein kleines Stückchen« des Materials, das er weder verbrennen noch zerschneiden kann. Die Proctors schlagen vor, es in die Stadt zu bringen und dem Sheriff zu zeigen.
- Im Krankenhaus der Basis in Roswell wird Dennis mit zwei Offizieren konfrontiert. Ein rothaariger Hauptmann sagt Dennis, er habe nichts gesehen und nichts gehört; wenn er den Mund aufmache, würde man seine Knochen aus dem Sand aufsammeln.
- Militärbasen entlang der Westküste halten für den Fall, daß Flugscheiben gesichtet werden, Jagdflugzeuge bereit. Ein paar Stützpunkte in Oregon und Washington halten mit Geschützkameras ausgerüstete Flugzeuge ständig in der Luft.

- Sherman Campbell aus Circleville, Ohio, berichtet dem Sheriff, er habe etwas gefunden, das seiner Meinung nach einige der Flugscheiben-Sichtungen erkläre. Er habe auf seiner Farm einen Wetterballon gefunden. Er sei metallisch und habe einen drachenähnlichen Anhang. Das Ding wird im Büro der Lokalzeitung vorgeführt und dann Campbell zurückgegeben. Jean Campbell (Romero), Campbells Tochter, berichtet, daß es noch Jahre danach in einer Scheune aufbewahrt wurde.
- Später an diesem Abend entfernt Brazel das große runde Wrackteil von der Hügelkette. Er lädt es entweder auf seinen Laster oder zieht es hinter sich her. Er bewahrt es in einem Viehstall auf, der etwa fünf Kilometer nördlich der Absturzstelle liegt.
- Die Körper werden in einer langen Kiste versiegelt, die in den Hangar gebracht wird. Sie wird über Nacht dort gelassen, während sie von Scheinwerfern angestrahlt wird und Militärpolizisten drumherum Wache stehen. Sie nähern sich ihr nicht.
- Melvin Brown wird neben anderen Soldaten beordert, außerhalb des Hangars Wache zu stehen. Browns befehlshabender Offizier kommt und sagt: »Komm, Brownie, laß uns mal hineinschauen.« Doch es ist nichts zu sehen, weil alles zum Versand in Kisten verpackt ist.

Sonntag, 6. Juli 1947

- Brazel steht früh auf, erledigt seine häuslichen Arbeiten und fährt dann nach Roswell, das etwa einhundertzwanzig Kilometer entfernt liegt. Er hält vor dem Büro von Sheriff George A. Wilcox. Im Gegensatz zu veröffentlichten Berichten ist Wilcox über den Fund erregt und schlägt vor, das Militär im Luftwaffenstützpunkt der Army in Roswell zu benachrichtigen.
- Um 11.30 Uhr findet Dennis endlich seine Bekannte, die Krankenschwester, die einwilligt, ihn zum Mittagessen zu treffen. Er fährt hinaus zum Stützpunkt, um sie im Offizierskasino zu treffen.
- Während er auf das Eintreffen der Militäroffiziere wartet, schickt Wilcox zwei seiner Hilfssheriffs zur Ranch hinaus. Beide haben nur Brazels Beschreibung, doch beide Männer sind mit dem Gebiet vertraut, und Wilcox glaubt, daß sie in der Lage sind, das Trümmerfeld zu finden.
- William Woddy und sein Vater versuchen in das Gebiet zu fahren, in dem sie das Objekt herunterkommen sahen, doch die Straßen sind gesperrt. Die Nebenstraßen westlich des Highways 285 und die von Vaughn sind von der Militärpolizei bewacht, die niemandem zu passieren erlaubt.
- Frank Joyce, ein Reporter und Moderator der Radiostation KGFL, ruft den Sheriff an und fragt, ob etwas Interessantes im Büro passiert sei. Wilcox gibt ihn an Brazel weiter.

- Oberst William Blanchard, Kommandeur der 509. Bombergruppe, beordert Nachrichtenoffizier Jesse A. Marcel zur Untersuchung. Marcel fährt sofort zum Büro des Sheriffs. Marcel interviewt Brazel, untersucht die Materialstücke, die Brazel mitgebracht hat, und beschließt, die Ranch aufzusuchen, um das Feld selbst zu untersuchen.
- Marcel nimmt ein paar der Trümmerstücke mit, kehrt zur Basis zurück und berichtet Blanchard, was er gesehen hat. Blanchard, überzeugt, daß er sich im Besitz von etwas höchst Ungewöhnlichem befindet, vielleicht etwas Sowjetischem, alarmiert das nächst höhere Hauptquartier. Niemand redet von irgendeiner Art Ballon.
- Marcel kehrt mit Hauptmann Sheridan Cavitt, dem ranghöchsten Spionageabwehr-Agenten, der dem Stützpunkt zugeteilt ist, zum Büro des Sheriffs zurück. Sie eskortieren Brazel zurück zu seiner Ranch und untersuchen das Trümmerfeld.
- Im Auftrag von Generalmajor Clements McMullen, dem stellvertretenden Kommandeur des Strategischen Luftkommandos, läßt sich Blanchard aus dem Büro des Sheriffs mehr Trümmerstücke geben. Sie werden in eine Kuriertasche versiegelt und in ein Flugzeug geladen, das zum Fort Worth Army Air Field fliegt, wo sie Oberst Thomas J. DuBose zum Weitertransport nach Washington D.C. übergeben wird.
- Nachdem Marcel und Cavitt mit Brazel aufgebrochen sind, kehren die beiden Hilfssheriffs zurück und berichten, sie hätten das Trümmerfeld nicht gefunden, jedoch eine verbrannte Zone auf einer der Weiden entdeckt. Der Sand ist dort zu Glas geworden und ist geschwärzt. Es sieht aus, als ob etwas Rundes den Boden berührt hätte.
- Im Fort Worth Army Air Field treffen DuBose und Oberst Alan D. Clark, der Kommandeur des Stützpunktes, das Flugzeug aus Roswell. Clark nimmt die Plastiktasche mit den Trümmern in Empfang und geht zum »Kommando«-Flugzeug B-26, um damit nach Washington D.C. und zu General McMullen zu fliegen.
- Aufgrund der weiten Streck zurück zur Ranch, die über äußerst schlecht ausgebaute Straßen führt, kommen Brazel, Marcel und Cavitt dort erst nach Anbruch der Dunkelheit an. Sie übernachten im Haus der Hines (einem alten Farmhaus in der Nähe des Trümmerfeldes), essen kalte Bohnen und warten auf die Morgendämmerung. Marcel geht mit einem Geigerzähler über das große Wrackteil, das Brazel im Viehstall lagert. Er entdeckt keinerlei Anzeichen von Strahlung.

Montag, 7. Juli 1947

- Um 2 Uhr startet ein Spezialflug zum Army Air Field in Washington D.C.

An Bord befinden sich einige der Trümmer und die Körper.

- Brazel führt die beiden Militäroffiziere hinaus zur Absturzstelle. Sie ist eintausendzweihundert Meter lang und sechzig bis neunzig Meter breit. Eine Furche erstreckt sich von deren nördlichem Ende aus einhundertzwanzig bis einhundertfünfzig Meter weit. Sie sieht aus, als ob etwas den Boden berührt und darüber geschlittert sei. Das größte Trümmerstück wird am südlichen Rand der Furche gefunden.
  Die Trümmer sind dünn wie Zeitungspapier, jedoch unglaublich fest. Da ist Folie, die sich, wenn sie zusammengeknüllt wird, ohne Anzeichen einer Falte selbst entfaltet, Doppel-T-Träger, die sich leicht verbiegen lassen und auf denen sich ein paar Symbole befinden, und Material, das Bakelit® ähnelt.
  Marcel und Cavitt gehen das Feld ab und schwärmen dann aus, um nach weiteren Details oder einer weiteren Absturzstelle zu suchen, finden aber nichts anderes. Schließlich kehren sie zurück und verbringen den Rest des Tages damit, Trümmer aufzusammeln. Sie beladen den hinteren Teil von Marcels Wagen und dann den Jeep Carryall, der von Cavitt gefahren wird. Gegen Anbruch der Dämmerung treten sie die Rückreise nach Roswell an.
- Generalleutnant Nathan F. Twining, Kommandeur des Air Materiel Command – der Mutterorganisation in Wright Field, Ohio, die außerdem das nächst höhere Hauptquartier sowohl für Alamogordo Army Air Field als auch für Kirtland Army Air Field ist – ändert seine Pläne und fliegt nach Alamogordo.
- General Carl Spaatz, Kommandeur der Army Air Forces, der sich auf »Urlaub« an der nordwestlichen Pazifikküste der USA befindet, erzählt Reportern, daß er nichts von Flugscheiben oder Plänen verschiedener lokaler Einheiten wisse, nach solchen zu suchen.
- Fasziniert von der Story, die Joyce ihm über das mit Brazel geführte Telefoninterview erzählt hat, will Walt Whitmore sen. mehr erfahren. Whitmore, der viele der Rancher kennt und mit dem Gebiet vertraut ist, fährt hinaus, um Brazel zu suchen.
  Brazel, jetzt in Begleitung von Walt Whitmore sen., wird gebeten, die Nacht in Roswell zu verbringen.

Dienstag, 8. Juli 1947

- Um 2 Uhr hält Marcel auf dem Weg zur Basis bei seinem Haus an. Er weckt seine Frau Viaud Marcel und seinen Sohn Jesse jun., um ihnen das Material zu zeigen. Während der nächsten Stunden untersuchen sie die Trümmer auf dem Küchenfußboden. Marcel sen. sagt, es sei eine fliegende

Untertasse. Marcel verstößt nicht gegen irgendwelche Verordnungen, da noch nichts klassifiziert wurde. Mit Hilfe seines Sohnes lädt Marcel die Trümmer, die zum Stützpunkt gebracht werden sollen, wieder ins Auto.
Um sechs Uhr suchen Marcel und Cavitt Oberst Blanchard in seinem Quartier auf und berichten ihm, was sie gesehen haben.
Blanchard holt den Kommandeur der Militärpolizei und befiehlt ihm, Wachposten an der Straße rings um das Trümmerfeld aufzustellen, um jedem ohne offizielle Befugnis den Zugang zu verwehren. Easley wird angewiesen, Brazel ausfindig zu machen und ihn mit den MPs zur Absturzstelle zu begleiten.
Blanchard ruft das Hauptquartier der Eighth Air Force an und informiert sie über den neuen Fund. Zu dieser Zeit glaubt niemand, daß das Material von einem sowjetischen Gerät stammt.
Die Eighth Air Force gibt die Nachricht in der Kommandokette weiter nach oben an das Strategische Luftkommando.
Die reguläre morgendliche Besprechung wird auf 7.30 Uhr verlegt. Blanchard erörtert den neuen Fund und seine mögliche Disposition. An der Besprechung nehmen teil: Marcel und Cavitt, Einsatzoffizier Oberstleutnant James I. Hopkins, Stützpunktadjutant Major Patrick Saunders, Personaloffizier Major Isidore Brown und Versorgungsoffizier Oberstleutnant Ulysses S. Nero. Es gibt keinen Grund anzunehmen, daß auch Oberstleutnant Charles W. Horton, Oberstleutnant Fernand L. Andry, Leutnant Walter Haut und Oberstabsfeldwebel Lewis Rickett dort waren.

- Als Whitmore mit seinem auf Band aufgezeichneten Interview fertig ist, bringt er Brazel zur Militärbasis.
- Um 9 Uhr fahren Cavitt und Rickett, die von ihrem Auftrag in Carlsbad zurückgekehrt sind, gefolgt von MPs in einem Stabswagen zur Absturzstelle. Sie werden von den Wachen angehalten, die immer noch postiert sind. Als sie ankommen, sehen sie, daß ein kleiner Behälter mit Trümmern zurückbleibt, den zu untersuchen Rickett gestattet wird.
- Whitmore vom KGFL erhält einen Telefonanruf aus Washington. Ihm wird befohlen, das Interview mit Mac Brazel nicht zu senden. Wenn er es doch tut, wird seine Station ihre Sendelizenz verlieren.
- Blanchard und Stabsmitglieder konferieren per Telefon mit höher stehenden Hauptquartieren. Brigadegeneral Roger Ramey beordert Marcel nach Fort Worth.
- Militäroffiziere beginnen, Mac Brazel zu verhören. Er wird ins Gästehaus gebracht.
- Um 11 Uhr stellt Walter Haut die Pressemitteilung fertig, die zu schreiben er beauftragt wurde, und bereitet sich vor, sie in die Stadt zu bringen. Er

bringt sie zuerst zu einer der Radiostationen. Bis Mittag hat er sowohl beiden Radiostationen als auch beiden Tageszeitungen je ein Exemplar gebracht.

- Sheriff Wilcox, der sich fragt, was draußen an der Absturzstelle passiert ist, schickt zwei weitere Hilfssheriffs hinaus. Dieses Mal stoßen sie auf die militärische Absperrung und werden zurückgeschickt. Die Army läßt keine nicht autorisierten Personen auf die Absturzstelle.
- Um 14.26 Uhr geht die Geschichte über den AP-Fernschreiber raus. Die Story verkündet: »Die Army Air Forces hier gaben heute bekannt, daß eine Flugscheibe gefunden wurde.«
- In der Basis beginnen die Telefone zu klingeln. Verärgert darüber, keine Leitung nach draußen zu bekommen, befiehlt Blanchard Haut, etwas gegen all die hereinkommenden Anrufe zu unternehmen.

  Robert Shirkey, der im Einsatzgebäude steht, beobachtet, wie MPs beginnen, Wrackteile herumzutragen, um sie in eine C-54 der Ersten Transporteinheit zu laden. Um besser sehen zu können, muß er um Oberst Blanchard herum gehen.

  Um 14.30 Uhr beschließt Blanchard, daß es Zeit ist, in Urlaub zu gehen. Zu viele Telefonanrufer in der Basis wollen ihn sprechen. Zusammen mit ein paar Mitgliedern seines Stabs fährt er hinaus zum Trümmerfeld. Denen, die in der Basis zurückgelassen werden, wird gesagt, sie sollen die Reporter informieren, der Oberst sei jetzt in Urlaub.
- Um 14.55 Uhr berichtet die AP in einer »95er« Meldung, die vom Bedeutungsgrad her direkt nach einer offiziellen Bekanntmachung rangiert, daß eine Flugscheibe gefunden wurde.
- Um 15 Uhr wird Marcel gesagt, daß er mit dem Wrack nach Fort Worth fliegen soll. Nur ein paar Päckchen werden in das Flugzeug geladen. Eines, ein etwa sechzig Zentimeter langes, dreieckiges Paket, ist in braunes Papier eingeschlagen. Die anderen drei haben ungefähr die Größe von Schuhkartons. Sie sind so leicht, daß es sich anfühlt, als ob gar nichts darin wäre. Der Spezialflug, eine B-29, hebt ab Richtung Fort Worth Army Air Field.
- Anrufe aus der ganzen Welt gehen in Roswell ein, als die Pressemitteilung über die verschiedenen Nachrichtenfernschreiber eintrifft.
- Reporter J. Bond Johnson vom »Fort Worth Star Telegram« wird angewiesen, zur Militärbasis zu fahren. Sein Herausgeber sagt ihm, eine fliegende Untertasse treffe aus Roswell ein.
- Marcel befindet sich mit einigen der Trümmerstücke in Rameys Büro. Der General möchte wissen, wo die Trümmer gefunden wurden. Marcel begleitet ihn in den Kartenraum. Sobald Ramey zufriedengestellt ist, gehen sie zurück ins Büro des Generals, doch die Trümmer sind verschwunden. An

ihrer Stelle liegt ein zerfetzter Wetterballon mit Wrackteilen, die auf dem Boden verteilt sind.
Um 15.53 Uhr verkündet Roger Ramey, die Flugscheibe sei nach Wright Field nahe Dayton, Ohio, geschickt worden.

- Weitere Männer treffen auf dem Trümmerfeld ein, mit dem Auftrag, es zu säubern. Soldaten mit Schubkarren wandern über das Feld und werfen die Trümmer hinein. Wenn die Schubkarren voll sind, bringen die Soldaten die Trümmer zu Sammelpunkten. Dann werden die Trümmer auf Lastwagen geladen, die nach Roswell fahren.
- Um 17.30 Uhr wird von Major E. M. Kirton eine Lösung für das Rätsel angeboten, der der »Dallas Morning News« erzählt, daß ein Ballon für all die Aufregung verantwortlich sei.
- Oberstabsfeldwebel Irving Newton wird aus dem Wetterbüro in Rameys Büro von Fort Worth Army Air Field zitiert. Vor einer kleinen Gruppe aus Reportern und Offizieren der Eighth Air Force identifiziert Newton das Wrack auf dem Boden des Büros als einen Ballon. Er wird fotografiert und zu seinen üblichen Pflichten zurückgeschickt.
- Um 18.17 Uhr schickt das FBI per Fernschreiber eine Nachricht an FBI-Direktor J. Edgar Hoover, die besagt, daß ein Ballon für die Berichte verantwortlich sei. Er sei auf dem Weg nach Dayton, um von Experten der Army-Luftwaffe untersucht zu werden.
- Um 19.30 Uhr unterbricht die AP ihre letzte Meldung mit einer offiziellen Bekanntgabe, die der Welt mitteilt, daß die Flugscheibe aus Roswell nichts weiter als ein Ballon ist.
- Nachdem die Identität des Wracks festgestellt ist, verkündet Ramey der Welt, daß die Offiziere in Roswell sich von einem Wetterballon haben täuschen lassen. Ramey tritt auch in der Radiostation für Fort Worth/Dallas, WBAP, auf.
- Ein unplanmäßiges Flugzeug aus Bolling Field (Washington D.C.) trifft ein. Lewis Rickett empfängt es in Roswell und übergibt der Besatzung eine versiegelte Box mit Wrackteilen darin. Er braucht eine Unterschrift, ehe er sie übergeben kann.
- Um 22 Uhr berichtet »ABC News« in der Sendung »Headline Edition«, daß Roger Ramey das Wrack aus Roswell als einen Wetterballon identifiziert hat.
- Um 23.59 Uhr wird eines der Fotos, die J. Bond Johnson aufgenommen hat, über den Nachrichtenticker nach New York übertragen.

Mittwoch, 9. Juli 1947

- Morgenzeitungen posaunen die Geschichte heraus, die bei Roswell gefundene »fliegende Untertasse« sei ein Wettergerät. Einige zitieren Ramey, während andere »unterrichtete« Kreise – einschließlich Senatoren aus Washington – zitieren.

- Die Aufräumarbeiten an den verschiedenen Stellen werden bei Sonnenaufgang fortgesetzt. Das Militär versucht alles aufzusammeln, ehe weitere Zivilisten auf das Feld stoßen.
- Um 8 Uhr beginnen Mitglieder der Ersten Lufttransporteinheit, Kisten in die C-54 zu laden. Sie beladen drei oder vier Flugzeuge mit vorläufiger Bestimmung Kirtland. Von dort werden sie nach Los Alamos gebracht. Bewaffnete Wachen beobachten die Beladung des Flugzeugs.
- Jud Roberts und Walt Whitmore sen. versuchen, hinaus aufs Trümmerfeld zu fahren, stoßen aber auf die Militärsperre und werden zurückgeschickt.
- Elizabeth Kyle zufolge, Chefsekretärin des Roswell Army Air Field, sind die Telefone immer noch durch die hereinkommenden Anrufe blockiert.
- Weitere Wrackteile werden in den Stützpunkt gebracht und nun in Kisten verschiedener Größen und Formen verstaut.
- Bud Payne, ein Rancher aus der Gegend um Corona, verfolgt eine ausgerissene Kuh. Als er über die Foster-Ranch kommt, braust ein Jeep mit Soldaten über eine Hügelkette und wirft ihn zu Boden. Er wird von der Foster-Ranch weggebracht.
- Um 24 Uhr wird die Kiste, die bewacht von MPs im leeren Hangar stand, zur Bombengrube Nummer eins gebracht. Außer Waffen wurde noch nie etwas anderes in der Bombengrube gelagert.
- In Roswell sehen Floyd Proctor und Lyman Strickland Mac Brazel, der von drei Militäroffizieren eskortiert wird. Er ignoriert sie beide, etwas, das er unter normalen Umständen nie getan hätte.
- Beim Mittagessen erzählt die Krankenschwester Dennis, daß ihr übel ist und sie zur Kaserne zurückkehren möchte. Im Verlaufe des Essens hat sie Dennis einen Bericht von dem, was vorgefallen ist, und eine Zeichnung der außerirdischen Körper geliefert.
- Unter Militäreskortierung wird Brazel in die Stadt und zu den Büros des »Roswell Daily Record« gebracht. Dort liefert er Reportern, darunter R. A. Adair und Jason Kellahin aus Albuquerque, eine neue Geschichte. Er behauptet jetzt, die Trümmer am 14. Juni gefunden zu haben. Er äußert auch, daß er bei zwei anderen Gelegenheiten Wetterbeobachtungsgeräte gefunden habe und das, was er jetzt gefunden habe, sei kein Wetterballon.
- Rameys Wetteroffizier Irving Newton sagt, der Wetterballon sei eine besondere Art: »Wir verwenden sie, weil sie höher steigen, als das Auge sehen kann.«

- Ein Offizier des Stützpunktes durchstreift Roswell und sammelt alle Exemplare von Hauts Pressemitteilung ein, einschließlich derjenigen in den beiden Radiostationen. (Art McQuiddy sagt, ein Militäroffizier hätte die von Haut geschriebenen Exemplare der Pressemitteilung abgeholt.)
- Spät am Nachmittag wird einer Flugmannschaft im Skeetbereich gesagt, daß ein Spezialflug eintreffe. Edgar Skelly, Einsatzoffizier der Staffel, beauftragt den Flugkapitän, alle Männer zusammenzuhalten.
- Das Flugzeug wird von Robert Smith und anderen Mitgliedern der Ersten Transporteinheit beladen und startet nach Albuquerque. Die Kisten werden schließlich in Los Alamos ankommen. Alle Kisten sind mit Beschriftungen versehen, auf denen TOP SECRET steht.
- Mitglieder der Flugmannschaft werden vom Skeetbereich abgezogen und machen rasch ihr Flugzeug startbereit. Sobald sie damit fertig sind, rollen sie mit dem Flugzeug zur Bombengrube. Die einzigen Stellen auf dem Stützpunkt, von denen aus die Bombengrube eingesehen werden kann, sind der Tower und Teile des Flugzeug-Abstellbereichs.
- Eine versiegelte, nicht beschriftete Holzkiste wird herausgebracht und in den Bombenschacht der B-29, Kennung 7301, geladen. Sechs bewaffnete MPs bewachen sie und lassen sie nicht aus den Augen.
  In Fort Worth wird das Flugzeug von einer Reihe von Offizieren empfangen. Einer von ihnen ist ein Mann, den der Bomberschütze als Leichenbestatter erkennt, mit dem er zur Schule gegangen ist.
  Als die Kiste abgeladen ist und aus dem Flugbereich abgeholt wird, wird Jesse Marcel zum Flugzeug gefahren. Er und seine Mannschaft sollen nach Roswell zurückkehren. In Fort Worth hatten sie keine Einsatzbesprechung. Es ist heute klar, daß dieser Flug ein Ablenkungsmanöver war. Die Körper waren bereits nach Andrews geschickt worden.
- Um 18 Uhr kehrt Joseph Montoya zum Stützpunkt zurück, um das Kurierflugzeug nach Kirtland zu nehmen. Er will aus Roswell heraus und vergessen, was er gesehen hat.
- Mac Brazel stattet Frank Joyce einen Besuch ab und erzählt ihm dieses Mal eine neue Geschichte, die sich deutlich von der unterscheidet, die er am Sonntag erzählt hat. Als Joyce dies anspricht, entgegnet Brazel, daß es »ihm schlecht ergehen wird«, wenn er die neue Geschichte nicht erzählt.
- Um 20 Uhr ist die Flugmannschaft zurück. Wieder wird mit ihnen keine Einsatzbesprechung abgehalten, doch ihnen wird gesagt, daß sie das Mobiliar des Generals nach Fort Worth geflogen hätten. Sie werden gewarnt, niemanden, auch ihren Familien nicht, zu erzählen, was sie getan hätten. Soweit es sie beträfe, hätte der Flug nicht stattgefunden.

- Bei seiner Rückkehr stellt Marcel Cavitt im Nachrichtenbüro zur Rede. Marcel will die in seiner Abwesenheit abgehefteten Berichte sehen, doch Cavitt weigert sich, dem nachzukommen. Marcel stellt heraus, daß er der ranghöhere Offizier ist, doch ihm wird gesagt, die Order kämen aus Washington. Wenn er ein Problem hätte, müsse er sich »mit denen auseinandersetzen«.
- Das »Las Vegas Review«-Journal bringt unter Dutzenden von anderen Zeitungen eine Geschichte der United Press. »Berichte von fliegenden Untertassen, die durch die Luft schwirrten, fielen heute in sich zusammen, als die Army und die Navy eine konzentrierte Kampagne starteten, um den Gerüchten Einhalt zu gebieten.« Der Artikel berichtete auch, daß das Hauptquartier der Army Air Force in Washington »den Offizieren in Roswell einen scharfen Verweis erteilt hat.«

Donnerstag, 10. Juli 1947

- Aus der Morgenzeitung erfährt Bill Brazel von den Aktivitäten seines Vaters in Roswell. Er erkennt, daß niemand auf der Ranch ist, und plant, dorthin zu fahren, um zu helfen.
- Auf dem Trümmerfeld und an der Absturzstelle arbeiten Männer, die alles restlos säubern. Sie wollen nichts zurücklassen, auch nichts, was auf ihre Präsenz hindeutet.
- Militärs kehren in das Büro von Sheriff Wilcox zurück und fragen nach der Schachtel mit Trümmern, die er für sie verwahrt hat. Wilcox übergibt sie den Männern ohne Protest.
- Mac Brazel wird im Gästehaus auf der Basis festgehalten. Die Offiziere dort versuchen ihn immer noch zu überreden, nichts über das zu sagen, was er gesehen hat. Sie versuchen auch, ihn von den Reportern fernzuhalten. Er wird von Ärzten im Militärkrankenhaus untersucht.
- Sheriff Wilcox stattet Glenn Dennis' Vater einen Besuch ab und erzählt diesem, sein Sohn habe sich draußen auf dem Stützpunkt selbst in Schwierigkeiten gebracht. Der Sheriff war von einem Feldwebel aufgesucht worden, der Glenns Schweigen sicherstellen wollte.
- Major W. D. Prichard aus Alamogordo behauptet, eine Einheit seiner Basis in Roswell habe um den 14. Juni Ballons gestartet. Dies sei dem im »Roswell Daily Record« veröffentlichten Artikel zufolge zweifellos das, was Brazel gefunden habe.

Freitag, 11. Juli 1947

- Die Instruierung aller Beteiligten ist in vollem Gange. Alle Teilnehmer werden in kleinen Gruppen in einen Raum gebracht und darüber informiert, daß die Bergung ein hochklassifiziertes Ereignis ist. Niemand darf mit irgend jemandem darüber sprechen. Alle sollen vergessen, daß sie je stattgefunden hat.

- Als er versucht, seine Bekannte, die Krankenschwester, zu kontaktieren, sagt man Glenn Dennis, sie sei vom Stützpunkt versetzt worden und niemand wisse, wo sie sich aufhalte.
- Militärangehörige warnen alle Zivilisten um Roswell, die etwas von dem Vorfall wissen, nie über das zu sprechen, was vorgefallen ist. In manchen Fällen werden die Zeugen für den Fall, daß sie mit irgend jemandem sprechen sollten, mit dem Tode bedroht.

Samstag, 12. Juli 1947

- Bill Brazel und seine Frau Shirley treffen auf der Ranch ein, doch niemand ist da. Brazel beginnt mit seiner Arbeit, indem er sich auf der Ranch zunächst einen Überblick über das verschafft, was zu tun ist. Er sieht kein Anzeichen fortgesetzter militärischer Präsenz. Die Lastwagen, Jeeps, Soldaten und Militärposten sind verschwunden.
- An diesem Wochenende suchen die mit Geschützkameras ausgestatteten Flugzeuge nicht nach den Flugscheiben. Kein Flugzeug im Standby wartet auf Order abzuheben. Tatsächlich sind alle Flugzeuge angewiesen, am Boden zu bleiben, um eine weitere Suche zu verhindern.

Dienstag, 15. Juli 1947

- Mac Brazel kehrt aus Roswell zurück. Alles, was er über sein Erlebnis sagt, ist, daß die Militärs, die ihn vernommen haben, ihm immer wieder und wieder dieselben Fragen gestellt haben und daß es besser für Bill wäre, wenn er nicht wüßte, was passiert sei. Außerdem hat Mac einen Eid geleistet, nie in Einzelheiten zu enthüllen, was er gesehen hat. Inzwischen hat die Welt größtenteils vergessen, daß in New Mexico vermutlich eine fliegende Untertasse abstürzte.

Ende Juli 1947

- Ein zutiefst erregter Mac Brazel erzählt den Lyman Stricklands, was in Roswell geschah. Obwohl er sich bitterlich über seine Behandlung dort beklagt, hält er seinen Schwur zur Geheimhaltung und sagt nichts über das, was er gefunden hat.
- Bill Brazel findet eines der folienartigen Materialstücke, die sein Vater beschrieben hat. Brazel zeigt dieses Trümmerstückchen Sallye Strickland (später Tadolini).

August 1947

- Mac Brazel und der Farmgehilfe Tommy Tyree entdecken ein Wrackteilchen, das auf dem Grund eines Abflußgrabens schwimmt. Keiner der beiden Männer bückt sich, um es aufzuheben.

September 1947

- Lewis S. Rickett ist beauftragt, Dr. Lincoln La Paz von der Universität von New Mexico zu assistieren. La Paz' Auftrag besteht darin, wenn möglich die Geschwindigkeit und die Fallkurve des Raumschiffs zu bestimmen, als es aufschlug. Rickett zufolge entdecken sie acht Kilometer vom Trümmerfeld entfernt einen Aufsatzpunkt, an dem der Sand kristallisiert ist, offenbar von der Hitze, und sie finden mehr von dem folienartigen Material. La Paz, der offenbar nicht weiß, daß Körper geborgen wurden, schlußfolgert, daß das Objekt eine unbemannte Sonde von einem anderen Planeten war.
- Dennis erfährt, daß die mit ihm befreundete Krankenschwester umgekommen ist. Ein Brief, der als unzustellbar zurückkommt, zeigt an, daß der Adressat verstorben ist. Krankenschwestern im Stützpunkt in Roswell erzählen ihm, daß sie bei einem Flugzeugunglück umkam, während sie in London, England, stationiert war.

November 1947

- Arthur Exon, der Wright Field zugeteilt ist, fliegt über das Trümmerfeld und die Absturzstelle. Die Spuren der Lastwagen und Jeeps sind immer noch sichtbar, ebenso die Furche.

September 1948

- In Albuquerque trifft sich Rickett mit La Paz. La Paz ist immer noch davon überzeugt, daß im Jahr zuvor eine unbemannte Sonde von einem anderen Planeten in New Mexico abstürzte. Bei seinem geheimen Umgang mit verschiedenen Regierungsprojekten hat La Paz nichts gefunden, das ihn veranlaßt hätte, seine Meinung zu ändern.

Oktober 1948

- Rickett trifft sich mit John Wirth, einem anderen Spionageabwehr-Agenten. Rickett fragt Wirth nach dem Untersuchungsstatus über das in Roswell geborgene Material. Ihm wird gesagt, sie seien immer noch dabei herauszufinden, was es damit auf sich habe. Wirth zufolge waren sie nicht in der Lage gewesen, es zu schneiden.

Sommer 1949

- In den zwei Jahren nach dem Absturz hat Bill Brazel von Zeit zu Zeit »Schnipsel« des Raumschiffs gefunden. Sein Vater bestätigt dies, indem er sagt: »Das sieht aus wie etwas von dem Apparat, den ich gefunden habe.« In Corona erwähnt Bill Brazel, was er entdeckt hat. Am nächsten Tag tauchen Hauptmann Armstrong und drei andere vom Stützpunkt in Roswell auf und fragen nach dem Material. Armstrong erinnert Brazel daran, daß sein Vater mit ihnen zusammenarbeitet. Es sei die vaterländische Pflicht des jüngeren Brazel, es herauszugeben. Brazel fällt kein gute Ausrede ein und händigt das Stück aus.

Sommer 1950

- Boyd Wettlaufer erörtert den Absturz eines außerirdischen Raumschiffs mit Dr. Lincoln La Paz.

1952

- Major Ellis Boldra, ein in Roswell stationierter Ingenieur, entdeckt Proben der Trümmer, die in einem Safe im Ingenieurbüro verschlossen sind. Im Verlauf seiner Experimente versucht er, sie mit einem Azetylen-Brenner anzusengen und zu schmelzen und mit einer Vielzahl von Werkzeugen zu schneiden. Obwohl es extrem dünn ist, hält das Metall seinen Bemühungen stand. Wenn es zusammengeknüllt wird, kehrt es rasch zu seiner ursprünglichen Form zurück.

1961

- UPI-Korrespondent (United Press International) Jay West arbeitet in Alamogordo auf dem White-Sands-Raketentestgelände, als ihm der Offizier für Öffentlichkeitsarbeit der Basis anvertraut, er habe eine Akte gefunden, die den Roswell-Absturz erwähne. Zu der Akte gehört eine Landkarte. Der Offizier besorgt sich eine topographische Karte von der Absturzstelle. Er und West unternehmen mehrere Ausflüge ins Gelände, um die Stelle zu ausfindig zu machen. Die Karten zeigen das Trümmerfeld und östlich davon eine zweite Stelle.

1969

- Als die Amerikaner auf dem Mond spazieren, erzählt Melvin E. Brown seiner Familie, daß er das Wrack eines extraterrestrischen Raumschiffs und die Körper der Crew gesehen hat. Er half bei der Bergung, indem er die Körper nach Roswell brachte.

1972

- Inez Wilcox erzählt ihrer Enkelin Barbara Dunger von der Verwicklung des Sheriffs von Chaves County in die Ereignisse des Jahres 1947. Sie sagt, ihr Mann, Sheriff Wilcox, sei darüber informiert worden, daß eines der Wesen den Absturz überlebte. Mrs. Wilcox sagt, Militärleute verwendeten Todesdrohungen, um die Familie daran zu hindern, über die Vorfälle zu sprechen.

1978

- Pappy Henderson vertraut seinem engen Freund John Kromschroeder an, daß er das Wrack einer abgestürzten Untertasse von Roswell nach Dayton, Ohio, geflogen habe. Er zeigt Kromschroeder ein Trümmerfragment und erzählt seinem Freund, daß er die außerirdischen Körper sah.
- Jesse Marcel wird von einer Reihe von Forschern interviewt, darunter Leonard H. Stringfield und Stanton Friedman. Marcel erzählt ihnen, er sei sich sicher, daß das Wrack nicht von dieser Erde sei. Später gibt Marcel verschiedenen neuen Organisationen Interviews, doch diese Berichte erlangen keine starke Verbreitung.

Dezember 1979

- Reporter Bob Pratt interviewt Jesse Marcel und veröffentlicht später dieses Interview, in dem Marcel »zugab, daß er der Nachrichtenoffizier war, der Teile einer fliegenden Untertasse barg.«

1980

- Die mehrfach wiederholte Fernsehsendung »In Search Of« strahlt eine Folge über vertuschte UFO-Fälle aus und interviewt Marcel. Im Laufe dieses Interviews besteht Marcel wieder darauf, daß das Material, das er sah, nicht von der Erde stammte.

Januar 1980

- Charles Berlitz und William L. Moore veroffentlichen »The Roswell Incident«, den ersten Versuch einer zusammenfassenden Analyse der Vorfälle in Roswell. Im Verlauf seiner Untersuchung fand und interviewte Moore mehr als siebzig Zeugen, die irgend etwas über den Vorfall wußten.

1982

- Nachdem er einen Artikel über die Vorfälle in Roswell in einer Boulevardzeitung gelesen hat, erzählt Pappy Henderson seiner Frau Sappho, daß alles an der Geschichte wahr sei. Er wisse dies aus eigener persönlicher Erfahrung. Er ist überrascht, daß die Geschichte veröffentlicht und sogar genau berichtet wird. Er sagt, sogar die Beschreibungen der Körper stimmten genau.

Oktober 1988

- Jim Parkers Sohn sieht einen seltsamen Lastwagen auf der Ranch, auf der 1947 die Trümmer gefunden wurden. Parker und sein Sohn verfolgen ihn und entdecken zwei Männer, die in einem US-Air-Force-Lastwagen sitzen, der hintendran einen Wohnanhänger hat. In ihm befinden sich Landkarten der örtlichen Region. Die Männer sind Ende zwanzig oder Anfang dreißig und haben offenbar einen niedrigen Rang. Sie behaupten, sie inspizierten die Gegend, um eine Radarstelle einzurichten, mit der sie tieffliegende Flugzeuge beobachten wollten, fragen aber dann, ob Parker von dem Roswell-Absturz wisse, und erwähnen, daß die Stelle irgendwo in der Nähe sein müsse. Parker weiß nicht, wovon sie reden. Die Männer verlassen die Ranch dann. Niemand von der Luftwaffe hatte um die Erlaubnis der Besitzer gebeten, die Ranch betreten zu dürfen, und niemand hatte sich mit dem Amt für Landverwaltung in Verbindung gesetzt, um sich nach der Verfügbarkeit von Eigentum in diesem Gebiet zwecks Nutzung zu erkundigen.

Herbst 1989

- Das »J. Allen Hynek Center for UFO Studies« unternimmt die erste wissenschaftliche Expedition zur Absturzstelle. Dies ist nur die vorläufige Untersuchung. Wochen später berichtet der Aufseher der Ranch, daß jemand den gesamten Bereich abgefahren habe, in dem die Expedition ihre Suche durchführte.

Juli 1991

- Avon Books veröffentlicht »UFO Crash at Roswell«, einen detaillierten Bericht über die Vorfälle in Roswell. Er enthält die stützenden Aussagen von mehr als dreihundert Zeugen, fast die Hälfte davon aus erster Hand. (Die deutsche Ausgabe erschien 1996 unter dem Titel »Der UFO-Absturz bei Roswell« im Jochen Kopp Verlag, Rottenburg.)

21.

Nachwort

Dieses Buch wird viele Leute ärgern. Wir werfen die konventionelle Auffassung über den UFO-Absturz in Roswell über den Haufen. Wir fangen noch einmal an, verwenden die Zeugenaussagen und die dokumentarischen Belege, die wir während der letzten vier Jahre intensiver Untersuchung finden konnten.

Doch was schmerzlicher gewesen ist als die Zeit, das Geld und die Mühe, die aufgewendet wurden, um den Fall zu untersuchen, ist die Reaktion derjenigen, die behaupten, an der Wahrheit interessiert zu sein. Anstatt abzuwarten, sich das Beweismaterial anzusehen und die Gelegenheit wahrzunehmen, es auszuwerten, attackieren manche den Bericht bereits im Vorfeld, bezeichnen verschiedene Zeugen als Lügner und behaupten, es gäbe keine Untermauerung dafür.

All dies ist wahrscheinlich verwirrend für diejenigen, die nichts über den Roswell-Fall gelesen oder gehört haben. Was ist die Wahrheit? Wie können verschiedene Leute, die angeblich dasselbe Ereignis untersuchen, zu so völlig verschiedenen Schlußfolgerungen kommen? Und wie kann der Leser – ohne die Zeit oder das Geld aufzuwenden – eine persönliche Untersuchung durchzuführen, irgendeine intelligente Entscheidung treffen, was er glauben soll?

Nehmen Sie zum Beispiel das Datum des Ereignisses. Jahrelang wurde behauptet, der Absturz habe am 2. Juli 1947 stattgefunden. Niemand stellte das Datum in Frage. Es ist in Dutzenden von Büchern und Hunderten von Magazinartikeln erschienen. T-Shirts wurden gedruckt, die das Datum des 2. Juli trugen. Es ist festgelegt und wurde für unumstößlich gehalten. Und – es ist falsch.

Der Versuch herauszufinden, wie man ursprünglich auf das Absturzdatum gekommen ist, ist eine schwierige Aufgabe. Es erscheint in der Literatur zu dem Fall als Faktum. Es scheint jedoch nicht auf Zeugenaussagen zu basieren, sondern auf der frühen Annahme eines Forschers. Es ist das Datum, an dem Dan Wilmot ein Objekt am Himmel über Roswell beobachtete, das zufällig nach Nordwesten flog. Diese ersten Forscher gingen davon aus, daß dies das Objekt war, das abstürzte. Es gibt keinen Grund, dies zu glauben, doch es ist das, was in den letzten fünfzehn Jahren dokumentiert wurde.

Die bessere Information, die sowohl auf der schriftlichen Aufzeichnung – die zuvor in diesem Buch geschildert wurde – als auch auf den Aussagen von Augenzeugen beruht, legt nahe, daß der Absturz am 4. Juli stattfand. Natürlich stellt sich die Frage, warum jemand das neue Datum anstelle des alten akzeptieren sollte.

Erstens gibt es eine schriftliche Aufzeichnung. Dies ist natürlich das beste Beweismaterial. Sie zeigt, daß der Absturz spät am Abend des 4. Juli stattfand.

Zweitens gibt es die Aussagen von einer Reihe von Augenzeugen. Sie gaben unabhängig voneinander das Wochenende des 4. Juli als Datum an. Es war 1947 eines der wenigen dreitägigen Wochenenden, und aufgrund dessen waren die Leute in der Lage, sich an die Ereignisse in bezug auf den Beginn dieser »Ferien« zu erinnern. Die Menschen hielten sich an Orten auf, an denen sie normalerweise nicht gewesen wären, weil sie drei Tage frei hatten. Es gab eine Reihe von Zeugen, die das Wochenende erwähnten. Ein Mann sagte sogar, daß er mit einer Frau einen längeren Ausflug außerhalb von Roswell machte, weil es ein dreitägiges Wochenende war und alle anderen sich in der Stadt aufhielten.

Wenn man die Informationen untersucht, wird klar, daß das Datum vom 2. Juli ein Irrtum und das neue Datum genau ist. Es basiert auf dem Beweismaterial und der Untersuchung und nicht auf Spekulation. Und es wird von denen zurückgewiesen, die die Wahrheit nicht hören wollen.

Doch dies ist ein kleineres Problem und schnell gelöst. Ein Blick auf die Dokumente und die Zeugenaussagen beweist das Datum des Absturzes. Andere Probleme sind nicht so leicht zu lösen. Und es sind andere Faktoren im Spiel, die zur Verwirrung derjenigen beitragen, die sich nicht so gründlich mit dem Fall beschäftigt haben wie wir.

Zum Beispiel sind wir heute mit der Arbeit eines früheren CIA-Angestellten konfrontiert, der sich im November 1992 selbst auf den Roswell-Fall stürzte. Er reiste nach Roswell, um Zeugen zu interviewen. Er erschloß während seiner Untersuchung kein Neuland, erfuhr nichts, das nicht schon von anderen berichtet worden wäre, und hat eine Reihe von negativen Erklärungen über die Zeugen abgegeben, die er interviewte.

Tatsächlich verbrachte er einige Zeit in Roswell damit, den Leuten zu erzählen, daß er den Roswell-Fall gelöst habe. Als er nach Washington zurückkehrte, berichtete er, der Absturz in Roswell sei nichts weiter Spektakuläres als eine Version des Northrop Nurflügels, der als N-9M bezeichnet wurde. Die lange Liste von Gründen, warum diese Erklärung nicht funktioniert, wurde geprüft. Der Punkt ist: Hätte er dreißig Minuten in der Bibliothek verbracht, hätte er erfahren, daß die Identifizierung des Wracks als ein N-9M oder irgendein anderer Northrop-Nurflügel die Fragen nicht beantwortet.

Doch der wirkliche Schaden, den dieser Mann und seine Helfer angerichtet haben, betrifft die Aussage der Augenzeugen. Aufgrund seiner Intervention verloren wir die Erlaubnis, den Namen eines Mannes im Text dieses Werkes zu verwenden. Obwohl wir ihn in früheren Entwürfen namentlich genannt hatten, sind wir jetzt gezwungen, ihn unter einem anderen Namen anzuführen. Hätte diese dritte Partei sich nicht eingemischt und Informationen benutzt, die wir gesammelt und ihnen geliefert hatten, bestünde diese Situation nicht.

Wir sollten auch darauf hinweisen, daß dieser eine Mann entschieden hat, daß der Zeuge lügt. Es gibt keinen guten Grund für diese Schlußfolgerung, doch nichtsdestotrotz verbreitet er sie.

Und das ist das eigentliche Problem für den Leser. Wie kann er ohne den Namen des Mannes die Wahrheit bestimmen?

Lassen Sie uns noch einmal einige der Fakten betrachten. Erstens, wenn dieser Zeuge allein dastünde und eine Geschichte erzählte, die nicht zu denen paßte, die zuvor erzählt wurden, dann wäre es einfach, diese Aussage zurückzuweisen. Es würde nicht bedeuten, daß er lügt, doch bis es eine unabhängige Bestätigung gäbe, sollte diese Aussage zu den Akten gelegt werden. Wenn wir es mit Zeugenaussagen zu tun haben, sind schließlich viele Faktoren im Spiel, von denen nur einer der ist, daß der Zeuge lügt. Er könnte die Wahrheit sagen, die Wahrheit so wie er sie glaubt, die Wahrheit, wie er meint, sie gesehen zu haben, oder irgendeine Reihe von Halluzinationen, Illusionen und Phantastereien, die er der Wahrheit, die er glaubt, beigemischt hat, die jedoch in Wirklichkeit keine Grundlage hat.

Dieser Zeuge erzählte uns jedoch eine Geschichte, die von der allgemeinen Auffassung abwich, indem er das Datum des Absturzes, den Fundort der Körper und des Raumschiffs, die Form des Schiffs und die Umstände, die seine Bergung begleiteten, veränderte. Aufgrund dessen mußten wir vorsichtig vorgehen. Entweder war er ein alberner Lügner, oder er sagte uns die Wahrheit, an die er glaubte.

Nehmen Sie zum Beispiel den Fundort. Jederman nahm an, daß das einhundertzwanzig Kilometer von Roswell entfernte Trümmerfeld die Hauptstelle war. Dieser neue Zeuge sprach von einem Ort, der nicht mehr als sechzig Kilometer entfernt und fast genau nördlich von Roswell lag. Dies entsprach nicht der allgemeinen Auffassung.

Dann bestätigte Edwin Easley, Kommandeur der Militärpolizei für die 509. Bombergruppe, der von anderen als Beteiligter identifiziert wurde, schriftlich den Ort nördlich von Roswell. Ebenso Bill Rickett, der von einer kurzen Distanz zur Stadt im Norden derselben sprach. Ebenfalls bestätigte dies Jim Ragsdale, der einen Ort unmittelbar nördlich von Roswell angab, jedoch anstelle des Highways 285 die Pine Lodge Road benutzte, um hinauszufahren. (Unsere Quelle erzählte uns später, daß sie nach dem ersten Tag gemerkt habe, daß der einfachere Weg, von der Absturzstelle wegzukommen, der über die alte Pine Lodge Road war.) Und der Ort wurde noch von einer vierten, militärischen Quelle bestätigt, die eine Reihe von Landkarten benutzte, um uns zu zeigen, wo das Raumschiff herunterkam.

Mit anderen Worten, unser Zeuge, der der allgemeinen Auffassung entgegengesetzt aussagte, hatte recht gehabt. Seine Information wurde durch vier andere Quellen erhärtet. Um ehrlich zu sein, einer von ihnen kannte ihn gut, doch sie hatten sich seit mehreren Jahren nicht mehr gesprochen. Und einer von diesen Quellen, nämlich Ragsdale, kannte ihn überhaupt nicht.

Oder nehmen Sie die Form des Raumschiffs. Jeder nahm an, es sei eine fliegende Untertasse, womit eine Scheibenform gemeint war, doch unsere Quelle erzählte uns, nein. Es war schmal mit einem schlägerartigen Flügel. Es war nur 4,5 bis 6 Meter breit und etwa 7,5 bis 9 Meter lang. Das paßte sicherlich nicht zu der gängigen Auffassung.

Wieder gab es unabhängige Untermauerung. Bill Rickett bestätigte die Form. Ebenso Jim Ragsdale. Und, wenn wir die Information aus dem ersten der Berichte über fliegende Untertassen prüfen, erfahren wir, daß die Form nicht die einer Scheibe, sondern die einer »Sichel« ist. Kenneth Arnold berichtete von einer Sichel, und William Rhodes fotografierte am 7. Juli 1947 eine Sichel über Phoenix, Arizona.

Mit anderen Worten, wir übernahmen die Information dieses Zeugen nicht, ohne von vielen anderen die Wahrheit zu erfahren. Anders als in einigen der UFO-Fälle der Vergangenheit, bei denen wir das Wort einer einzigen Quelle akzeptieren mußten, hatten wir vielfältige Quellen, die sich gegenseitig erhärteten und sich gegen die konventionelle Auffassung richteten. Sie konnten die Information nicht in einem Buch gelesen und dann wiedergegeben haben, weil die Daten nicht veröffentlicht worden waren. Die Informationen, die veröffentlicht worden waren, waren ungenau, doch der Zeuge wiederholte diese nicht. Er gab uns neue Daten, die auf seinen Erfahrungen aus erster Hand basierten.

Wir konnten damit fortfahren, die übereinstimmenden Bereiche aufzuzeigen – die Bereiche, in denen dokumentarische Belege die Zeugenaussage unterstützten. Wir konnten die Argumente gegen diejenigen verwenden, die glauben, daß er lügt, doch am Ende bleibt es Ihnen als Leser überlassen zu entscheiden.

Doch dies macht auch noch etwas anderes deutlich. Es gibt derzeit keinen Grund, diese Zeugenaussage zurückzuweisen. Keinen. Dennoch gibt es in der UFO-Gemeinde Personen, die genau das tun. Sie wollen und werden es nicht glauben. Der einzige Grund dafür scheint politisch motiviert zu sein. Es sind Daten, die von uns erschlossen wurden, und deshalb sind sie suspekt.

Diese Einstellung geht zurück zur Erstellung unseres ersten Buches zu dem Thema. Mehrere Leute, die versuchten, die Veröffentlichung dieses Buches zu verhindern, schrieben dem Verleger oder riefen ihn an wegen angeblicher Copyrightverletzungen, Plagiaten, dem Diebstahl von Forschungsmaterialien und anderer unethischer Praktiken.

Unbewiesene Behauptungen bezüglich unserer Forschungstechniken wurden ebenso aufgestellt. Es wurde behauptet, daß wir Suggestivfragen gestellt hätten, um die Zeugen dazu zu bringen zu sagen, was wir hören wollten. Sie behaupteten, wir hätten Beweise fabriziert und die Roswell-Untersuchung »verzerrt«.

Keine dieser Anschuldigungen stimmte, und angedrohte Gerichtsprozesse wurden nie geführt. In der Tat schien die Kritik an unserer Untersuchung nicht von dem Anspruch motiviert zu sein, zur Wahrheit vorzudringen, sondern von Eifersucht. Wir hatten einen Buchvertrag – und sie nicht.

Der Punkt ist, daß unsere Glaubwürdigkeit nicht aufgrund von etwas, das wir schrieben, oder weil unsere Arbeit fehlerhaft war, in Frage gestellt wurde, sondern weil es uns gelang, einen Buchvertrag zu unterzeichnen. Bewiesen wird dies durch Briefe, die an unseren Verleger geschickt wurden, und Behauptungen, unser Material sei gestohlen. Da wir Quellen genannt hatten, die niemand sonst hatte, und weil wir alle Interviews auf Audio- oder Videoband aufgezeichnet hatten, entschied der Verleger glücklicherweise, daß an diesen Behauptungen nichts dran sei. Der Versuch von Kollegen aus der UFO-Gemeinde, unser Buch zu sabotieren, scheiterte.

Weitere Beweise sind in einer der Buchkritiken zu finden. Während es akzeptabel ist, die Information in einem Buch anzugreifen, ist es etwas anderes, dessen Autoren anzugreifen und zum Beispiel zu behaupten, sie hätten keine Klasse, hätten sich mit fremden Federn geschmückt, Vermutungen aufgestellt, die keine Beweise seien.

Natürlich können wir beweisen, daß die Beschuldigungen nicht stimmen, doch auf was kommt es an? Worauf wir uns konzentrieren sollten, ist, dem Leser die in diesem Werk enthaltenen Informationen genau zu erklären, und auch, wie wir zu dieser Information kamen. Dies ist der Grund, warum es eine ausführliche Bibliographie gibt, eine Liste aller Einrichtungen und Organisationen und Forschungszentren, auf die wir zurückgriffen, und eine Liste der wichtigen Zeugen aus erster und aus zweiter Hand, die wir selbst interviewten. Darum gibt es Fußnoten und Querverweise zur Bekräftigung. Wir erwarten vom Leser nicht, daß er glaubt, was wir schreiben, ohne eine gewisse Form unabhängiger Untermauerung.

Und dies führt zu dem eigentlichen Punkt. Glauben Sie ohne Nachprüfung nicht, was wir sagen. Schauen Sie sich an, was wir schreiben, und entscheiden Sie selbst, ob es im Kontext mit dem Roswell-Fall Sinn macht. Betrachten Sie das Material nicht und glauben es, weil es das ist, was Sie glauben wollen, sondern glauben Sie es, weil es Fakten und Zeugnisse gibt, die es untermauern.

In den folgenden Wochen wird es Kritik geben. Schauen Sie sich diese an und entscheiden Sie, ob es berechtigte Kritik ist oder eher derselbe politisch motivierte Unsinn, der zuvor verbreitet wurde. Lügt zum Beispiel einer unserer Zeugen, oder gibt es wegen der Untermauerung seiner Aussage Grund, ihm zu glauben? Prüfen Sie die Kritik, und denken Sie daran, daß viel davon politisch motiviert sein wird.

Und bedenken Sie, daß einer der Zeugen seine Erlaubnis, seinen Namen zu verwenden, zurückzog, weil andere Forscher entschieden, er lüge. Seine Geschichte wurde bestätigt, doch sie waren daran nicht interessiert. Sie sind nur darin interessiert, die Bedeutung unseres Buches durch was auch immer für eine mögliche Methode herabzusetzen.

Der Leser ist die letztendliche Autorität in bezug darauf, ob dieses Werk haltbar ist oder nicht. Haben wir unsere Hausaufgaben gemacht, sind wir den richtigen Hinweisen gefolgt, und haben wir saubere Untermauerungen gefunden? Waren wir in unserem Bericht fair und objektiv, oder haben wir die Fakten verschleiert, um einem Gesichtspunkt gegenüber einem anderen Vorschub zu leisten? Sind die Kritiken zulässig, oder werden sie aus politischer Motivation erhoben?

In der Abschlußprüfung haben wir versucht, Ihnen alle Daten zu liefern, die für eine intelligente Entscheidung nötig sind. Wenn Sie mit widersprüchlichen Daten konfrontiert werden, fragen Sie sich selbst, ob Sie manipuliert werden, oder ob die Kritiken berechtigt sind. Falls nicht, weisen Sie sie zurück.

Dieses Werk steht und fällt mit der Forschung, die wir geleistet haben, mit der Glaubwürdigkeit unserer Untersuchung und der Genauigkeit unserer Berichte. Lassen Sie sich nicht von anderen von dem Weg abbringen, der wichtig ist, indem jene die wesentlichen Punkte verschleiern und das Wasser trüben. Wenn sich der Schmutz setzt, werden Sie feststellen, daß wir recht haben … wieder einmal.

Früh am Morgen des 5. Juli 1947: Die Feuerwehr von Roswell reagierte auf einen Anruf. Dan Dwyer sagte aus, daß sie das Wrack einer Art Flugobjekt sahen. Dieses Foto wurde mehrere Jahre nach den Ereignissen außerhalb von Roswell von den Mitgliedern der Feuerwehr gemacht. *(Foto mit freundlicher Genehmigung von Frankie Rowe)*

Brigadegeneral Martin F. Scanlon war an der heimlichen Bergung des Raumschiffs bei Roswell beteiligt
(Foto mit freundlicher Genehmigung von Jack Rodden)

Walter Haut schrieb die Pressemitteilung, die einen weltweiten Aufruhr verursachte, bis Offiziere vom Hauptquartier der Eighth Air Force behaupteten, daß der Absturz offiziell dem Wrack eines Ballons zugeschrieben werde. *(Foto mit freundlicher Genehmigung von Kevin Randle)*

George »Judd« Roberts wurde von offiziellen Vertretern in Washington D.C. gewarnt, wenn das Interview mit Mac Brazel, der auf das Trümmerfeld auf seiner Weide gestoßen war, auf Sendung ginge, würden ihnen die Radiolizenz entzogen werden.

(Foto mit freundlicher Genehmigung von Kevin Randle)

Brigadegeneral Roger Ramey und Oberst Thomas J. DuBose untersuchen den Ballon, der als das bei Roswell gefundene Wrack ausgegeben wurde.

(Foto mit freundlicher Genehmigung der »Fort Worth Star Telegram Photograph Collection«, Special Collections Division, University of Texas at Arlington Libraries)

Brigadegeneral Thomas J. DuBose (rechts) – hier zusammen mit Co-Autor Don Schmitt – bestätigte, daß seine Befehle, die wahre Natur des Vorfalls zu vertuschen, aus Washington kamen.

(Foto mit freundlicher Genehmigung von Stan Friedman)

Oberstleutnant Joe C. Briley bestätigte, daß Oberst Blanchards Urlaub nur ein Vorwand war, da er sich in Wirklichkeit an der Absturzstelle befand.

(Foto mit freundlicher Genehmigung des RAAF Yearbook)

Der Stab der 509. Bombergruppe im Juli 1947
(Foto mit freundlicher Genehmigung von Walter Haut)

Sheriff Wilcox' Tochter Elizabeth mit ihrem Mann Jay Tulk. Tulk und Wilcox erörterten den Absturz im Lagerraum des Sheriffs, wo die Schachtel mit Trümmern, die Mac Brazel mitbrachte, bis zur Konfiszierung durch das Militär aufbewahrt wurde. *(Foto mit freundlicher Genehmigung von Paul Davids)*

Das Haus von Jesse Marcel im Juli 1947, in welchem er die Trümmer des Raumschiffs auf dem Küchenfußboden ausbreitete, um sie seiner Frau und seinem Sohn zu zeigen. Später verlangte das Militär, alle Trümmerteile auszuhändigen, was er auch tat.
(Foto mit freundlicher Genehmigung von Kevin Randle)

Obwohl der frühere Hauptmann Sheridan Cavitt seine Verwicklung in den Fall leugnet, war er im Juli 1947 der verantwortliche Offizier des Spionageabwehrkorps in Roswell
(Foto mit freundlicher Genehmigung von Kevin Randle)

Jesse Marcel jun., der die Trümmer des Raumschiffs, die seine Vater mit nach Hause brachte, in die Hand nahm, bereitet sich im Mai 1991 auf eine Hypnoserückführung vor.
(Foto mit freundlicher Genehmigung von Kevin Randle)

Don Schmitt steht an der Stelle, die ein Mann als den Ort eines zweiten UFO-Absturzes identifizierte. Hinter ihm liegen die Ebenen von San Agustin. Es wurde kein Beweismaterial gefunden, das die Theorie eines zweiten Absturzes unterstützen würde. *(Foto mit freundlicher Genehmigung von Kevin Randle)*

Dr. Wesley Hurt arbeitete 1946 und 1947 in den Ebenen von San Agustin arbeitete, hörte aber nichts von einem Absturz, bis UFO-Forscher anfingen, ihn vor etwa zwanzig Jahren anzurufen. *(Foto mit freundlicher Genehmigung von Tom Carey)*

Das internationale UFO-Museum und Forschungszentrum an der Main Street 400 in Roswell, New Mexico

(Foto mit freundlicher Genehmigung von Kevin Randle)

Die Untersuchung geht weiter

Wer sich für das UFO-Thema ganz allgemein interessiert oder sich über die neuesten Untersuchungsergebnisse im Roswell-Fall informieren möchte, kann sich an folgende Adresse wenden:

Kopp Verlag
Graf-Wolfegg-Straße 71
D-72108 Rottenburg

Teil VII

Anhänge

Anhang A

Der Majestic-12-Schwindel

Es war schwierig, dokumentarisch zu belegen, daß der Roswell-Absturz echt und extraterrestrisch war. In einigen Dokumentationen finden sich Andeutungen, die überprüft wurden, doch diese Dokumente können vielfältig ausgelegt werden. Eine Ausnahme stellt Majestic 12 oder das MJ-12-Briefing dar, das angeblich im November 1952 für den neugewählten Präsidenten Eisenhower erstellt wurde. Wenn das Dokument echt ist, dann sind alle Fragen zum UFO-Phänomen beantwortet, und die Geschichte des Absturzes bei Roswell ist bewiesen.

Das Dokument tauchte 1987 auf, als William Moore und Jaime Shandera verkündeten, sie hätten es in einem braunen Umschlag auf einem 35-Millimeterfilm erhalten, den sie entwickeln mußten. Als sie die Abzüge gemacht hatten, entdeckten sie die Instruktion, die nicht nur von der Bergung des Raumschiffs und von Körpern in Roswell sprach, sondern auch von einem zweiten Absturz, der nur etwas über drei Jahre später stattgefunden hatte.

Eine Analyse des Dokumentes, die Moore, Shandera und Friedman vornahmen, deutete darauf hin, daß es authentisch ist. Friedman, der faktisch mit sechzehntausend Dollar durch den »Fund for UFO Research« ausgestattet worden war, erstellte »The Final Report on Operation Majestic 12« [Der Schlußbericht über Operation Majestic 12], in dem er schlußfolgerte: »An nordamerikanischen Gerichtshöfen ist es erforderlich, daß die Anklage die Schuld eines Angeklagten beweist. Es ist nicht Aufgabe des Angeklagten, seine Unschuld zu beweisen. Im Hinblick auf die fraglichen Dokumente liegt die Beweislast bei denen, die behaupten, die Dokumente seien Fälschungen, im Gegensatz zu denen, die behaupten, die Dokumente könnten echt sein. Nach mehreren Jahren manchmal sehr intensiver Forschung im Hinblick auf Operation Majestic 12 habe ich unter den Dutzenden von Argumenten, die vorgebracht wurden, noch immer keines finden können, das zeigt, daß eines der drei

Hauptdokumente eine Fälschung darstellt. Ich war in der Lage zu zeigen, daß sie eine sehr große Menge von Informationen enthalten, die zu der Zeit, als wir die Dokumente erhielten, nicht jedem bekannt waren, der kein Insider ist. Deshalb bin ich zu dem Schluß gezwungen, daß die Dokumente echt sind.«

Angesichts der großen Geldmenge und der Zeit, die aufgewendet wurde, den Bericht zu erstellen, schien es, daß dies das letzte Wort zu MJ-12 sein würde. Auf Basis einer oberflächlichen und flüchtigen Behandlung der Unterlagen schien es, daß die MJ-12-Dokumente echt waren, doch gab es Probleme damit.

Kritiker waren schnell bei der Hand herauszustellen, daß das Datum, das auf dem Dokument erscheint – »18 November, 1952« – eine Mischung aus militärischer und ziviler Form sei. Während keiner von beiden »Fehlern« an und für sich dramatisch ist, sind laut Joe Nickell und John F. Fischer »[diese Fehler] ziemlich bezeichnend. Weder wir noch Friedman konnten diese Kombination in einem echten US-Regierungsdokument aus dieser Periode finden.«

Dies bedeutete einfach, daß es in dem MJ-12-Dokument einen Hauptschwachpunkt gab, der mit der Authentizität nicht vereinbar schien. Doch ein Fehler beim Datum, egal wie merkwürdig auch immer, ist sicherlich nicht ausreichend, um ein so potentiell explosives Dokument wie das MJ-12-Briefing als einen Schwindel abzustempeln. Es ist eine Art von Fehler, die übergangen werden könnte, wenn der Rest des Dokumentes außer Frage stünde.

Eine sorgfältige Überprüfung des gesamten Dokumentes enthüllt jedoch ähnliche stilistische Fehler. Zum Beispiel ist an beiden Stellen, wo der Name der Basis in Roswell erwähnt wird, der Name falsch. Die Ränge einiger der aufgeführten Männer im MJ-12-Komitee stimmen nicht. Und es gibt Rechtschreibfehler, die darauf hindeuten, daß das Dokument keine hoch eingestufte Instruktion, sondern ein cleverer Schwindel ist.

Die Daten im Text des Dokumentes sind ebenfalls ungenau. Zum Beispiel behauptet das MJ-12-Briefing: »Am 07. Juli 1947 wurde eine Geheimoperation gestartet, um die Bergung des Wracks dieses Objektes für wissenschaftliche Studien sicherzustellen.« Das Datum, an dem die Bergungsoperation begann, ist der 5. Juli. Man sollte meinen, daß die Insider sich dieser Tatsache bewußt wären.

Das Briefing behauptete auch, daß »vier menschenähnliche Wesen offenbar herausgeschleudert wurden.« Die Zeugenaussagen von denen, die dort und an der Bergung beteiligt waren, weisen darauf hin, daß es fünf Körper waren. Man sollte meinen, daß die Insider sich dieser Tatsache bewußt wären.

Das Briefing geht weiter und besagt: »Alle vier waren tot und stark verwest, was darauf zurückzuführen ist, daß sie in der etwa einwöchigen Zeitperiode, die

---

* Die übliche englische Schreibweise wäre gewesen: November 18, 1952) An anderer Stelle in dem Dokument enthält das Datum eine »Positions«-Null – »07 Juli, 1947«.

* Die Positionsnull ist im Englischen nicht üblich)

bis zur Bergung verstrich, Raubtieren zum Opfer fielen und den Elementen ausgesetzt waren.« Und wiederum behaupten diejenigen, die beteiligt waren, größtenteils, daß die Körper den Elementen nur zwölf Stunden ausgesetzt waren. Man sollte annehmen, daß die Insider sich dieser Tatsache bewußt wären.

Dies alles zeigt, daß die in dem Dokument enthaltenen Informationen, die vollkommen exakt sein sollten, in Wirklichkeit falsch sind. Es gibt keine Entschuldigung dafür, es sei denn, das Dokument ist ein Schwindel und diejenigen, die die Instruktion erstellten, wußten über den Roswell-Fall nicht genau Bescheid. Das Dokument spiegelt eigentlich den Untersuchungsstand aus dem Jahre 1987 wider und nicht die wirkliche Situation.

Das zweite MJ-12-Dokument erschien zur selben Zeit wie das erste. Es war ein kurzes Memo, das dem Instruktionspapier angefügt war, und stellte die Durchführungsverordnung dar, die die Einrichtung des MJ-12 autorisierte. Es war das letzte Dokument auf dem 35-Millimeterfilm, den Shandera erhielt.

Nickell und Fischer überprüften das Memo und schrieben: »Selbst beim ersten Durchlesen fiel uns etwas auf, das ein ernsthaftes Problem beim Truman-Memo darzustellen scheint.« Ihnen zufolge enthielten Memos aus dieser Ära keine Grußformel wie »Dear Secretary Forrestal«, wie sie auf dem Dokument erschien. Da dies Briefen vorbehalten war, schlossen Nickell und Fischer, gestützt auf ihre Recherche von »zahllosen Truman-Briefen und -Memoranden«, und weil die »Chancen tausend zu eins dagegen stehen, daß solch eine unzulängliche Memo/Brief-Mischform aus Trumans Büro stammt«, daß das MJ-12-Dokument ein Schwindel ist.

Barry Greenwood, Herausgeber von »Just Cause«, das von »Citizens Against UFO Secrecy« (Bürger gegen UFO-Geheimhaltung) veröffentlicht wird, entdeckte einen weiteren größeren Fehler an den Dokumenten. Er schrieb: »Seite 2 des Instruktionspapiers bezieht sich auf die Einrichtung von MJ-12 ›aufgrund einer speziell klassifizierten Durchführungsverordnung von Präsident Truman am 24. September 1947.‹ Wir haben die Listen der Truman-Bibliothek auf Durchführungsverordnungen hin überprüft und keine Verordnungen gefunden, die am 24.9. erlassen wurden. Die Nummern 9891-9896 für Durchführungsverordnungen wurden in dieser Reihenfolge am 15.9., zwei am 20.9., ferner am 23.9., 30.9. und am 2.10.47 vergeben, und von denen hat keine auch nur im entferntesten Ähnlichkeit mit dem MJ-12-Thema. Es gibt keine Lücke in der Zahlenfolge für diese Daten, es fehlt also keine. Ferner ist die im ›Anhang A‹ des Instruktionspapiers angegebene Nummer #092447 … keine Durchführungsverordnungs-Nummer, sondern das Datum von Präsident Trumans Memo, 9/24/47. Durchführungsverordnungen werden nicht nach dem Datum, sondern fortlaufend numeriert, und damals waren die Nummern nur vierstellig.«

Friedman hatte auch dafür eine Begründung. Er erklärte, das Briefing-Papier sei erst fünf Jahre, nachdem das Memo geschrieben wurde, als Durchführungsverordnung bezeichnet worden. In einem Brief an Nickell schrieb Friedman: »[Wir] haben keine Definition, was mit ›spezieller Durchführungsverordnung‹ gemeint ist.«

Eine von Nickell und Fischer durchgeführte Analyse zeigte, daß das Memo von Hillenkoetter (dem Dokument zufolge) als eine Durchführungsverordnung zitiert wurde, und er hätte wissen sollen, was das war. Fischer und Nickell: »Außerdem scheint das Dokument als eine Durchführungsverordnung zu fungieren, wenn es besagt, daß ›Sie hiermit autorisiert sind, mit angemessener Eile und Vorsicht mit Ihrem Unterfangen fortzufahren.‹ « Sie schreiben, daß eine »echte Durchführungsverordnung notwendigerweise erklären würde, was das Unterfangen sei ..., eine echte Durchführungsverordnung würde notwendigerweise die Dienststelle zitieren, in deren Namen der Präsident handelte.« Sie schließen: »Kurz gesagt scheint sowohl der Inhalt des Dokumentes als auch seine Form mit Authentizität nicht vereinbar zu sein.«

Das dritte MJ-12-Dokument ist der sogenannte Cutler-Twining-Brief, der von Moore und Shandera bei ihrer Suche nach erhärtender Dokumentation in den Nationalarchiven entdeckt wurde. In einer Kiste mit kurz zuvor deklassifiziertem Material fanden sie ein einzelnes Blatt, das eine MJ-12-SSP-Instruktion freigab. Es war von Robert Cutler, dem Sonderberater des Präsidenten, geschrieben und an General Twining gerichtet.

Doch wie mit seinen Vorgängern gibt es auch damit Probleme. Erstens wurde es an einem Ort gefunden, an den es nicht hingehörte. Nachrichtenoffiziere der Air Force hatten all das Material in der Kiste durchgesehen, und wäre das Memo dort gewesen, als sie sie durchsuchten, hätten sie es eher zurückgezogen als es zu deklassifizieren.

Ed Reese von den Nationalarchiven schrieb an Robert Todd und berichtete: »Bei keiner dieser Revisionen wurde das Cutler-Twining-Memorandum als vorhanden und einer besonderen Aufmerksamkeit bedürfend identifiziert. Doch die Freigaberichtlinien, die sowohl von der Air Force als auch von den National Archives beachtet werden, hätten nicht erlaubt, Dokumente des Nationalen Sicherheitsrates zu deklassifizieren. Wenn es während einer dieser Revisionen in den Akten gefunden worden wäre, wäre solch ein Dokument zurückgezogen und einem Deklassifizierungs-Spezialisten des Nationalen Sicherheitsrates zur letztendlichen Entscheidung übergeben worden. Es wurde nie als solches identifiziert.«

Ein zweites Hauptproblem bei dem Dokument ist die Klassifizierung »Top Secret – Restricted«. Das ist eine Kombination aus zwei Sicherheitsstufen.

Die Eisenhower Library berichtete: »Eine Klassifizierung wie die auf diesem Memorandum haben wir noch nie auf einem Eisenhower-Dokument gesehen. ›Top Secret‹ und ›Restricted‹ sind zwei verschieden Stufen der Klassifizierung.«

Und, noch ein Schritt weiter: Die merkwürdige Kennzeichnung, »Top Secret Restricted Information«, wurde dem amtierenden Direktor des Freedom of Information Office (Amt zur Freigabe von Informationen) des Nationalen Sicherheitsrates zufolge nicht vor der Regierung Nixon verwendet. Wie zuvor erwähnt, bestätigte die Eisenhower Library, daß diese Klassifikation zu keiner Zeit während der Regierung Eisenhower verwendet wurde.

Die Schlußfolgerung, die man daraus ziehen muß, daß so viele Dinge an dem Cutler-Twining-Memo falsch sind, ist die, daß es wie das MJ-12-Instruktionsdokument und der Truman-Brief eine Fälschung ist. Schließlich wurde es an einem Ort gefunden, wo es nicht hingehörte, mit einer Klassifizierung, die inkorrekt war.

Die Kontroverse, die sich über den Cutler-Twining-Brief und das MJ-12-Briefing entspann, führte dazu, daß die Nationalarchive eine Aktennotiz herausgaben, die manche Fragen zur Authentizität des Cutler-Twining-Briefes im besonderen und zum MJ-12-Dokument im allgemeinen aufwarf. Jo Ann Williamson schrieb: »Wenn wir ein Dokument unter dem Siegel der Nationalarchive beglaubigen, bestätigen wir damit amtlich, daß die Reproduktion eine echte Kopie eines Dokumentes aus unserem Gewahrsam ist. Wir bescheinigen nicht die Echtheit von Dokumenten oder die in einem Dokument enthaltene Information.«

Was Williamson tat, war, die Begründung zu unterminieren, das Memo wäre irreführenderweise in die Nationalarchive eingeschmuggelt worden. Eines der Hauptprobleme bei all den MJ-12-Dokumenten war, daß es keine Herkunft für sie gab. Niemand konnte auf eine Dienststelle verweisen, aus der sie vielleicht stammten. Das Einschmuggeln des Cutler-Twining-Memos in die Nationalarchive war ein Versuch, ihm eine Herkunft zu verschaffen. Wenn es authentisch wäre, würde es einen langen Weg nehmen, um das MJ-12-Briefing als rechtsgültig zu bestätigen.

In seinem »Final Report on Operation Majestic 12« erwähnt Friedmann Williamsons Stellungnahme kurz, setzt sich dann aber darüber hinweg, indem er Williamson »einer Reihe von Äußerungen beschuldigt, die sie in ihrem Bericht macht, die irreführend sind.« Indem er die von anderen erhobene Kritik ignoriert, gibt Friedmann selbst eine irreführende Erklärung ab, wenn er schreibt: »Ihre [Williamsons] Erklärung basierte auf einer begrenzten Untersuchung und wurde später geändert.«

In der aktualisierten Version der »Aktennotiz« korrigierte Williamson ein falsch geschriebenes Datum und ergänzte in einem der Abschnitte die Worte »ein repräsentatives Dokumentenmuster ... in dem Muster ... und Urkundenpapier. Die Kopien auf Florpostpapier haben entweder ein Wasserzeichen in Form eines Adlers oder gar kein Wasserzeichen«. Mit anderen Worten, die Veränderungen waren unwesentlich und änderten nichts an der Tatsache, daß die Archivare glaubten, das MJ-12-Dokument sei nicht authentisch.

Die wichtige Veränderung war Williamsons letzte Erklärung, in der sie zu verstehen gab, daß sie das Dokument nicht in seinen Reproduktionen beglaubigten, sondern lediglich bescheinigten, daß es ein exaktes Duplikat eines Dokumentes in ihrem Besitz sei. Mit anderen Worten, das Cutler-Twining-Memo trug nichts dazu bei, MJ-12 als echt zu bestätigen, sondern legte weiterhin nahe, daß das ganze ein Schwindel war.

Bei all dem übersahen alle, die sich über die Echtheit des MJ-12-Dokumentes stritten, das vierte und vernichtendste dieser Dokumente, das als das Aquarius-Telex bekannt ist. Dies war ein Bericht des Air Force Office of Special Investigation (AFOSI, Luftwaffenamt für Sonderermittlungen), der sich auf MJ-12 bezog. Und auch hier: Wenn es echt wäre, würde es die Existenz von MJ-12 für rechtskräftig erklären. Doch eine Überprüfung beim AFOSI-Hauptquartier ergab, daß keine Nachricht in dieser Form verschickt worden war. Das AFOSI-Hauptquartier hält es für einen Schwindel.

Richard Hall vom »Fund for UFO Research« war in der Lage, diesen Aspekt der Kontroverse ein wenig zu beleuchten. Er berichtete in einem Brief, datiert vom 3. April 1983: »Das AFOSI-Dokument ist nicht authentisch in dem Sinne, daß es kein Original ist; Moore hat es abgetippt, ausgeschnitten und neu montiert, wie er in der Antwort auf meine direkte Frage bekannte, als er vor drei Wochen an unserem Treffen teilnahm.«

Hall ließ darauf einen weiteren Brief folgen, datiert vom 16. Mai 1989, um seine Meinung in dem früheren Brief klarzustellen: »Die Situation wird beschrieben in dem Brief, in dem es darum geht, daß Moore an ... einem Treffen des Fund for UFO Research Executive Committee teilnimmt und gegenüber den Anwesenden [einschließlich Maccabee] zugibt, daß er das Aquarius-Dokument abgetippt hat und die verschiedenen Kennzeichen auf die abgetippte Kopie geklebt hat. Nach meinem Verständnis tat er das nur, weil das Original nicht scharf genug war, um es deutlich zu reproduzieren. Ich will sein Tun damit nicht stillschweigend entschuldigen, doch ich habe nicht geglaubt, noch glaube ich dies heute, daß er irgend etwas gefälscht oder fabriziert hat.«

Moore leugnete später, daß er irgend etwas dergleichen getan hätte. Als Antwort auf Fragen, die T. Scott Crain jun. erhob, schrieb Moore: »Ich habe das Dokument nicht abgetippt, noch weiß ich, wer es getan hat. Ich wußte, daß die Version, die mir gegeben wurde, eine abgetippte war, weil ich das Original zuvor gesehen hatte. Die rekonstruierte Version, die in »Focus« [eine von

Moore herausgegebene und veröffentlichte Publikation] erscheint, ist ein gemeinsames, aus dem Gedächtnis erstelltes Produkt von mir und Rick Doty.«

Später, im Juli 1989 behauptete Moore, daß das ganze Aquarius-Telex das Ergebnis einer Desinformationskampagne sei, das vielleicht montiert wurde, um den Forscher, der es veröffentlichte, zu diskreditieren. Doch der wichtige Fakt ist der, daß alle sich einig sind, daß das Aquarius-Telex eine Fälschung ist.

Was wir also haben, ist eine Reihe von Dokumenten, einschließlich dem Aquarius-Telex, die von dubioser Herkunft sind. All die Dokumente, die für MJ-12 vorgelegt wurden, gingen ursprünglich durch die Hände von Moore und Shandera. Tatsächlich treffen alle Versuche, die Geschichte der Dokumente zu verfolgen, auf eine Mauer, wenn sie bei Moore und Shandera ankommen. Nichts kann darüber hinaus verfolgt werden, und dies schließt das Aquarius-Telex mit ein, das jeder für eine Fälschung hält. Und da sind die widersprüchlichen Aussagen über Moores Abtippen des Aquarius-Telexes.

Moore gab auch zwei Äußerungen von sich, die sich auf all das belastend auswirken. Unter anderem Friedman zufolge hatte Moore bereits 1982 angedeutet, er wolle ein Roswell-Dokument kreieren, weil er denke, daß dies vielleicht verschlossene Türen öffne. Und in der April-1991-Ausgabe von »Fate« sagte Moore, daß die Enthüllungen, die er und Shandera vorzunehmen planten, mit ausdrücklicher Erlaubnis der Regierungsagenten geschähen, mit denen sie zusammenarbeiteten. Diese Enthüllungen würden sowohl Information als auch Desinformation enthalten, weil die Regierung so arbeite.

Was Moore sagte, war, daß er mit der Regierung zusammengearbeitet hatte und daß er anderen Forschern Desinformationen zukommen ließ. Es stellt sich allmählich die Frage: War MJ-12 eine Desinformation aus jenen Regierungsquellen oder eine eigene Ausführung von Moore?

Andere haben dasselbe gedacht. In »Enthüllungen« schreibt Jaques Vallée: »Skeptiker wie Philip Klas sind so weit gegangen zu behaupten, daß Bill Moore die Dokumente [MJ-12] herstellte und sie seinem Freund zuschickte.«

Es gibt eine weitere subtile Vermutung zu MJ-12. Robert Pratt sagte, er habe mit Moore an einem Roman über MJ-12 gearbeitet, obwohl dieser Pratt zufolge »Majik« heißen sollte. Das Buch handelte von UFOs und berührte nur kurz einen geheimen Bericht, der als »Majik« bezeichnet wurde, mit mehreren Verweisen auf MJ-12.

Pratt gab an, daß das Buch 1982 oder 1983 geschrieben wurde und daß Moore ihm ein paar Dokumente oder Notizen aus dem Jahre 1981 gegeben hätte. Pratt sagte, als die MJ-12-Dokumente auftauchten, sei er nicht überrascht gewesen, weil die Begriffe für ihn vertraut klangen. Er äußerte, er und Moore hätten seit Jahren über etwas wie MJ-12 geredet. Aufgrund dessen glaubte Pratt, als er von den Dokumenten erfuhr, daß es Fälschungen seien.

Angesichts der Bandbreite von Problemen mit den Dokumenten selbst, den Enthüllungen über Moore und seine widersprüchlichen Aussagen und der Tatsache, daß kein Beweis dafür gefunden wurde, daß die MJ-12-Dokumente von irgendeiner Regierungsstelle erstellt wurden, ist die einzige Schlußfolgerung zwangsläufig die, daß sie gefälscht sind. In der Tat veröffentlichte die Air Force, bombardiert mit Anfragen um Information über die MJ-12-Dokumente, eine Reihe von Erklärungen. Die Luftwaffe entfernte die Klassifizierungskennzeichen »Top Secret – Eyes Only« auf der Kopie, die sie besaßen, und ersetzten sie mit einem Stempel, der besagte: »[Dies ist] kein US-Regierungsdokument.«

Major Richard M. Cole berichtete, daß die neuen Kennzeichen ergänzt wurden, nachdem mehrere Regierungsstellen die Authentizität der Dokumente oder die Existenz von MJ-12 nicht hatten nachweisen können. Sogar der Chef der Forschungsabteilung im Historischen Forschungszentrum der U.S. Air Force im Luftwaffenstützpunkt Maxwell glaubt, daß das Dokument eine Fälschung ist.

Oberst Richard L. Weaver, Beauftragter für Sicherheits- und Forschungsprogramme im Sekretariat der Air Force, unternahm einen anderen Schritt. Er stempelte das MJ-12-Dokument mit dem Aufdruck: »Kein offizielles Dokument der U.S. Air Force, nicht klassifiziert, vermutlich gefälschtes oder unechtes Dokument.«

Don Ecker, Herausgeber des »UFO-Magazins« (P. O. Box 1053, Sundland, CA 91041) kontaktierte Moore und befragte ihn zu der neuen Erklärung der Air Force. Eckers Bericht zufolge sagte Moore: »Da die MJ-12-Dokumente nicht die Air Force sind, kann Oberst Weaver die Dokumente nicht als Fälschungen bezeichnen.«

Doch es sind Fälschungen. Ohne irgendeine Herkunftsangabe, ohne unabhängige Untermauerung, ohne gute Antworten auf die aufgeworfenen Fragen ist keine andere Schlußfolgerung möglich. Das MJ-12-Komitee hat als solches nie existiert, und die Dokumente, die darauf Bezug nehmen, sind Fälschungen.

Friedman hat gesagt: »An nordamerikanischen Gerichtshöfen ist es erforderlich, daß die Anklage die Schuld eines Angeklagten beweist. Es ist nicht Aufgabe des Angeklagten, seine Unschuld zu beweisen. Im Hinblick auf die fraglichen Dokumente liegt die Beweislast bei denen, die behaupten, die Dokumente seien Fälschungen, im Gegensatz zu denen, die behaupten, die Dokumente könnten echt sein.« Doch die Analogie funktioniert nicht, weil wir es nicht mit einem Kriminalfall zu tun haben. Wir versuchen zu bestimmen, ob die Dokumente authentisch sind. Ohne irgendeine Herkunftsangabe und angesichts der internen Widersprüchlichkeiten in den Dokumenten ist es Aufgabe derjenigen, die behaupten, daß sie authentisch seien, den Fall zu beweisen. Ungeachtet dessen, was von den Verfechtern behauptet wird, ist ihnen dies nicht gelungen.

Anhang B

Die Zeugen

Da waren diejenigen, die sich die von uns gelieferte Liste der Zeugen ansahen und entschieden, daß sie alle aus dritter oder vierter Hand wären. Da waren diejenigen, die nicht verstanden, daß eine große Anzahl der Leute Zeugen aus erster Hand waren, welche Vorfälle beschrieben, die sie selbst gesehen hatten. Wenn wir vor Gericht gerufen würden und strikteste Gesetze der Beweisaufnahme befolgen würden, wären dies Personen, die aussagen könnten. Um die Sachlage deutlicher zu machen, haben wir die Liste in Zeugen aus erster und zweiter Hand unterteilt und solche, die uns zusätzliche Informationen lieferten, welche sich für unsere Forschung als wertvoll erwiesen.

Es gibt zwei Dinge zu berücksichtigen. Zunächst, daß die erste Gruppe aus Augenzeugen besteht. Sie waren an den Aktivitäten in Roswell 1947 beteiligt. Zweitens gibt es diejenigen, die Zeugen aus erster Hand waren, uns jedoch nicht erlaubten, ihre Namen zu verwenden. Sie bestätigten vieles, was wir bereits wußten.

BRAZEL, Shirley: persönlich interviewt im Februar 1989, Oktober 1989, September 1990, September 1991

BRAZEL, William: persönlich interviewt im Februar 1989, März 1989, September 1990, September 1991, Juli 1992; telefonisch 1989 – 1993

BRILEY, Joe: telefonisch interviewt im Oktober 1989, April 1990, Dezember 1990

CASHON, Charles, A.: telefonisch interviewt im Januar 1990, Dezember 1990

CAVITT, Mary: persönlich interviewt im Januar 1990, März 1993; telefonisch im August 1991, Oktober 1991, Mai 1992, Februar 1993

CAVITT, Sheridan: persönlich interviewt im Januar 1990, März 1993;

telefonisch im August 1991, Januar 1992, Mai 1992, August 1992, Oktober 1992, Februar 1993

CRUIKSHANK, Arthur W.: telefonisch interviewt im Juli 1990

DENNIS, Glenn: persönlich interviewt im November 1990, Januar 1991, März 1991, September 1991, März 1992, April 1992, September 1992, Februar 1993, Mai 1993, August 1993; telefonisch 1990 – 1993

DE VAUGHN, Bill: persönlich interviewt im Januar 1990, Juli 1990, Februar 1991

DOBSON, S. M. (Sav): persönlich interviewt im September 1990

DUBOSE, Thomas: persönlich interviewt im August 1990, Oktober 1991; telefonisch im Oktober 1990, März 1991, August 1991

EASLEY, Edwin: telefonisch interviewt im Oktober 1989, Februar 1990, Mai 1990

EXON, Arthur: persönlich interviewt im Juni 1990, Juli 1990; telefonisch 1990 – 1993

HAUT, Walter: persönlich interviewt im April 1989, August 1989, Januar 1990, Juli 1990 – 1993

HOLDEN, W. Curry: persönlich interviewt im November 1992

JOYCE, Frank: persönlich interviewt im August 1989, September 1990 – 1993

KAUFMANN, Frank: persönlich interviewt im Januar 1990, September 1990, Januar 1991, Januar 1992 – 1993

LOVE, Thadeus: telefonisch interviewt im Mai 1989

MARCEL, Jesse, jun.: persönlich interviewt im August 1989, Mai 1990, Juli 1990, Juni 1991, November 1993

MARCEL, Viaud: persönlich interviewt im Mai 1990

MARTUCCI, Felix: telefonisch interviewt im Dezember 1989

McBOYLE, John: telefonisch interviewt im Mai 1990, Dezember 1990

McEVOY, Paul: telefonisch interviewt im April 1989

McGUIRE, Phyllis: persönlich interviewt im Januar 1990, Juli 1990, November 1990

MONDRAGON, Joseph: persönlich interviewt im Juni 1992, März 1993

NEWTON, Irving: telefonisch interviewt, März 1990, Januar 1991

PAYNE, Bud: persönlich interviewt im Januar 1990, September 1991

PORTER, Robert: persönlich interviewt im Mai 1990, Juli 1990

PROCTOR, Loretta: persönlich interviewt im Juli 1990, November 1990

PYLES, E. L.: telefonisch interviewt im November 1993

RICKETT, Lewis: persönlich interviewt im November 1989, Januar 1990, August 1990, Oktober 1991, April 1992, Oktober 1992; telefonisch 1989 – 1992

ROBERTS, George: persönlich interviewt im Januar 1990, September 1990, Januar 1992
ROWE, Frankie: persönlich interviewt im November 1990, September 1991 – 1993
SAUNDERS, Patrick: telefonisch interviewt im Juni 1989, Dezember 1990
SHIRKEY, Robert: persönlich interviewt im Januar 1990, Juli 1990, November 1990
SKELLY, Edgar: telefonisch interviewt im November 1990
SLUSHER, Robert: persönlich interviewt im März 1991, September 1992
SMITH, Robert E.: persönlich interviewt im März 1991; telefonisch im Mai 1991, April 1992
TADALANI, Sallye: telefonisch interviewt im Dezember 1990
THOMPSON, Tommy: telefonisch interviewt im Januar 1990
TULK, Elizabeth: persönlich interviewt im Januar 1990, Juli 1990 – 1993
TULK, Jay: persönlich interviewt im Januar 1990, November 1991
TYREE, Tommy: persönlich interviewt im August 1990
WHITMORE, Walt jun.: persönl. interviewt im Juni 1993, September 1993
WOODY, William: persönlich interviewt im November 1990
ZORN, Vernon D.: telefonisch interviewt im April 1990, März 1991

Es gibt weitere Leute, die Zeugen aus erster Hand für einige der Ereignisse auf dem Stützpunkt waren, und solche aus zweiter Hand für andere Aspekte des Falls. Bill Brazel zum Beispiel konnte berichten, daß er kleine Trümmerstückchen gefunden hatte, und er erzählte, wo sich das Trümmerfeld befand. Dies ist eine Aussage aus erster Hand. Eine andere Person wie Marian Strickland kann über Mac Brazel als eine Nachbarin berichten. Wiederum ist dies eine Aussage aus erster Hand. Und Berichte über Mac Brazel, der »in Roswell im Gefängnis festgehalten« wurde, sind Zeugnisse aus zweiter Hand. Brazel erklärte, daß er in Roswell festgehalten wurde, doch Strickland sah dies nicht.

Die Leute auf der folgenden Liste haben Wissen aus erster und aus zweiter Hand. Es sollte wahrscheinlich erwähnt werden, daß ihre Aussagen bei Gericht nach den normalen Regeln der Beweisaufnahme zugelassen werden würden.

ANAYA, Pete: persönlich interviewt im Januar 1992; telefonisch im Juni 1993
ANAYA, Ruben: persönlich interviewt im September 1991, November 1991; telefonisch im Juni 1993
BEAN, Beverly: persönlich interviewt im März 1990, Januar 1991

BLANCHARD, Anne: telefonisch interviewt im August 1989
BROWN, Ada: persönlich interviewt im Januar 1991
CAVITT, Joe: telefonisch interviewt im Dezember 1989, August 1991
DENNIS, Robert: persönlich interviewt im September 1991, September 1993
DUGGER, Barbara: persönlich interviewt im März 1991, April 1992
FRIEND, Robert: telefonisch interviewt im August 1990, Dezember 1990
HOLCOMB, Sarah: telefonisch interviewt im Juni 1990, Dezember 1990, Mai 1991
HENDERSON, Sappho: persönlich interviewt im August 1989, August 1990
JOHNSON, J. Bond: telefonisch interviewt im Februar 1989, Mai 1989, Mai 1990, August 1990
JOHNSON, Mrs. Jesse B. jun.: telefonisch interviewt im April 1989
KROMSCHROEDER, John: persönlich interviewt im Juli 1990, August 1990
KYLE, Elizabeth: telefonisch interviewt im August 1989
LINDE, Shirley: telefonisch interviewt im Januar 1991
LOUNSBURY, W. E.: persönlich interviewt im Juli 1990, August 1990
MALTAIS, L. W.: persönlich interviewt im August 1989, Juli 1990
McQUIDDY, Art: persönlich interviewt im Januar 1990, November 1990
PORTER, Leonard: telefonisch interviewt im Mai 1990
STRICKLAND, Marian: persönlich interviewt im September 1990
WEST, Jay: persönlich interviewt im November 1989
YOUNG, Loretta: telefonisch interviewt im August 1993

Im Verlauf der Untersuchung wurde deutlich, daß wir auf die Hilfe von Familienangehörigen angewiesen sein würden. Da die Ereignisse mehr als fünfundvierzig Jahre zurücklagen, waren die Hauptzeugen in vielen Fällen gestorben, einige bei Flugzeugunfällen, einige bei Kampfeinsätzen im Krieg und einige, weil Alter und Krankheit sie dahingerafft hatten. Diese Zeugen aus zweiter Hand konnten Geschichten berichten, die ihnen von den darin Verwikkelten erzählt worden waren. Wiederum könnte, falls wir vor ein Gericht geschleppt würden, die Mehrheit dieser Leute aussagen. In einigen wenigen Fällen hatten wir es mit Aussagen zu tun, die auf dem Sterbebett gemacht wurden.

ANDERSON, Gerald: telefonisch interviewt im Februar 1990
ANDERSON, Peggy: telefonisch interviewt im November 1991, Dezember 1991, März 1992
ARGENBRIGHT, E. J. telefonisch interviewt im August 1990, Dezember 1990

BACA, Harold: telefonisch interviewt im Juni 1991
BOEHMS, Jo: telefonisch interviewt im August 1991
BOLDRA, Greg: telefonisch interviewt im Januar 1992
BUSH, George: telefonisch interviewt im Januar 1992; persönlich im März 1992, Januar 1993
CHAPMAN, Richard: telefonisch interviewt im Juni 1990, September 1990
CLARK, Charlie: telefonisch interviewt im Januar 1992
CLARK, Denise: telefonisch interviewt im Januar 1992
DANLEY, J. F. (Fleck): telefonisch interviewt im Oktober 1990, Juni 1991
DAYS, Jan: persönlich interviewt im September 1992
FOARD, John: telefonisch interviewt im Februar 1992
FOSTER, Iris: telefonisch interviewt im Februar 1990, Mai 1991
GARDNER, Mary Ann: persönlich interviewt im Dezember 1990; telefonisch interviewt im Februar 1990, April 1990
GROODE, Mary Katherine: persönlich interviewt im August 1990
HALL, L. M.: persönlich interviewt im März 1993
HARRISON, Peter: persönlich interviewt im November 1991
HENDERSON, Bill: telefonisch interviewt im August 1990
HENDERSON, Ned: telefonisch interviewt im August 1990
HILLMAN, Imholtz: telefonisch interviewt im September 1990
HOBBS, Alma: persönlich interviewt im September 1990
KNIGHT, Alice: persönlich interviewt im September 1990, Oktober 1990
LITTEL, Max: telefonisch interviewt im August 1990
LYTLE, Steve: telefonisch interviewt im Februar 1990
MANN, Allen: persönlich interviewt im November 1990
MANN, Johnny: telefonisch interviewt im Oktober 1989, Dezember 1989
McBOYLE, John jun.: telefonisch interviewt im Mai 1991
OLNEY, Hugh: telefonisch interviewt im Januar 1992
PROCTOR, Norris: telefonisch interviewt im Februar 1991, Dezember 1991
RAMEY, LaTone: telefonisch interviewt im März 1991
REYNOLDS, Charlie: telefonisch interviewt im Januar 1992
RICHARDS, Myra: telefonisch interviewt im Januar 1990
RODDEN, Jack: persönlich interviewt im September 1989, November 1990, Januar 1992 – 1993
SAGER, Edward M.: telefonisch interviewt im August 1990
SAUNDERS, Dan: persönlich interviewt im November 1991
SPARKS, Elaine: telefonisch interviewt im Dezember 1989
SPARKS, Peggy: telefonisch interviewt im Juli 1991, September 1991
SPURLIN, F. E.: telefonisch interviewt im Februar 1990

STRINGFIELD, Leonard: persönlich interviewt im Juni 1989, Februar 1990, Mai 1990 – 1993
SULTEMEIER, Juanita: persönlich interviewt im Januar 1990, November 1990
TIFFANY, John G.: persönlich interviewt im September 1990
TRACEY, Tom: persönlich interviewt im September 1992
TUCKER, Merle: persönlich interviewt im August 1989, September 1991
TYREE, June: persönlich interviewt im August 1989
VALENZUELA, Juanita: telefonisch interviewt im Juni 1993
VEGH, Elaine: telefonisch interviewt im Februar 1990, März 1990
WACHTER, Helen: telefonisch interviewt im März 1990
WALSH, George: telefonisch interviewt im Dezember 1990
WELSH, Patty: telefonisch interviewt im Mai 1991
WILMOT, Terry: telefonisch interviewt im August 1989
WILMUTH, Nettie: telefonisch interviewt im September 1991

Während der Untersuchung gab es Dutzende von Leuten, die uns halfen. Einige von ihnen hielten sich 1947 in New Mexico auf, und durch ihre Jobs – entweder beim Militär, der Regierung oder im privaten Sektor – konnten sie die Ereignisse im Juli 1947 bezeugen.

BUSKIRK, Winfred: telefonisch interviewt im Juni 1991, August 1991, November 1991
CHAVEZ, Caroline: persönlich interviewt im Juni 1991
DICK, Herbert: telefonisch interviewt im Februar 1989, Juni 1991, Juli 1991
DRAKE, Robert: telefonisch interviewt im Mai 1991, Juli 1991
DUTTON, Bertha: telefonisch interviewt im Februar 1990, April 1991
FARR, Dave: telefonisch interviewt im August 1991
GIRARD, Harry: telefonisch interviewt im Oktober 1991
HAMILTON, Colin: telefonisch interviewt im September 1990
HIBBEN, Frank: telefonisch interviewt im Juni 1991, September 1991
HUBBLE, Frank: telefonisch interviewt im Juli 1991
HUDON, Betsy: telefonisch interviewt im Februar 1989, Juni 1989, Februar 1989
HURT, Wesley: telefonisch interviewt im Juli 1991
JONES, Milton: telefonisch interviewt im August 1989
JOSEPH, Paul: persönlich interviewt im Februar 1991
KELLEY, J. H. : telefonisch interviewt im Dezember 1989, Juni 1991
KRAFT, Gerald: telefonisch interviewt im August 1991

LYTLE, Chester: persönlich interviewt im Februar 1989,
April 1989, November 1990
MARTIN, Francis: telefonisch interviewt im April 1989
McKNIGHT, Daniel: telefonisch interviewt im Juli 1991
NORTHROP, Stuart: telefonisch interviewt im Juli 1991
PARKER, Jim: persönlich interviewt im September 1989
PLATT, Curtis: persönlich interviewt im April 1990, März 1991
SPICZKA, Florian: telefonisch interviewt im Dezember 1991
STUBBS, Al: telefonisch interviewt im Januar 1989
TOOMAN, William: telefonisch interviewt im August 1990
TOULESE, Carmey: telefonisch interviewt im März 1990
TULK, Christine: persönlich interviewt im Juli 1990, Januar 1992
WEBER, Robert: telefonisch interviewt im Juli 1991
WILLIAMEE, Ben: telefonisch interviewt im November 1991
WILLIAMEE, Geraldine: telefonisch interviewt im November 1991
YOUNG, Gary: telefonisch interviewt im August 1991

Als sich unser Wissen über die Ereignisse im Gebiet um Roswell verdichtete, wurde deutlich, daß während der Zeit des Absturzes sowohl Profi- als auch Amateurarchäologen in der Gegend gearbeitet hatten.

Wir nahmen Kontakt zu schätzungsweise zweihundertundfünfzig Archäologen auf, von denen wir Grund hatten anzunehmen, daß sie den Absturz gesehen oder wenigstens davon gehört hatten. Während die meisten Hinweise in Sackgassen endeten, dokumentiert die unten stehende Liste, die rund fünfundzwanzig Prozent derjenigen umfaßt, die wir interviewt haben, einen Teil unserer Suche nach den Archäologen.

ADEN, Robert, arbeitete 1947 für die University of New Mexico im Chaco Canyon; kontaktiert in Murfreesboro, Tennessee
AGOGINO, George, von der Eastern New Mexico University, kontaktiert in Portales, New Mexico
BANNISTER, Bryant, von der University of Arizona, kontaktiert in Tucson, Arizona
BECKETT, Patrick, von der New Mexico Pipeline Archaeology; kontaktiert in Las Cruces, New Mexico
BICE, Richard, ein Geologe, kontaktiert in Albuquerque, New Mexico
BLUHM, Elain, 1947 der University of Chicago angeschlossen, kontaktiert in Buffalo, New York
BLUMENTHAL, Earnest, der University of New Mexico angeschlossen, kontaktiert in Albuquerque, New Mexico

BUSKIRK, Winfred, 1947 der University of New Mexico angeschlossen, kontaktiert in San Antonio, Texas
CAMPBELL, T. N., der University of Texas angeschlossen, kontaktiert in Austin, Texas
COTTER, John, 1947 beim National Park Service, kontaktiert in Philadelphia, Pennsylvannia
DANSON, Edmund: 1947 Harvard-Student, kontaktiert in Sedona, Arizona
DICK, Herbert, 1947 Harvard-Student, kontaktiert in Glenwood, New Mexico, kurz bevor er starb
DITTERT, Alfred, 1947 Student der University of New Mexico, kontaktiert in Mesa, Arizona
DRAKE, Robert: der University of New Mexico angeschlossen, arbeitete 1947 im Graben des Chaco Canyon, kontaktiert in Boisevin, Manitoba, Kanada
DUTTON, Bertha, dem Laboratory of Anthropology angeschlossen, kontaktiert in Santa Fe, New Mexico
EGGAN, Fred, früher der University of Chicago angeschlossen, kontaktiert in Santa Fe, New Mexico, kurz bevor er starb
EIDENBACH, Peter: Salvage Archaeology angeschlossen, kontaktiert in Alamogordo, New Mexico
FERDON, Ed, dem Laboratory of Anthropology angeschlossen, kontaktiert in Tucson, Arizona
GRANGE, Roger, der University of Chicago angeschlossen, kontaktiert in Tampa, Florida
HARVEY, Herbert, der University of Minnesota angeschlossen, kontaktiert in Minneapolis, Minnesota
HAURY, Emil, früher der University of Arizona angeschlossen, kontaktiert in Tucson, Arizona, kurz bevor er starb
HAYES, Alden, dem Laboratory of Anthropology angeschlossen, kontaktiert in Santa Fe, New Mexico
HAYNES, Vance, arbeitete für den National Parks Service, kontaktiert in Portal, Arizona
HIBBEN, Frank, der University of New Mexico angeschlossen, arbeitete 1947 im Graben des Chaco Canyon, kontaktiert in Albuquerque, New Mexico
HOLDEN, W. Curry, früher der Texas Tech angeschlossen, kontaktiert in Lubbock, Texas, kurz bevor er starb
HURT; Wesley, 1947 Student der University of Michigan, kontaktiert in Albuquerque, New Mexico

JELINEK, Arthur, der University of Arizona angeschlossen, kontaktiert in Mesa, Arizona
JENNINGS, Jesse, arbeitete 1947 für den National Park Service, kontaktiert in Eugene, Oregon
KELLY, J. Charles, 1947 Student der University of Texas, kontaktiert in Alpine, Texas
KELLY, Jane Holden, 1947 Studentin der Texas Tech, kontaktiert in Calgary, Alberta, Kanada
LAMBERT, Marjorie, dem Laboratory of Anthropology angeschlossen, kontaktiert in Santa Fe, New Mexico
LANGE, Charles, der University of New Mexico angeschlossen, arbeitete 1947 am Graben des Chaco Canyon, kontaktiert in Santa Fe, New Mexico
LESLIE, Robert, ein Amateurarchäologe, kontaktiert in Hobbs, New Mexico, kurz bevor er starb
LONGACRE, William, 1947 der University of Chicago angeschlossen, kontaktiert in Tucson, Arizona
McKNIGHT, Dan, arbeitete von 1946-1947 in den Ebenen von San Agustin, kontaktiert in Glenwood, New Mexico
MEYER-OAKS, William, der Texas Tech angeschlossen, kontaktiert in Lubbock, Texas
MUNDT, Michael, Student der Texas Tech, kontaktiert in Lubbock, Texas
NETTING, Robert, 1947 der University of Chicago angeschlossen, kontaktiert in Tucson, Arizona
NORTHROP, Stuart, Geologe, kontaktiert in Albuquerque, New Mexico
PEARCE, William, der Texas Tech angeschlossen, kontaktiert in Lubbock, Texas
PECKHAM, Stewart, dem National Park Service angeschlossen, kontaktiert in Santa Fe, New Mexico
PIERSON, Lloyd, der University of New Mexico angeschlossen, arbeitete 1947 im Chaco Canyon, kontaktiert in Moab, Utah
PLOG, Fred, kontaktiert in Alamogordo, New Mexico, kurz bevor er starb
ROOSA, William, 1947 Student der University of New Mexico, kontaktiert in Albuquerque, New Mexico
SCHELLEY, Phillip, der Eastern New Mexico University angeschlossen, kontaktiert in Portales, New Mexico
SCHROEDER, Albert, dem National Park Service angeschlossen, kontaktiert in Santa Fe, New Mexico, kurz bevor er starb
SCHULTZ, Bertrand, ein der University of Nebraska angeschlossener Paläontologe, kontaktiert in Lincoln, Nebraska

SLOANE, Morton, der University of New Mexico angeschlossen, arbeitete 1947 im Graben des Chaco Canyon, kontaktiert in Morristown, New Jersey
SPETH, John, der University of Michigan angeschlossen, kontaktiert in Ann Arbor, Minnesota
STERN, Theodore, 1947 Student der University of Pennsylvania, kontaktiert in Eugene, Oregon
TOULOUSE, Carmy, kontaktiert in Albuquerque, New Mexico
WAILES, Bernard, der University of Pennsylvania angeschlossen, kontaktiert in Philadelphia, Pennsylvannia
WEBBER, Robert, ein Geologe, kontaktiert in Socorro, New Mexico
WEISMAN, Regge, dem Laboratory of Anthropology angeschlossen, kontaktiert in Santa Fe, New Mexico
WENDORFF, Fred, der Southern Methodist University angeschlossen, kontaktiert in Dallas, Texas
WHEAT, Joe Ben, 1947 Student der University of Texas, kontaktiert in Boulder, Colorado
WHITHOFT, John, der University of Pennsylvania angeschlossen, kontaktiert in West Chester, Pennsylvannia
WORMINGTON, Marie, der University of Denver angeschlossen, kontaktiert in Denver, Colorado

Anhang C

Die Dokumentation

Während der letzten paar Jahre sind Hunderte von Dokumenten freigegeben worden, die sich auf UFOs beziehen. Jahrelang tröpfelten sie nur spärlich, doch vor kurzem wurden Tausende erhältlich. Sie erzählen eine Geschichte von List und Täuschung, die im Juli 1947 begann und bis heute andauert. Die wenigen Dokumente, die folgen, sind eine repräsentative Auswahl des Materials, das Forscher nach dem Gesetz zur Freigabe von Informationen aufgedeckt haben – auf formelle Gesuche hin, bei Recherchen in Bibliotheken und auf Anfragen bei offiziellen Organisationen. Es gibt heute buchstäblich Tausende solcher Dokumente, doch diese demonstrieren besser als andere, daß UFOs real sind und die Regierung dies weiß.

In einer handschriftlichen Notiz auf dem unten abgebildeten Brief, datiert vom 10. Juli 1947, bezog sich J. Edgar Hoover auf die abgestürzten Scheiben, die geborgen wurden. Es wurden keine weiteren Informationen gefunden, die diese Notiz erklären, und niemand konnte bisher bestimmen, welche Fälle Hoover meinte. Viele der Fälle aus dieser Ära haben sich als Schwindel erwiesen, und anderen erhältlichen Dokumenten zufolge war das FBI daran beteiligt, sie zu entlarven. Offensichtlich bezog sich Hoover auf einen anderen Vorfall als die Schwindel in dieser Notiz.

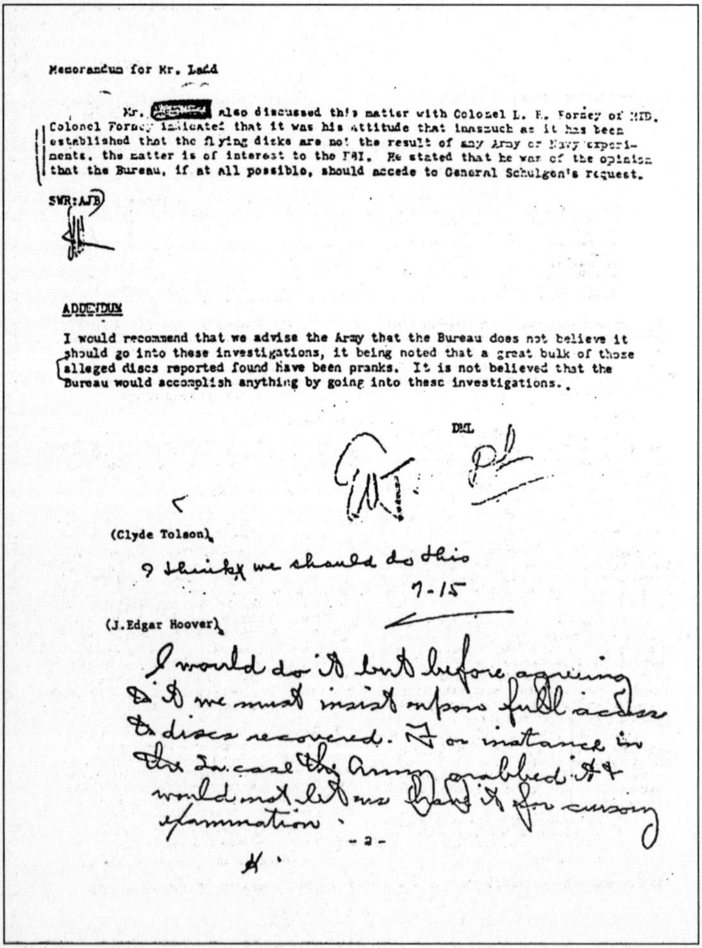

Memorandum for Mr. Ladd

Mr. [redacted] also discussed this matter with Colonel L. R. Forney of MID. Colonel Forney indicated that it was his attitude that inasmuch as it has been established that the flying disks are not the result of any Army or Navy experiments, the matter is of interest to the FBI. He stated that he was of the opinion that the Bureau, if at all possible, should accede to General Schulgen's request.

SWR:AJB

ADDENDUM

I would recommend that we advise the Army that the Bureau does not believe it should go into these investigations, it being noted that a great bulk of those alleged discs reported found have been pranks. It is not believed that the Bureau would accomplish anything by going into these investigations.

DML

(Clyde Tolson)

I think we should do this 7-15

(J.Edgar Hoover)

I would do it but before agreeing to it we must insist upon full access to discs recovered. For instance in the La. case the Army grabbed it & would not let us have it for cursory examination.

H.

- 2 -

Jahrelang leugnete die Air Force, daß es eine andere Untersuchung gebe als das öffentlich bestätigte »Project Blue Book«. Die Verordnungen der Luftwaffe beauftragten jedoch eindeutig eine andere Einheit, die in Fort Belvoir, Virginia, stationiert war, mit der Erforschung von UFOs. Die Verantwortung für die Untersuchung blieb beim AISS (Air Intelligence Squadron 4602d; Luftaufklärungs-Staffel 4602d) und nicht bei ATIC (Air Technical Intelligence Center; Lufttechnisches Nachrichtenzentrum) oder »Project Blue Book«.
(Übersetzung des vierseitigen Dokuments auf den folgenden Seiten)

*AFR 200–2
1–5

AIR FORCE REGULATION
NO. 200–2

DEPARTMENT OF THE AIR FORCE
WASHINGTON, 12 AUGUST 1954

INTELLIGENCE

Unidentified Flying Objects Reporting (Short Title: UFOB)

1. Purpose and Scope. This Regulation establishes procedures for reporting information and evidence pertaining to unidentified flying objects and sets forth the responsibility of Air Force activities in this regard. It applies to all Air Force activities.

2. Definitions:

a. *Unidentified Flying Objects (UFOB)*—Relates to any airborne object which by performance, aerodynamic characteristics, or unusual features does not conform to any presently known aircraft or missile type, or which cannot be positively identified as a familiar object.

b. *Familiar Objects*—Include balloons, astronomical bodies, birds, and so forth.

3. Objectives. Air Force interest in unidentified flying objects is twofold: First as a possible threat to the security of the United States and its forces, and secondly, to determine technical aspects involved.

a. *Air Defense*. To date, the flying objects reported have imposed no threat to the security of the United States and its Possessions. However, the possibility that new air vehicles, hostile aircraft or missiles may first be regarded as flying objects by the initial observer is real. This requires that sightings be reported rapidly and as completely as information permits.

b. *Technical*. Analysis thus far has failed to provide a satisfactory explanation for a number of sightings reported. The Air Force will continue to collect and analyze reports until all sightings can be satisfactorily explained, bearing in mind that:

(1) To measure scientific advances, the Air Force must be informed on experimentation and development of new air vehicles.

(2) The possibility exists that an air vehicle of revolutionary configuration may be developed.

(3) The reporting of all pertinent factors will have a direct bearing on the success of the technical analysis.

4. Responsibility:

a. *Reporting*. Commanders of Air Force activities will report all information and evidence that may come to their attention, including that received from adjacent commands of the other services and from civilians.

b. *Investigation*. Air Defense Command will conduct all field investigations within the ZI, to determine the identity of any UFOB.

c. *Analysis*. The Air Technical Intelligence Center (ATIC), Wright-Patterson Air Force Base, Ohio, will analyze and evaluate: All information and evidence reported within the ZI after the Air Defense Command has exhausted all efforts to identify the UFOB; and all information and evidence collected in oversea areas.

d. *Cooperation*. All activities will cooperate with Air Defense Command representatives to insure the economical and prompt success of an investigation, including the furnishing of air and ground transportation, when feasible.

5. Guidance. The thoroughness and quality of a report or investigation into incidents of unidentified flying objects are limited only by the resourcefulness and imagination of the person responsible for preparing the report. Guidance set forth below is based on experience and has been found helpful in evaluating incidents:

a. Theodolite measurements of changes of azimuth and elevation and angular size.

b. Interception, identification, or air search

*This Regulation supersedes AFR 200–2, 26 August 1953, including Change 200–2A, 2 November 1953.

action. These actions may be taken if appropriate and within the scope of existing air defense regulations.

c. Contact with local aircraft control and warning (AC&W) units, ground observation corps (GOC) posts and filter centers, pilots and crews of aircraft aloft at the time and place of sighting whenever feasible, and any other persons or organizations which may have factual data bearing on the UFOB or may be able to offer corroborating evidence, electronic or otherwise.

d. Consultation with military or civilian weather forecasters to obtain data on: Tracks of weather balloons released in the area, since these often are responsible for sightings; and any unusual metrorological activity which may have a bearing on the UFOB.

e. Consultation with astronomers in the area to determine whether any astronomical body or phenomenon would account for or have a bearing on the observation.

f. Contact with military and civilian tower operators, air operations offices, and so forth, to determine whether the sighting could be the result of misidentification of known aircraft.

g. Contact with persons who might have knowledge of experimental aircraft of unusual configuration, rocket and guided missile firings, and so forth, in the area.

6. ZI Collection. The Air Defense Command has a direct interest in the facts pertaining to UFOB's reported within the ZI and has, in the 4602d Air Intelligence Service Squadron (AISS), the capability to investigate these reports. The 4602d AISS is composed of specialists trained for field collection and investigation of matters of air intelligence interest which occur within the ZI. This squadron is highly mobile and deployed throughout the ZI as follows: Flights are attached to air defense divisions, detachments are attached to each of the defense forces, and the squadron headquarters is located at Peterson Field, Colorado, adjacent to Headquarters, Air Defense Command. Air Force activities, therefore, should establish and maintain liaison with the nearest element of this squadron. This can be accomplished by contacting the appropriate echelon of the Air Defense Command as outlined above.

a. All Air Force activities are authorized to conduct such preliminary investigation as may be required for reporting purposes; however, investigations should not be carried beyond this point, unless such action is requested by the 4602d AISS.

b. On occasions—after initial reports are submitted—additional data is required which can be developed more economically by the nearest Air Force activity, such as: narrative statements, sketches, marked maps, charts, and so forth. Under such circumstances, appropriate commanders will be contacted by the 4602d AISS.

c. Direct communication between echelons of the 4602d AISS and Air Force activities is authorised.

7. Reporting. All information relating to UFOB's will be reported promptly. The method (electrical or written) and priority of dispatch will be selected in accordance with the apparent intelligence value of the information. In most instances, reports will be made by electrical means: Information over 24 hours old will be given a "deferred" precedence. Reports over 3 days old will be made by written report prepared on AF Form 112, Air Intelligence Information Report, and AF Form 112a, Supplement to AF Form 112.

a. *Addressees:*

(1) *Electrical Reports.* All electrical reports will be multiple addressed to:

(a) Commander, Air Defense Command, Ent Air Force Base, Colorado Springs, Colorado.

(b) Nearest Air Division (Defense). (For ZI only.)

(c) Commander, Air Technical Intelligence Center, Wright-Patterson Air Force Base, Ohio.

(d) Director of Intelligence, Headquarters USAF, Washington 25, D. C.

(2) *Written Reports:*

(a) Within the ZI, reports will be submitted direct to the Air Defense Command. Air Defense Command will reproduce the report and distribute it to interested ZI intelligence agencies. The original report together with notation of the distribution effected then will be forwarded to the Director of Intelligence, Headquarters USAF, Washington 25, D. C.

(b) Outside the ZI, reports will be submitted direct to Director of Intelligence, Headquarters USAF, Washington 25, D. C. as prescribed in "Intelligence Collection Instructions" (ICI), June 1954.

b. *Short Title.* "UFOB" will appear at the beginning of the text of electrical messages and in the subject of written reports.

c. *Negative Data.* The word "negative" in reply to any numbered item of the report format will indicate that all logical leads were developed without success. The phrase "not applicable" (N/A) will indicate that the question does not apply to the sighting being investigated.

d. *Report Format.* Reports will include the following numbered items:

(1) Description of the object(s):

(a) Shape.

(b) Size compared to a known object (use one of the following terms: Head of a pin, pea, dime, nickel, quarter, half dollar, silver dollar, baseball, grapefruit, or basketball) held in the hand at about arms length.

(c) Color.

(d) Number.

(e) Formation, if more than one.

(f) Any discernible features or details.

(g) Tail, trail, or exhaust, including size of same compared to size of object(s).

(h) Sound. If heard, describe sound.

(i) Other pertinent or unusual features.

(2) Description of course of object(s):

(a) What first called the attention of observer(s) to the object(s)?

(b) Angle of elevation and azimuth of the object(s) when first observed.

(c) Angle of elevation and azimuth of object(s) upon disappearance.

(d) Description of flight path and maneuvers of object(s).

(e) Manner of disappearance of object(s).

(f) Length of time in sight.

(3) Manner of observation:

(a) Use one or any combination of the following items: Ground-visual, ground-electronic, air-electronic. (If electronic, specify type of radar.)

(b) Statement as to optical aids (telescopes, binoculars, and so forth) used and description thereof.

(c) If the sighting is made while airborne, give type aircraft, identification number, altitude, heading, speed, and home station.

(4) Time and date of sighting:

(a) Zulu time-date group of sighting.

(b) Light conditions (use one of the following terms): Night, day, dawn, dusk.

(5) Locations of observer(s). Exact latitude and longitude of each observer, or Georef position, or position with reference to a known landmark.

(6) Identifying information of all observer(s):

(a) Civilian—Name, age, mailing address, occupation.

(b) Military—Name, grade, organization, duty, and estimate of reliability.

(7) Weather and winds-aloft conditions at time and place of sightings:

(a) Observer(s) account of weather conditions.

(b) Report from nearest AWS or U. S. Weather Bureau Office of wind direction and velocity in degrees and knots at surface, 6,000', 10,000', 16,000', 20,000', 30,000', 50,000', and 80,000', if available.

(c) Ceiling.

(d) Visibility.

(e) Amount of cloud cover.

(f) Thunderstorms in area and quadrant in which located.

(8) Any other unusual activity or condition, meteorological, astronomical, or otherwise, which might account for the sighting.

(9) Interception or identification action taken (such action may be taken whenever feasible, complying with existing air defense directives).

(10) Location of any air traffic in the area at time of sighting.

(11) Position title and comments of the preparing officer, including his preliminary analysis of the possible cause of the sighting(s).

(12) Existence of physical evidence, such as materials and photographs.

e. *Security.* Reports should be unclassified unless inclusion of data required by d above necessitates a higher classification.

8. Evidence. The existence of physical evidence (photographs or materiel) will be promptly reported.

a. *Photographic:*

(1) *Visual.* The negative and two prints will be forwarded, all original film, including wherever possible both prints and negatives, will be titled or otherwise properly identified as to place, time, and date of the incident

AFR 200-2
8-9

(see "Intelligence Collection Instructions" (ICI), June 1954).

(2) *Radar*. Two copies of each print will be forwarded. Prints of radarscope photography will be titled in accordance with AFR 95-7 and forwarded in compliance with AFR 95-6.

b. *Materiel*. Suspected or actual items of materiel which come into possession of any Air Force echelon will be safeguarded in such manner as to prevent any defacing or alteration which might reduce its value for intelligence examination and analysis.

9. **Release of Facts.** Headquarters USAF will release summaries of evaluated data which will inform the public on this subject. In response to local inquiries, it is permissible to inform news media representatives on UFOB's when the object is positively identified as a familiar object (see paragraph 2b), except that the following type of data warrants protection and should not be revealed: Names of principles, intercept and investigation procedures, and classified radar data. For those objects which are not explainable, only the fact that ATIC will analyse the data is worthly of release, due to the many unknowns involved.

By Order of the Secretary of the Air Force:

Official:

K. E. THIEBAUD
Colonel, USAF
Air Adjutant General

N. F. TWINING
Chief of Staff, United States Air Force

DISTRIBUTON:
8; X:
ONI, Department of the Navy 200
G-2, Department of the Army 10

Übersetzung des auf den Seiten 263 bis 265 abgebildeten Dokuments

Air-Force-Verordnung
Nr. 200-2

Luftwaffenministerium,
Washington, 12. August 1954.

Aufklärung
Berichte über unidentifizierte Flugobjekte

1. Zweck und Geltungsbereich:
Diese Verordnung regelt das Meldeverfahren für Informationen und Hinweise zu unidentifizierten Flugobjekten und gibt die Zuständigkeit der Air-Force-Dienststellen in diesem Bereich bekannt. Sie gilt für alle Dienststellen der Air Force.

2. Definitionen:

a. *Unidentifizierte Flugobjekte (UFOB)*
bezieht sich auf alle Objekte in der Luft, die in ihrem Flugverhalten, aerodynamischen Eigenschaften oder ungewöhnlichen Merkmalen nicht einem gegenwärtig bekannten Flugzeug- oder Raketentyp entsprechen oder sich nicht eindeutig als bekanntes Objekt identifizieren lassen.

b. *Bekannte Objekte* sind Ballons, Himmelskörper, Vögel und so weiter.

Übersetzung des auf den Seiten 263 bis 265 abgebildeten Dokuments – Fortsetzung

3. Zielsetzungen:
Die Air Force hat ein zweifaches Interesse an unidentifizierten Flugobjekten: erstens als eine mögliche Bedrohung der Sicherheit der Vereinigten Staaten und ihrer Streitkräfte und zweitens an der Feststellung von technischen Aspekten, die mit ihnen verbunden sind.

a. *Luftverteidigung.*
Bis heute haben die gemeldeten Flugobjekte keine Bedrohung der Sicherheit der Vereinigten Staaten und ihrer Besitzungen dargestellt. Es besteht jedoch die reale Möglichkeit, daß neue Flugkörper, feindliche Flugzeuge oder Raketen vom Erstbeobachter zunächst für unbekannte Flugobjekte gehalten werden. Das erfordert eine schnelle und so umfassende Meldung der Beobachtungen, wie es der Informationsstand erlaubt.

b. *Technisch.*
Die Analysen haben bisher keine zufriedenstellende Erklärung für eine Reihe der gemeldeten Sichtungen erbracht. Die Air Force wird fortfahren, Berichte zu sammeln und zu analysieren, bis alle Sichtungen zufriedenstellend erklärt werden können, und zwar vor dem Hintergrund der Tatsache, daß

(1) die Air Force über Versuchsreihen und Entwicklungen zu neuen Flugkörpern unterrichtet sein muß, um die wissenschaftlichen Fortschritte einzuschätzen.

(2) die Möglichkeit besteht, daß vielleicht ein Flugkörper von revolutionärer Bauart entwickelt wird.

(3) die Berichterstattung über alle einschlägigen Faktoren sich unmittelbar auf den Erfolg der technischen Analyse auswirken wird.

4. Zuständigkeit:

a. *Meldung.*
Kommandeure von Einheiten der Air Force melden alle Informationen und Hinweise, die ihnen zu Ohren kommen, auch solche, die sie von benachbarten Kommandos anderer Dienststellen und von Zivilisten erfahren.

b. *Ermittlung.*
Das Air Defense Command führt alle Felduntersuchungen im Inland durch, um die Identität jedes unidentifizierten Flugobjekts festzustellen.

c. *Analyse.*
Das Air Technical Intelligence Center (ATIC), Wright-Patterson-Air-Force-Basis, Ohio, führt die Analyse und Auswertung folgender Informationen durch: alle Meldungen und Hinweise aus dem Inland, nachdem das Air Defense Command alle Möglichkeiten zur Identifizierung des unidentifizierten Flugobjekts ausgeschöpft hat; sowie aller Informationen und Hinweise, die im Ausland gesammelt werden.

d. *Zusammenarbeit.*
Alle Einheiten arbeiten mit Vertretern des Air Defense Command zusammen, um umgehenden Erfolg einer Ermittlung mit möglichst geringen Mitteln zu gewährleisten. Das schließt im Rahmen des Machbaren die Bereitstellung von Transportmöglichkeiten zu Land und zur Luft ein.

Übersetzung des auf den Seiten 263 bis 265 abgebildeten Dokuments – Fortsetzung

5. Hinweise zur Durchführung:
Die Sorgfalt und Qualität eines Berichtes oder einer Untersuchung zu Vorfällen mit unidentifizierten Flugobjekten ist lediglich durch die Flexibilität und Vorstellungskraft desjenigen begrenzt, der für den Bericht verantwortlich ist. Die unten ausgeführte Anleitung basiert auf Erfahrungen und hat sich als nützlich für die Bewertung von Vorfällen erwiesen:

a. Theodolitmessungen von Änderungen des Horizontal- und Höhenwinkels und Winkelangaben.
b. Abfangversuch, Identifikation oder Suchaktion in der Luft. Diese Maßnahmen können ergriffen werden, wenn sie angebracht und im Rahmen bestehender Dienstvorschriften zur Luftverteidigung zulässig sind.
c. Soweit machbar, Kontakt herstellen mit örtlichen Luftraum-Kontrollstellen und Warndienststellen, Radarflugmeldungen und Leitzentralen, Piloten und Besatzungen von Flugzeugen, die sich zur Zeit der Beobachtung an Ort und Stelle in der Luft befinden, und mit allen sonstigen Personen oder Einrichtungen, die über genaue Daten bezüglich des unbekannten Flugobjekts verfügen oder in der Lage sein könnten, elektronische oder sonstige Belege zur Erhärtung beizutragen.
d. Konsultation militärischer oder ziviler Wetterstationen, um Daten zu erhalten über: Flugbahnen von Wetterballons, die in der Umgebung aufgestiegen sind, da diese häufig die Ursache solcher Beobachtungen bilden; und alle ungewöhnlichen meteorologischen Vorgänge, die mit dem unidentifizierten Flugobjekt in Verbindung stehen könnten.
e. Konsultation von Astronomen der Umgebung, um festzustellen, ob irgendein astronomisches Gestirn oder Phänomen für die Beobachtung verantwortlich sein oder mit ihr in Zusammenhang stehen könnte.
f. Kontakt mit dem Personal der Kontrolltürme militärischer und ziviler Flughäfen, Luftverkehrsbehörden und so weiter, um festzustellen, ob die Beobachtung auf die Fehlidentifikation eines bekannten Flugzeugs zurückzuführen sein könnte.
g. Kontakt mit Personen herstellen, die Kenntnis von Versuchsflugzeugen ungewöhnlicher Bauart, Abschüssen von Raketen und Lenkflugkörpern und so weiter in der Umgebung haben könnten.

6. Inlandsermittlung:
Das Air Defense Command hat ein unmittelbares Interesse an den Fakten, die sich auf im Inland gemeldete unidentifizierte Flugobjekte beziehen, und verfügt mit dem Air Intelligence Service Squadron 4602d (AISS; Luftaufklärungs-Staffel 4602d) über die Möglichkeit, diese Berichte zu untersuchen. Das AISS 4602d besteht aus Fachleuten, die für die Felderfassung und -Untersuchung von Vorkommnissen im Inland ausgebildet sind, welche von Interesse für die Luftaufklärung sind. Diese Staffel ist extrem mobil und im Inland wie folgt stationiert: Schwärme sind den Luftverteidigungsdivisionen angegliedert; Kommandostellen sind allen Verteidigungsstreitkräften angegliedert; das Hauptquartier der Staffel ist in Peterson Field, Colorado, beim Hauptquartier des Air Defense Command

Übersetzung des auf den Seiten 263 bis 265 abgebildeten Dokuments – Fortsetzung

stationiert. Einheiten der Air Force sollten daher Verbindung zu der nächstgelegenen Einheit dieser Staffel aufnehmen und halten. Dies läßt sich herstellen, indem Sie, wie oben dargelegt, mit der entsprechenden Stelle des Air Defense Command Kontakt aufnehmen.

a. Alle Einheiten der Air Force sind befugt, vorläufige Ermittlungen soweit durchzuführen, wie es zum Zwecke der Berichterstattung erforderlich ist; darüber hinaus sind jedoch keine Ermittlungen anzustellen, sofern sie nicht vom AISS 4602d ausdrücklich angefordert werden.

b. Gelegentlich werden – nachdem erste Berichte eingereicht wurden – zusätzliche Unterlagen angefordert, die sich wirtschaftlicher von der nächstgelegenen Air-Force-Einheit beibringen lassen, zum Beispiel: mündliche Aussagen, Zeichnungen, markierte Karten, Grafiken und so weiter. In diesen Fällen nimmt das AISS 4602d Kontakt mit den jeweiligen Kommandeuren auf.

c. Unmittelbarer Kontakt zwischen Einheiten des AISS 4602d und der Air Force ist erlaubt.

7. Meldung:

Alle Informationen über unidentifizierte Flugobjekte sind umgehend zu melden. Art (telegrafisch oder schriftlich) und Dringlichkeit der Übermittlung werden der offenbaren Bedeutung der Mitteilung für Aufklärungszwecke entsprechend gewählt. In den meisten Fällen empfiehlt sich eine telegrafische Übermittlung: Informationen, die mehr als 24 Stunden alt sind, wird der Zusatz »verzögert« vorangestellt. Meldungen, die mehr als drei Tage alt sind, werden schriftlich auf Air-Force-Formblatt 112, »Air Intelligence Information Report« und auf Air-Force-Formblatt 112a, Ergänzungsblatt zu Air-Force-Formblatt 112, eingereicht.

a. *Adressaten.*

1) *Telegrafische Meldungen.*
Telegrafische Meldungen sind an alle folgenden Adressen zu richten:
   a) Kommandeur des Air Defense Command, Air Force Base, Colorado Springs, Colorado.
   b) Die nächstgelegene Division der Luftverteidigungsstreitkräfte. (Nur im Inland.)
   c) Kommandeur des Air Technical Intelligence Center, Wright-Patterson-Air-Force-Basis, Ohio.
   d) Direktor des Nachrichtendienstes, USAF-Hauptquartier, Washington 25, D.C.

2) *Schriftliche Meldungen.*
   a) Im Inland sind Meldungen unmittelbar an das Air Defense Command zu richten. Das Air Defense Command vervielfältigt die Meldung und leitet sie an die zuständigen Nachrichtendienststellen im Inland weiter. Der Originalbericht wird mit dem Vermerk der erfolgten Verteilung an den Direktor des Nachrichtendienstes, USAF-Hauptquartier, Washington 25, D.C., weitergeleitet.

Übersetzung des auf den Seiten 263 bis 265 abgebildeten Dokuments – Fortsetzung

b) Außerhalb des Inlandsbereiches sind Meldungen nach Vorschrift »Intelligence Collection Instructions« (ICI) von Juni 1954 unmittelbar an den Direktor des Nachrichtendienstes, USAF-Hauptquartier, Washington 25, D.C. zu richten.

b. *Kurztitel.*
»UFOB« steht am Textanfang telegrafischer Meldungen und im Betreff schriftlicher Meldungen.

c. *Negativdaten.*
Das Wort »negativ« in Beantwortung eines der numerierten Punkte des Berichtsschemas bedeutet, daß alle logischen Anhaltspunkte ohne Erfolg angewandt wurden. Der Ausdruck »nicht anwendbar« (N/A) bedeutet, daß die Frage auf die betreffende Beobachtung nicht zutrifft.

d. *Berichtsschema.*
Meldungen richten sich nach den folgenden numerierten Punkten:

1) Beschreibung des Objekts (der Objekte):
   a) Form
   b) Größe im Vergleich zu einem bekannten Objekt (verwenden Sie einen der folgenden Begriffe: (Stecknadelkopf, Erbse, 10-Cent-Münze, 5-Cent-Munze, 25-Cent-Munze, 50-Cent-Munze, Dollarmunze, Silberdollarmünze, Baseball, Grapefruit oder Basketball), das etwa auf Armlänge in der Hand gehalten wird.
   c) Farbe
   d) Anzahl
   e) Formation, falls mehr als ein Objekt
   f) Erkennbare Kennzeichen oder Merkmale
   g) Schwanz, Kondens- oder Abgasspur, einschließlich der Größe derselben im Vergleich zur Größe des Objekts
   h) Geräusch; gegebenenfalls beschreiben
   i) Weitere auffallende oder ungewöhnliche Merkmale

(2) Beschreibung der Flugbahn des Objekts (der Objekte):
   a) Wodurch wurde(n) der (die) Beobachter zuerst auf das (die) Objekt(e) aufmerksam?
   b) Horizontal- und Höhenwinkel des(r) Objekts(e) zu Beginn der Beobachtung.
   c) Horizontal- und Höhenwinkel des(r) Objekts(e) beim Verschwinden.
   d) Beschreibung der Flugbahn und Flugmanöver des(r) Objekts(e).
   e) Art des Verschwindens des(r) Objekts(e).
   f) Dauer der Beobachtung.

(3) Art der Beobachtung:
   a) Verwenden Sie eine oder mehrere der folgenden Kombinationen: Boden-visuell, Boden-elektronisch, Luft-elektronisch. (Falls elektronisch, Art des Radargeräts angeben.)
   b) Verwendete optische Hilfsmittel (Fernrohr, Fernglas und so weiter) und deren Beschreibung.

Übersetzung des auf den Seiten 263 bis 265 abgebildeten Dokuments – Fortsetzung

c) Falls die Beobachtung während eines Fluges gemacht wurde, geben Sie Flugzeugtyp, Kennung, Höhe, Kurs, Geschwindigkeit und Heimatstandort an.

(4) Zeit und Datum der Beobachtung:
a) Datum und Ortszeit der Beobachtung.
b) Lichtverhältnisse (verwenden Sie einen der folgenden Begriffe): Nacht, Tag, Morgendämmerung, Abenddämmerung.

(5) Position des(r) Beobachter(s). Genaue Angabe des Längen- und Breitengrades eines jeden Beobachters, der Georeferenz-Position oder der Position im Verhältnis zu bekannten Geländepunkten.

(6) Angaben zur Identität alle Beobachter:
a) Zivilisten: Name, Alter, Anschrift, Beruf.
b) Militärs: Name, Dienstgrad, Einheit, Aufgabenbereich und Einschätzung der Zuverlässigkeit.

(7) Örtliche Wetter- und Höhenwindverhältnisse zur Zeit der Beobachtung:
a) Beschreibung der Wetter- und Windverhältnisse durch den (die) Beobachter.
b) Bericht der nächstgelegenen Flugwetterwarte oder des US-Wetteramtes über Windrichtung und -geschwindigkeit in Grad und Knoten in einer Höhe von 1.800, 3.000, 4.800, 6.000, 9.000, 15.000 und 25.000 Metern, soweit verfügbar.
c) Bewölkung.
d) Sichtverhältnisse.
e) Dichte der Wolkendecke.
f) Gewitter in der Umgebung unter Angabe des Quadranten.

(8) Ungewöhnliche Vorgänge oder Bedingungen meteorologischer, astronomischer oder sonstiger Art, die für die Beobachtung verantwortlich sein könnten.

(9) Erfolgte Abfang- oder Identifikationsmaßnahmen (solche Maßnahmen sind im Rahmen der Möglichkeiten und der bestehenden Dienstvorschriften für die Luftverteidigung zulässig).

(10) Positionsfeststellung allen Flugverkehrs in der Umgebung zur Zeit der Beobachtung.

(11) Stellung und Anmerkungen des Berichterstattenden, einschließlich seiner vorläufigen Analyse der möglichen Ursache für die Beobachtung(en).

(12) Angabe von vorhandenem Beweismaterial, zum Beispiel Materialien und Fotografien.

e. *Sicherheit.*
Berichte sollten nicht klassifiziert werden, es denn, die Angabe von Daten unter Punkt d. erfordert eine höhere Klassifikation.

8. Beweismaterial:
Das Vorhandensein von Beweismaterial (Fotografien oder Materialien) ist umgehend zu melden.

Übersetzung des auf den Seiten 263 bis 265 abgebildeten Dokuments – Fortsetzung

a) *Fotografische Unterlagen:*
   1) *Visuell.*
   Weiterzuleiten sind das Negativ und zwei Abzüge; jeder Originalfilm, der nach Möglichkeit sowohl Abzüge als auch Negative umfaßt, ist auszuzeichnen oder auf sonstige Weise zu kennzeichnen mit Ort, Zeit und Datum des Vorkommnisses (siehe »Intelligence Collection Instructions« [ICI], Juni 1954).
   2) *Radar.*
   Weiterzuleiten sind zwei Kopien jedes Ausdrucks. Abzüge von Radarsichtgerät-Aufnahmen sind nach Air-Force-Dienstvorschrift 95-7 auszuzeichnen und gemäß Air-Force-Dienstvorschrift 95-6 weiterzuleiten.

b) *Material:*
   Mutmaßliches oder tatsächliches Material, das in den Besitz eines Truppenteils der Air Force gelangt, ist so aufzubewahren, daß jede Beeinträchtigung oder Veränderung verhindert wird, die seinen Wert für eine aufklärende Untersuchung und Analyse schmälern könnte.

9. Veröffentlichung von Fakten: Das Hauptquartier der US-Air Force wird Zusammenfassungen ausgewerteter Daten herausgeben, die die Öffentlichkeit über dieses Thema informieren. Auf örtliche Nachfragen ist es zulässig, Medienvertreter über UFOs zu informieren, sofern das Objekt eindeutig als bekanntes Objekt (siehe Paragraph 2b) identifiziert wurde; von der Veröffentlichung ausgenommen sind folgende Angaben, die des Schutzes bedürfen: Namen der Hauptbeteiligten, Abfang- und Aufklärungsmaßnahmen und klassifizierte Radardaten. Für Objekte, die nicht zu erklären sind, ist lediglich die Tatsache erwähnenswert, daß aufgrund der vielen unbekannten Parameter das ATIC die Daten auswerten wird.

Auf Erlaß des Secretary of the Air Force:

N.F. TWINING
Stabschef,
United States Air Force

Vertreter:
K. E. THIEBAUD
Oberst, US-Air Force
Generaladjutant

Verteiler:
S; X:
ONI, Department of the Navy 200
G-2, Department of the Army 10

Obwohl die Luftwaffe leugnete, daß es je ein »Project Moon Dust« gegeben habe, beweisen verschiedene Dokumente nicht nur, daß es existierte, sondern daß es sowohl innerhalb als auch außerhalb der Vereinigten Staaten operierte. Die Dokumente (nachfolgend drei Beispiele) beweisen auch, daß »Moon Dust« mit UFO-Material zu tun hatte. Dies bedeutet schlicht, daß die Vereinigten Staaten Verordnungen und Teams besaßen, die in der Bergung von »Weltraumtrümmern« ausgebildet waren.

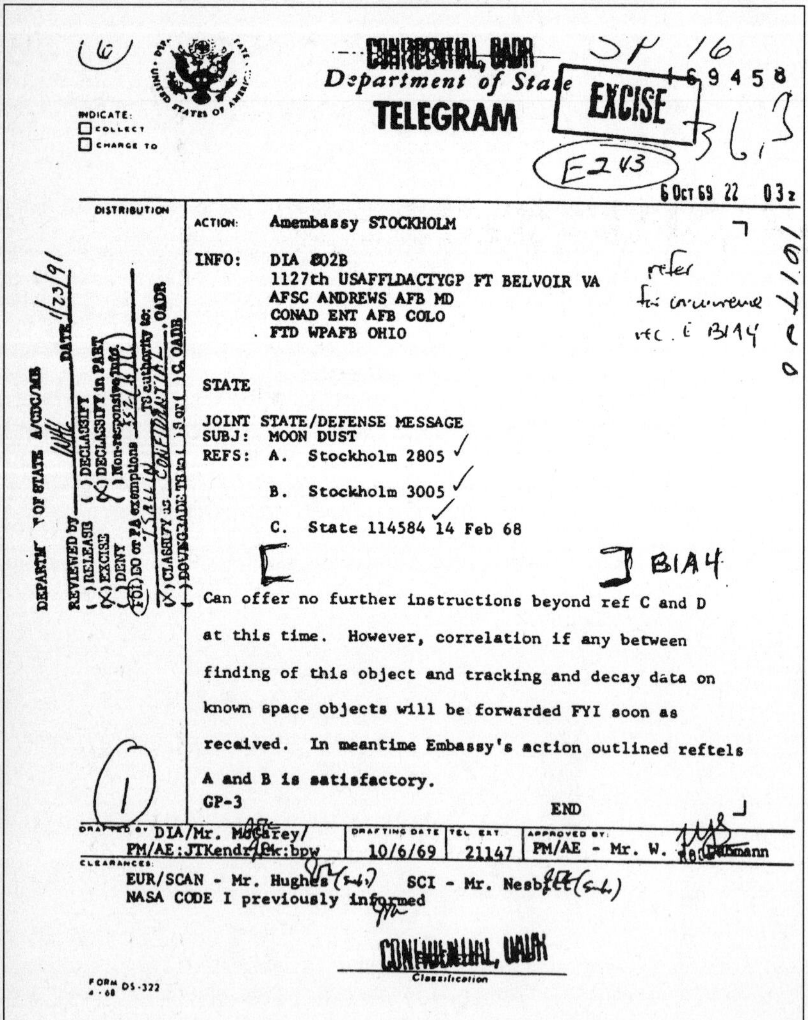

CONFIDENTIAL, GADR

Department of State

TELEGRAM

EXCISE

169458

INDICATE: COLLECT / CHARGE TO

6 OCT 69 22 03z

DISTRIBUTION

ACTION: Amembassy STOCKHOLM

INFO: DIA 802B
1127th USAFFLDACTYGP FT BELVOIR VA
AFSC ANDREWS AFB MD
CONAD ENT AFB COLO
FTD WPAFB OHIO

STATE

JOINT STATE/DEFENSE MESSAGE
SUBJ: MOON DUST
REFS: A. Stockholm 2805
B. Stockholm 3005
C. State 114584 14 Feb 68

Can offer no further instructions beyond ref C and D at this time. However, correlation if any between finding of this object and tracking and decay data on known space objects will be forwarded FYI soon as received. In meantime Embassy's action outlined reftels A and B is satisfactory.
GP-3

END

DEPARTMENT OF STATE A/CDC/MR
REVIEWED by ______ DATE 1/23/91
( ) RELEASE ( ) DECLASSIFY
(X) EXCISE (X) DECLASSIFY in PART
( ) DENY ( ) Non-responsive info.
FOI, EO or PA exemptions ______
(X) CLASSIFY as CONFIDENTIAL, OADR
( ) DOWNGRADE TS to ( ) S or ( ) C, OADR

DRAFTED BY: DIA/Mr. McCarey/ PM/AE:JTKendrick:bpw | DRAFTING DATE: 10/6/69 | TEL. EXT: 21147 | APPROVED BY: PM/AE - Mr. W. Dahmann

CLEARANCES:
EUR/SCAN - Mr. Hughes (subs) SCI - Mr. Nesbitt (subs)
NASA CODE I previously informed

CONFIDENTIAL, GADR
Classification

FORM DS-322 4-68

E 201

FILE DESIGNATION

[redacted]

PRIORITY
PRIORITY

DIA

[redacted]

INFO: 1127TH USAFFLDACTYOS FT LULVOIR VA
AFSC ANDREWS AFB MD
FTD WPAFB OHIO
CINCSTRIKE

SECRET NO FORN LIMDIS [redacted] DIACO-2B ____ Jul 63.

1127th for ATNIAD for ATNIAAB; AFSC for SCFD; FTD for TDAFP;

CINCSTRIKE for J2.

SUBJECT: MOON DUST (U)

References: [redacted]

This message in three parts.

PART ONE. [redacted] Ref a, Part Three, awaiting arrival of film, which FTD will process. Results of examination will determine whether dispatch of technical team would be necessary, and what you can tell COM Defense Secretary as to identity of object. Agree film should remain unclassified. Will forward

76
Jul
1

[redacted]

DIACO-2B

Coord

[redacted]

two copies all prints as you request.

PART TWO. [redacted] Ref b, due increasing political sensitivity this case and [redacted] desire no retransmittal ref a and subsequent traffic at this time. Suggest [redacted] query DIACO-2B for guidance if approached by [redacted] in this matter.

PART THREE. [redacted] Ref c, Part Eight, Request you take no action unless tasked by DIA. GP 1

M/R: By ref a, [redacted] advised sequence [redacted] in obtaining MOON DUST specimens, advised film of nose cone photographed by DATT on 19 July being forwarded unprocessed to DIACO-2B, and requested copies of prints of film for [redacted] as well as guidance as to what DATT can tell [redacted] as to identity of object photographed. By ref b, [redacted] requested permission to retransmit ref a [redacted] By ref c, FTD requested FTD team [redacted] see items in possession [redacted] or to courier these items back to [redacted] and further requested [illegible] of [redacted] By ref [illegible] [redacted] [illegible] our knowledge of [redacted] this matter, and state we cannot approach [redacted] on any of the objects which [redacted] had in their possession. MSG above coordinated with DIACO-D in draft.

[redacted]

2 2

DEPARTMENT OF THE AIR FO[RCE]
HEADQUARTERS UNITED STATES AIR FORCE
WASHINGTON 25, D.C.

REPLY TO ATTN OF: AFCIN-1E-O/Colonel Betz

SUBJECT: (U) AFCIN Intelligence Team Personnel   3 NOV 1961

TO: AFCIN-1E
AFCIN-1
IN TURN

PROBLEM:

1. (U) To provide qualified personnel for AFCIN intelligence teams.

[illegible]
Lt Colonel, USAF

FACTORS BEARING ON THE PROBLEM:

2.

c. In addition to their staff duty assignments, intelligence team personnel have peacetime duty functions in support of such Air Force projects as Moondust, Bluefly, and UFO, and other AFCIN directed quick reaction projects which require intelligence team operational capabilities (see Definitions).

d. Normal personnel attrition, through PCS, discharge, retirement, etc., has reduced the number of intelligence team qualified personnel below a minimum requirement, and programmed personnel losses within the next ten months will halve the current manning.

e. Personnel actions within the authority of AFCIN, AFCIN and AFCIN-1E can be taken to reverse the trend toward diminishment of the intelligence team capability.

3.

---

4. [redacted] Criteria.

a. Intelligence team personnel can perform effectively only with an adequate background of training and experience. Inadequately qualified personnel in such assignment would be a liability rather than an asset to successful accomplishment of the mission.

5. [redacted] Definitions.

a. Linguist: Personnel who can develop intelligence information through interrogation and translation from Russian and/or Bloc country languages to English.

b. Tech Man: Personnel qualified to develop intelligence information through field examination and analysis of foreign materiel, with emphasis on the Markings Program and technical photography.

c. Ops Man: Intelligence team chief. Qualified to direct intelligence teams in gaining access to target, in exploitation of enemy personnel and materiel, and in use of field communications equipment for rapid reporting of intelligence information.

d. Airborne Personnel: Military trained and rated parachutists.

e. Unidentified Flying Objects (UFO): Headquarters USAF has established a program for investigation of reliably reported unidentified flying objects within the United States. AFR 200-2 delineates 1127th collection responsibilities.

f. Blue Fly: Operation Blue Fly has been established to facilitate expeditious delivery to FTD of Moon Dust or other items of great technical intelligence interest. AFCIN SOP for Blue Fly operations, February 1960, provides for 1127th participation.

g. Moon Dust: As a specialized aspect of its over-all materiel exploitation program, Headquarters USAF has established Project Moon Dust to locate, recover and deliver descended foreign space vehicles. ICGL #4, 25 April 1961, delineates collection responsibilities.

DISCUSSION:

6. [redacted]

a. Headquarters USAF (AFCIN) maintains intelligence teams as a function of AFCIN-1E (1127th USAF Field Activities Group). Personnel comprising such teams have normal AFCIN-1E staff duties, and their maintenance of qualification for intelligence team employment is in addition to their normal staff duties. For example, the Chief of AFCIN-1E-OO, the Domestic Operations Section, additionally participates in approximately 18 hours of training per month for intelligence team employment. Such training includes physical training, elementary combat intelligence training, airborne operations, field problems, etc.

Die Leute glauben oft, daß das Gesetz zur Freigabe von Information alle Türen öffne. Dies ist nicht der Fall. Trotz einer Reihe von Fehlern gab das Außenministerium das »Aerogramm« frei und zensierte nur ein paar Absätze. Die Air Force antwortete nach dem Gesetz zur Freigabe von Information mit einem Dokument, das fast völlig blank war. Die ersten (3) Seiten stammen vom Außenministerium, und die darauffolgende von der Air Force. Alles in der Air-Force-Version wurde gelöscht – vom Umlaufabschnitt bis zum Namen Rogers.

DEPARTMENT OF STATE (1)

AIRGRAM

Original to be Filed in ______ Decentralized Files. FILE DESIGNATION A-6343

SECRET

HANDLING INDICATOR

TO ALL AMERICAN DIPLOMATIC AND CONSULAR POSTS

DEPARTMENT OF STATE A/CDC/MR P730004 0281
REVIEWED BY ______ DATE 5/13/82
PORTIONS DENIED AS INDICATED

JUL 26 9 47 AM '73

FROM Department of State DATE:

SUBJECT : Guidance for Dealing with Space Objects Which Have Returned to Earth

REF State 114584 (DTG 132148Z Feb 68)

E. O. 11652: XGDS-2
PFOR, PINR, TSPA, UN

This message supersedes previous instructions contained reftel which have been in effect for past five years and provides revised guidance to all US personnel serving abroad in an official capacity for dealing with space objects which have survived reentry and have impacted on the earth. All posts should ensure that appropriate personnel, especially those who serve as duty officers are aware of the guidance contained herein.

Background: The term "space object" is not clearly defined by international treaty. However, in general it may be construed to mean any object, including component parts, which has been placed in earth orbit or beyond. In addition to functioning satellites of various types, spent boosters, shrouds, fuel tanks, rocket nozzles, ballast, dummy payloads, etc., could also be considered space objects. For the purpose of this guidance, any hardware (whether intact major components or debris) from launches which were intended to achieve earth orbit but failed to do so should be

Attachment:

Extracts from Various Space Treaties and UN Resolutions Re Space

FORM 10-64 DS-323 SECRET

Drafted by:	Drafting Date:	Phone No.:	Contents and Classification Approved by:
/AE:APTurrentine/ds	7/18/73	21835	PM/AE:HGHandyside

Clearances: SCI/SAM-Col Bastedo IO/UNP-Mr. Black L/UNA-Mr. Nelson
/RSG-Mr. Finch DOD/ISA-Mr. Anderson DOD/USAF/INY-Mr. Foley
A/I-Mr. Mounther CIA/FMSAC-Mr. George

SECRET 2

considered as space objects. The procedures outlined herein would not apply to debris from surface-to-surface missile tests, even though the missiles may have passed through "outer space" during the ballistic phase of their flight. [redacted]

In general, most space objects not specifically designed to withstand reentry burn up in the earth's atmosphere when they decay from orbit. However, from time to time a few space objects do survive reentry through the atmosphere and impact on the surface of the earth.

When a space object impacts on the earth and is recovered, a number of considerations and interests must be taken into account. [redacted]

[redacted] In deciding now to proceed in each case, a careful assessment of these sometimes competing interests and obligations will be made by the interested agencies in Washington and a program of action will be designed to produce the maximum benefit to the US.

In all space object cases, it is the responsibility of the Department of State to insure that US interests are served --

SECRET

A-6343

SECRET 3

The designator "MOODUST" is used in cases involving the examination of non-US space objects or objects of unknown origin.

In the examination of an object, the following information should be obtained and reported to the extent possible:

1. Pre-impact observations, direction of trajectory, number of objects observed, time of impact, characteristics of impact area, and circumstances of recovery.

2. Description of any injury or damage caused by the object. Provide precise details to extent possible, but in making inquiries avoid stimulating claims, especially trivial or nuisance claims.

SECRET

3. **Description of any identifying marks or letters.**

4. Detailed description of the physical nature and condition of the object, including actual or estimated dimensions, weight, material, construction, etc.

5. If possible, photographs of the object (preferably in color) from various angles using a dimensional reference such as a ruler or pack of cigarettes.

6. Any other information which might be helpful in identifying the object or of interest to USG.

EC

Based on the information provided by the post, the Department of State in conjunction with other interested agencies will determine subsequent action required.

EC

EC

The Outer Space Treaty obligates a party to return launching state space objects and their component parts which return to earth on its territory. The Return of Astronauts and Objects Agreement elaborates on this obligation, requiring that a party must notify a launching state and the UN Secretary General when it learns that a space object has landed on its territory. This treaty further provides that such an object must be returned if a request for return is made by the

SECRET

launching state. The launching state may be required to furnish identifying data prior to return of the object. The Outer Space Liability Convention elaborates rules and procedures concerning liability for damage caused by space objects and payment of compensation for such damage. Quotes of the relevant Articles of the Outer Space Treaty and the Astronauts and Objects Agreement are enclosed, as is the complete text of the Liability Convention.

ROGERS

SECRET

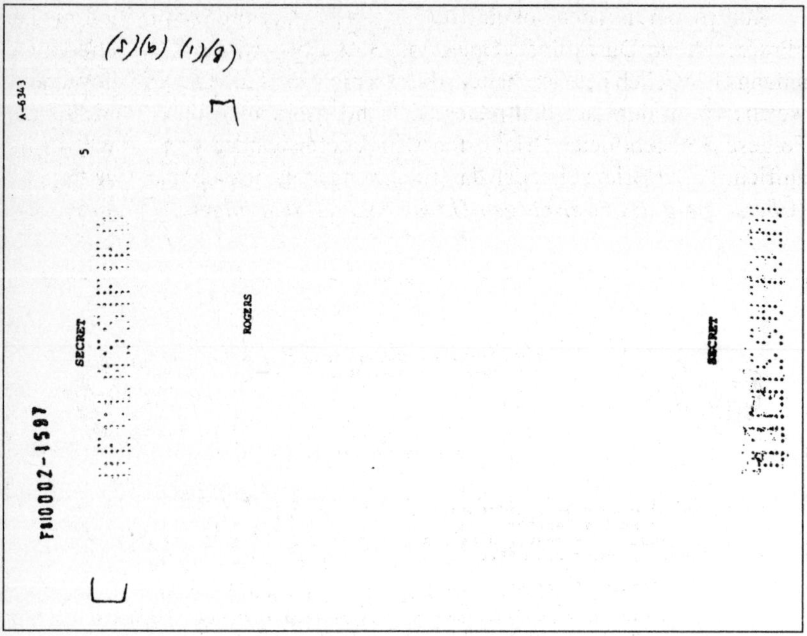
A-6343

F810002-1597

SECRET

ROGERS

SECRET

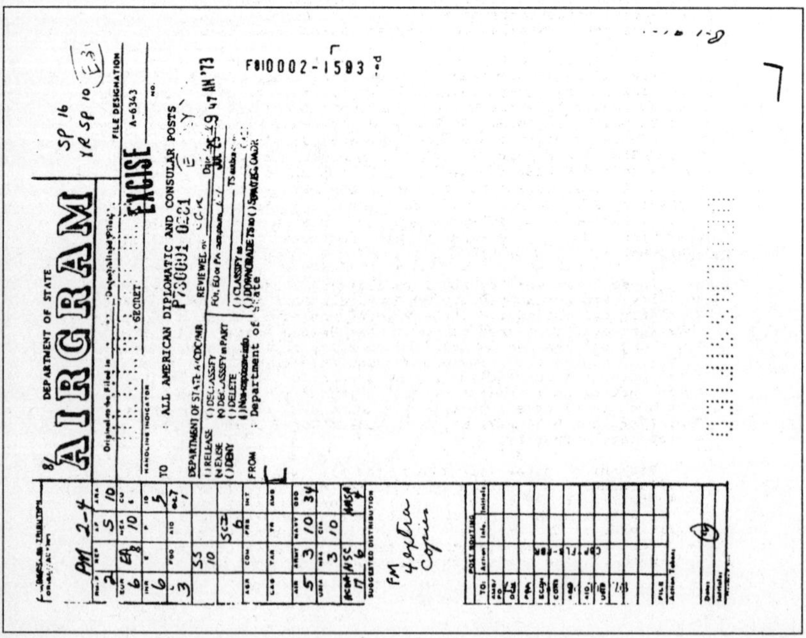
DEPARTMENT OF STATE

AIRGRAM

SP 16
YR SP 10

HANDLING INDICATOR

SECRET

EXCISE

FILE DESIGNATION

A-6343

NO.

TO : ALL AMERICAN DIPLOMATIC AND CONSULAR POSTS

FROM : Department of State

F810002-1593

SUGGESTED DISTRIBUTION

POST ROUTING

Konfrontiert mit der Dokumentation gab die Air Force schließlich zu, daß »Project Moon Dust« und »Operation Blue Fly« existierten, nachdem sie anfangs beharrlich beteuert hatten, dies sei nicht der Fall. Obwohl die Verantwortlichen in dem auf den neuesten Stand gebrachten unten und auf der Folgeseite abgebildeten Brief offener sind, sind sie noch immer nicht völlig aufrichtig. Der Brief zeigt, daß das Täuschungsmuster auch heute weitergeht. *(Übersetzung des zweiseitigen Dokuments auf den folgenden Seiten)*

DEPARTMENT OF THE AIR FORCE
WASHINGTON DC 20330-1000

APR 1 4 1993

The Honorable Jeff Bingaman
United States Senator
114 East 4th Street, Suite 103
Roswell, New Mexico 88201

Dear Senator Bingaman:

This is in reply to your inquiry in behalf of Mr. Clifford E. Stone on the accuracy of information we previously provided to your office. Upon further review of the case (which was aided by the several attachments to Mr. Stone's letter), we wish to amend the statements contained in the previous response to your inquiry.

In 1953, during the Korean War, the Air Defense Command organized intelligence teams to deploy, recover, or exploit at the scene downed enemy personnel, equipment, and aircraft. The unit with responsibility for maintaining these teams was located at Fort Belvoir, Virginia. As the occasion never arose to use these air defense teams, the mission was assigned to Headquarters, United States Air Force in 1957 and expanded to include the following peace-time functions: a) Unidentified Flying Objects (UFOs), to investigate reliably reported UFOs within the United States; b) Project MOON DUST, to recover objects and debris from space vehicles that had survived re-entry from space to earth; c) Operation BLUE FLY, to expeditiously retrieve downed Soviet Bloc equipment.

These teams were eventually disbanded because of a lack of activity; Project MOON DUST and Operation BLUE FLY missions were similarly discontinued. The Air Force has no information that any UFOs were ever confirmed downed in the United States. Although space objects and debris were occasionally reported and recovered by United States citizens, and subsequently turned over to Air Force personnel for analysis, such events did not require the assistance of an intelligence team. The unit at Fort Belvoir continued to receive reports relating to UFOs or Project MOON DUST/Operation BLUE FLY, which it would then forward to the appropriate authority.

Beginning in the late 1940s, the Air Force investigated UFO reports under a succession of programs, the last of which was known as Project Blue Book. In 1969, the Secretary of the Air Force, Robert C. Seamans, Jr., terminated the program after determining it did not merit the continued expenditure of resources. In announcing this decision, he noted the program concluded that no evidence had been uncovered that UFOs constituted a threat to national security, or that they represented technological advancements beyond the scope of contemporary scientific knowledge, or that they were, in fact, extraterrestial vehicles. Subsequently, all Project Blue Book records have been retired to the National Archives (Attachments 1 and 2). The Air Force refers inquiries on Project Blue Book and current UFO sightings to the National Archives or private organizations such as the Center For UFO Studies, 2457 West Peterson, Chicago, Illinois, 60659.

Since the Air Force discontinued its investigative interest in UFOs in 1969, reports of UFO sightings are now recorded and forwarded only if there is a prior interest in the source of the UFO sighting. For example, Enclosures 3 and 4 of Mr. Stone's letter pertain to debriefings of two Soviet sources who were being interviewed for possible military information of interest. Their recounts of UFO sightings, even though they had occurred many years earlier, were included in the report for historical interest and were incidental to the main purpose of the report.

The Air Force does maintain an interest in space objects that survive re-entry. When referred to the Air Force, such objects are forwarded to the Foreign Aerospace Science and Technology Center at Wright-Patterson AFB, Ohio, for analysis. If the object or debris is determined to be of foreign origin, the launching country is notified by the State Department in accordance with the Treaty governing such matters.

We regret that the information in our previous letter was not more accurate and sincerely apologize for any confusion it may have caused. We trust this information is helpful.

Sincerely,

GEORGE M. MATTINGLEY, JR., Colonel, USAF
Chief, Congressional Inquiry Division
Office of Legislative Liaison

Attachments

Übersetzung des auf Seite 279 und oben abgebildeten Dokuments

Luftwaffen-Ministerium, Washington DC

An den
Ehrenwerten Jeff Bingaman
Senator der Vereinigten Staaten
114 East 4th Street, Suite 103
Roswell, New Mexico 88201

14. April 1993

Sehr geehrter Senator Bingaman,

Wir antworten hiermit auf Ihre Anfrage im Namen von Mr. Clifford E. Stone bezüglich der Richtigkeit der Information, die wir Ihrem Büro zukommen ließen. Bei weiterer Überprüfung des Falls (die durch die verschiedenen Anlagen zu Mr. Stones Brief unterstützt wurde), möchten wir die in der früheren Antwort auf Ihre Anfrage enthaltenen Aussagen berichtigen.

1953, während des Korea-Krieges, stellte das Luftverteidigungskommando Nachrichtenteams zusammen, die vor Ort eingesetzt werden und abgeschossene feindliche Mannschaften, Ausrüstung und Flugzeuge bergen oder auswerten sollten. Die Einheit, die für die Aufrechterhaltung dieser Teams verantwortlich war, war in Fort Belvoir, Viginia, stationiert. Da sich nie die Gelegenheit ergab, diese Luftverteidigungsteams einzusetzen, wurde die Mission 1957 dem Hauptquartier der Air Force der Vereinigten Staaten übertragen und auf die folgenden Funktionen in Friedenszeiten erweitert: a) Unidentifizierte Flugobjekte (UFOs), um aus zuverlässiger Quelle gemeldete UFOs innerhalb der Vereinigten Staaten zu erforschen; b) *Project Moon Dust,* um Objekte und Wrackteile von Raumfahrzeugen zu bergen, die den Wiedereintritt vom Weltraum in die Erdatmosphäre überstanden haben; c) *Operation Blue Fly*, um abgeschossene Objekte aus den sowjetischen Blockstaaten zügig zu bergen.

Diese Teams wurden schließlich wegen mangelnder Einsätze aufgelöst; die Missionen *Moon Dust* und *Blue Fly* wurden ebenfalls eingestellt. Der Air Force liegt keine Bestätigung vor, daß jemals UFOs in den Vereinigten Staaten abstürzten. Obwohl Weltraumobjekte und Trümmer gelegentlich von Bürgern der Vereinigten Staaten gemeldet und geborgen und nachfolgend der Air Force zur Analyse übergeben wurden, erforderten solche Vorkommnisse nicht die Unterstützung eines Nachrichtenteams. Der Einheit in Fort Belvoir gingen weiterhin Meldungen zu, die sich auf UFOs oder *Project Moon Dust / Operation Blue Fly* bezogen, welche sie dann an die entsprechende Dienststelle weiterleiteten.

In den späten Vierzigern begann die Air Force UFO-Meldungen innerhalb einer Reihe von Programmen zu untersuchen; das letzte davon war als *Project Blue Book* bekannt. 1969 beendete der Minister der Air Force, Robert C. Seamans jun., das Programm, nachdem er festgestellt hatte, daß es den kontinuierlichen Mittelaufwand nicht verdiente. Als er diesen Beschluß verkündete, bemerkte er, daß das Programm damit schloß, es sei kein Beweis dafür ausfindig gemacht worden, daß UFOs eine Bedrohung für die nationale Sicherheit darstellten oder daß sie technologischen Fortschritt repräsentierten, der die zeitgenössische Wissenschaft überrage, oder daß sie tatsächlich extraterrestrische Fahrzeuge wären. Folglich wurden alle Aufzeichnungen von *Project Blue Book* zurückgezogen und den Nationalarchiven übergeben (Anlagen 1 und 2). Die Air Force leitet Anfragen zu *Project Blue Book* und aktuellen UFO-Sichtungen an die Nationalarchive oder private Organisationen weiter, wie das Center For UFO Studies, 2457 West Peterson, Chicago, Illinois, 60659.

Da die Air Force 1969 aufhörte, UFOs zu untersuchen, werden Meldungen von UFO-Sichtungen heute nur dann registriert und weitergeleitet, wenn ein vordringliches Interesse an der Nachrichtenquelle der UFO-Sichtung besteht. Zum Beispiel beziehen sich die Anlagen 3 und 4 von Mr. Stones Brief auf Einsatzbesprechungen zweier sowjetischer Quellen, welche wegen möglicher militärischer Information von Interesse interviewt wurden. Ihre Aufzählungen von UFO-Sichtungen wurden, obwohl sie viele Jahre zuvor aufgetreten waren, dem Bericht aus historischem Interesse angefügt und waren für dessen Hauptabsicht nebensächlich.

Die Air Force hat jedoch weiterhin Interesse an Weltraumobjekten, die den Wiedereintritt überstehen. Wenn sie der Air Force gemeldet werden, werden solche Objekte zur Analyse an das Foreign Aerospace Science and Technology Center (Technologie- und Wissenschafts-Zentrum für Auswärtige Weltraumfahrt) in der Wright-Patterson-Air-Force-Basis weitergeleitet. Wenn festgestellt wird, daß das Objekt oder Wrackteil ausländischer Herkunft ist, wird das Land, das das Objekt abgeschossen hatte, gemäß des Staatsvertrages, der solche Angelegenheiten regelt, vom Außenministerium benachrichtigt.

Wir bedauern, daß die Information in unserem vorhergehenden Brief nicht präziser war und entschuldigen uns aufrichtig für jegliche Verwirrung, die er vielleicht hervorgerufen hat. Wir hoffen, daß diese Information hilfreich ist.

Mit freundlichen Grüßen

GEORGE M. MATTINGLEY jun., Oberst,
Leiter US AIR FORCE, Abteilung für Kongreßanfragen,
Office of Legislative Liaison

Anlagen

Verweise

Glossar

AAF: Army Air Forces.

ADC: Air Defense Command [Luftverteidigungskommando].

AISS: Air Intelligence Service Squadron [Abwehrdienst Luft].

AMC: Air Materiel Command [Versorgungskommando Luftwaffe].

AP: »Associated Press« [auch in Deutschland verbreitete, große Presseagentur].

ATIC: Air Technical Intelligence Center [Technischer Nachrichtendienst Luft] in der Wright-Patterson-Air-Force-Basis in Dayton, Ohio. Es war einst die Kontrollstelle für »Project Blue Book«.

ATOMIC Blast: 1947 die Zeitung der 509. Bombergruppe in Roswell.

B-25: Ein zweimotoriger Bomber der Army Air Forces, der im Zweiten Weltkrieg häufig eingesetzt wurde. Viele von ihnen sind in Stabs- und Führungsflugzeuge für Offiziere in verschiedenen Hauptquartieren umgewandelt worden.

C-54: Ein viermotoriges Frachtflugzeug, das 1947 von den Army Air Forces benutzt wurde.

CIC: Counterintelligence Corps [Spionageabwehrtruppe der Army].

CUFOS: Center for UFO Studies.

EIGTH AIR FORCE: Die übergeordnete Einheit der 509. Bombergruppe. Sie war in Fort Worth Army Air Field, später in der Carswell Air-Force-Basis stationiert.

FOIA: Freedom of Information Act [Gesetz zur Freigabe von Information]. Es war dazu bestimmt, Bürgern Zugang zu Regierungsinformationen zu gewähren. Häufig werden FOIA-Anfragen wegen der nationalen Sicherheit abgelehnt.

FIRST AIR TRANSPORT UNIT [Erste Lufttransporteinheit]**:** 1947 in Roswell Army Air Field stationiert. Flugzeuge des First Air Transport flogen den Großteil der Wrackteile aus New Mexico heraus.

FLUGSCHEIBE: Einer der ersten Namen für UFOs.

FLIEGENDE UNTERTASSE: Einer der ersten Begriffe für UFOs. Irgendwann wurde er zu einer abfälligen Bezeichnung.

FUFOR: Fund for UFO Research [Fond für UFO-Forschung], P.O. Box 277, Mt. Ranier, MD 20712.

IUR: International UFO Reporter, veröffentlicht vom J. Allen Center for UFO Studies, 103 Oldtowne, Seguin, TX 78155.

MUFON: The Mutual UFO Network, Seguin, TX.

OPERATION BLUE FLY: Logistikeinheit zur Unterstützung von Operationen von Project Moon Dust.

»PROJECT BLUE BOOK«: Die offizielle UFO-Studie der Air Force, die 1969 beendet wurde.

PROJEKT MOON DUST: Das offizielle, jedoch klassifizierte Projekt, um Weltraumtrümmer fremden oder unbekannten Ursprungs zu bergen.

PROJEKT SAUCER: Der Deckname für das erste der UFO-Projekte der Air Force. Er zirkulierte in der Zivilgemeinde, war jedoch kein offizielles Projekt.

RAAF: Roswell Army Air Field. Später wurde daraus die Walker Air-Force-Basis.

RAWIN-ZIELGERÄT: Der Wetterballon und Reflektor, von dem manche behaupten, er sei für die Ereignisse in Roswell verantwortlich.

SETI: Search for Extraterrestrial Intelligence [Suche nach extraterrestrischer Intelligenz], die Suche wissenschaftlicher Gesellschaften nach Leben auf anderen Planeten. Die Geldmittel für SETI-Projekte wurden kürzlich gestrichen.

S-2: Militärbezeichnung für Nachrichtendienst. Das S-2 befindet sich in einem Bataillon oder einer Gruppenstaffel, das G-2 in einem Generalstab, und das AC/AS-2 bezieht sich auf die Leitung des Nachrichtendienstes der Army Air Forces im Stab des Stabschefs.

Anmerkungen

TEIL I – Der Absturz

Kapitel 1: An der Absturzstelle

1 Jim Ragsdale, persönliches Interview, geführt im März 1993.
2 Jim Ragsdale, persönliches Interview, geführt im Januar 1993.
3 William Woody, persönliches Interview, geführt im November 1990.
4 Aufzeichnungen der katholischen Franziskanernonnen.
5 Tom Carey, persönliches Interview, geführt im September 1993.
6 Jim Ragsdale, persönliches Interview, geführt im September 1993.
7 Aufgrund der Intervention einer dritten Partei zog eine Quelle, die zuerst bereit war, sich namentlich zitieren zu lassen, diese Erlaubnis zurück. Obwohl wir nicht verpflichtet waren, den Namen zu ändern, taten wir dies aus Höflichkeit. Doch dies zeigt, was passiert, wenn andere sich in eine Situation einmischen, die sie nicht verstehen. Ohne die Intervention dieser dritten Partei, die im November 1992 in die Untersuchung eintrat, hätten wir diese Abänderung nicht vornehmen müssen.
8 Verschiedene persönliche Interviews, geführt im Januar 1992, Juni 1992, März 1993
9 W. Curry Holden, persönliches Interview, geführt im November 1992.
10 Kevin D. Randle und Donald R. Schmitt, »UFO Crash at Roswell« (New York: Avon Books, 1991).
11 Mary Ann Gardner, persönliches Interview, geführt im März 1990.
12 Tom Carey, persönliches Interview geführt im September 1993.

13 Tom Carey, persönliches Interview geführt im September 1993.

14 Es ist wichtig festzuhalten, daß verschiedene Zeugen die Lage der Absturzstelle als nördlich von Roswell angegeben haben. Zu ihnen gehören die Zeugen aus erster Hand, Woody, Easley und verschiedene Archäologen einschließlich Schultz und Holden. Quellen aus zweiter Hand einschließlich Frankie Rowe und Barbara Dugger weisen ebenfalls darauf hin, daß die Absturzstelle sich nahe bei Roswell und nördlich davon befand. Keiner dieser Leute wußte, was die anderen gesagt hatten, doch jeder von ihnen sagte im Gegensatz zur allgemeinen Auffassung, die Stelle habe nördlich von Roswell gelegen. Tatsächlich identifizierten auch andere Quellen, welche Karten der Region verwendeten, die Stelle als nördlich der Stadt liegend. Wenn sie alle nur phantasiert hätten, hätten sie nicht alle dieselbe Stelle gewählt.

15 C. Bertram Schultz, persönliches Interview, geführt im Mai 1993.

16 Donna Wilcox, persönliches Interview, geführt im Mai 1993.

17 Jim Ragsdale, persönliches Interview, geführt im März 1993.

18 Anhand verschiedener Dokumente wurde belegt, daß Easley im Juli 1947 in Roswell war und die Position des Chefs der Militärpolizei innehatte. Dazu gehört die Geschichte der 509. Bombergruppe auf Mikrofilm, das Telefonverzeichnis des Stützpunktes für August 1947 und das 1947 erstellte Jahrbuch. Außerdem bestätigte Easely dies in persönlichen Interviews, die im Oktober 1989 geführt wurden.

19 Jim Ragsdale, persönliches Interview, geführt im Januar 1993.

20 Adair sollte nicht mit Robin Adair verwechselt werden, dem AP-Mann, der am 8. Juli in den Fall verwickelt wurde, nachdem er durch das AP-Hauptbüro in New York auf die Situation aufmerksam gemacht wurde.

21 Die Bestätigung von Blanchards und Hendersons Verwicklung stammt von Sappho Henderson, Walter Haut, Thomas J. DuBose und verschiedenen Stabsmitgliedern der 509. Bombergruppe.

22 Verschiedene Interviews, die im Juni und Juli 1993 geführt wurden.

23 Louis (Bill) Rickett, persönliches Interview, geführt im Oktober 1992.

24 Jim Ragsdale, persönliches Interview, geführt im März 1993.

25 Randle und Schmitt, 1991.

26 Verschiedenen Quellen zufolge betraf eine der von militärischen Vertretern ausgestoßene Drohung die Tatsache, daß alle Archäologen während des Krieges Soldaten gewesen waren und mit dem GI-Paß ihre College-Ausbildung bezahlten. Wenn sie jemals Roswell erwähnten, würden ihre Schulgelder gestrichen werden.

27 Es sollte erwähnt werden, daß die Männer an der Absturzstelle überwältigt waren von dem, was sie sahen. Später hatten viele der Beteiligten

persönliche und Alkoholprobleme. Einige von denen, die die Körper sahen, einschließlich eine der Krankenschwestern im Krankenhaus des Stützpunktes, waren von dem Anblick erschüttert.

28 Jim Ragsdale, persönliches Interview, geführt im März 1993.

29 Verschiedene persönliche Interviews, geführt im September 1990.

30 Nach allgemeiner Auffassung wurde auch behauptet, daß vier Körper geborgen wurden. Die Zeugenaussagen derjenigen an der Stelle bestätigen jedoch, daß es einen fünften gab. Andere wie Melvin K. Brown und die Krankenschwester sahen weniger Körper, doch dies erklärt sich durch die Umstände. Es bedeutet, daß sie nur eine geringere Zahl sahen, nicht, daß sie sich irrten.

31 Edwin Easley, persönliches Interview, geführt im Februar 1990.

32 Robin Adair behauptete, daß er am 8. Juli in einem kleinen Flugzeug über die Stelle flog, doch dies hat wahrscheinlich nichts mit der vorherigen Aktivität an der Stelle zu tun.

33 Edwin Easley, persönliches Interview, geführt im Februar 1990.

34 William Woody, persönliches Interview, geführt im November 1990.

35 Mehrere verschiedene Quellen bestätigen die Straßenblockaden und die Tatsache, daß sie entlang des Highways nördlich von Roswell aufgestellt waren. Es gibt keinen Zweifel, daß diese Quellen von einer Situation nördlich der Stadt berichteten und nicht von einer weit nordwestlich, wie die allgemeine Auffassung verlangt.

36 Verschiedene persönliche Interviews, geführt im Mai und Juni 1993.

37 Der Gebrauch von Leichensäcken, wie man sie 1947 nannte, wurde bestätigt von Glenn Dennis, dem Leichenbestatter, der Krankenschwester, Frankie Rowe und Frank Kaufmann.

38 Beverly Bean, persönliches Interview, geführt von Brad Radcliffe im Januar 1991, das Randle und Schmitt auf Video ausgehändigt wurde.

39 Glenn Dennis, persönliches Interview, geführt im November 1990.

40 Frank Kaufmann, persönliches Interview, geführt im Juni 1992.

41 Jack Rodden, persönliches Interview, geführt im Januar 1993.

42 Jack Rodden, persönliches Interview, geführt im November 1990.

43 Verschiedene persönliche Interviews, geführt im Januar 1993.

44 Beverly Bean, persönliches Interview, geführt von Brad Radcliffe.

45 Die Bestätigung der Flüge erhielten wir aus einem Interview mit dem in Roswell stationierten Schlüsselcode-Operator, der den Nachrichtenverkehr überwachte. Das Interview wurde im November 1991 geführt. Die Quelle bat um Anonymität. Die Flüge wurden unter anderem von Kaufmann und Robert Slusher bestätigt.

46 Von Sappho Henderson gelieferte Dokumentation.

47 Edwin Easley, persönliches Interview, geführt im Februar 1990.
48 Verschiedene persönliche Interviews, geführt im Januar 1993.
49 Robert Smith, persönliches Interview, geführt im März 1991.
50 Ebd.
51 Edwin Easley, persönliches Interview, geführt im Oktober 1989.
52 Freunde und die Familie von Edwin Easley berichteten, warum er sich weigerte, ihnen mehr zu erzählen, als daß er die Körper gesehen hatte. Zu ihnen gehört Nancy Strickland.
53 Edwin Easley, persönliches Interview, geführt im Juni 1990.
54 Edwin Easley, persönliches Interview, geführt im Februar 1990.

Kapitel 2: Glenn Dennis und Ruben Anaya

1 Glenn Dennis, persönliches Interview, geführt im November 1990.
2 Ebd.
3 Ebd.
4 Frankie Rowe, persönliches Interview, geführt im Januar 1993.
5 Ebd.
6 Helen Cahill, persönliches Interview, geführt im September 1993.
7 Ebd.
8 Frankie Rowe, persönliches Interview, geführt im Juni 1991.
9 George Bush, persönliches Interview, geführt im Januar 1992.
10 Angehörige der Familie Montoya haben sich gesträubt, über diese Aktivitäten zu reden und behauptet, es hätte keine Verwicklung von Joe Montoya gegeben. Die Aufzeichnungen zeigen, daß Montoya 1947 Vizegouverneur war, aber später ein mächtiger Senator in New Mexico wurde.
11 Ruben Anaya, persönliches Interview, geführt im November 1991. Es sollte erwähnt werden, daß die Beschreibung des Raumschiffs und der Körper aus zweiter Hand stammt.
12 Ebd.
13 Pete Anaya, persönliches Interview, geführt im Januar 1992.
14 Ruben Anaya, persönliches Interview, geführt im November 1991.
15 Pete Anaya, persönliches Interview, geführt im Januar 1992.
16 Mary Anaya, persönliches Interview, geführt im Januar 1992.
17 Ruben Anaya, persönliches Interview, geführt im November 1992.
18 Pete Anaya, persönliches Interview, geführt im Januar 1992.
19 Ruben Anaya, persönliches Interview, geführt im November 1991.
20 Mrs. Moses Burrola, persönliches Interview, geführt im Januar 1992.

21 Ruben Anaya, persönliches Interview, geführt im November 1992.

22 Normalerweise benutzen wir nur ungern Information, die nicht einer bestimmten Quelle zugeschrieben werden kann. Wieder haben wir aufgrund der Intervention einer dritten Partei die Erlaubnis verloren, einen Namen zu verwenden. Diese Quelle jedoch bestätigt Information, die namentlich genannten Quellen zugeschrieben werden kann. Wir haben uns mit ihm dutzendmal getroffen, und er hat immer interessante und genaue Information geliefert. Da dies lediglich eine Erhärtung von Daten ist, die wir von namentlich genannten Quellen erhalten haben, haben wir uns entschlossen, sie hier aufzunehmen.

23 Glenn Dennis, persönliches Interview, geführt im November 1990.

24 Ebd.

TEIL II – Die Trümmer

Kapitel 3: Mac Brazel und das Trümmerfeld

1 Basiert auf verschiedenen Augenzeugenberichten und den für Juli 1947 zur Verfügung stehenden Wetteraufzeichnungen.

2 Loretta Proctor, persönliches Interview, geführt im Juli 1990.

3 Basiert auf den Berichten verschiedener Augenzeugen, darunter Bill Brazel, Bud Payne und Jesse Marcel sen.

4 Ebd.

5 Tommy Tyree, persönliches Interview, geführt im August 1989.

6 Jesse Marcel sen., basiert auf einem Interview, im Dezember 1979 von Bob Pratt geführt.

7 Loretta Proctor, persönliches Interview, geführt im April 1989.

8 Loretta Proctor, persönliches Interview, geführt im Juli 1990.

9 Loretta Proctor, persönliches Interview, geführt im April 1989.

10 Jay Tulk, persönliches Interview, geführt im Januar 1990.

11 Frank Joyce, persönliches Interview, geführt im September 1991.

12 Jesse Marcel sen., basierend auf einem im Dezember 1979 von Bob Pratt geführten Interview.

13 Lage und Bezeichnung vom »Haus der Hines« basieren sowohl auf dem von Pratt geführten Interview mit Marcel als auch auf Interviews mit Bill Brazel.

14 Len Stringfield, »The UFO Crash/Retrieval Syndrome« [Der UFO-Absturz/Bergungs-Syndrom] (Seguin, Tx: MUFON, 1980), S. 17.

[15] Jesse Marcel sen., basierend auf einem im Dezember 1979 von Bob Pratt geführten Interview.
[16] Ebd.
[17] George »Jud« Roberts, persönliches Interview, geführt im September 1990.
[18] Ebd.
[19] Edwin Easley, persönliches Interview, geführt im Februar 1990.
[20] Bill Brazel, persönliches Interview, geführt im Februar 1989.
[21] »Send First Roswell Wire Photos from Record Office« [Übertragung der ersten Funkfotos aus dem Büro des »Daily Record« in Roswell], »Roswell Daily Record« (9. Juli 1947).
[22] »Harassed Rancher Who Located ›Saucer‹ Sorry He Told About It« [Zermürbter Rancher, der ›Untertasse‹ fand, bedauert, darüber gesprochen zu haben], »Roswell Daily Record« (9. Juli 1947).
[23] Bill Jenkins, persönliches Interview, geführt im September 1991.
[24] Frank Joyce, persönliches Interview, geführt im September 1992.
[25] Edwin Easley, persönliches Interview, geführt im Februar 1990.
[26] Marian Strickland, persönliches Interview, geführt im September 1991.
[27] Verschiedene Interviews, persönliches Interview, geführt im September 1991, Januar 1992 und April 1992.
[28] Verschiedene Interviews, geführt im Januar 1992, März 1992 und September 1992.
[29] Bill Brazel, persönliches Interview, geführt im Februar 1989.
[30] Verschiedene Interviews, geführt im März 1989, April 1992 und Juni 1992.
[31] Tommy Tyree, persönliches Interview, geführt im August 1989.
[32] Bill Brazel, persönliches Interview, geführt im Februar 1989.
[33] Tommy Tyree, persönliches Interview, geführt im August 1989.

Kapitel 4: Sheriff George Wilcox

[1] Verschiedene Interviews mit Angehörigen der Familie Clark im Januar 1992.
[2] Verschiedene Interviews mit Ortsansässigen 1990 und 1991.
[3] Jay Tulk, persönliches Interview, geführt im Januar 1990.
[4] Phyllis McGuire, persönliches Interview, geführt im Januar 1990.
[5] Phyllis McGuire, persönliches Interview, geführt im Juli 1990.
[6] Jay Tulk, persönliches Interview, geführt im Januar 1990.
[7] Verschiedene Interviews mit verschiedenen Augenzeugen, einschließlich Jud Roberts, C. Bertram Schultz und Edwin Easley.

8 »Sheriff Wilcox Takes Leading Role in Excitement Over Report ›Saucer‹ Found« [Sheriff Wilcox übernimmt führende Rolle bei der Aufregung über Bericht vom Fund einer ›Untertasse‹ «, »Roswell Daily Record« (9. Juli 1947).
9 Barbara Dugger, persönliches Interview, geführt im März 1991.
10 Phyllis McGuire, persönliches Interview, geführt im Januar 1990.
11 Barbara Dugger, persönliches Interview, geführt im März 1991.

Kapitel 5: Major Jesse Marcel und das Trümmerfeld

1 Jesse Marcel Sr, basierend auf einem im Dezember 1979 von Bob Pratt geführten Interview.
2 Ebd.
3 Jesse Marcel jun., persönliches Interview, geführt im Mai 1991.
4 Jesse Marcel sen., basierend auf einem im Dezember 1979 von Bob Pratt geführten Interview.
5 Jesse Marcel jun., persönliches Interview, geführt im Mai 1991.
6 Jesse Marcel sen., basierend auf einem im Dezember 1979 von Bob Pratt geführten Interview.
7 Robert Porter, persönliches Interview, geführt im Juli 1990.
8 Walter Haut, persönliches Interview, geführt im April 1989.
9 Jesse Marcel sen., basierend auf einem im Dezember 1979 von Bob Pratt geführten Interview.
10 Irving Newton, persönliches Interview, geführt im März 1990.
11 Verschiedene Interviews, einschließlich denen mit Irving Newton und Thomas J. DuBose.
12 Jesse Marcel sen., basierend auf einem im Dezember 1979 von Bob Pratt geführten Interview.
13 Verschiedene Interviews, einschließlich denen mit Jesse Marcel jun., Thomas J. DuBose und Edwin Easley.
14 Robert Slusher, persönliches Interview, geführt im März 1991.
15 Jesse Marcel jun., persönliches Interview, geführt im Mai 1991.
16 Jesse Marcel sen., basierend auf einem im Dezember 1979 von Bob Pratt geführten Interview.
17 Lewis Rickett, persönliches Interview, geführt im Oktober 1992.
18 Verschiedene Dokumente, darunter das Telefonverzeichnis des Roswell Army Air Field vom August 1947, das eine Liste für das Wetterbüro enthält.
19 Jesse Marcel sen., basierend auf einem im Dezember 1979 von Bob Pratt geführten Interview.

Kapitel 6: Die Presseberichte

1 Wir führten die ersten Interviews mit Bond Johnson. Seit er identifiziert war, haben andere mit ihm gesprochen, und die Geschichte, wie sie von ihm berichtet wurde, hat sich erheblich verändert. Unsere Rekonstruktion der Ereignisse basiert auf dem unverfälschten ersten Interview mit Johnson und der schriftlichen Aufzeichnung, einschließlich dem Zeitungsartikel, von dem Johnson behauptet, es sei sein eigener.

2 Im ursprünglichen Interview hatte Johnson gesagt, er hätte nur zwei Fotos gemacht. Die Recherche jedoch ergab, daß es vier gegeben hatte. Bei der Nachprüfung sagte Johnson, er glaube, er hätte zwei Filmhalter mitgenommen statt des einen, von dem er uns ursprünglich erzählt hatte.

3 J. Bond Johnson, persönliches Interview, geführt im Februar 1989.

4 J. Bond Johnson, persönliches Interview, geführt im April 1989.

5 »Suspected ›Disk‹ Only Flying Weather Vane« [Mutmaßliche ›Scheibe‹ ist nur fliegendes Wettergerät], »Dallas Morning News« (9. Juli 1947).

6 Irving Newton, persönliches Interview, geführt im Juni 1990.

7 Basierend auf Interviews mit verschiedenen Personen über die Vorgänge in Rameys Büro einschließlich denen mit Irving Newton und Thomas DuBose.

8 Basierend auf der Überprüfung der Fotos aus Rameys Büros durch verschiedene Wetterforscher.

9 Basierend auf dem persönlichen Interview mit Thomas DuBose, dem Telefonverzeichnis der Eighth Air Force und der Geschichte der Einheit der Eighth Air Force.

10 Thomas J. DuBose, persönliches Interview, geführt im August 1991.

11 Alan Clark war im Juli 1947 Kommandeur des Stützpunktes in Fort Worth. Das bedeutet, daß er verantwortlich war für die Einrichtungen der Basis, deren Instandhaltung und für den physischen Stützpunkt. Brigadegeneral Roger Ramey war Kommandeur der Eighth Air Force. Clark war ein Angehöriger von Rameys Stab.

12 Das genaue Datum dieses Fluges ist fraglich. Es ist möglich, daß die Trümmer, auf die DuBose sich bezog, am Samstag, den 5. Juli aufgesammelt wurden, als die Militärvertreter die Absturzstelle untersuchten. Es ist in Anbetracht der Umstände auch möglich, daß DuBose sich auf eine kleine Menge Trümmer bezog, die von Brazel

aufgesammelt worden und dem Sheriff von Chaves County übergeben worden war. Beide Szenarien tragen dem Spezialflug nach Washington D.C. von Clark Rechnung.

13 Thomas J. DuBose, persönliches Interview, geführt im August 1991.

14 Basierend auf verschiedenen Interviews, einschließlich denen mit Johnson. Es sollte auch erwähnt werden, daß DuBose sagte, Marcel sei es nicht gestattet gewesen, mit den Reportern zu sprechen. Bob Pratts Interview mit Marcel bestätigt diese Ansicht.

15 Audiokassette der »ABC News Headline Edition«, die von Mark Rodeghier, dem wissenschaftl. Direktor von CUFOS, entdeckt wurde.

16 Verschiedene Zeitungen, einschließlich dem »Des Moines Register und Circleville Herald« (5., 6. und 7. Juli 1947).

17 »Local Weatherman Believes Disks to Be Bureau Devices« [Örtlicher Wetterforscher hält die Scheiben für Bürovorrichtungen], »Roswell Daily Record« (9. Juli 1947).

18 »Ramey Says Excitement Is Not Justified« [Ramey sagt, Aufregung ist nicht gerechtfertigt], »Roswell Daily Record« (9. Juli 1947).

19 Verschiedene Zeitungsartikel, Geschichte der 509. Einheit und die Aufzeichnungen der Morgenberichte für das Hauptquartier der 509. Bombergruppe.

20 »Harassed Rancher Who Located ›Saucer‹ Sorry He Told About It [Zermürbter Rancher, der ›Untertasse‹ fand, bedauert, darüber gesprochen zu haben], »Roswell Daily Record« (9. Juli 1947).

Kapitel 7: Die Geschichte des Jahrhunderts

1 Die drei Stunden basieren auf dem zeitlichen Rahmen von dem Moment an, in dem Walter Haut die Pressemitteilung austeilte, bis zu der Zeit, als Ramey den ersten Reportern in Fort Worth, Texas, eine Lösung lieferte.

2 Walter Haut, persönliches Interview, geführt im April 1989.

3 Art McQuiddy, persönliches Interview, geführt im Januar 1990.

4 »AP Wires Burn with ›Captured Disk‹ Story« [Bei der AP laufen die Drähte heiß wegen Geschichte von ›geborgener Scheibe‹], »The Daily Illni« (9. Juli 1947).

5 Ebd.

6 »San Francisco Chronicle« (8. Juli 1947)

7 »AP Wires Burn with ›Captured Disk‹ Story«
[Bei der AP laufen die Drähte heiß wegen Geschichte von ›geborgener Scheibe‹], »The Daily Illni« (9. Juli 1947)

8 Ebd.
9 J. Bond Johnson, persönliches Interview, geführt im Februar 1989.
10 »AP Wires Burn with ›Captured Disk‹ Story« [Bei der AP laufen die Drähte heiß wegen Geschichte von ›geborgener Scheibe‹], »The Daily Illni« (9. Juli 1947).
11 J. Bond Johnson, persönliches Interview, geführt im Februar 1989.
12 »AP Wires Burn with ›Captured Disk‹ Story« [Bei der AP laufen die Drähte heiß wegen Geschichte von ›geborgener Scheibe‹], »The Daily Illni« (9. Juli 1947).
13 Ebd.
14 J. Bond Johnson, persönliches Interview, geführt im März 1989.
15 »AP Wires Burn with ›Captured Disk‹ Story« [Bei der AP laufen die Drähte heiß wegen Geschichte von ›geborgener Scheibe‹], »The Daily Illni« (9. Juli 1947).
16 Walter Haut, persönliches Interview, geführt im April 1989.
17 »Sheriff Wilcox Takes Leading Role in Excitement Over Report ›Saucer Found‹ « [Sheriff Wilcox übernimmt führende Rolle bei der Aufregung über Bericht vom Fund einer ›Untertasse‹ «, »Roswell Daily Record« (9. Juli 1947).
18 »Suspected ›Disk‹ Only Flying Weather Vane« [Mutmaßliche ›Scheibe‹ nur fliegendes Wettergerät], »Dallas Morning News« (9. Juli 1947).
19 »AP Wires Burn with ›Captured Disk‹ Story« [Bei der AP laufen die Drähte heiß wegen Geschichte von ›geborgener Scheibe‹], »The Daily Illni« (9. Juli 1947).
20 Kopie eines FBI-Fernschreibens vom 8. Juli 1947.
21 Thomas J. DuBose, persönliches Interview, geführt im August 1991.
22 Irving Newton, persönliches Interview, geführt im Juli 1991.
23 »AP Wires Burn with ›Captured Disk‹ Story« [Bei der AP laufen die Drähte heiß wegen Geschichte von ›geborgener Scheibe‹], »The Daily Illni« (9. Juli 1947).
24 »ABC News Headline Edition«, (Audiokassette), 8. Juli 1947.
25 Ebd.
26 Bildunterschrift zu dem von der AP übertragenen Foto über die Vorgänge in Rameys Büro am 8. Juli 1947, aus den Bettmann-Fotoarchiven.
27 » ›Disk‹ Near Bomb Test Site Is Just a Weather Balloon« [›Scheibe‹ nahe Bombentestgelände ist bloß ein Wetterballon], »The New York Times« (9. Juli 1947).
28 »Army, Navy Move on ›Flying Disc‹ Rumors« [Army und Navy reagieren auf Gerüchte von ›Flugscheiben‹], »El Paso Herald-Post« (9. Juli 1947).

Kapitel 8:
KGFL, Walt Whitmore und Frank Joyce

1 Basierend aus Joyces Äußerungen, daß er am Nachmittag des 6. Juli 1947 mit Mac Brazel sprach.
2 Frank Joyce, persönliches Interview, geführt im September 1991.
3 George »Jud« Roberts, persönliches Interview, geführt im September 1991.
4 Walt Whitmore jun., persönliches Interview, geführt im September 1993.
5 Von Frank Joyce geliefertes Fernschreiben.
6 Frank Joyce, persönliches Interview, geführt im September 1991.
7 Art McQuiddy, persönliches Interview, geführt im Januar 1990
8 Frank Joyce, persönliches Interview, geführt im September 1991.
9 Von Frank Joyce geliefertes Fernschreiben.
10 Ebd.
11 »Harassed Rancher Who Located ›Saucer‹ Sorry He Told About It [Zermürbter Rancher, der ›Untertasse‹ fand, bedauert, darüber gesprochen zu haben], »Roswell Daily Record« (9. Juli 1947).
12 Frank Joyce, persönliches Interview, geführt im September 1991.
13 Ebd.

TEIL III –
Das Nachspiel

Kapitel 9:
Die Verbindung zu Wright Field

1 Sappho Henderson, persönliches Interview, geführt im August 1991.
2 Thomas J. DuBose, persönliches Interview, geführt im August 1991.
3 Kopie des FBI-Fernschreibens vom 8. Juli 1947.
4 Glenn Dennis, persönliches Interview, geführt im November 1990.
5 John Tiffany, persönliches Interview, geführt im August 1989.
6 Kevin D. Randle und Donald R. Schmitt, »UFO Crash at Roswell« [UFO-Absturz in Roswell] (New York: Avon Books, 1991)
7 Offizielle Biographie von Arthur Exon, veröffentlicht vom Amt für Information der U.S.-Air Force.
8 Arhur Exon, persönliches Interview, geführt im Mai 1990.
9 Brief von Arthur Exon an Kevin Randle, datiert vom 24. November 1991.
10 Arthur Exon, persönliches Interview, geführt im Mai 1990.

11 Offizielle Biographie von Arthur Exon, veröffentlicht vom Amt für Information der U.S.-Air Force.

12 Exon beeilte sich zu betonen, daß er nicht viel in Form einer Zeugenaussage aus erster Hand zu bieten habe. Seine Anwesenheit auf dem Stützpunkt und sein Überflug über die Absturzstellen versetzen ihn jedoch in die einzigartige Position, vom Absturz gewußt und die Beweise dafür gesehen zu haben.

13 John Tiffany, persönliches Interview, geführt im August 1989.

14 Aufgrund der Intervention einer dritten Partei hat die Zeugin, die ursprünglich damit einverstanden war, ihren Namen zu verwenden, diese Erlaubnis zurückgezogen. Durch dokumentarische Belege haben wir verifiziert, daß sie tatsächlich die Position innehatte, die sie in Wright Field innegehabt zu haben behauptete.

15 Helen Wachter, persönliches Interview, geführt im März 1990.

16 Arthur Exon, persönliches Interview, geführt im Juni 1990.

17 Steven Lytle, persönliches Interview, geführt im Februar 1990.

18 Arthur Exon, persönliches Interview, geführt im Mai 1990.

Kapitel 10: Die Autopsieberichte

1 Glenn Dennis, persönliches Interview, geführt im November 1990.

2 Ebd.

3 Johnsons Position als Pathologe ist von einer Reihe der früheren Mitglieder der 509. Bombergruppe bestätigt worden.

4 Verifiziert anhand des Jahrbuches der 509. Bombergruppe und der Geschichte der Einheit in Roswell Army Air Field.

5 Verifiziert durch Interviews mit verschiedenen Familienangehörigen und früheren Kollegen.

6 Verifiziert durch verschiedene Interviews mit früheren Angehörigen der 509. Bombergruppe. Dies ist ein weiteres Beispiel dafür, wie das Eingreifen dritter Parteien Forschung verhindert hat. Eine der Quellen zog ihre Erlaubnis, ihren Namen zu verwenden zurück, nachdem sie mit einem anderen sogenannten Forscher gesprochen hatte.

7 Len Stringfield, »The UFO Crash/Retrieval Syndrome« [Der UFO-Absturz/Bergungs-Syndrom] (Seguin, TX: MUFON, 1980).

8 Beverly Bean, persönliches Interview, von Brad Radcliffe im Januar 1991 geführt.

9 Len Stringfield, »The UFO Crash/Retrieval Syndrome« [Der UFO-Absturz/Bergungs-Syndrom] (Seguin, TX: MUFON, 1980).

[10] Ebd.
[11] Verschiedene von Don Schmitt geführte Interviews.

Kapitel 11: Die Drohungen

[1] Barbara Dugger, persönliches Interview, geführt im März 1991.
[2] Ebd.
[3] Glenn Dennis, persönliches Interview, geführt im November 1990.
[4] Frankie Rowe, persönliches Interview, geführt im Januar 1993.
[5] Helen Cahill, persönliches Interview, geführt im September 1993.
[6] Diese Quelle möchte nicht erkannt werden, weil sie nicht in Schwierigkeiten kommen möchte. Sie ist uns natürlich bekannt.
[7] Ruben Anaya, persönliches Interview, geführt im November 1991.
[8] Bill Brazel, persönliches Interview, geführt im Februar 1989.
[9] Verschiedene Interviews, einschließlich denen mit Edwin Easley, Frank Kaufmann, Bill Rickett und Jesse Marcel sen. (wie er es seinem Sohn erzählt hat).
[10] Sappho Henderson, persönliches Interview, geführt im August 1991.
[11] Edwin Easley, persönliches Interview, geführt im Februar 1990.
[12] Frank Kaufmann, persönliches Interview, geführt im Januar 1990.
[13] Rowe erinnerte sich an nichts von all dem, bis sie telefonisch von einem Radio-Talkmaster in Boston interviewt werden sollte. Sein New-England-Akzent ängstigte sie, und Schmitt, der mit ihr im Raum war, sagte, daß das Blut aus ihrem Gesicht wich und sie unfähig war zu sprechen. Randle – an einer separaten Telefonleitung – hatte keine Ahnung, was mit ihr los war, bis die Radio-Show zu Ende war.
[14] Der Zeuge weigert sich heute hervorzutreten, da er Angst um sein Leben hat. Vor dem Telefonanruf war er bereit gewesen, seine Informationen freimütig mitzuteilen.

Kapitel 12: Anatomie einer Untersuchung

[1] Jason Kellahin, persönliches Interview, geführt im Januar 1993.
[2] Ebd.
[3] Robin Adair, persönliches Interview, geführt im Februar 1993.
[4] Ebd.
[5] Jason Kellahin, persönliches Interview, geführt im Januar 1993.
[6] »Send First Roswell Wire Photos from Record Office«

[Übertragung der ersten Funkfotos aus dem Büro des »Daily Record« in Roswell], »Roswell Daily Record« (9. Juli 1947).

7 »Send First Roswell Wire Photos from Record Office« [Übertragung der ersten Funkfotos aus dem Büro des »Daily Record« in Roswell], »Roswell Daily Record« (9. Juli 1947).

8 Jason Kellahin, persönliches Interview, geführt im Januar 1993.

9 Ebd.

10 Robin Adair, persönliches Interview, geführt im Februar 1993.

11 Walter Haut, persönliches Interview, geführt im April 1989.

12 »Send First Roswell Wire Photos from Record Office« [Übertragung der ersten Funkfotos aus dem Büro des »Daily Record« in Roswell], »Roswell Daily Record« (9. Juli 1947).

13 Die Lage von Brazels Trümmerfeld basiert auf Informationen von Bill Brazel und Bud Payne.

14 Das Ergebnis persönlicher Recherchen in verschiedenen AP-Büros, die von Schmitt und Randle und Angestellten der AP durchgeführt wurde.

15 Der Ort, an dem die Fotos aufgenommen wurden, wurde durch eine Überprüfung der Fotos festgestellt.

16 » ›Disk‹ Fizzles … Army Sizzles Over Rumor« [dt. etwa: ›Scheibe‹ eine Pleite …. Army sauer über Gerücht], »The Midland Reporter-Telegram« (10. Juli 1947).

Kapitel 13:
Der Twining-Brief, »Project Moon Dust« und eine Geschichte der Täuschung

1 Schulgens Rang und Position wurde durch das *Register of the Army of the United States* für 1947 bestätigt.

2 Michael D. Swords: »The Summer of 1947: UFOs and the U.S. Government at the Beginning« [Der Sommer 1947: UFOs und die U.S.-Regierung am Anfang], »The Roswell Report« (Chicago: CUFOS, 1991).

3 »Army Shrugs Off ›Flying Saucers« [Army tut ›fliegende Untertassen‹ mit einem Achselzucken ab], »The Daily Current-Argus« (6. Juli 1947).

4 Swords, 1991.

5 Ebd.

6 Ebd.

7 Ebd.

8 Ebd.

9 Brief vom 24. September 1946 von General Twining an General Schulgen.
10 Fotokopie des Brieftextes, die in den Akten von »Project Blue Book« zu finden ist.
11 Lois E. Walker und Shelby E. Wickam: »From Huffman Prairie to the Moon: The History of Wright-Patterson Air Force Base« [Von der Huffmann-Prärie zum Mond: Die Geschichte der Wright-Patterson-Luftwaffenbasis] (Wright-Patterson AFB: Office of History, 2750th Air Base Wing).
12 Persönliches Erlebnis von Randle als Nachrichtenoffizier der Luftwaffe.
13 Internes FBI-Memorandum vom 10. Juli 1947 von E. G. Fitch an D. H. Ladd (handgeschriebene Notiz von Tolson).
14 Ebd.
15 »Finds Disk, Sure It Came from Sky« [Scheibe gefunden, natürlich kam sie vom Himmel], »Chicago Daily *News«* (8. Juli 1947) S. 4.
16 Akten aus »Project Blue Book«.
17 Kevin D. Randle: The UFO Casebook [Das UFO-Fall-Buch] (New York: Warner Books, 1989).
18 Ed Ruppelt: The Report on Unidentified Flying Objects [Der Bericht über unidentifizierte Objekte] (New York: Ace Books, 1956).
19 Ruppelt 1956.
20 Daniel S. Gilmor (Hg.): Scientific Study of Unidentified Flying Objects [Wissenschaftliche Studie über unidentifizierte Flugobjekte] (New York: Bantam Books 1969).
21 Ruppelt 1956.
22 Ebd.
23 Ebd.
24 Ebd.
25 Gilmor 1969.
26 Verordnung 24-2 des Luftverteidigungs-Kommando, Januar 1953.
27 Verordnung 200-2 der Air Force, August 1953.
28 Ebd.
29 Ebd.
30 Clifford Stone: »The U.S. Air Force's Real, Official Investigation of UFO's« [Die wahre, offizielle UFO-Untersuchung der Air Force] (Roswell, NM: Der Autor, 1993).
31 Verordnung 200-2 der Air Force, August 1953.
32 Stone, 1993.

33 »AFCIN Intelligence Team Personnel«, 3. November 1961.
34 Ebd.
35 Ebd.
36 »All American Diplomatic and Consular Posts« [Alle amerikanischen Diplomaten- und Konsularposten], 26. Juli 1973.
37 Stone 1993.
38 Ebd.
39 Ebd.
40 Ebd.
41 »Project Blue Book«-Akten, Kecksburg, PA, Akte vom 9. Dezember 1965.
42 Arthur Exon, persönliches Interview, geführt im Mai 1990.
43 Stone 1993.
44 Clifford Stone, persönliches Interview, geführt im Juli 1993.
45 Brief von Oberstleutnant John E. Madison jun. an Senator Jeff Bingaman.
46 Briff von Oberst George M. Mattingley jun. an Senator Jeff Bingaman, datiert vom 14. April 1993.
47 Brief von Oberst Phillip E. Thompson an Robert Todd, datiert vom 1. Juli 1987.

Kapitel 14: Die Suche nach den Archäologen

1 Datum von Barnetts Tod wird von Freunden und Verwandten bestätigt, einschließlich Alice Knight und Vern Maltais.
2 Charles Berlitz und William M. Moore: »The Roswell Incident« [Der Roswell-Zwischenfall] (New York: Berkley Books, 1988).
3 Tom Carey, persönliches Interview, geführt im Mai 1993.
4 Verschiedene Interviews mit Archäologen einschließlich Wesley Hurt, Dan McKnight, Albert Dittert und Herbert Dick.
5 Persönliches Interview mit einem Archäologen, Name auf Bitte zurückgehalten.
6 Persönliches Interview mit einem Archäologen, Name auf Bitte zurückgehalten.
7 Kevin Randle und Donald R. Schmitt: »Missing Time« [Fehlende Zeit] IUR (Juli/August 1992).
8 Mary Ann Gardner, persönliches Interview, geführt im April 1990.
9 Diese Information entspricht der Erfahrung von Schmitt, als er versuchte, den Namen der sterbenden Krebspatientin herauszufinden.

[10] Tom Carey, persönliches Interview, geführt im Juli 1993.
[11] Fred Wendorff, persönliches Interview, geführt im Mai 1989.
[12] Von J. H. Kelly an Mark Rodeghier gelieferte Information.
[13] Brief von Megan Lehmer an Tom Carey.
[14] Iris Foster, persönliches Interview, geführt im Februar 1990.
[15] Peggy Sparks, persönliches Interview, geführt im Dezember 1990.
[16] Tom Carey, persönliches Interview, geführt im April 1993.
[17] Verifiziert durch Überprüfungen bei verschiedenen Institutionen und Einzelpersonen.
[18] C. Bertram Schultz, persönliches Interview, geführt im Mai 1993.
[19] C. Bertram Schultz, persönliches Interview, geführt im Oktober 1992.
[20] W. Curry Holden, persönliches Interview, geführt im November 1992.
[21] J. H. Kelly, persönliches Interview, geführt im April 1993
[22] Aufzeichnungen, überprüft in den Southwest Collections, Texas Tech Lubbock, Texas.
[23] C. Bertram Schultz, persönliches Interview, geführt im Mai 1993.
[24] Donna Wilcox, persönliches Interview, geführt im Juni 1993.
[25] Von Randle im Mai 1993 durchgeführte Überprüfung der Feldnotizen.
[26] Programm für die Konferenz, gefunden in der Sammlung Holden, Texas Tech.
[27] Tom Carey, persönliches Interview, geführt im Juli 1993.
[28] George Agogino, persönliches Interview, geführt im September 1993.

Literatur

ABNEY, David L.:
Expert Testimony and Eyewitness Identification
Case and Comment (März bis April 1986)
AIR DEFENSE Command Briefing (Januar 1953)
ALBERTS, Don E. und PUTNAM, Allan E.:
A. History of Kirtland Air Force Bases 1928 – 1982.
Albuquerque, NM: 16606th Air Base Wing, 1985
ANDERSON, Ted.:
Angebliches Tagebuch für Juli 1947
ATIC UFO Briefing (April 1952)
BAKER, Raymond D.:
Historical Highlights of Andrews AFB 1942 – 1989
Andrews AFB, MD: 1776th Air Base Wing, 1990
BARKER, Gray:
America's Captured Flying Saucers –
The Cover-up of the Century
UFO Report (Mai 1977)
Archives Reveal More Crashed Saucers
Gray Barker's Newsletter (März 1982)
BARNETT, Ruth:
Persönliches Tagebuch 1947
BAXTER, J., und ATKINS, T.:
The Fire Came By
Garden City, NY: Doubleday, 1976
BECKLEY, Timothy Green:
MJ-12 and the Riddle of Hangar 18
New Brunswick, NJ: Inner Light Publications, 1989

BERLITZ, Charles, und MOORE, William L.:
The Roswell Incident
New York: Berkley Books, 1988
BINDER, Otto:
What We Really Know About Flying Saucers
Greenwich, CT: Fawcett Gold Medal Books, 1967
BLOECHER, Ted:
Report on the UFO Wave of 1947
Washington D.C.: Autor, 1967
BLUM, Howard:
Out There: The Government's Secret Quest for Extraterrestrials
New York: Simon and Schuster, 1991
BLUM, Ralph und BLUM, Judy:
Beyond Earth: Man's Contact with UFOs
New York: Bantam Books, 1974
BRACEWELL, R.N.:
The Galactic Club: Intelligent Life in Outer Space
San Francisco, CA: W.H. Freeman, 1975
BREW, John Otis und DANSON, E.B.:
The 1947 Reconnaissance and the Proposed Upper Gila Expedition of the Peabody Museum of Harvard University
El Palacio (Juli 1948): 211-222
BRIEFING to General Garland (Juli 1967)
BRITTON, Jack, und WASHINGTON, George jun.:
Military Shoulder Patches of the United States Armed Forces
Tulsa, OK: M.C.N. Press, 1985
BROWN, Eunice H.:
White Sands History
White Sands, NM: Public Affairs Office, 1959
BROWN, Fred R.:
National Security Management
Washington, D.C.: Industrial College of the Armed Forces, 1972
BRUNVAND, Jan Harold:
The Choking Doberman and Other »New« Urban Legends
New York: W.W: Norton & Co., 1984
BUCKHOUT, R.:
Eyewitness Testimony
Scientific American (Dezember 1974)
BUSKIRK, Winfred:
The Western Apache: Living in the Land Before 1950
Norman, OK: University of Oklahoma, 1986

CAHN, J.P.:
The Flying Saucers and the Mysterious Little Men
True (September 1952)
Flying Saucer Swindlers
True (August 1956)
CANADEO, Anne:
UFO's: The Fact or Fiction Files
New York: Walker, 1990
CANNON, Martin:
The Amazing Story of John Lear
UFO Universe (März 1990): 8
CAREY, Thomas J.:
The Search for the Archaeologists
International UFO Reporter (November/Dezember 1991)
CARPENTER, John S.:
Gerald Anderson: Truth vs. Fiction
The MUFON UFO Journal (September 1991): 3-7
Gerald Anderson: Disturbing Revelations.
The MUFON UFO Journal (März 1993): 6-9
CAMERON, Grant, und CRAIN, T. Scott jun.:
UFOs, MJ-12 and the Government
Seguin, TX: Mutual UFO Network, 1991
CATES, Cliff:
Air Force Collecting
Tulsa, OK: M.C.N. Press 1982
CATOE, Lynn E.:
UFOs and Related Subjects: An Annotated Bibliography
Washington D.C.: Government Printing Office, 1969
CITIZENS against UFO Secrecy:
MJ-12: Myth or Reality?
Just Cause (Dezember 1985)
Confirmation of MJ-12?
Just Cause (Juni 1987)
The MJ-12 Fiasco
Just Cause (September 1987)
More on MJ-12
Just Cause (März 1989)
MJ-12 Update
Just Cause (Juni 1989)
Conversation with Dr. Sarbacher
Just Cause (September 1985)

CLARK, Jerome:
UFOs in the 1980s: The UFO Encyclopedia, Vol. 1
Detroit, MI: Apogee Books, 1990
The Emergence of a Phenomenon: UFOs from the Beginning Through 1959 – The UFO Encyclopedia, Vol. 2
Detroit, MI: Omnigraphics, 1992
UFO Reporters: Outside the Inside
Fate (Dezember 1990)
COMMITTEE on Science and Astronautics (1961)
COHEN, Daniel:
Encyclopedia of the Strange
New York: Avon, 1987
UFOs – The Third Wave
New York: M. Evans, 1988
COOPER, Vicki:
The Roswell Case Revived: Was It An Alien Saucer
UFO (Januar/Februar 1991): 25-29
CREIGHTON, Gordon:
Top U.S. Scientist Admits Crashed UFOs
Flying Saucer Review (Oktober 1985)
Close Encounters of an Unthinkable and Inadmissible Kind
Flying Saucer Review (Juli/August 1979)
Further Evidence of Retrievals
Flying Saucer Review (Januar 1980)
Continuing Evidence of Retrievals of the Third Kind
Flying Saucer Review (Januar/Februar 1982)
DAVIDSON, Leon (Hg.):
Flying Saucers: An Analysis of Air Force Project Blue Book
Special Report No. 14. Clarksburg, VA: Saucerian Press, 1971
DENNETT, Preston:
Project Redlight: Are We Flying the Saucers Too?
UFO Universe (Mai 1990): 39
DIXON, Robert T.:
Dynamic Astronomy
Englewood Cliffs, NJ: Prentice-Hall, Inc., 1971
DOBBS, D.L.:
Crashed Saucers – The Mystery Continues
UFO Report (September 1979)
DoD News Releases And Fact Sheets (1952 – 1968)
DRAKE, Frank:
How Can We Detect Radio Transmissions from

Distant Planetary Systems?
Sky and Telescope (Januar 1960): 140-143
EBERHART, George M. (Hg.):
The Roswell Report: A Historical Perspective
Chicago, IL: CUFOS, 1991
ECKER, Don:
MJ-12 »Suspected Forgery«, Air Force Says
UFO, Vol. 8, No. 3 (1993): 5
EDITORS Of LOOK:
Flying Saucers
Look (1966)
EDWARDS, Frank:
Flying Saucers – Here and Now!
New York: Bantam Books, 1968
Flying Saucers – Serious Business
New York: Bantam Books, 1966
Strange World
New York: Bantam Books, 1969
EIGHTH Air Force Staff Directory, Texas (Juni 1947)
FACT SHEET: *Office of Naval Research 1952 Greenland Cosmic Ray* Scientific Expedition (16. Oktober 1952).
FALK, Stanley L., und BAUER, Theodore W.:
The National Security Structure
Washington D.C.: Industrial College of the Armed Forces, 1972
FAWCETT, Lawrence, und GREENWOOD, Barry J.:
Clear Intent: The Government Cover-up of the UFO Experience
Englewood Cliffs, NJ: Prentice-Hall, 1984
FINAL Report,
Project Twinkle (November 1951)
FINNEY, Ben R., und JONES, Eric M.:
Interstellar Migration and the Human Experience
California: University of California Press, 1985
FiRST Status Report,
Project STORK
(Preliminary to Special Report No. 14, April 1952)
FITZSIMONS, Bernard (Hg.):
The Illustrated Encyclopedia of 20th Century Weapons and Warfare
New York: Columbia House, 1969
FLINT (Michigan) City Directories 1945 – 1950
FLYING Saucers Again
Newsweek (17. April 1950): 29

FORD, Brian:
German Secret Weapons: Blueprint for Mars
New York: Ballantine Books, 1969
FORWARD, Robert L.:
Roundtrip Interstellar Travel Using Laser-Ushed Lightsails
Journal of Spacecraft (1984)
FOWLER, Raymond E.:
Casebook of a UFO Investigator
Englewood Cliffs, NJ: Prentice-Hall, 1981
What About Crashed UFOs?
Official UFO (April 1976)
FULLER, John G.:
The Interrupted Journey
New York: Dial Press, 1966
GENESCE County (Michigan) Telephone Directories 1945-1950
GILLMOR, Daniel S. (Hg.):
Scientific Study of Unidentified Flying Objects
New York: Bantam Books, 1969
GOLDSMITH, Donald:
Nemesis
New York: Berkley Books, 1985
The Quest for Extraterrestrial Life
Mill Valley, CA: University Science books, 1980
GOOD, Timothy:
Above Top Secret
New York: Morrow, 1988
Alien Contact
New York: Morrow, 1993
HALL, Richard:
Uninvited Guests
Santa Fe. NM: Aurora Press, 1988
The UFO Evidence
Washington D.C.: NICAP, 1964
Crashed Discs – Maybe
International UFO Reporter, Vol. 10, No. 4 (Juli/August 1985)
MJ-12: Still Holding Its Own
Through Thickets of Debate
UFO (Januar/Februar 1991): 30-32
HAUGLAND, Vern:
AF Denies Recovering Portions of »Saucers«
Albuquerque New Mexican (23. März 1954)

HAZARD, Catherine:
Did the Air Force Hush Up a Flying Saucer Crash?
Woman's World (27. Februar 1990): 10
HISTORY of the Eighth Air Force, Fort Worth, Texas
(Mikrofilm) Air Force Archives, Maxwell Air Force Base, AL
HISTORY of the 509th Bomb Group, Roswell, New Mexico
(Mikrofilm) Air Force Archives, Maxwell Air Force Base, AL
HOGG, Ivan U., und KING, J. B.:
German and Allied Secret Weapons of World War II
London: Chartwell Books, 1974
HURT, Wesley R., und McKNIGHT, Daniel:
Archaeology of the San Augustine Plains: A Preliminary Report
American Antiquity (Januar 1949): 172-194
HYNEK, J. Allen:
The UFO Experience: A Scientific Inquiry
Chicago: Henry Regency, 1972
JACOBS, David M.:
The UFO Controversy in America
New York: Signet, 1975
JONES, William E., und MINSHALL, Rebecca D.:
Aztec, New Mexico
A Crash Story Reexamined
International UFO Reporter (September/Oktober 1991): 11
JUNG, Carl G. Flying Saucers:
A Modern Myth of Things Seen in the Sky
New York: Harcourt, Brace, 1959
KEEL, John:
Now It's No Secret: The Japanese »Fugo Balloon«
UFO (Januar/Februar 1991): 33-35
KEYHOE, Donald E.:
Aliens From Space
New York: Signet, 1974
KLASS, Philip J.:
UFOs Explained
New York: Random House, 1974
Crash of the Crashed Saucer Claim
The Skeptical Enquirer, Vol. 10 (1986)
The Public Deceived
Buffalo, NY: Prometheus Books, 1983
KNAACK, Marcelle:
Encyclopedia of U.S. Air Force Aircraft and Missile Systems
Washington D.C.: Office of Air Force History, 1988

KOZEMCHAK, Dan:
USS Antietam in Research Role
Naval Aviation News (November 1961): 28
LANG, Daniel:
The Man in the Thick Lead Suit
New York: Oxford University Press, 1954
LA PAZ, Lincoln, und ROSENFELD, Albert:
Japan's Balloon Invasion of America
Collier's (17. Januar 1953): 9
LAURENCE, J.R., und PERRY, C.:
Hypnosis, Will and Memory: A Psycho-legal History
New York: Guilford, 1988
LIBRARY OF CONGRESS LEGISLATIVE REFERENCE SERVICE:
Facts About UFOs (Mai 1966)
LOFTUS, Elizabeth R.:
Eye-Witness Testimony
Cambridge, MA: Harvard University Press, 1979
LORE, Gordon, und DENEAULT, Harold H.:
Mysteries of the Skies: UFOs in Perspective
Englewood Cliff, NJ: Prentice-Hall, 1968
LORENZEN, Coral, und LORENZEN, Jim:
Abducted!
New York: Berkley Medallion Books, 1977
Encounters with UFO Occupants
New York: Berkley Medallion Books, 1976
Flying Saucer Occupants
New York: Signet, 1967
Flying Saucers: *The Startling Evidence of the Invasion from Outer Space*
New York: Signet, 1966
LUDWIG, A.M.:
The Importance of Lying
Springfield, IL: C.C. Thomas, 1965
MACCABEE, Bruce:
Hiding the Hardware
International UFO Reporter (September/Oktober 1991): 4
What the Admiral Knew
International UFO Reporter (November/Dezember 1986)
McCLELLAN, Mike:
The Flying Saucer Crash of 1948 Is a Hoax
Offical UFO (Oktober 1975)

McClellan Sub-Committee Hearing (März 1958)
McCormack Sub-Committee Briefing (August 1958)
McDONOUGH, Thomas R.:
The Search for Extraterrestrial Intelligence
New York: Wiley, 1987
MENZEL, Donald H., und BOYD, Lyle G.:
The World of Flying Saucers
Garden City, NY: Doubleday, 1963
MENZEL, Donald H., und TAVES, Ernest H.:
The UFO Enigma
Garden City, NY: Doubleday, 1977
MICHEL, Aime:
The Truth about Flying Saucers
New York: Pyramid Books, 1967
MOORE, William L., und FRIEDMAN, Stanton.:
MJ-12 and Phil Klass: What Are the Facts?
MUFON Symposium Proceed., Seguin, Texas: Mutual UFO Network, 1988
MOORE, William L., und SHANDERA, Jaime H.:
The MJ-12-Documents: An Analytical Report
Burbank, CA: Fair Witness Project, 1991
MUELLER, Robert:
Air Force Bases. Vol. 1, *Active Air Force Bases Within the United States of America on 17. September 1982*
Washington D.C:: Office of Air Force History, 1989
NATIONAL SECURITY AGENCY:
Presidential Documents
Washington D.C.: Executive Order 12356, 1982
NAVAL Research Newsletter:
Research with High-Altitude Balloons
NICKEL, Joe:
The Hangar 18 Tales
Common Ground (Juni 1984)
NICKEL, Joe, und FISCHER, John F.:
The Crash-Saucer Forgeries
International UFO Reporter, Vol. 15, No. 2 (März/April 1990): 4-12
NORTHROP, Stuart A.:
Minerals of New Mexico
Albuquerque, NM: University of New Mexico, 1959
O'BRIEN, Mike:
New Witness To San Agustin Crash
The MUFON Journal (März 1991): 3-9

ORNE, M., SOSKIS, D.A., DINGES, D.F., und ORNE, E.:
Hypnotically Refreshed Testimony: Enhanced Memory or Tampering with Evidence?
National Institute of Justice: Issues and Practices in Criminal Justice
Washington D.C.: U.S. Government Printing Office, 1985

PALMER, Ray, und ARNOLD, Kenneth:
The Coming of the Saucers
Amherst, MA: Amherst Press, 1952

PAPAGIANNIS, Michael D. (Hg.):
The Search for Extraterrestrial Life: Recent Developments
Boston, MA: D. Reidel, 1985

PEACOCK, Lindsay T.:
Strategic Air Command
London: Arms & Armour Press, Ltd., 1988

PEEBLES, Curtis:
The Moby Dick Project
Washington D.C.: Smithsonian Institution Press, 1991

PETTINATI, H.M. (Hg.):
Hypnosis and Memory
New York: Guilford, 1988

PRESS Conference – General Samford (1952)

PRICE, Alfred:
Luftwaffe
New York: Ballantine, 1969

PROJECT Blue Book
(Mikrofilm) National Archives, Washington D.C.

RAAF Base Phone Book
Roswell, New Mexico (August 1947)

RAAF Yearbook
Roswell, New Mexico (1947)

RANDLE, Kevin D.:
The Flight of the Great Airship
True's Flying Saucers and UFOs Quarterly (Frühjahr 1977)
Mysterious Clues Left Behind by UFOs
Saga's UFO Annual (Sommer 1972)
The October Scenario
Iowa City, IA: Middle Coast Publishing, 1988
The Pentagon's Secret Air War Against UFOs
Saga (März 1976)
The UFO Casebook
New York: Warner, 1989

RANDLE, Kevin D., und CORNETT, Robert Charles:
Project Blue Book Cover-up: Pentagon Suppressed UFO Data
UFO Report, Vol. 2, No. 5 (Herst 1975)
RANDLES, Jenny:
The UFO Conspiracy
New York: Javelin, 1987
REGISTER of the Army of the United States
Washington D.C.: United States Army
ROCKET and Missile Firings
White Sands Proving Grounds (Januar bis Juli 1947)
RODEGHIER, Mark:
Roswell, 1989
International UFO Reporter (September/Oktober 1989): 4
ROSIGNOLI, Guido:
The Illustrated Encyclopedia of Military Insignia of the 20th Century
Seacaucus, NJ: Chartwell Books, 1986
RUPPELT, Edward J.:
The Report on Unidentified Flying Objects
New York: Ace, 1956
RUSSELL, Eric:
Phantom Balloons Over North America.
Modern Aviation (Februar 1953).
SAGAN, Carl, und PAGE, Thornton (Hg.):
UFOs: Scientific Debate
New York: Norton, 1974
SANDRESON, Ivan T.:
Uninvited Visitors
New York: Cowles Communications, 1967
Invisible Residents
New York: World Publishing, 1970
SCHAFFNER, Ron:
Roswell: A Federal Case?
UFO Brigantia (Sommer 1989)
SCHEFLIN, A.W., und SHAPIRO, L.:
Trance on Trial
New York: Guilford, 1989
SCULLY, Frank:
Behind the Flying Saucers
New York: Henry Holt, 1950
Scully's Scrapbook
Variety (12. Oktober 1949): 61

SHANDERA, Jaime:
New Revelation about the Roswell Wreckage: A General Speaks Up
The MUFON Journal (Januar 1991)
SHEAFFER, Robert:
The UFO Verdict
Buffalo, NY: Prometheus Books, 1981
SHKLOVSKY, I.S., und SAGAN, Carl:
Intelligent Life in the Universe
New York: Dell, 1968
SIMMONS, H.M.:
Once Upon a Time in the West
Magonia (August 1985)
SNIDER, L. Britt:
What Are We Doing About Espionage?
Defense (November 1985)
SPECIAL Report No. 14 (Project Blue Book, 1955)
SPENCER, John:
The UFO Encyclopedia
New York: Avon, 1993
SPENCER, John, und EVANS, Hilary:
Phenomenon
New York: Avon, 1988
STATUS REPORTS
Grudge – Blue Book, No. 1-12
STEIGER, Brad:
Project Blue Book
New York: Ballantine, 1976
Strangers from the Skies
New York: Award Books, 1966
STEINMAN, William S., und STEVENS, Wendelle C.:
UFO Crash at Aztec
Boulder, CO: Autoren, 1986
STEVENSON, William:
Intrepid's Last Case
New York: Villard Books, 1988
STONE, Clifford E.:
UFO's: Let the Evidence Speak for Itself
Roswell, NM: Autor, 1991
STORY, Ronald D. (Hg.):
The Encyclopedia of UFOs
Garden City, NY: Doubleday, 1980

STRINGFIELD, Leonard H.:
Situation Red: The UFO Siege!
Garden City, NY: Doubleday, 1977
UFO Crash/Retrieval Syndrome: Status Report II
Seguin, TX: Mutual UFO Network, 1980
UFO Crash/Retrievals: Amassing the Evidence: Status Report III
Cincinnati, OH: Autor, 1982
UFO Crash/Retrievals: The Inner Sanctum: Status Report VI
Cincinnati, OH: Autor, 1991
STURROCK, P.A.:
UFOs – A Scientific Debate
Science 180 (1973): 593
SULLIVAN, Walter:
We Are Not Alone
New York: Signet, 1966
SUMNER, Donal A.:
Skyhook Churchill 1966
Naval Reserve Reviews (Januar 1967): 29
SUTHERLY, Curt:
Inside Story of the New Hampshire UFO Crash
UFO Report (Juli 1977)
TAYLOR, John W.R.:
Combat Aircraft of the World
New York: G.P. Putnam's Sons, 1969
Tech Bulletin:
Army Ordnance Department Guided
Missile Program (Januar 1948)
TECHNICAL REPORT
Unidentified Aerial Objects, Project SIGN (Februar 1949)
TODD, Robert G.:
MJ-12 Rebuttal
MUFON Journal (Januar 1990): 17
TODD, Robert G., RODEGHIER, M., GREENWOOD, B., MACCABEE, B.:
A Forum on MJ-12
International UFO Reporter (Mai/Juni 1990): 15
U.S. CONGRESS, Committee on Science and Astronautics
Symposium on Unidentified Flying Objects
Hearings, 29. Juli 1968, Wash. D.C.: U.S. Governm. Printing Office, 1968
U.S. CONGRESS, House Committee on Armed Forces
Unidentified Flying Objects
Hearings, 5. April 1966 Wash. D.C.: U.S. Governm. Printing Office, 1968

VALLEE, Jacques:
Anatomy of a Phenomenon
New York: Ace, 1966
Challenge to Science
New York: Ace, 1966
Revelation
New York: Ballantine, 1991
Visitors from Venus
Time (9. Januar 1950): 49
WALKER, Lois E., und WICKAM, Shelby E.:
From Huffman Prairie to the Moon
Dayton, OH: 2750th Air Base Wing, Wright-Patterson AFB:
WAR DEPARTMENT:
Meteorological Balloons (army technical manual)
Washington D.C.: Government Printing Office, 1944
WATKINS, John G.:
Hypnotic Hyermnesia and Forensic Hypnosis: A Cross-examination
American Journal of Clincal Hypnosis, 32
WEBBER, Bert: Retaliation:
Japanese Attacks and Allied Countermeasures on the Pacific Coast in World War II
Corvallis, OR: Oregon State University Press, 1975
WILBUR, W.H.:
Those Japanese Balloons
Reader's Digest (August 1950)
WILCOX, Inez:
Personal writings 1947 – 1952
WILKINS, Harold T.:
Flying Saucers on the Attack
New York: Citadel Press, 1954
Flying Saucers Uncensored
New York. Pyramid Books, 1967
WILSON, Colin:
Mysteries
New York: Perigee Books, 1978
WISE, David, und ROSS, Thomas B.:
The Invisible Government
New York: 1964
ZEIDMAN, Jennie:
»I Remember Blue Book«
International UFO Reporter (März/April 1991): 7

Weitere Quellen

Die folgenden Zeitungen und Periodika wurden als Forschungsquellen für dieses Buch verwendet:

Alamogordo News
Albuquerque Journal
Albuquerque Tribune
Ann Arbor News
Arizona Republican
Atchison Globe
Beaver County Times
Beaver Falls News-Tribune
Boston Advertiser
Bozeman Dily Chronicle
Burlington Hawk-Eye
Carlsbad Current-Angus
Cedar Rapids Gazette
Cheyenne Tribune
Chicago Daily News
Chicago Daily Times
Chicago Herald American
Chicago Sun
Circleville Herald
Clinton Herald
Dalhart Texan
Dallas Morning News
Dallas Times Herald
Dayton Daily News
Decatur Evening Republican
Denver Post
DeserEt News and Tegram
Des Moines Register
Detroit Evening News
Detroit Free Press
El Paso Herald Post
El Paso Times
Erie Daily Times
Eureka Reporter

Flint Journal
Fort Worth Star Telegram
Greenburg Tribune-Review
Harrisburg Evening News
Harrisburg Patriot
Houston Chronicle
Las Vegas Review-Journal
Las Vegas Sun
Latrobe Bulletin
Lebanon Daily News
Lincoln Daily State Journal
Livonia Observer & City Post
London Times
Lorain Journal
Los Angeles Herald Express
Los Angeles Times
Louisville Courier-Journal
Lubbock Avalanche-Journal
Midland Reporter Telegram
Nashville American
Nebraska Nugget
Nephi Times-News
Nevada State Journal
New York Herald Tribune
New York Times, The
Odessa American
Omaha Daily Bee
Omaha World-Herald
Oregonian
Oregon Journal
Palm Beach Post
Phoenix Gazette
Pittsburgh Post-Gazette
Pittsburgh Press
Reno Evening Gazette
Rocky Mountain News
Roswell Daily Record
Roswell Morning Dispatch
Salt Lake Tribune
San Francisco Call

San Francisco Chronicle
St. Joseph Daily Herald
St. Paul Pioneer Press
Sterling Gazette
Syracuse Herald-American
Syracuse Post Standard
Toledo Blade
Toronto Daily Star
Washington Post
Waterloo Courier

Organisationen

Buchstäblich Dutzende von Organisationen und Institutionen leisteten Hilfe bei der Recherche für dieses Buch. Obwohl keine von ihnen die Theorie außerirdischer Intervention befürwortete, waren alle bereit, uns zu helfen, wo sie nur konnten.

Air Force Archives, Maxwell Air Force Base, Alabama
Albuquerque High School, Albuquerque, New Mexico
Albuquerque Public Libraray, Albuquerque, New Mexico
Albuquerque Public School System, Albuquerque, New Mexico
Arizona State Museum, Tempe, Arizona
Bettmann Photo Archives, New York, New York
Brigham Young University, Provo, Utah
Bureau of Land Management (BLM), Roswell, New Mexico
Bureau of Mines, Socorro, New Mexico
Carswell Air Force Base, Fort Worth, Texas
Cedar Rapids Public Library, Cedar Rapids, Iowa
Clark County Public Library, Las Vegas, Nevada
Clark County Sheriff's Office, Las Vegas, Nevada
Dallas Public Library, Dallas, Texas
Dayton and Montgomery County Library, Dayton, Ohio
Department of the Air Force, Washington, D.C.
Department of the Army, Washington, D.C.
Department of Defense, Washington, D.C.
Department of the Navy, Washington, D.C.
Department of State, Washington, D.C.

Ector County Public Library, Odessa, Texas
Eisenhower Center, Abilene, Kansas
El Paso Public Library, El Paso, Texas
Federal Bureau of Investigation, Washington, D.C.
Flint Public Library, Flint, Minnesota
Forest Service, Magdalena Ranger District, Magdalena, New Mexico
Highland High School, Albuquerque, New Mexico
Holloman Air Force Base, New Mexico
Institute of Meteorics, Albuquerque, New Mexico
International UFO Museum and Research Center, Roswell, New Mexico
Iowa City Public Library, Iowa City, Iowa
J. Allen Hynek-Center for UFO Studies, Chicago, Illinois
KBIM-TV, Roswell, New Mexico
Kirtland Air Force Base, New Mexico
Kirtland Air Force Base East (Sandia), Public Affairs Office, New Mexico
KOB-TV, Albuquerque, New Mexico
KOBR-TV, Roswell, New Mexico
Laboratory of Anthropology, Santa Fe, New Mexico
Los Alamos Historical Museum, Los Alamos, New Mexico
Los Alamos Public Affairs Office, Los Alamos, New Mexico
Mama's Minerals, Albuquerque, New Mexico
Midland County Public Library, Midland, Texas
Museum of New Mexico, Santa Fe, New Mexico
National Aeronautics and Space Administration, Houston, Texas
National Archives, Washington, D.C.
National Personnel Records Center (Army), Saint Louis, Missouri
National Transportation and Safety Board, Washington, D.C.
New Mexico Institute of Mining and Technology, Socorro, New Mexico
Offutt Air Force Base, Omaha, Nebraska
Operational Archives – Aviation Historical Branch, Washington, D.C.
Pease Air Force Base, New Hampshire
Roswell Chamber of Commerce, Roswell, New Mexico
Roswell Public Library, Roswell, New Mexico
Smithsonian Institution, Washington, D.C.
Socorro Chamber of Commerce, Socorro, New Mexico
Southern Methodist University, Dallas, Texas
Southwest Collections, Texas Tech, Lubbock, Texas
Southwestern Minerals, Albuquerque, New Mexico
Texas State Archives, austin, Texas
Texas Tech University, Lubbock, Texas

Truman Presidential Library, Independence, Missouri
UFO Enigma Museum, Roswell, New Mexico
United States Department of Agriculture, Washington, D.C.
University of Colorado, Boulder, Colorado
University of Arizona, Tucson, Arizona
University of Iowa, Department of Anthropology, Iowa City, Iowa
University of New Mexico, Albuquerque, New Mexico
University of Pennsylvania, Philadelphia, Pennsylvannia
University of Texas of the Periam Basin, Odessa, Texas
U.S. Army Center for Military History, Washington, D.C.
U.S. Army Intelligence and Security Command, Fort Meade, Maryland
U.S. Army Materiel Command, Alexandria, Virginia
U.S. Army Military History Institute, Carlisle Barracks, Pennsylvannia
U.S. Army Missile Command, Redstone Arsenal, Alabama
U.S. Army Ordnance Museum, Aberdeen Proving Ground, Maryland
White Sands Missile Range, New Mexico
Wright-Patterson Air Force Base, Dayton, Ohio

Danksagungen

Bei jeder Arbeit dieser Art haben Dutzende von Leuten geholfen, sie zu bewerkstelligen. Besonderer Dank gebührt Tom Carey für seine Hilfe beim Aufspüren der Archäologen. Ohne Tom läge dieser Aspekt des Falls vielleicht noch immer im Dunkeln. Unser tiefster Dank geht auch an Brad RaD.C.liffe und Richard Heiden, die beide eine bedeutende Rolle bei dieser Untersuchung gespielt haben. Danken möchten wir ferner den Mitgliedern des J. Allen Hynek Centers for UFO Studies, einschließlich Mark Rodeghier, Jerome Clark, Jennie Ziedman, George Eberhart und Dr. Michael Swords; außerdem den UFO-Forschern Robert Hastings, Mark Chesney, Barry Greenwood, Joe Stefula, Clifford Stone, Ralph Heick und natürlich Leonard Stringfield, der wertvolle Unterstützung geliefert hat; ebenso unseren guten Freunden George Vogen, Carrie Wallace und Jane Kilbolarn. Dank gebührt auch dem Fund for UFO Research.

Wichtiger noch sind die Zeugen wie Walter Haut, Glenn Dennis, Frankie Rowe, Jim Ragsdale, Ruben und Pete Anaya, Jesse Marcel jun., Edwin Easley, Bill Rickett, Frank Joyce, die Familie Wilcox von Phyllis McGuire, Elizabeth Tulk, Barbara Dugger und Christine Tulk, Arthur Exon, Jason Kellahin, Robin Adair, Bill Brazel jun. und viele weitere, deren Zahl zu groß ist, um sie alle aufzuführen.

Schließlich danken wir den vielen Freunden, die wir in Roswell gewonnen haben, einschließlich Max Littell, Frank Kaufmann, John Price und dem Berufsfotografen Jack Rodden. Da war Robert Pratt, der uns eine Abschrift seines Interviews mit Jesse Marcel sen. zukommen ließ und uns freundlicherweise erlaubte, daraus zu zitieren; Paul Davids und Chester Lytle sen., die unsere Arbeit mit ihrem Enthusiasmus unterstützten; Sheridan und Mary Cavitt, die uns bei mehreren Gelegenheiten in ihr Haus einluden.

Leider fehlt immer jemand auf solch einer Liste. An die Personen, die wir hätten nennen sollen, aber übersehen haben: Entschuldigung. Es waren so viele Menschen, die uns geholfen haben.

Index